The Maverick Effect का हिन्दी अनुवाद

अतुलनीय

किताब की प्रशंसा में

हरीश मेहता ने इस किताब में नैसकॉम की स्थापना के लिए किए उनके अथक प्रयासों के बारे में ख़ास अंदाज में बताया है। बहुत सारे पाठकों को पहली बार पता चलेगा कि भारत के आईटी सेक्टर की वैश्विक छवि बनाने और भारत के मध्यवर्ग को खड़ा करने में नैसकॉम ने कितनी अहम भूमिका निभाई है। मुझे ख़ासतौर से उनका वह कथन पसंद आया, जहां उन्होंने कहा 'व्यक्तियों के बिना कुछ भी संभव नहीं, लेकिन संगठनों के बिना कुछ भी ठहरता नहीं है' और वह इसका इस्तेमाल नैसकॉम के बारे में बताने के लिए रूपक के तौर पर करते हैं। मुझे लगता है कि *अतुलनीय: भारत के आईटी रेवोल्यूशन की कहानी* सबको पढ़नी चाहिए क्योंकि इसमें उस समय उठाए गए कई नए कदमों की जानकारी दी गई है।

दीपक एस. पारेख, चेयरमैन, एचडीएफसी लिमिटेड

वर्तमान भारत को दिशा दिखा रही डिजिटल क्रांति की शुरुआत हरीश और उनके साथियों ने की थी। हरीश भारत के आर्थिक विकास और भारत की वैश्विक छवि को फिर से बनाने में आईटी उद्योग की अविश्वसनीय भूमिका को सबके सामने लाते हैं। यह किताब उन लोगों के लिए बहुत ज़रूरी है जो अपने निजी लाभ को पीछे रखकर देशहित में किसी उद्योग का ऐसा संगठन खड़ा करना चाहते हैं, जिस पर नीति निर्माता विश्वास करें।

राजीव कुमार, उपाध्यक्ष, नीति आयोग

इस किताब में हरीश ने बेहद दिलचस्प तरीके से अपने निजी संस्मरणों के साथ भारत के सॉफ्टवेयर उद्योग के विकास की कहानी को सबसे सामने रखा है। सबसे अहम बात है कि वह सॉफ्टवेयर उद्योग के असाधारण संगठन, नैसकॉम की अनसुनी कहानी पेश करते हैं, जहां प्रतिद्वंदी कंपनियों ने उद्योग के भविष्य आकार देने के लिए साथ मिलकर काम किया, जिससे लाखों नौकरियां पैदा हुईं, विदेशी मुद्रा का संकट दूर हुआ और भारतीय उद्यमिता व टेक्नोलॉजी को दुनिया में स्थान मिला।

नंदन नीलेकणि, चेरयमैन और सह-संस्थापक, इंफोसिस

दिलचस्प, सूचनाप्रद और प्रेरणादायी। जैसे-जैसे हमारा [स्टार्ट-अप] ईकोसिस्टम शुरुआती दौर से आगे बढ़ रहा है, हमें भारत के आईटी उद्योग के असाधारण सफर के बारे में जानने की ज़रूरत है। इस किताब में उद्यमियों की वर्तमान पीढ़ी के लिए कई सबक हैं, सबसे महत्वपूर्ण सबक है कि हमें हमेशा अपनी कंपनी के हितों से आगे जाकर सोचने और उद्योग को आकार देने के लिए दूसरों से सहयोग करने की ज़रूरत है।

राजन आनंदन, प्रबंध निदेशक, सिकोइया कैपिटल इंडिया

भारत का आईटी उद्योग सबसे बड़ी वैल्यू माइग्रेशन स्टोरी है, जिसे मैं 'बोस्टन टू बेंगलुरू' कहता हूं। ग्राहक कम लागत के कारण भारत आए लेकिन यहां मिलने वाली गुणवत्ता, स्केल और प्रतिभा के कारण हमेशा के लिए यहीं रुक गए। नैसकॉम की कहानी इस बात का बेहतरीन उदाहरण है कि उद्योग से जुड़ा संगठन अपने साथ-साथ देश और दुनिया के लिए क्या-क्या कर सकता है। विश्लेषकों, नीति निर्माताओं, नियामकों और देश निर्माण में रुचि रखने वालों को यह किताब ज़रूर पढ़नी चाहिए। नैसकॉम और भारत के आईटी उद्योग की यह कहानी नैसकॉम के संस्थापक हरीश मेहता ने लिखी है।

रामदेव अग्रवाल, अध्यक्ष, मोतीलाल ओसवाल समूह

हरीश ने हमारे उद्योग के सबसे सफल संगठनों में से एक, नैसकॉम के बनने की साहसिक और जानकारी से भरी कहानी लिखी है। इसमें हरीश की ज़िंदगी का मार्मिक विवरण भी है कि कैसे उन्होंने जीवन में लगे आघातों के बाद भी अपने धैर्य को बनाए रखा। उनसे काफी कुछ सीखा जा सकता है।

रिशद प्रेमजी, चेयरमैन, विप्रो

मैं बहुत खुश हूं कि भारत की आईटी क्रांति और उसे सशक्त बनाने में नैसकॉम के योगदान की कहानी खुद उस व्यक्ति ने लिखी है जो उस क्रांति के केन्द्र में रहा है। हरीश मेहता ने इस क्रांति को सफल बनाने के लिए पूरे उद्योग को एकजुट किया। यह हमारा समय है, हमारा टेकेड (Techade) है, और आपसी सहयोग की जो मज़बूत नींव हमने तैयार की है, वह पांच ट्रिलियन डॉलर की अर्थव्यवस्था बनने के हमारे सपने को पूरा करने के लिए बहुत ज़रूरी है।

देबजानी घोष, अध्यक्ष, नैसकॉम

यह किताब इस बात की व्यापक जानकारी देती है कि कैसे उद्योग से जुड़ा संगठन साझा सपने को पूरा करने के लिए एक साथ मिलकर काम कर सकता है, जिससे न केवल दुनिया का अग्रणी उद्योग खड़ा होता है, बल्कि यह उद्योग राष्ट्र निर्माण में भी महत्वपूर्ण भूमिका निभाता है।

एस. रामादोराई, पूर्व उपाध्यक्ष, टीसीएस

वैश्विक इनोवेशन ईकोसिस्टम में भारतीय आईटी उद्योग का सबसे महत्वपूर्ण स्थान है। नैसकॉम के संस्थापक सदस्य के नाते हरीश भाई ने उद्योग के भविष्य की कल्पना करने और विकास का रोडमैप बनाने में महत्वपूर्ण भूमिका निभाई है। *अतुलनीय* से इस पूरी यात्रा की व्यापक जानकारी मिलती है जिसने हमारे देश के भाग्य को बदल दिया और लाखों लोगों की आकांक्षाओं को प्रेरित किया।

रेखा मेनन, चेयरपर्सन, नैसकॉम; चेयरपर्सन, एक्सेंचर इंडिया

नैसकॉम के संस्थापक, हरीश मेहता की लिखी यह प्रभावशाली किताब उन सभी लोगों के लिए पाठ्यपुस्तक की तरह है, जो जानना चाहते हैं कि ऐसा ईकोसिस्टम कैसे तैयार किया गया, जिसने यह सुनिश्चित किया कि भारत टेक सर्विस, स्टार्ट-अप निर्माण और वैश्विक तथा भारतीय व्यवसायों के डिजिटल परिवर्तन के मामले में आने वाले दशकों तक राज करेगा।।

केशव मुरुगेश, ग्रुप एमडी और सीईओ, डब्ल्यूएनएस

अतुलनीय हरीश के निजी जीवन और नैसकॉम की उत्पत्ति, आईटी उद्योग के विकास, भारतीय अर्थव्यवस्था व हमारे देश के साथ जुड़े उनके काम की दिलचस्प कहानी है। उन्होंने सहजता से इन चार अलग-अलग बिंदुओं को छूते हुए मोहक संस्मरण लिखा है, जिसे पढ़कर बहुत आनंद मिलता है।

अतुल निशार, संस्थापक, हेक्सावेयर टेक्नोलॉजीज लिमिटेड

200 बिलियन डॉलर के उद्योग की इस कहानी को सामने लाना ज़रूरी था। यह किताब अद्भुत मानवीय प्रयासों और प्रक्रियाओं, सहजता, सुलभता, इनोवेशन और सबसे बढ़कर, भारत के आईटी उद्योग व नैसकॉम के संस्थापकों के समावेशन और सहयोग जैसे उत्कृष्ट गुणों को सामने लाती है।

गणेश नटराजन, अध्यक्ष, 5एफ वर्ल्ड

यदि हम नैसकॉम और उसकी निभाई महत्वपूर्ण भूमिका (जो अभी भी निभा रहा है) के बिना भारतीय आईटी उद्योग की कल्पना करें, तो बेहत धूमिल परिदृश्य दिखाई देगा। हरीश ने बेहद पठनीय और महत्वपूर्ण किताब लिखी है। यह महत्वपूर्ण ऐतिहासिक दस्तावेज़ बनेगी क्योंकि इसमें पूरी ईमानदारी से भारतीय आईटी उद्योग के विकास को दर्ज किया गया है।

हर्ष मांगलिक, पूर्व चेयरमैन, एक्सेंचर इंडिया

हम आज स्टार्ट-अप को लेकर जो ज़बरदस्त उत्साह देख रहे हैं, वह न होता, अगर आईटी उद्योग और भारत के मुश्किल दिनों में सपना देखने का साहस रखने वाले दूरदर्शी लोगों ने इतनी मज़बूत नींव न रखी होती। यह उन लोगों की कहानी है जिन्होंने हमें सक्षम बनाया! हरीश ने न केवल नैसकॉम के निर्माण में अपनी ऊर्जा लगाई, बल्कि उन्होंने नैसकॉम के विकास के बारे में इस महत्वपूर्ण किताब को लिखने के लिए भी समय निकाला।

अनुपम मित्तल, संस्थापक, पीपल ग्रुप/Shaadi.com

इस किताब में हरीश भाई ने आज़ादी के बाद भारतीय अर्थव्यवस्था से जुड़ी सबसे रोमांचक कहानी के बारे में बताया है। उन्होंने इतनी कुशलता इसे बयान किया है कि आपको आश्चर्य होता है कि उन्होंने अपने अंदर के कहानीकार को इतने समय तक क्यों छुपाए रखा। यह किताब भारत को दुनिया के सॉफ्टवेयर और आईटी सर्विस उद्योग का अगुआ बनाने [और यह कैसे किया गया], अवसरों का लाभ उठाने और मुश्किलों के बीच चतुराई से आगे बढ़ने में नैसकॉम की भूमिका की दिलचस्प अनकही कहानी बयान करती है।

निर्मल जैन, संस्थापक और चेरयमैन, आईआईएफएल

मैं भारतीय आईटी उद्योग के उन ग्राहकों को यह पुस्तक पढ़ने की सलाह दूंगा जिन्हें भारत की सड़कों और आईटी कंपनियों के ऑफिसों में दो अलग तरह के भारत दिखाई देते हैं। इस उद्योग की स्थापना, स्वभाव, संस्कृति, जुनून, महत्वाकांक्षा और सबसे महत्वपूर्ण भविष्य की उम्मीदों के बारे में जानने के लिए इस किताब को पढ़ें।

विजय रत्नपारखे, सीआईओ, रॉबर्ट बॉश जीएमबीएच

मैं उन लोगों को यह किताब पढ़ने की सलाह दूंगा जो किसी उद्योग का प्रभावी संगठन बनाकर लोगों की सामूहिक ताकत के ज़रिए अपने व्यवसाय को बढ़ाने की कोशिश कर रहे हैं (या किसी लभभग खत्म हो चुके उद्योग को फिर से खड़ा करने की कोशिश कर रहे हैं) या यदि आप किसी भी देश में सरकारी अधिकारी हैं और आपको अपने देश के संसाधनों के तुलनात्मक लाभ के आधार पर वैश्विक उद्योग स्थापित करने का काम सौंपा गया है, तो आप हरीश की लिखी बातों को समझकर अपने अनुसार चरणबद्ध समाधान तैयार कर सकते हैं।

राज नायर, अध्यक्ष, एवलॉन कंसल्टिंग

मेरे हिसाब से इस किताब को ज़रूर पढ़ा जाना चाहिए। हरीश ने नैसकॉम की महत्वपूर्ण भूमिका पर प्रकाश डालते हुए शानदार तरीके से भारतीय आईटी उद्योग का इतिहास बयान किया है। इस किताब के जरिए हरीश की अद्भुत और प्रेरणादायक शख्सियत भी सबके सामने आई है।

संजय शर्मा, संस्थापक सीईओ, टाटा इंटरएक्टिव सिस्टम्स

हरीश मेहता ने उद्योग और नैसकॉम की यात्रा को ख़ूबसूरती से दर्शाया है और स्मार्ट देश के तौर पर भारत के भविष्य को लेकर अपने दृष्टिकोण को सबके सामने रखा है।

नमिता थापर, एग्जीक्यूटिव डायरेक्टर, एमक्योर फार्मास्यूटिकल्स

हर आंदोलन और यात्रा को मज़बूत सहारे की ज़रूरत होती है और हरीशभाई नैसकॉम और उद्योग का महत्वपूर्ण सहारा रहे हैं। *अतुलनीय* इस आंदोलन का अद्भुत आंखों देखा विवरण है जो हरीशभाई के अनोखे अंदाज़ में उद्योग के विभिन्न चरणों, कठिन परिस्थितियों से निपटने और ऊंचे लक्ष्य हासिल करने साथ ही उद्देश्य के प्रति कैसे सच्चे बने रहें, जैसी बातों को प्रभावशाली तरीके से आपके सामने रखती है।

संगीता गुप्ता, सीनियर वाइस प्रेसिडेंट और चीफ स्ट्रेटजी ऑफिसर, नैसकॉम

नैसकॉम की शुरुआत सामूहिक सपने के साथ हुई और आज दुनिया भर में इस संगठन की प्रतिष्ठा है। यह सपना केवल दृढ़ता, आशावाद और असंख्य लोगों की सामूहिक

कार्रवाई से ही साकार हो सकता है, जैसा कि हरीश कहते हैं, मेवरिक्स। *अतुलनीय* इन्हीं स्वतंत्र सोच के लोगों की कहानी का मनोरंजक विवरण है, जिसे इतने शानदार तरीके से व्यक्त किया गया है कि आप हरीश के प्यार, प्रतिबद्धता और नैसकॉम में महान योगदान की सराहना किए बिना नहीं रह सकते।

अशांक देसाई, संस्थापक और पूर्व चेरयमैन, मास्टेक

इस किताब से हरीश आईटी इतिहासकार के तौर पर सामने आए हैं। किताब में उन्होंने इस उद्योग के बनने की विश्वसनीय कहानी सबके सामने रखी है! कई दिग्गजों के प्रयासों से खड़े हुए भारतीय आईटी उद्योग के विकास की कहानी को हरीश भाई ने सच्चाई के साथ दर्ज किया है।

के.वी. रमानी, संस्थापक और चांसलर, साई यूनिवर्सिटी

एक बार शुरू करने के बाद मैं इस किताब को बीच में छोड़ नहीं पाया और हरीश का काम अभी रुका नहीं है। मेरा हमेशा से मानना रहा है कि हरीश व्यावहारिक स्वप्नदृष्टा हैं; जीवन के प्रति असीम उत्साह से इस असाधारण इंसान को अभी कई ऐतिहासिक मुकाम हासिल करने हैं।

सौरभ श्रीवास्तव, अध्यक्ष, इंडियन एंजेल नेटवर्क

कठिनाईयों के बीच साहस की व्यक्तिगत कहानी और भारत की बदलती आर्थिक नीतियों की पृष्ठभूमि पर आधारित, यह किताब उद्योग या औद्योगिक संगठन से जुड़े प्रत्येक व्यक्ति ज़रूरी पढ़नी चाहिए।

किरण कार्णिक, पूर्व प्रेसिडेंट, नैसकॉम

हरीश मेहता, जिन्हें हरीशभाई के नाम से जाना जाता है, ऐसी चट्टान हैं जिस पर नैसकॉम ने जन्म लिया, विकसित हुआ और लगातार आगे बढ़ रहा है। इस किताब के बिना भारत के आईटी उद्योग के इतिहास, नैसकॉम की निभाई भूमिका और हमने जो रास्ता (लाखों नौकरियां पैदा करने और देश के खजाने में अरबों डॉलर का योगदान करने का) चुना, उस बारे में हमारी सामूहिक समझ अधूरी रह जाती।

चन्द्रशेखर रेंताला, पूर्व अध्यक्ष, नैसकॉम

हरीशभाई ने आसान भाषा में समझाया है कि सफलता के लिए क्या जरूरी है और कैसे उद्यमियों की नई पीढ़ी और नई कंपनियों के आने के बाद भी आईटी उद्योग आज भी गहराई से एक दूसरे से जुड़ा है। इस कहानी से बिना व्यक्तिगत एजेंडे के साझा उद्देश्य को हासिल करने के लिए समावेशी समूह बनाने का सबक मिलता है। एक बेहतरीन पठनीय किताब।

लक्ष्मी नारायणन, पूर्व वाइस-प्रेसिडेंट, कॉग्निजेंट

इस शानदार किताब को ज़रूर पढ़ा जाना चाहिए, जिसमें बेहतरीन सपने को हासिल करने की कहानी है। यह जानकर हंसी आती है कि विभिन्न विभागों के ऐसे नौकरशाहों की अज्ञानता के कारण आईटी उद्योग की प्रगति रुक गई थी, जो इंटरनेट और भविष्य की कल्पना नहीं कर सके।

डी शिवानंदन, पूर्व डीजीपी, महाराष्ट्र

इस किताब के लिए इससे उपयुक्त या योग्य लेखक नहीं हो सकता था। नैसकॉम के संस्थापकों में से एक रहे, हरीश ने इसे ऊर्जावान ताकत के तौर पर स्थापित किया और संगठन के लिए सरकार से मान्यता और सम्मान हासिल करने के साथ ही आम हित के लिए नीतियां बनाईं। आईटी समुदाय की आवाज और नैसकॉम के चैंपियन के तौर पर, हरीश हमारे युवाओं के लिए प्रेरणा बनकर सामने आते हैं और दिखाते हैं कि प्रतिस्पर्धियों के बीच आपसी सहयोग से क्या हासिल किया जा सकता है।

वाल्टर विएरा, मार्केटिंग गुरु और लेखक

अतुलनीय

भारत के आईटी रेवोल्यूशन की कहानी

हरीश मेहता

अनुवाद

दीपांशु गोयल

हार्पर हिन्दी

प्रथम प्रकाशन 2025

हार्पर हिन्दी

(हार्परकॉलिंस *पब्लिशर्स* इंडिया) द्वारा प्रकाशित

4th फ्लोर, टावर A, बिल्डिंग नं. 10, डीएलएफ साइबर सिटी,

डीएलएफ फेज II, गुरुग्राम, हरियाणा – 122002, भारत

www.harpercollins.co.in

P-ISBN: 978-93-6569-463-5

E-ISBN: 978-93-6569-412-3

टाइपसेटिंग : हार्परकॉलिंस *पब्लिशर्स* इंडिया

मुद्रक : थॉम्सन प्रेस (इंडिया) लि.

शैला के लिए

मेरे साथ बने रहने के लिए।
अदृश्य को देखने के लिए।
मुझे आसमान छूने का हौंसला देने के लिए।

विषय – सूची

लेखक की टिप्पणी

प्रतिष्ठित गुजराती कवि उमाशंकर जोशी ने अपनी कृति, *भोमिया विना* में बिना मार्गदर्शक की सहायता के प्रकृति के बीच घूमने और जीवन के अनुभवों की कल्पना को रोमांटिक रूप में प्रस्तुत किया है। मुझे यह कविता अपने जीवन के बेहद करीब लगती है। पहला, मैं भी प्रकृति से प्रेरणा लेता हूं और प्रकृति से सीखता हूं। दूसरा, यह भटकाव मेरे जीवन में मेरे लिए बेहद लाभदायक साबित हुआ है।

यह किताब आंशिक रूप से मेरी जीवनी है, लेकिन मुख्य रूप से यह इस बात की कहानी है कि कैसे एक छोटे से विचार से नैसकॉम की शुरुआत हुई और समय के साथ यह इतना बड़ा बन गया कि उसने व्यापक और गहरा असर डाला। यह किताब बहुत सारे अलग सोच रखने वाले लोगों के बारे में है जिन्होंने एक साथ आकर इस विचार को आगे बढ़ाया और उसे इतना बड़ा बनाया जितना कि शुरुआत में कोई सोच भी नहीं सकता था।

सही कहूं तो, इस किताब का विचार मेरे दिमाग में तीन वर्ष पहले आया, जब मेरी बहू नताशा ने पूछा कि भारतीय आईटी उद्योग और नैसकॉम को देश का भाग्य बदलने में योगदान देने के बाद भी सही सम्मान क्यों नहीं मिलता। हालांकि, कई लोगों ने नैसकॉम और सदस्य कंपनियों के योगदान के बारे में बताने के कई बिखरे हुए प्रयास किए गए,

लेकिन मुझे कोई निश्चित इतिहास नहीं मिला। इसलिए, हमने साथ मिलकर ऐसी किताब लिखने का निर्णय लिया, जिसे हम खुद भी पढ़ना चाहें!

इस किताब को लिखने और नैसकॉम व भारतीय आईटी उद्योग के योगदान को सबके सामने लाने के लिए मैंने बहुत सारे अंदरूनी लोगों, शुभचिंतकों और अलग सोच वाले कई व्यक्तियों की सहयता ली जो कि ईकोसिस्टम को नजदीक से जानते थे।

जब मैं पिछले 35 वर्षों पर नज़र डालता हूं तो मुझे अपने दोस्त और जाने-माने कवि सितांशु यशचंद्र की मुझसे कही बात याद आती है। उन्होंने कहा था कि नैसकॉम में हम लोग सूरजमुखी के फूल की तरह हैं। जिस तरह से सूरजमुखी का फूल सूरज का अनुसरण करता है, वैसे ही हम भारत निर्माण करने की अपनी सोच से ऊर्जा हासिल करते हैं। जब बाहर अंधेरा छाया होता है, तो जैसे सूरजमुखी फूल के डिस्क फ्लोरेट्स अपने केसरिया रंग को बचाए रखते हैं, वैसे ही हमने भी अपना सिर ऊंचा रखा और आसामान की तरफ बढ़ना जारी रखा।

मुझे इस बात का भान है कि छपी हुई किताबों की अपनी सीमाएँ होती हैं और इसलिए मेरी कुछ कहानियां, जिसमें मेरी और मेरी कंपनी ऑनवर्ड टेक्नोलॉजीज़ की कहानी शामिल हैं, मेरे जानने वालों को अधूरी लग सकती हैं। इसके अलावा, नैसकॉम और भारतीय आईटी उद्योग से जुड़ी कई कहानियों को हटाना पड़ा। मुझे उम्मीद है कि आप जानबूझकर कहानियां हटाने को स्वीकार करेंगे।

अंततः, मैं जानता हूं कि मैं इतिहास लिखने वाला कौन होता हूं। मैं केवल उन्हीं घटनाओं को शामिल कर सकता हूं जो मेरे आसपास घटित हुई। किताब की कई घटनाएं मेरी याददाश्त से शामिल की गईं, लंबे समय से बनाए मेरे नोट्स से भी इन घटनाओं की पुष्टि हुई। मैं जानता हूं कि समय के साथ मानव की याददाश्त कमजोर होती है और कुछ गलतियां हो सकती हैं। इसलिए मैंने सार्वजनिक स्रोतों, आंतरिक मेमो और दोस्तों व सहकर्मियों के साथ किए बहुत सारे लाइव इंटरव्यू का सहारा लिया। मैं और मेरी टीम ने यह पक्का करने का हरसंभव प्रयास किया कि मैंने जो भी लिखा है या जिस घटना का जिक्र किया है, वह तथ्यात्मक रूप से जितना संभव हो सके उतना सही हो। जब भी मुझे संदेह हुआ तो मैंने अपने मूल्यों और विश्वासों पर भरोसा किया। हमने सम्मानित, स्वतंत्र संगठनों के साथ मिलकर रिसर्च की और सत्यता व सटीकता सुनिश्चित करने के लिए तीसरे पक्ष से तथ्यों की जांच करवाई।

यदि आपको अभी भी कोई विसंगति दिखे, तो कृपया मुझे अवश्य लिखें और मैं खुद को सुधारने के लिए उत्सुक रहूंगा। मैं और मेरी टीम Factcheck@themaverickeffectbook.com पर उपलब्ध हैं।

हरीश एस मेहता

जनवरी 2022, मुंबई

'*The Maverick Effect* के गुजराती और मराठी संस्करण भी उपलब्ध हैं।'

प्राक्कथन

एन.आर. नारायण मूर्ति द्वारा

अतुलनीय दिलचस्प किताब है जो नैसकॉम और हरीश मेहता की कहानी को सामने लाती है। यह नैसकॉम की विश्वसनीय और आधिकारिक जीवनी है, जिसे उस व्यक्ति ने लिखा है जिसने 1988 में नैसकॉम की स्थापना में प्रमुख भूमिका निभाई और आज तीस वर्ष बाद भी अपने बच्चे की तरह उसकी देखभाल कर रहे हैं। मुझे बताया गया है कि सच्चाई और सटीकता को लेकर हरीश के आग्रह के कारण किताब की हर घटना को आंकड़ों और तथ्यों से परखा गया है। भविष्य में जब इतिहासकार भारत में सॉफ्टवेयर उद्योग के प्रारंभिक वर्षों में नौकरशाही से जुड़ी बाधाओं को हटाने में नैसकॉम की भूमिका पर रिसर्च करेंगे तो उनके काम का भरोसा करेंगे।

मैं सबसे पहले 1979 में हरीश से मिला था, मैं उनसे मिलने के लिए अपने दोस्त स्वर्गीय श्री घनश्याम गुप्ता को साथ ले गया था। घनश्याम चेन्नई में डिजिटल इक्विपमेंट कॉर्पोरेशन के VAX 11/750 कंप्यूटर पर आधारिक डेटा सेंटर की स्थापना करना चाहते थे। हरीश ने दयालुता, शिष्टता, उदारता और खुले दिल से सफल डेटा सेंटर चलाने से जुड़ी सभी जानकारियां साझा कीं। हरीश में आज भी दयालुता, उत्साह और उद्यमियों की मदद करने की वही भावना मौजूद है।

नैसकॉम असाधारण लोगों का संगठन है। यह ऐसा गठबंधन है जिसकी कल्पना मुश्किल है। नैसकॉम की शुरुआत ऐसे समय में हुई जब सॉफ्टवेयर को मूर्त उत्पाद या सर्विस के तौर पर मान्यता दिलवाना और इसे कंप्यूटर हार्डवेयर से अलग पहचान दिलवाना बहुत मुश्किल काम था। नैसकॉम को संदेह भरे माहौल में गहरे जमे पूर्वाग्रहों से लड़ना पड़ा। उस समय ईकोसिस्टम ने सॉफ्टवेयर सर्विस व्यवसाय को चलाने के लिए ज़रूरी बुनियादी ढांचा नहीं दिया। उद्यमियों ने धैर्य के साथ भविष्य के लिए आधार तय किया।

सॉफ्टवेयर सर्विस उद्योग ने देश पर अभूतपूर्व प्रभाव डाला। यह उद्योग देश में नया लोकाचार लेकर आया। नैसकॉम की सदस्य कंपनियों ने प्रतिस्पर्धा और योग्यता को अपनाया। उन्होंने इनोवेशन का लाभ उठाया और वैश्विक बाज़ार में बेहतरीन प्रदर्शन करने के लिए कड़ी मेहनत की। नियोक्ता के तौर पर उन्होंने सभी को समान अवसर दिए। उन्होंने कंपनी चलाने के लिए सबसे बेहतर वैश्विक मानकों को अपनाया। उन्होंने भारत में कॉर्पोरेट गवर्नेंस के कई नए मानक स्थापित उन्होंने वित्तीय रिपोर्टिंग में पारदर्शिता पर ध्यान दिया। उस समय तक भारत में इस तरह की सोच मौजूद ही नहीं थी। नैसकॉम से जुड़ी कंपनियों के तेज़ विकास ने टियर-2 और टियर-3 शहरों के युवाओं के लिए रोजगार के बड़े अवसर भी पैदा किए।

1989 में मेरे सहकर्मी नंदन नीलेकणि मुझे नैसकॉम में लेकर आए। उन्होंने सुझाव दिया कि मैं उनकी जगह लूं और नैसकॉम को बेहतर बनाने में योगदान दूं। नंदन रणनीतिक विचारक हैं और गहराई से सोचते हैं। मुझे उनका सुझाव अच्छा लगा। मैं 1990 में एग्जीक्यूटिव काउंसिल (ईसी) के चुनाव के लिए खड़ा हुआ और चुना गया। ईसी में मेरे साथियों ने दो वर्ष के लिए मुझे उपाध्यक्ष (जिसे अब वाइस-चेयरपर्सन कहा जाता है) और हरीश को अध्यक्ष (जिसे अब चेयरपर्सन कहा जाता है) चुना। इसके दो वर्ष बाद 1992 में हरीश के बाद मैं नैसकॉम का अध्यक्ष बना।

किताब की शुरुआत हरीश और उनकी पत्नी, शैला के देश वापस आकर अपनी मातृभूमि की सेवा करने के फैसले से होती है। किताब में लगभग असंभव को हासिल करने के उनके प्रयासों, अपने पहले बच्चे व पत्नी की मृत्यु को सहने की उनकी सहनशील प्रवृत्ति, पिछले पचास वर्षों में भारत में जीवन की सच्चाईयों से जुड़े उनके अनुभवों, उनकी मेहनत, दृढ़ संकल्प, धैर्य, नैसकॉम व टीआईई जैसे संगठनों को खड़ा करने के

उनके आशावाद, परस्पर विरोधी व्यक्तित्वों के बीच शांति स्थापित करने वाले उनके मिलनसार स्वभाव, और नेक इरादे वाले, आकांक्षी, अतिसक्रिय व अति-महत्वाकांक्षी देवांग मेहता से सर्वश्रेष्ठ हासिल करने के उनके अथक प्रयासों का दिलचस्प वर्णन है। मुझे नहीं लगता कि किसी दूसरे ने नैसकॉम की स्थापना और उसके विकास को इतना करीब से देखा होगा जितना कि हरीश ने। हमें इस व्यापक और ईमानदारी से लिखी किताब के लिए उनका आभारी होना चाहिए।

हरीश ने अपनी किताब में देवांग के पेशेवर और इंसान दोनों रूपों के बारे में विस्तार से बात करते हुए देवांग की वास्तविक तस्वीर हमारे सामने रखी है। वह नैसकॉम को उद्योग की प्रामाणिक आवाज़ बनाने का श्रेय देवांग को देते हैं। मैं इस बात में हरीश से सहमत हूं। नैसकॉम की सम्मान सूची में देवांग का नाम सबसे ऊपर होगा। इस सूची में हरीश और दूसरे संस्थापक सदस्यों जैसे नंदन नीलेकणि, अशांक देसाई, के.वी. रमानी, विजय श्रीरंगन और सौरभ श्रीवास्तव के भी नाम शामिल होंगे।

मैंने हरीश के साथ बिताए अपने प्रत्येक मिनट का मजा लिया है। आज भी, जब मैं मुंबई में होता हूं तो हरीश, अशांक और मैं कॉपर चिमनी में रात का खाना खाते हुए 3-4 घंटे साथ बिताते हैं। अगर मेरे मुंबई में रहने के दौरान रमानी भी यहां होता है तो वह भी हमारे साथ होते हैं।

नैसकॉम उत्प्रेरक कोपिटीशन प्लेटफॉर्म रहा है, जिसने अपनी सदस्य कंपनियों के विकास की गति को तेज करने के लिए नौकरशाही से जुड़ी बाधाओं को दूर करने में काफी मेहनत की है। नैसकॉम ने दिखाया है कि बाज़ार में एक दूसरे से प्रतिस्पर्धा कर रही कंपनियां भी बड़े मसलों को हल करने के लिए किसी कोपिटीशन प्लेटफॉर्म पर साथ मिलकर मित्रता भरे माहौल में काम कर सकती हैं। नैसकॉम इस बात का अच्छा उदाहरण है कि कैसे भारतीय और बहुराष्ट्रीय कंपनियों दोनों के लिए बेहतरीन प्लेटफॉर्म तैयार किया जा सकता है। मैं उम्मीद करता हूं कि उद्योगों से जुड़े दूसरे संगठन भी नैसकॉम से सीखकर अर्थव्यवस्था को गति देने के लिए कोपिटीशन मॉडल पर काम करेंगे।

मेरा मानना है कि अगले कुछ दशकों में देश के तौर पर हमारी सबसे बड़ी चुनौती यह होगी कि क्या हम भारत को विकसित देशों में शामिल करवाने के लिए आकांक्षा, राष्ट्रीय गौरव, सर्वश्रेष्ठ वैश्विक मानकों के साथ बराबरी, अनुशासन, योग्यता, कड़ी मेहनत, गुणवत्ता, उत्पादकता, ईमानदारी, खुली सोच, बहुलवाद, विनम्रता, हमसे बेहतर

लोगों से सीखने की इच्छा और ऐसे दूसरे गुणों को अपनाने की संस्कृति विकसित कर सकते हैं।

यह चुनौती सुनने में दु:साहसी लगती है। मेरा मानना है कि यह किताब, *अतुलनीय: भारत के आईटी रेवोल्यूशन की कहानी*, इस कठिन चुनौती को पूरा करने में मदद करेगी।

एन.आर. नारायण मूर्ति,
संस्थापक, इंफोसिस टेक्नोलॉजीज

प्रस्तावना

एन. चंद्रशेखरन द्वारा

मैंने एक दशक पहले नैसकॉम के चेयरपर्सन के तौर पर काम किया। यह भारत के टेक्नोलॉजी लीडर्स और उद्यमियों का प्रतिनिधित्व करने वाला प्रमुख संगठन है। मुझे नैसकॉम में इस किताब के लेखक हरीश मेहता के साथ भविष्य की चुनौतियों को लेकर संगठन के पुर्नगठन की योजना पर करीब से काम करने का मौका मिला।

मैंने खुद देखा है कि नैसकॉम को लेकर वह कितने महत्वकांक्षी हैं, और उन महत्वकांक्षाओं को पूरा करने के लिए उन्होंने कितनी ऊर्जा व रचनात्मकता लगाई है। दृढ़ निश्चयी और मिलनसार, हरीश में लोगों को एकजुट करने की क्षमता है। उन्होंने भारत में टेक्नोलॉजी से जुड़े प्रमुख लोगों को एक साथ काम करने के लिए तैयार किया और सबके साथ भरोसेमंद संबंध बनाए। इस क्षेत्र का अनुभवी होने के नाते मैं कह सकता हूं कि यह काम करना आसान नहीं है। नैसकॉम के माध्यम से, जिसके दृष्टिकोण और इतिहास का उन्होंने इन पन्नों में बेहतरीन वर्णन किया है, हरीश भारतीय टेक्नोलॉजी के महान चैंपियनों में से एक रहे हैं।

उदारीकरण से तीन वर्ष पहले 1988 में शुरू किया गया नैसकॉम, देश के बदलते दौर की उपज था। दशकों तक अपने स्थानीय प्रतिद्वंदियों से पीछे रहे भारत ने आखिरकार

बढ़त बनाना शुरू किया। लाखों लोग गरीबी से बाहर आए। महत्वकांक्षी मध्यम वर्ग का उदय हुआ। महिलाओं ने बड़ी संख्या में काम करना शुरू किया और उन्हें नई आज़ादी का अहसास हुआ। इस बदलाव में टेक्नोलॉजी उद्योग ने भी बड़ी भूमिका निभाई, और नैसकॉम इसके केन्द्र में था। मुझे यह कहने में कोई झिझक नहीं कि नैसकॉम ज़रूरी था।

इस पन्नों में लिखी गई हरीश मेहता की कहानी हमारी जन्मभूमि से जुड़ी नीति कथा है। 1970 में अमेरिका से भारत वापस आने के बाद उन्होंने पुरानी मान्यताओं को चुनौती देने और बड़े सपने देखने के लिए उन्होंने टेक उद्यमियों की पूरी पीढ़ी को एकजुट किया। उस समय भारतीय सॉफ्टवेयर उद्योग मौजूद ही नहीं था। 80 के दशक के आखिर में उसका कुल निर्यात केवल 52 मिलियन डॉलर था। मुझे यह बताते हुए खुशी हो रही है कि 2017 तक यह आंकड़ा 3,000 गुना बढ़कर 154 बिलियन डॉलर पर पहुंच चुका है।

इस उपलब्धि में नैसकॉम की भूमिका पर ही यह किताब लिखी गई है। नैसकॉम ने ऐसे समय में भारत सरकार को टेक्नोलॉजी के बारे में सिखाया, जिस समय, जैसा कि हरीश बताते हैं, पूरे उद्योग की बैंडविड्थ उतनी थी, जितनी आज कोई युवा हफ्ते के आखिरी दिनों में इस्तेमाल कर लेता है। नैसकॉम ने भारत के टेक उद्योग को लेकर बनी पुरानी सोच को भी चुनौती दी और ऐसे युग की शुरुआत की जहां भारतीय सॉफ्टवेयर इंजीनियरों को पूरी दुनिया में सम्मान दिया जाता है। और वे दुनिया की कुछ सबसे बड़ी टेक कंपनियों को चला रहे हैं। शायद सबसे महत्वपूर्ण यह रहा कि नैसकॉम ने ऐसा प्लेटफॉर्म दिया जहां टेक लीडर्स साथ मिलकर सबकी भलाई के लिए काम कर सकते थे। 90 और 2000 के दशक में भारत के तेज विकास और उस समय की तगड़ी प्रतिस्पर्धा के बीच यह मामूली उपलब्धि नहीं थी।

पिछले दो वर्षों में आए व्यवधानों को देखते हुए यह किताब सही समय पर प्रकाशित हो रही है। कोविड-19 की महामारी के बाद भारत विकास के नए चरण में प्रवेश कर रहा है। लाखों भारतीय घर से काम करने और अपने दोस्तों व रिश्तेदारों से जुड़े रहने के लिए टेक्नोलॉजी का इस्तेमाल कर रहे हैं। टेक्नोलॉजी हमारे जीवन का इतना अहम हिस्सा बन चुकी है, जितना कि एक दशक पहले सोचा भी नहीं जा सकता था।

महामारी से यह भी पता चला कि भारत में अभी भी कौन-से बदलाव होना बाकी हैं। इस किताब में, हरीश भारत को 'स्मार्ट देश' बनाने के अपने दृष्टिकोण को सामने रखते हैं। यह ऐसा भारत होगा जहां साफ हवा, संसाधनों का ज़्यादा समान वितरण और

ज़्यादा समृद्धि होगी। ऐसा भारत जहां, सभी कीशिक्षा और स्वास्थ्य तक बेहतर पहुंच होगी और सरकार के निर्णय तथ्यों व डेटा पर आधारित होंगे। इस भारत में आम नागरिक के जीवन की गुणवत्ता दुनिया के प्रमुख पांच देशों में शामिल होगी, जहां 100 प्रतिशत साक्षरता होगी और जहां हमारा देश दुनिया में बिजनेस करने के सबसे बेहतरीन देशों में शामिल होगा।

हमें अभी काफी रास्ता तय करना है। अभी भी बहुत सारे भारतीयों को स्वास्थ्य और शिक्षा जैसी बुनियादी सुविधाएं उपलब्ध नहीं है। हमारे यहां डॉक्टरों और अध्यापकों की कमी है और पर्याप्त स्कूल व अस्पताल भी नहीं हैं। इसके साथ ही हमारे यहां पर्याप्त नौकरियां भी नहीं है। केवल इस दशक में 90 हजार भारतीय नौकरी करने की उम्र में पहुंच जाएंगे, जो अमेरिका, ब्राजील और इंडोनेशिया की कुल संख्या का चार गुना है। हमारी वर्तमान अर्थव्यवस्था में नियमित आय और दूसरे फायदों के साथ ही औपचारिक रोजगार का अभाव है, जिससे लोगों में हताशा बढ़ने की आशंका है।

जैसा कि मैंने अपनी किताब, *ब्रिजिटल नेशन*, में लिखा है कि समाधान निकालने, नई नौकरियां पैदा करने, सार्वजनिक सेवाओं तक पहुंच बेहतर बनाने और नए उद्यमियों के लिए नए अवसर पैदा करने में टेक्नोलॉजी की महत्वपूर्ण भूमिका होगी। इसमें युवा व बुजुर्ग, अमीर व गरीब, शहरी व ग्रामीण, सभी के लिए बदलाव लाने की क्षमता है। लेकिन नई टेक्नोलॉजी हमारे देश के हित में काम करे उसके लिए ज़रूरी है कि पूरा उद्योग एक साथ मिलकर काम करे।

तीन दशक पहले, नैसकॉम ने भारत के उभरती टेक्नोलॉजी उद्योग के लिए एक सपना रखा था। इसे साकार करने से लाखों लोगों के जीवन में सुधार आया और हमारे देश का भाग्य बदल गया। आज जो भी जानना चाहता है कि इसे कैसे हासिल किया गया तो उसके लिए यह किताब अहम साबित होगी।

एन.चंद्रशेखरन,
चेयरमैन, टाटा संस

आमुख

रेती मा वाहन चलावा

टाइगर टाइगर जो चमकता है,
रात के अंधियारे में,
किस शाश्वत शक्ति ने अपने हाथों से,
इतनी शानदार रचना तैयार की है?

—विलियम ब्लेक

ब्लेक एशियन टाइगर कहे जाने वाली भारतीय अर्थव्यवस्था के बारे में यही प्रश्न पूछ सकते थे: कौन तुम्हें कल्पना करने की हिम्मत रखता है? कौन तुम्हें आकार देने की हिम्मत रखता है? कौन तुम्हें बनाने की हिम्मत रखता है?

यह उन लोगों की कहानी है जिन्होंने यह हिम्मत दिखाई।

1950 से 1980 के दशक तक भारत की अर्थव्यवस्था प्रतिवर्ष केवल 3.5 प्रतिशत की दर से बढ़ी, जिसे हिंदू दर भी कहते हैं। इसी दौरान हमारे पड़ोसियों ने बेहतर प्रदर्शन दिखाया। पाकिस्तान ने 5 प्रतिशत, इंडोनेशिया और थाईलैंड ने 9 प्रतिशत, दक्षिण कोरिया ने 10 प्रतिशत और ताईवान ने 12 प्रतिशत की आश्चर्यजनक दर से

विकास किया। माओ के दौर (1949 से 1977) में चीन ने ज़बरदस्त विकास की नींव तैयार की।

भारत इन देशों के साथ क्यों नहीं चल पाया? इसके कई कारण थे। कुछ तो एक नया देश होने की मासूमियत थी और कुछ कारण ऐसे थे जिन्हें बदला नहीं जा सकता था।

दूसरे विश्व युद्ध के बाद दुनिया सोवियत और अमेरिका के दो ध्रुवों में बंट गई। नई विश्व व्यवस्था के बीच भारत ने गुट निरपेक्ष आंदोलन की नींव डाली। पर वास्तव में, हम सोवियत गुट के नजदीक था। नेहरूवादी समाजवाद के समय शुरू किया योजना आयोग सोवियत संघ के लीनियर प्रोग्राम से मिलता-जुलता था। 1980 के दशक की समाप्ति तक, सोवियत संघ बिखर गया और अमेरिका अकेली महाशक्ति बन गया। भारत कहीं पीछे छूट गया।

सही कहें तो देश में परेशानियों की शुरुआत पहले ही हो चुकी थी। 80 के दशक के मध्य में प्रधानमंत्री इंदिरा गांधी की हत्या कर दी गई। उनके पुत्र राजीव गांधी देश के प्रधानमंत्री बने और उन्होंने पूरी कोशिश की लेकिन पंजाब में अलगाववाद की आग बढ़ती गई। कश्मीर और असम में भी भारत की अंखडता पर चोट करने की कोशिश हुई। राजीव गांधी का कार्यकाल खत्म होने के अगले चार वर्षों में देश ने कई प्रधानमंत्री देखे।

देश में युवाओं के आंदोलन भी हुए, जो सुरक्षित नौकरी न मिलने की बैचेनी से शुरू हुए थे। यह वह समय था जब सरकारी नौकरी को सबसे बेहतर माना जाता था। साफ था कि देश में करियर के नए विकल्प पैदा करने होंगे।

व्यवसायों के लिए बेहतर अवसर से नई नौकरियां पैदा हो सकती थीं। इसके बजाय, भारत खुद की राजनीति में इतना उलझा हुआ था कि अर्थव्यवस्था कहीं पीछे छूट गई थी, जिसके कारण विदेशी मुद्रा का संकट खड़ा हुआ। ये सब कम नहीं था कि 1990 में खाड़ी युद्ध के कारण संकट ज़्यादा बढ़ गया और तेल की कीमतें आसमान छूने लगीं। भारत का तेल आयात का खर्च बढ़ गया, निर्यात में गिरावट आई, क्रेडिट खत्म हो गया और अंतरराष्ट्रीय निवेशक अपना पैसा वापस ले जाने लगे।

स्थिति इतनी गंभीर हो गई कि भारत के पास केवल दो हफ्ते के आयात के लायक ही विदेशी मुद्रा बची थी। जबकि सुरक्षित स्थिति के लिए छब्बीस हफ्ते की विदेशी मुद्रा चाहिए होती है. भारत दिवालिया होने की कगार पर था। सरकार राजकीय कर्ज चुकाने की स्थिति में नहीं थी, ऐसे में अंतरराष्ट्रीय स्तर पर देश की रेटिंग में गिरावट होती।

विदेशी मुद्रा न होने का मतलब था कि भारत बाहर से कुछ भी आयात नहीं कर सकता था। तेल को ही लें। तेल न होने का मतलब था, सड़कों पर वाहन नहीं चलेंगे, खाने-पीने का सामान और दवाईयों जैसी ज़रूरी चीजों की आपूर्ति भी रुक जाती। इसका मतलब था देश में भूखमरी और बीमारियां बढ़ सकती थीं। जब मैक्रोइकॉनोमिक्स गलत हो जाती है तो उसका असर इंसानों पर दिखाई देता है।

ऐसे समय में मज़बूत नेतृत्व देश के काम आता है। लेकिन उस समय देश में अनिश्चित गठबंधन सरकारों का दौर था।

वर्ल्ड बैंक और इंटरनेशनल मोनेटरी फंड (IMF) ने भारत की मदद करने से मना कर दिया। देश के पास दो ही विकल्प थे, या तो देश के सोने को गिरवी रखा जाए या फिर सरकार कर्जों का भुगतान करने से मुकर जाए। गिरवी रखने से देश को शर्मिंदगी उठानी पड़ती, लेकिन कर्ज भुगतान से मुकरने पर बहुत बड़ा संकट खड़ा हो जाता।

लेकिन, सोना गिरवी रखना भी आसान उपाय नहीं था। लोन देने वाली अंतरराष्ट्रीय संस्थाओं की मंशा पर संदेह था। बहुत कम देश खुद को उनके अनुबंधों से बाहर निकाल पाए थे। प्रधानमंत्री चंद्रशेखर की सरकार ने बहादुरी से विदेशी मुद्रा संकट का सामना किया। उन्होंने वर्ल्ड बैंक और इंटरनेशनल मोनेटरी फंड से राहत पैकेज लेने के बदले हवाई जहाज से सोना गिरवी रखने के लिए भेजा। हालांकि उस समय देश संकट से बच गया, लेकिन इसने पिछड़े, गरीब और असफल देश के तौर पर भारत की छवि को पक्का कर दिया।

ताज्जुब की बात थी कि सरकार ने विदेशी करेंसी लाने और नौकरियों के अवसर बढ़ाने के लिए व्यवसायों को क्यों नहीं प्रोत्साहित किया? क्या इस कदम से सोना गिरवी रखने से बचा जा सकता था? क्या इससे समस्या हल नहीं हो सकती थी?

इस तरह के प्रश्नों का उत्तर बहुत कठिन है। देश के तौर पर भारत का निर्माण बहुत जल्दबाजी में हुआ था और इसे बहुत जल्दी में अर्थव्यवस्था से जुड़े नियम तैयार करने पड़े। इससे कुख्यात 'लाइसेंस राज' का जन्म हुआ, ऐसी व्यवस्था जहां आपको व्यवसाय शुरू करने से पहले सरकार से लाइसेंस लेना होता था। राजनेताओं से करीबी संबंध रखने वाले व्यापारियों को आसानी से यह लाइसेंस मिल जाता था। रिश्वत और पर्दे के पीछे से मदद करना आम बात थी। राजनेताओं को पैसे देकर सरकार से फायदे लिए जाते थे, यहां तक कि कुशलता से चल रही बड़ी कंपनियां भी यह करती थीं।

अगर आप फोन लगवाना चाहते थे, तो आपको चार साल तक इंतजार करना पड़ता था। फोन में डायल टोन आने के लिए थोड़ा और इंतज़ार करना पड़ता था। अगर आपने अपनी जवानी में दोस्तों के साथ घूमने के लिए स्कूटर खरीदने का आवेदन किया है तो जब तक आपके पास स्कूटर आता, आपके दो बच्चे हो चुके होते थे। अगर आपको ताज़े फलों की ज़रूरत होती तो लोग कहते थे, सीधे कश्मीर चले जाइए।

जहां देश का बड़ा हिस्सा बहस और घर बैठकर देश को बदलने की बड़ी-बड़ी बातें करने में लगा था, वहीं कुछ युवा टेक्नोलॉजी और सॉफ्टवेयर उद्यमियों का छोटा सा समूह स्थितियों को बदलने की कोशिश में लगा था।

अतुलनीय: भारत के आईटी रेवोल्यूशन की कहानी के ज़रिए मैं इस समूह, इसके प्रत्येक सदस्य, प्रत्येक लीजेंड और समय के साथ हम कैसे बड़े आंदोलन में बदले जिसने देश के लिए महत्वपूर्ण योगदान दिया, की कहानी को अमर बनाना चाहता हूं। हमें कई मोर्चों पर इनोवेशन करना पड़ा– और यह काम कई समस्याओं से एक साथ जूझते हुए किया। हमें ऐसा संगठन खड़ा करना था जो हममें से किसी भी व्यक्ति से ज़्यादा महत्वपूर्ण हो। हमें ऐसे मूल्य तैयार करने थे जो हमारे निर्णयों और कार्यों के लिए मार्गदर्शक का काम करें। हमें दुनिया के भारत के प्रति पूर्वाग्रहों को बदलना था। हमें उस समय पता नहीं था कि हम बहुत बड़ी जिम्मेदारी निभाने जा रहे थे। यह किताब, उस संगठन जिसे हमने बनाया, वह प्रभाव जो हमने पैदा किया और किस तरह से हमने मिलकर ज़िम्मेदारी उठाई, उस बारे में है।

सच कहूं तो, जब हमने शुरुआत की थी तो हमें बिल्कुल अंदाजा नहीं था कि भारत का आईटी उद्योग आज अरबों डॉलर का व्यवसाय बन जाएगा और लाखों भारतीय प्रत्यक्ष या अप्रत्यक्ष तौर से इसके लिए काम करेंगे। हम नहीं जानते थे कि हम प्रतिभा और योग्य महिलाओं को समान अवसर देने वाला उद्योग खड़ा करने जा रहे थे या हम आगे जाकर डिजिटिल इंडिया के सपने को पूरा करने की दिशा में मज़बूत स्तंभ बनेंगे।

यह नए मध्यम वर्ग के बनने की भी कहानी है। हम एक जैसी सोच वाले युवाओं का समूह मात्र थे, जिनमें से प्रत्येक देश की तत्कालीन स्थिति और बदलाव लाने में हमारी असमर्थता से गुस्से में था।

यह भारत की छवि को सपेरों और बैलगाड़ियों वाली अर्थव्यवस्था से ऐसे देश में बदलने की कहानी है, जिसे आज पूरी दुनिया टेक्नोलॉजी के मामले में अपना भरोसेमंद पार्टनर मानती है।

यह कहानी है कि कैसे दुनिया की आबादी का छठा हिस्सा अभावों से निकलकर प्रचुरता की तरफ बढ़ा और कैसे देश का भाग्य बदला।

यह बदलाव, हमारे साहस और देश में हमने जो क्रांति शुरू की, उसकी कहानी है।

तो मेरे साथ चलिए इस किताब के सफर पर।

1

दो देशों की कहानी

अमेरिका का सपना कैसा होता है, मुझे पता है। मैं उस सपने के भीतर रहता था। बहुत से लोगों की तरह मैं भी इस सपने को पूरा करना चाहता था। इस किताब की शुरुआत भी इसी सपने को हकीकत बनाने की कहानी से होती है। इस सपने ने मेरी ज़िंदगी और काम की दिशा तय की और आज भी इस सपने का रंग धुंधला नहीं हुआ है।

ये बात 70 के दशक के बीच की है। मैं उस समय जानी-मानी कंपनी, अमेरिकन कैन में डेटाबेस मैनेजर था। नौकरी में मुझे बढ़िया तरक्की मिली और मेरी तनख्वाह $22,000 से बढ़कर $28,000 हो गई। इस तनख्वाह के साथ मैं अमेरिका के अपर-मिडिल क्लास में शामिल हो गया था। मेरे पास कटलास सुप्रीम कार थी, स्टैमफोर्ड, कनेक्टिकट में बढ़िया घर, जहां मैं अपनी पत्नी, शैला और बेटे चिरंत के साथ रहता था। चिरंत का जन्म हाल ही में हुआ था। मेरे पास कॉर्पोरेट सीढ़ी पर और ऊपर चढ़ने के सभी कारण मौजूद थे।

मैं और शैला हमारी ज़िंदगी से बहुत खुश थे, लेकिन हम अमेरिकी समाज में घुल-मिल नहीं पा रहे थे। हम भारतीय थे और बहुत मिलनसार थे। हम उस समाज और संस्कृति का हिस्सा बनना चाहते थे। हमारे भारतीय दोस्त भी थे, लेकिन हम उस देश से जुड़ना चाहते थे, जिसे हमने अपना नया घर बनाया था। और ऐसा नहीं है कि हमने कोशिश नहीं की।

हमने हर कोशिश की। हम एक ओपेरा क्लब से जुड़े, जहां हम साल में 6 शो देख सकते थे। इस शो को देखने शहर के जाने-माने लोग आते थे। यह हमारे लिए नया अनुभव था। लेकिन हमें ओपेरा के विषय या कलाकारों के बारे में कुछ भी पता नहीं था। हमने बहुत कोशिश की लेकिन ऐसा लगा कि हमें वहां अपनाया नहीं गया। हमें लोगों के साथ बातचीत शुरू करने में परेशानी होती थी। शायद अमेरिकी संस्कृति को लेकर हमारी कम समझ या हमारी त्वचा के रंग के कारण ऐसा हो रहा था। यहाँ तक कि हमारा पसंदीदा शाकाहारी खाना, जिससे हम अक्सर लोगों से जुड़ते थे, ढूंढना भी मुश्किल था।

हम एक डुप्लिकेट ब्रिज ग्रुप से भी जुड़े, जहां चालीस के करीब जोड़े ब्रिज खेलने आया करते थे। वहां मजा तो बहुत आता था, लेकिन जैसे ही खेल खत्म होता सब अपना बैग उठाते और वहां से निकल जाते थे। हमें अहसास हुआ कि यहां भी हमारा कोई दोस्त नहीं था। लोगों से मेलजोल बढ़ाने के लिए हम राजनैतिक दलों का समर्थन करने वाले समूह में भी शामिल हुए। लेकिन उससे भी कोई अंतर नहीं पड़ा। अब सोचते हैं तो लगता है कि भारत की पिछड़े देश की छवि इसकी बड़ी वजह थी। सही कहूं तो हम उस समाज के लिए बने ही नहीं थे।

1976 में शैला ने आखिरकार कहा कि हमें वापस भारत लौट जाना चाहिए। मेरी बढ़ती प्रोफेशनल सफलता और आरामदायक जीवन के बावजूद, हमने इस बारे में पहले भी कई बार बात की थी। इस बार शैला ने वापस जाने का इरादा बना लिया था। मेरी छोटी बहन रीता की शादी पर हमें भारत जाना ही था, और शैला ने कहा कि इस बार हम वापस नहीं आएंगे। मैं उससे सहमत था। हमारा बच्चा बड़ा हो रहा था और लगा जैसे हमारी जड़ें हमें वापस बुला रही थीं।

ये तो है कि अवचेतन मन बहुत ही समझदार होता है और अक्सर भविष्य को पढ़ लेता है। मुझे लगता है कि हमारे साथ भी यही हो रहा था। हम अमेरिका में ऐसे इलेक्ट्रिकल उपकरण खरीदते थे जो अमेरिका के 110वोल्ट के साथ ही भारत के 220वोल्ट वाले इलेक्ट्रिक सिस्टम पर भी काम कर सकें। हालांकि जिस भारतीय स्टोर से हम ये सामान खरीदते थे, वहां विकल्प थोड़े कम थे, लेकिन हमने कभी इसकी शिकायत नहीं की। हमने जो कार खरीदी उसमें भी बाल्टे जैसे अलग-अलग सीट की जगह बेंच सीट लगी थी। क्योंकि भारत में बड़े परिवारो के लिए बेंच सीट ही ज्यादा उपयोगी होती

है। क्या हमारे साथ ऐसा हो रहा था कि हम अमेरिका में रह तो रहे थे, लेकिन हमारा मन अभी भी भारत से ही जुड़ा था? अब सोचता हूँ तो लगता है शायद ऐसा ही था।

हालांकि, सफल जीवन को छोड़ना आसान नहीं होता। भारत वापस लौटने का पहला कदम था अपने बॉस से बात करना। वह फिनलैंड से थे, और मेरी तरह ही परदेसी भी। दूसरे परदेसियों की तरह उनके लिए भी अमेरिका एक जन्नत था। वह समझ नहीं पा रहे थे कि मैं भारत वापस क्यों जाना चाहता हूँ। वो भी उस समय जब मैं केवल उन्तीस साल का था और आगे बढ़ने के ढेरों बेहतरीन मौके मेरी राह देख रहे थे। उन्होंने हाल ही में मेरी तनख्वाह में 30 फीसदी बढ़ोतरी की थी, जबकि उस समय हमारी इंडस्ट्री में आमतौर पर 2-3 फीसदी बढ़ोतरी ही हुआ करती थी। उन्हें समझाना मुश्किल था, लेकिन आखिरकार उन्होंने मेरा इस्तीफा मंजूर कर लिया। उन्होंने कहा कि अगर मेरा 'पागलपन भरा कदम' सफल नहीं रहा, तो मेरी नौकरी मेरे लिए इंतजार करेगी।

मेरी कंपनी में दो हफ्ते का नोटिस देने का नियम था लेकिन मेरे बॉस ने मुझे एक महीने तक काम करने को कहा। मुझे कोई परेशानी नहीं थी क्योंकि मेरी बहन की शादी में अभी कुछ महीने बाकी थे। इस बीच हमने वापसी की तैयारी शुरू कर दी। हमारी फेयरवेल पार्टी में स्टेमफोर्ड में रहने वाले भारतीय समुदाय के लोग भी शामिल हुए और उन्होंने दावा किया कि मैं भारत में ज़्यादा दिन नहीं रुक पाऊंगा। उन्होंने शर्त लगाई कि मैं तीन महीने में अमेरिका वापस आ जाऊंगा। उन्होंने मुझसे मेरी आगे की योजना के बारे में पूछा, और मैंने ईमानदारी से कहा कि मुझे खुद भी अभी कुछ नहीं पता। उन्होंने बहुत ज़ोर दिया, तो मैंने कह दिया कि अगर कुछ ठीक नहीं रहा तो मैं अपने पिता के बिजनेस को संभाल लूंगा। हर बच्चे के लिए उसके पिता हीरो होते हैं। लेकिन मेरे पिता, शांतिलाल मेहता, जिन्हें मैं काका कहता था, सही मायने में असाधारण व्यक्ति थे। वे फिल्मों के मशहूर डिस्ट्रीब्यूटर थे और दुनिया घूमते रहते थे। उन्हें संगीत, दर्शनशास्त्र और साहित्य और सिक्कों के संग्रह (न्यूमिस्मैटिक्स) जैसे अलग-अलग विषयों में गहरा शौक था। उनका सामाजिक जीवन बहुत सक्रिय था, और वे अपने हर समूह में बेहद सम्मानित थे।

हमारे वापस आने की बात सुनकर शैला का परिवार बहुत खुश हुआ। बा, यानी की मेरी मां भी बहुत खुश हुईं केवल काका ही थे जिन्होंने कुछ जाहिर नहीं किया।

अमेरिका में हमारे दोस्तों ने हमें चेताया कि भारत जाने के लिए यह सही समय नहीं है, क्योंकि देश एक इमरजेंसी झेल चुका था। उथल-पुथल का माहौल था। इमरजेंसी का

तगड़ा विरोध हो रहा था। लेकिन हमने उन्हें भरोसा दिलाया कि ये छिटपुट घटनाएं हैं, और चिंता करने की कोई बात नहीं है। मेरा घर मुंबई (या बॉम्बे, जैसा उस समय कहा जाता था) के सायन इलाके में था, वहां किसी ने भी कोई चिंता करने लायक बात नहीं सुनी थी। अब पीछे मुड़कर देखता हूं तो लगता है कि हम कितने भोले थे।

शायद नियति चाहती थी कि हम वापस न आएं। वापसी के सफर में, लंदन से हमारी कनेक्टिंग फ्लाइट लगभग छूट ही गई थी। शैला और मैं हमारे एक साल के बेटे को संभालने में इतना व्यस्त हो गए कि ब्रिटिश एयरवेज़ के स्टॉफ को हमारी तलाश करने आना पड़ा। फ्लाइट छूटने में बस 20 मिनट बचे थे। हम हमारे भारी सामान और बेटे को लेकर फ्लाइट पकड़ने भागे। मैं भागा, मैं अमेरिका में अपनी आरामदायक ज़िंदगी से दूर भागा। मैं दुनिया को जीतने के लिए भागा। लेकिन मुझे नहीं पता था कि मैं एक अनिश्चित भविष्य की ओर भाग रहा हूँ।

स्टेमफोर्ड के भारतीय दोस्तों की चेतावनी के बारे में मैं बिल्कुल नहीं सोच रहा था। मुंबई पहुंचते ही मैंने तय किया कि मैं भारत को ही अपनी कर्मभूमि बनाऊंगा। मेरे परिवार को इस बात का पक्का यकीन हो जाए, इसलिए मैंने सबको एक साथ बुलाया और बहुत नाटकीयता के साथ कैंची से अपने ग्रीन कार्ड के दो टुकड़े कर दिए। अब सबको यह बात समझ आ गई कि मैं वापस जाने के लिए नहीं आया था। भले ही उन्हें यह पता हो कि मैं ग्रीन कार्ड फिर से बनवा सकता था, लेकिन मेरे इस साहसी कदम ने सभी के मन से सारे संदेह दूर कर दिए थे।

लेकिन जल्द ही मुझे बड़ा झटका लगा। काका का फिल्म ड्रिस्ट्रीब्यूशन का कारोबार सही नहीं चल रहा था और मेरा परिवार कर्ज़ में में डूबा हुआ था। काका और मेरे पास कोई प्लान बी नहीं था। मुझे समझ आ गया कि मुझे न सिर्फ़ अपने भविष्य के बारे में सोचना है बल्कि परिवार के कर्ज़ को भी चुकाना होगा। पहली बार मुझे घबराहट हुई।

पहले तो मुझे काका पर बहुत गुस्सा आया। मैंने कहा कि अगर मुझे पता होता कि स्थिति इतनी ख़राब है तो मैं वापस ही नहीं आता। अमेरिका रहकर मैं मुंबई में रह रहे अपने परिवार की ज़रूरतें आराम से पूरी कर सकता था। काका ने कहा कि उन्होंने कभी मुझे वापस आने के लिए नहीं कहा। बात सच थी। लेकिन उन्होंने कभी यह भी नहीं कहा था कि मैं वापस न आऊं। मुझे खुद भी समझना चाहिए था क्योंकि कारोबार में कमी के

संकेत मिल रहे थे। काका ने मुंबई के साधारण से इलाके में अपना ऑफिस खोल लिया था। मुझे भरोसा नहीं हुआ कि उन्होंने ऐसे इलाके में ऑफिस खोला था। मैंने काका को पूरी दुनिया घूमते देखा था। वह बहुत समझदार थे और हर कोई उनसे सलाह लेता आता था। उनका कारोबार इस स्थिति में कैसे पहुंच गया? क्या वह लापरवाह हो गए थे? क्या किस्मत ख़राब थी? क्या समय खराब चल रहा था? वह स्थिति मेरे लिए अनसुलझी पहेली ही बनी रही।

काका ने जिस जगह ऑफिस खोला वह किसी दूसरे की थी, जिसमें काका के पास केवल एक कुर्सी लगाने की जगह थी। अगर कोई मिलने आए तो उसको बैठाने की भी जगह नहीं थी। यह ऐसा था जैसे आज के समय के किसी को-वर्किंग स्पेस में कोई स्टार्टअप हो, लेकिन बिना किसी सुविधा के। उन्होंने हमें बताया था कि ऑफिस डाउनटाउन मुंबई के मैट्रो इलाके में था। पर असल में ऑफिस बहुत अंदरूनी इलाके में था।

सच कहूं उस समय मुझे पता नहीं था कि मैं क्या करूंगा। मैं या तो उनसे नाराज़ रह सकता था या स्थिति को संभालने के लिए ख़ुद कुछ कर सकता था। सबसे पहले मैंने अपने ऑफिस के लिए अच्छी जगह देखी, ताकि मेरे पास बैठने के लिए कोई जगह हो। शैला का मानना था कि मुझे रोजाना सुबह 9.30 पर घर से ऑफिस निकल जाना चाहिए।

कुछ दिनों बाद काका भी मेरे ऑफिस में बैठने लगे। अब मुझे अपने लिए सही कारोबार का चुनाव करना था।

हालांकि, मैं इंजीनियर था और मेरे पास तकनीक के क्षेत्र में काम करने का अनुभव भी था, लेकिन उस समय मैंने टेक्नोलॉजी से जुड़ा व्यवसाय करने का नहीं सोचा। इसके बजाय, मैंने काका के फिल्म डिस्ट्रीब्यूशन के कारोबार को फिर से खड़ा करने की कोशिश की, और इस सिलसिले में लोगों से मिलने लगा।

फिल्म डिस्ट्रीब्यूशन के कारोबार के बारे में समझाना बहुत आसान है। एक डिस्ट्रीब्यूटर के रूप में, आप निर्माता से फिल्म के अधिकार खरीदते थे। फिल्म निर्माता प्रिंट आपको बेचता था, जिसे आप आगे बेचते थे। हालांकि, यह सुनने में जितना आसान है, करने में उतना ही मुश्किल था। सबसे पहले तो फिल्म का प्रिंट मिलना ही बड़ी चुनौती थी। एक प्रिंट से हम केवल 200 स्क्रिनिंग कर सकते थे। उसके बाद, निर्माता को नए प्रिंट का ऑर्डर देना पड़ता था। जब भी नया ऑर्डर देना हो तब नए सिरे से बातचीत करनी

पड़ती थी। हालांकि हमारे पास फिल्मों का स्थायी अधिकार होता था, लेकिन प्रिंट को फिर से ऑर्डर करने की ज़रूरत के कारण इंटेलेक्चुअल प्रॉपर्टी राइट्स का कोई मतलब नहीं रह जाता था। तकनीकी रूप से अधिकार डिस्ट्रीब्यूटर के पास होते थे, लेकिन असलियत में अधिकार एक तरह से निर्माता के पास ही रहते थे।

काम के सिलसिले में मेरी पहली मुलाकात श्रीमती कारदर से हुई। उनके पति की मृत्यु हो चुकी थी। पति की मौत के बाद फिल्म से जुड़े अधिकार उन्हें मिल गए थे। उनसे बातचीत करके मुझे अजीब सा महसूस हुआ। मुझे समझ आया कि अमेरिका में रहने के कारण मैं अलग तरह की व्यापारिक संस्कृति का आदी हो गया था।

काका के व्यापार के साथ दूसरी समस्या यह थी कि उनके पास ज़्यादातर अधिकार ब्लैक-एंड-व्हाइट फिल्मों के थे, और कलर फिल्मों के आने से उनकी मांग कम हो रही थी। मुझे आगे आने वाली चुनौतियों का अहसास हो रहा था। हालांकि मैं कलर फिल्मों के अधिकार खरीदना शुरू कर सकता था। हम इस बाज़ार को समझते थे लेकिन मुझे लगा कि यह कारोबार मेरे लिए नहीं था।

इस स्थिति ने मेरे अंदर ऐसा कारोबार खोजने की चाह और बढ़ा दी, जिसे मैं शुरू कर सकूँ। अमेरिका में रहने के दौरान, मुझे अमेरिकन कैन के बनाए पाउच बहुत पसंद थे। इन पाउचों में सब्ज़ियां और ज़ल्दी ख़राब होने वाली चीज़ें स्टोर की जा सकती थीं। अमेरिका में रहते समय मैंने सोचा था कि भारत में इस तरह के पाउच बनाना फायदे का सौदा होगा। लेकिन अब जब पारिवारिक कारोबार मुश्किल में था, मेरे पास इसे शुरू करने के लिए ज़रूर संसाधन नहीं थे। साथ ही उस समय व्यापार पर सरकार का सख्त नियंत्रण था। कोई भी काम शुरू करने के लिए लाइसेंस ज़रूरी थे, और उन्हें हासिल करने के लिए नौकरशाही की लंबी प्रक्रिया से गुजरना पड़ता। एक बार फिर मैं वहीं पहुँच गया जहाँ से शुरुआत की थी।

मेरे साले साहब, अरूण मेघानी, दोपहिया वाहनों के पुर्ज़े बनाते थे। उन्हें हमेशा जिंक-आधारित निपल्स की जरूरत रहती थी, जो पहियों की तीलियों के अंत में लगाकर उन्हें मजबूती देते थे। वे नियमित रूप से इन्हें खरीदते थे। उन्होंने मुझे कहा कि अगर मैं निप्पल बनाऊं तो वे मुझसे सारा माल खरीद लेंगे। मुझे बस इसके लिए ज़रूरी मशीनें खरीदनी थीं। फैक्ट्री लगाने की तलाश करते-करते मैं शहर के गंदे से इंडस्ट्रियल इलाके कांजुरमार्ग पहुंचा। वहां के *गाला* या छोटी फैक्ट्रियां बुरी हालत में थीं। इस इलाके में मज़दूर बहुत ही

खराब स्थितियों में काम करते थे। मज़दूर यूनियनों का हमेशा फैक्ट्री मालिकों के साथ टकराव बना रहता था। यह इलाका मेरे जैसे व्यक्ति के लिए नहीं था।

मैं जिधर जाउं, जितनी कोशिश कर लूं, मुझे मेरे करने लायक कारोबार नहीं मिला। भारत में मुझे ऐसे व्यवसायों से मुकाबला करना था, जो शायद ही नियमों का पालन करते थे। व्यवस्था को अपने हिसाब से मोड़ने के उनके अपने तरीके थे। व्यवसायी उत्पाद शुल्क, सीमा शुल्क, बिक्री कर और आयकर जैसे मामलों में धांधली करते थे। मुझे किसी भी उद्योग से जुड़े असली आर्थिक आंकड़ें नहीं मिले। पूरी व्यवस्था इस तरह से विकसित हो चुकी थी कि नियमों के हिसाब से काम करने वाला व्यक्ति कारोबार कर ही नहीं सकता था।

मुझे अमेरिका में रहने का नुकसान हो रहा था। अमेरिका में मुझे नियमों और मानदंडों का पालन करने की आदत हो गई थी। जमे-जमाए उद्यमियों से मुकाबला करना तो दूर की बात थी, मुझे तो भारत में कारोबार करने से जुड़ी जमीनी सच्चाईयों को समझने में भी परेशानी हो रही थी। मेरे करीबी रिश्तेदारों को भी यह परेशानी समझ आई। उन्होंने मुझे वापस अमेरिका लौट जाने की सलाह दी।

दूसरी तरफ, इस सबके बीच मुझे यह तो समझ आ गया कि मैं क्या नहीं कर सकता। इससे कारोबार की खोज का मेरा दायरा थोड़ा सीमित हुआ। मुझे समझ आया कि मैं कैसा कारोबार कर सकता हूं। एक बात तो पक्की थी कि मुझे ऐसा काम करना है जो भारत आधारित हो। दूसरा, यह पक्का था कि मैं एक्सपोर्ट से जुड़ा कारोबार करना चाहता था। मैं ऐसा काम नहीं करना चाहता था जिसमें मुझे हाथ से काम करने वाले श्रमिकों की ज़रूरत पड़े। मैं नहीं चाहता था कि मुझे भी अपने साले की तरह लेबर यूनियनों से जुड़ी परेशानी उठानी पड़े।

अचानक जैसे मुझे आत्मज्ञान मिला। मुझे समझ आया कि मेरे लिए टेक्नोलॉजी से जुड़ा कारोबार ही सही रहेगा। अब ताज्जुब होता है कि यह बात समझने में मुझे इतना समय क्यों लगा। इसका एक ही कारण समझ आता है कि उस समय टेक्नोलॉजी से जुड़ा कारोबार करना बड़ी असामान्य बात थी। मेरे आसपास कोई भी ऐसा व्यवसाय नहीं कर रहा था। मेरे कॉलेज के दोस्त या तो विदेश जा चुके था या फिर पक्की नौकरी कर रहे थे।

टेक्नोलॉजी से जुड़ा कारोबार मेरे सभी मानदंडों पर खरा उतरता था, सिवाय इसके कि उस समय उस कारोबार की कोई तात्कालिक मांग नहीं थी। जैसे कि आजकल कहा

जाता है, उस कारोबार का 'मार्केट फिटमेंट' नहीं था। फिर भी, मुझे भरोसा था कि आने वाले समय में इस क्षेत्र में बड़ी संभावनाएं पैदा होंगी। इसलिए मैंने इसी कारोबार को करने के लिए कदम बढ़ाए क्योंकि इसमें कई अच्छी बातें थीं। इसे करने के लिए बहुत ज़्यादा कौशल की ज़रूरत थी और यह पूरी तरह निर्यात आधारित था। इसमें भ्रष्टाचार की भी बहुत कम गुंजाइश थी। इसके बजाय, इसमें योग्यता ही सबसे बड़ा पैमाना था। मैंने छोटे स्तर से शुरुआत करने का सोचा, क्योंकि मेरे पास निवेश के लिए पैसा नहीं था। मैंने आईटी कंसल्टेंसी शुरू की, अपनी कंपनी में मैं ही अकेला कर्मचारी था। मैंने इंडस्ट्री के इवेंट्स में जाना शुरू किया, ताकि लोगों से मिल सकूं और अपने काम के बारे में बता सकूं।

ग्लैक्सो और नेरोलैक पैंट्स मेरे पहले ग्राहक थे। दोनों अपने प्रोसेस को ऑटोमैटिक बनाना चाहते थे। मैं काम शुरू करने को लेकर बहुत उत्साहित था। भारत में तब कंप्यूटर टेक्नोलॉजी का इस्तेमाल शुरू ही हुआ था, लेकिन मुझे इसकी असीम संभावनाओं का अंदाज़ा था।

फ़ोर्ब्स भी मेरे शुरुआती ग्राहकों में से था। कंपनी के भीतर की गई एक स्टडी ने इंवेंट्री कंट्रोल को ऑटोमेट करने की सिफारिश की गई थी। फ़ोर्ब्स ने इस पर मेरी सलाह मांगी तो मैंने उनकी योजनाओं को देखा। मुझे समझ आया कि बस उन्होंने अपने हाथ से तैयार किए जाने वाले प्रोसेस की नकल करके कंप्यूटर्स में डाल दिया था। मैंने उन्हें बताया कि केवल टाइपराइटर्स की जगह कंप्यूटर रखने से कोई फायदा नहीं होगा, बस उनका ख़र्चा बढ़ेगा। फ़ोर्ब्स के मैनेजिंग डायरेक्टर मेरी बात से प्रभावित हुए, क्योंकि वे कभी ऐसे किसी सलाहकार से नहीं मिले थे, जो अपने व्यक्तिगत हितों के उलट बात करे। वह प्रोजेक्ट तो मुझे नहीं मिला। लेकिन मैंने उनका भरोसा जीत लिया था, इसलिए उन्होंने मुझे दूसरा ज़्यादा बड़ा प्रोजेक्ट मिला। इससे मैंने ग्राहक को केन्द्र में रखने और आगे की सोच के साथ काम करने का शुरुआती सबक सीखा।

मैं इस तरह के प्रोजेक्ट करता रहा, लेकिन घर की परिस्थितियों के चलते मैं बेहतर नौकरी की तलाश में भी लगा रहा। मैंने अनिच्छा से भारत की जानी-मानी कंपनियों में इंटरव्यू देना शुरू किया। इसमें डिपार्टमेंट ऑफ इलेक्ट्रॉनिक्स (DoE), टाटा कंसल्टेंसी सर्विसेज (TCS) और इलेक्ट्रॉनिक्स कॉर्पोरेशन ऑफ इंडिया लिमिटेड (ECIL) जैसी कंपनियां शामिल थीं।

डिपार्टमेंट ऑफ इलेक्ट्रॉनिक्स (DoE) में डॉ. एन. शेषगिरी ने खुद मेरा इंटरव्यू लिया। वह 1971 से इलेक्ट्रॉनिक्स कमीशन के इनफार्मेशन, प्लानिंग और एनालिसिस ग्रुप के डायरेक्टर थे। उन्होंने 1976 में राष्ट्रीय सूचना विज्ञान केंद्र (NIC) की स्थापना की थी। इंटरव्यू के बाद वह मुझे अपने साथ लंच के लिए ले गए। उन्हें डेटाबेस से जुड़ा मेरा बैकग्राउंड बहुत पसंद आया था। उन दिनों डेटाबेस को आज के क्वांटम कंप्यूटिंग जितना ही असाधारण माना जाता था। जब हम ऑफिस वापस पहुंचे तो मेरा ऑफर लैटर तैयार था। उन्होंने कहा कि सरकारी लालफीताशाही को दरकिनार करके उन्होंने ऑफर लैटर तैयार करवाया था, नहीं तो इस काम में कई हफ्ते लगते। उस दौर में सरकारी नौकरी मिलना बहुत बड़ी बात होती थी।

टीसीएस में मेरा इंटरव्यू एफ.सी. कोहली[1] ने लिया था, जो उस कंपनी के पहले चीफ एग्जीक्यूटिव ऑफिसर (CEO) थे। उन्हें भारतीय आईटी इंडस्ट्री का पिता माना जाता है। उन्होंने भी मुझे नौकरी की पेशकश की।

नौकरी के दोनों ऑफर बहुत बढ़िया थे, लेकिन मैं खुद को नौकरी के लिए तैयार नहीं कर पा रहा था। मैंने दोनों नौकरियों के लिए मना कर दिया। हर बार मैं खुद को याद

---

1 26 नवंबर 2020 को एफ. सी. कोहली का निधन हो गया। मैं भाग्यशाली था कि मुझे जीवन भर उनकी मित्रता और संरक्षण हासिल हुआ। मैंने उनसे बहुत कुछ सीखा और कंपार्टमेंटलाइजेशन उसमें सबसे खास था। वह टीसीएस (TCS) में काम करने के साथ ही द नेशनल एसोसिएशन ऑफ सॉफ्टवेयर एंड सर्विसेज़ कंपनी (NASSCOM) और दूसरे स्वंयसेवी संस्थाओं से जुड़े अपने कार्यों को आसानी से संभाल लेते थे। जब वह प्रतिष्ठित कॉलेज ऑफ इंजीनियरिंग पुणे (COP) के अध्यक्ष थे तो कैंपस में नई इमारत बनाने के लिए सरकारी अनुदान लेने की कोशिश कर रहे थे। ताज्जुब की बात थी कि उनके जैसा जाना-माना व्यक्ति इतना छोटा अनुदान लेने के लिए इतनी ज़्यादा कोशिश कर रहा था। जब मैंने उनसे इस बारे में पूछा तो कोहली मुझसे मजाकिया बहस करने लगे। उन्होंने मुझे पूछा, 'मेरा नाम क्या है?' मैंने कहा, 'मिस्टर कोहली।' उन्होंने कहा, 'नहीं, इस नाम से तो लोग मुझे संबोधित करते हैं। मेरा नाम क्या है?' मैंने कहा, 'कोहली साहब।' 'तुम अभी भी औपचारिकता निभा रहे हो। मेरा असली नाम क्या है?' इस बार मैंने कहा, 'एफ.सी. कोहली?' उन्होंने सिर हिलाया और फिर पूछा 'इसमें एफ और सी क्या मतलब है?' मैं उनका पूरा नाम जानता था, मैंने कहा, 'फकीर चंद।' अब उन्होंने मुस्कुराते हुए कहा, 'मैं असल में यही हूं। फकीर। जिसका मतलब है भिखारी और किसी अच्छे काम के लिए मैं किसी के पास भी कटोरा लेकर जा सकता हूं।'

दिलाता था कि मैं उद्यमी बनने के लिए भारत वापस आया था। अगर मुझे नौकरी ही करनी होती तो अमेरिका मेरे लिए ज़्यादा बेहतर जगह थी।

तब मैं शारू रंगनेकर के काम से बहुत प्रभावित हुआ। वे एक जाने-माने मैनेजमेंट सलाहकार, लेखक और विचारक थे। कोहली और डॉ. शेषगिरी के साथ उन्होंने मुझे भारत में रहकर नए उभरते भारत के निर्माण में सहयोग करने के लिए प्रोत्साहित किया। एक बार शारू ने चुटकी लेते हुए कहा था कि अगर मैं भारत में रुका तो मैं 'थर्ड-क्लास एडमिनिस्ट्रेशन के तहत सेकेंड-क्लास देश में रहने वाला फर्स्ट-क्लास नागरिक रहूंगा'। उन्होंने भले ही मजाक में ऐसा कहा था लेकिन मुझ पर इसका बहुत प्रभाव पड़ा और मैंने अपना निर्णय ले लिया। कोहली के इस विश्वास से मेरे फैसले को और भी बल मिला कि यह मेरे जैसे लोगों की ज़िम्मेदारी थी कि हम भारत को बेहतर बनाने के लिए काम करें।

उस समय हममें से कोई यह नहीं जानता था कि जल्द ही डॉ. शेषगिरी, कोहली और मैं, कई दूसरे लोगों के साथ मिलकर किसी बड़े लक्ष्य के लिए काम करने वाले थे।

मुझे कर्नल एन. बालासुब्रमण्यम से अपनी मुलाकात याद है। उस समय वह रक्षा और अनुंसधान विकास संगठन (DRDO) के कम्प्यूटर प्रोग्राम के प्रमुख थे। उन्होंने मुझे बताया कि सरकार जल्द ही एक नीति लेकर आ रही है, जिसके तहत व्यवसायिक इस्तेमाल के लिए कंप्यूटर के आयात की अनुमति दी जाएगी। इसमें आयात करने वाले को आयात की कीमत की 200 गुना की गारंटी देनी होगी। उस समय मेरी आर्थिक हालत अच्छी नहीं थी। लेकिन मुझे भरोसा था कि इस काम के लिए मैं पैसा ज़रूर जुटा लूंगा।

उसी दौरान मैं डिनर पर माइक शाह से मिला। माइक मेरे अमेरिका के दोस्त हैं। उस समय माइक भारत में डिजिटल इक्विपमेंट कॉर्पोरेशन (DEC)[2] के कंट्री मैनेजर थे। मैंने उनसे मुंबई में एक डेटा सेंटर का कारोबार शुरू करने के प्लान के बारे में बात की। कुछ दिनों बाद, माइक ने मुझसे कहा, कि मैं अपना बिजनेस प्लान प्रोग्राम्ड डेटा प्रोसेसर या पीडीपी-11 (PDP-11) के आधार पर क्यों नहीं बना रहा। पीडीपी-11 एक मिनीकंप्यूटर

---

2 1960 से 1990 के बीच डिजिटल इक्विपमेंट कॉर्पोरेशन (DEC) बेहद प्रतिष्ठित और तकनीक रूप से बेहद विकसित कंप्यूटिंग कंपनियों में से एक थी। 1998 में कॉम्पैक ने इसका अधिग्रहण कर लिया। कंपनी वीएएक्स (VAX) और पीडीपी (PDP) रेंज के कंप्यूटर बनाती थी।

सिस्टम था जो आरएसटीएस-ई[3] (RSTS-E) ऑपरेटिंग सिस्टम पर चलता था। डीईसी ने इसे हाल ही में बाज़ार में उतारा था। नया मिनीकंप्यूटर उसी तरह की आईबीएम मशीन की तुलना में काफी सस्ता था। मुझे समझ आया कि डीईसी जैसी दिग्गज कंपनी वैश्विक बाज़ार में उतर रही थी। इसका मतलब था कि सरकार ने निर्यात के लिए जो प्रतिबद्धताएं (पांच साल के भीतर 200 फीसदी) तय की थी, उन्हें पूरा करने के साथ ही फायदेमंद कारोबार भी खड़ा किया जा सकता था। उन्होंने बाद में मुझे हिंदीट्रॉन के प्रवीण गांधी से मिलवाया। हिंदीट्रॉन डीईसी के एजेंट के तौर पर भारत में पीडीपी-11 बेच रही थी। प्रवीण और मेरी मुलाकात हुई और हमें समझ आया कि हम दोनों ही एक जैसा कारोबार करना चाहते थे। उसने मुझे कारोबार में साझेदार बनने को कहा।

1977 में, मैंने हिंदीट्रॉन[4] के साथ अपने सफ़र की शुरुआत की। यह एक हार्डवेयर और इलेक्ट्रॉनिक्स कंपनी थी, जो विदेशी उत्पादों को आयात करके भारत में बेचती थी।

मुझे भरोसा था कि सॉफ्टेवयर में भारत के पास बड़ा काम करने का मौका था। 1979 में, फाइनेंसियल एक्सप्रेस ने भारत में आईटी इंडस्ट्री के भविष्य पर मेरा इंटरव्यू लिया। मैंने उस समय हिम्मत दिखाते हुए दावा किया था कि देश के सॉफ्टवेयर एक्सपोर्ट्स उतना ही विदेशी मुद्रा (फॉरेक्स) ला सकते हैं जितना उस समय की डायमंड इंडस्ट्री का पूरा टर्नओवर था। हालांकि, देखने मे हीरा कारोबार बहुत बड़ा लगता है और लोगों की नज़र में भी होता है लेकिन इसमें 5 फीसदी से भी कम का फायदा होता था। जबकि सॉफ्टवेयर जैसी नई इंडस्ट्री से 60 फीसदी तक फायदा कमाया जा सकता था। आने वाला समय सॉफ्टेवयर इंडस्ट्री का था। मैंने यह भी भविष्यवाणी की थी कि अगले पांच वर्षों में भारत 500 मिनीकंप्यूटर खरीदेगा। आज जब हर किसी के पास आधुनिक कंप्यूटर है, तो ये संख्या मामूली लगती है। लेकिन उस समय भारत में कुल 425 कंप्यूटर थे और पांच वर्ष के भीतर इसे दोगुना करने की बात करना बहुत महत्वकांक्षी था। विकास की असीमित संभावनाओं के बावजूद उस समय इस इंडस्ट्री को लेकर इतनी कम जानकारी थी कि

3 आरएसटीएस (RSTS) पीडीपी-11 सीरीज़ के 16-बिट मिनीकंप्यूटर्स के लिए कमांड लाइन, मल्टी-यूज़र, टाइम-शेयरिंग ऑपरेटिंग सिस्टम (OS) था।

4 हिंदीट्रॉन ग्रुप में तीन कंपनियां–हिंदीट्रॉन सर्विसेज़, हिंदीट्रॉन कंप्यूटर्स और हिंदीट्रॉन कंसल्टेंसी शामिल थीं। मैं शुरुआत में हिंदीट्रॉन कंसल्टेंसी में पार्टनर के तौर पर जुड़ा। बाद में इस कंपनी का विलय हिंदीट्रॉन कंप्यूटर्स में हो गया।

फाइनेंशियल एक्सप्रेस ने अपनी हेडलाइन में सॉफ्टवेयर (software) को सॉफ्टवीयर ('softwear') लिखा था!

मैं उस समय एक बात से बहुत निराश था और वह निराशा आज भी बनी हुई है कि सॉफ्टवेयर से होने वाली आय हमेशा से अदृश्य आय रही है और इस किताब के लिखे जाने तक भी यह अदृश्य आय ही है।[5]

पर भले ही आंकड़े अधूरे थे, फिर भी सॉफ्टवेयर इंडस्ट्री के मेरे लंबे अनुभव और तेज़ विकास को लेकर हमारी सकरात्मक सोच ने हमें यकीन दिला दिया था हम सही समय पर सही काम कर रहे हैं।

हिंदीट्रॉन में मेरे साथ चार साझेदार और थे। हमने मुंबई के प्रमुख व्यापारिक इलाके में चर्चगेट के पास इरोज़ सिनेमा बिल्डिंग में पूरा फ्लोर किराये पर लिया। शुरू में काम अच्छा चल रहा था। लेकिन धीरे-धीरे चुनौतियां आने लगीं। हिंदीट्रॉन में हमारी साझेदारी बारह साल से ज़्यादा समय तक चली। इससे सॉफ्टेवयर सेवाओं के निर्यातक के तौर पर मेरी मजबूत पहचान बनी।

आखिरकार मुझे भारत में सही कारोबार मिल गया था। मुझे बिल्कुल भी अहसास नहीं था कि दक्षिण मुंबई की जिस साधारण इमारत से मैंने सॉफ्टवेयर इंडस्ट्री की अपनी यात्रा शुरू की थी, वह क्षेत्र में क्रांतिकारी विकास का केन्द्र बनेगी और ऐसा अविश्वसनीय गठबंधन उभरेगा जो भारत को देखने का दुनिया का नज़रिया बदल देगा।

---

5 इस किताब को लिखने के लिए मैं सॉफ्टवेयर निर्यात से जुड़े आंकड़ों को अलग-अलग तरह से समझना चाहता था, ताकि उससे सही निष्कर्ष और सलाह दी जा सके। मेरे साथ ही मेरी टीम ने भी पूरी कोशिश की, लेकिन इस तरह के आंकड़े नहीं मिले। नैसकॉम के पास इससे जुड़े मैक्रो-डेटा थे, इसके अलावा केवल भारतीय रिज़र्व बैंक (आरबीआई) ही था जिससे पास भरोसेमंद आंकड़े मौजूद थे। वहां भी सॉफ्टवेयर से होने वाली आय के आंकड़े अदृश्य ही थे क्योंकि सॉफ्टवेयर से होने वाली आय को दूसरी सेवाओं के साथ जोड़कर दिखाया जाता था। अगर आप के पास सही आंकड़े नहीं होंगे तो आप इतनी बड़ी इंडस्ट्री के लिए नीति या रणनीति कैसे बनाएंगे?

2

जीवन एक पाठशाला

हमारा जीवन, उस समय और उन लोगों का प्रतिबिंब होता है जिनके साथ वह जिया जाता है। भारत को अगस्त 1947 में आज़ादी मिली। लंबे स्वतंत्रता संग्राम के बाद भारत को यह आज़ादी हासिल हुई। इस स्वतंत्रता को हासिल करने के लिए हमें हिंसा और अराजकता के लंबे दौर से गुजरना पड़ा। धार्मिक आधार पर देश का बंटवारा हुआ। रियासतों को भारत और पाकिस्तान में से किसी एक को चुनने के लिए कहा गया। इसके कारण कश्मीर और हैदराबाद जैसे विवाद पैदा हुए। कश्मीर में राजा हिन्दू था लेकिन अधिकांश आबादी मुस्लिम थी। वहीं हैदराबाद में मुस्लिम निज़ाम का शासन था लेकिन अधिकांश आबादी हिन्दू थी।

जूनागढ़ रियासत में भी ऐसा ही कुछ हो रहा था हुआ। यहां एक मुस्लिम नवाब का शासन था, जिन्होंने पाकिस्तान के साथ हाथ मिलाने का निर्णय लिया। इससे समस्या खड़ी हो गई, क्योंकि एक तो जूनागढ़ की सीमाएं पाकिस्तान से नहीं मिलती थीं और दूसरे, वहां की अधिकांश आबादी हिन्दू थी। इस वजह से वहां तनाव की स्थिति बन गई।

बा का नाम रेवाबेन था। उनका परिवार जूनागढ़ राज्य के छोटे से कस्बे ऊना का रहने वाला था। हालांकि मेरा परिवार उस समय मुंबई में था, लेकिन रेवाबेन अपने दूसरे बच्चे के जन्म के लिए ऊना जाना चाहती थीं। वह दूसरा बच्चा मैं था। लेकिन उसी समय ऊना की स्थिति तनावपूर्ण हो गई और लगा कि कभी भी सांप्रदायिक दंगे भड़क जाएंगे।

इसलिए मेरा जन्म किसी नर्सिंग होम में नहीं, बल्कि अमरेली में काका के घर पर हुआ। अमरेली गुजरात के मध्य सौराष्ट्र इलाके में था।

मैं ब्रीच बेबी हूं। मतलब जन्म के समय मेरे पैर पहले बाहर आए। भारत में इसे भाग्यशाली माना जाता है। मैं वाकई भाग्यशाली था कि मां और पिता के तौर पर मुझे बा और काका मिले। बा तो अधिकतर घर पर ही रहती थीं, लेकिन मेरे पिता, शांतिलाल मेहता बेहद ईमानदार और विद्वान व्यक्ति थे जो दूनिया भर में यात्राएं करते थे। जहां भी बड़ी संख्या में भारतीय प्रवासी रहते थे, वह उन देशों में भारतीय फ़िल्मों को दिखाने का अधिकार बेचते थे। इन अधिकारों को वह फ़िल्म के निर्माताओं से खरीदते थे। फ़िल्म डिस्ट्रीब्यूशन के कारोबार के लिए उन्होंने लंदन, फिजी, बेरूत और नैरोबी जैसी जगहों की यात्राएं कीं। उनकी शुरुआत साधारण ही थी। बाद में *ताज महल* और *फौलाद* जैसी फ़िल्मों से उन्हें काफी कामयाबी मिली। मुझे याद है कि सुपरहिट फिल्म *मदर इंडिया* से उनके व्यापार में काफी बढ़ोतरी हुई थी।

मैं मुंबई के उपनगरीय इलाके सायन में पला बढ़ा। परिवार के पांच बच्चों में मेरा दूसरा नंबर था। मेरी बहन रंजन सबसे बड़ी थीं। उसके बाद मैं। मेरे बाद मेरा भाई हितेन, उसके बाद दो बहनें निला और रीता। मेरे माता-पिता का स्वभाव एक दूसरे से बिल्कुल उलट था, उसके बावजूद आश्चर्चजनक रूप से दोनों में बहुत जुड़ाव था। काका कई व्यवहारिक कारणों की वजह से पूरी तरह नास्तिक थे, जबकि बा उतनी ही धार्मिक थीं। उनका जन्म गुजराती जैन परिवार में हुआ था। उन्होंने मुझे और मेरे भाई को धार्मिक शिक्षा के लिए पाठशाला भेजा। उस वक्त मेरी उम्र पांच वर्ष की थी। पाठशाला में जैन समुदाय के लड़के और लड़कियां पढ़ने आते थे। हम जैन मंदिर के बरामदे में बैठकर पढ़ते थे।

पाठशाला में हम जैन प्रतिक्रमण के मुश्किल मंत्रों का पाठ करते थे। ये मंत्र हिन्दू धर्म ग्रंथों के श्लोक जैसे ही हैं। पंडित जी हमें पढ़ाते थे। उनके सामने लिखाई-पढ़ाई के लिए लकड़ी की मेज रखी होती थी। पुराने जमाने में भारत में मुनीम ऐसी ही मेज प्रयोग करते हैं। पंडित जी हमें कहानी सुनाते थे, जिसमें कोई सबक छिपा होता था। उसके बाद वह किसी भी मंत्र का पाठ शुरू कर देते। वह कुछ शब्द बोलते थे और आगे बैठे किसी बच्चे को अपनी याददाश्त से बाकी बचा मंत्र सुनाने को कहते थे। अगर बच्चे ने सही मंत्र नहीं सुनाया तो उस बच्चे को सजा के तौर पर कक्षा में पीछे बैठने को बोला जाता था। मैं और रंजन कहीं भी बैठें, पाठशाला का समय खत्म होने तक हमें आगे बैठा दिया जाता था।

बचपन में पाठशाला जाने से मुझे जैन धर्म के मुख्य सिद्धांतों जैसे, अहिंसा, अपरिग्रह, स्वीकार और अनेकांतवाद के बारे में जानने का मौका मिला।

अहिंसा का मतलब है गैर-हिंसा। भारत में अहिंसा को काफी माना जाता है। अंहिसा के संदेश को फैलाने में गांधीजी का बहुत बड़ा योगदान है। अपरिग्रह निस्वार्थ भाव को बढ़ावा देता है और भौतिक जीवन से दूर रहने को प्रेरित करता है। स्वीकार, जीवन में आने वाले प्रतिकूल परिणामों और नियंत्रण से बाहर के घटनाक्रम को स्वीकार करना, मन को समभाव के लिए तैयार करने के लिए यह बहुत ज़रूरी है। स्वीकार, जीवन में आने वाली कठिनाइयों को भविष्य के रास्ते का पत्थर मानता है। मुझे लगता है मेरी बहुत सारी सफलताओं के पीछे स्वीकार प्रमुख कारण है क्योंकि इससे मुझे धैर्य और चीज़ों को स्वीकार करने की क्षमता मिली जो कि व्यवसाय में बहुत ज़रूरी है।

और अंत में अनेकांतवाद तो मेरे लिए बहुत ख़ास है। अनेकांतवाद का मानना है कि सत्य एक नहीं होता, बल्कि सत्य अलग-अलग हो सकता है। अनेक सत्य होने के पीछे कई कारण हो सकते हैं। शब्दों, भाषा, सोच, तर्क, भावना और इंद्रियों की सीमाओं के कारण ऐसा हो सकता है। मेरे लिए यह बहुत अहम सिद्धांत है क्योंकि इससे मुझे कई निजी और पेशेवर दुविधाओं को हल करने में मदद मिली।

पाठशाला से वापस आने के बाद हम भाई-बहन खेल खेलते थे। भाई-बहनों के साथ बिताए समय की बहुत अच्छी यादें मेरे पास हैं। हम क्रिकेट, लागोरी और अट्टा-पट्टा जैसे खेल खेलते थे। हम लोहे के सरिये को जैवलिन की तरह फेंक कर खेलते थे। मैं बोर्ड गेम और ताश भी खेला करता था। ताश में मुझे रमी, तीन-पत्ती और ब्रिज जैसा खेल–सतियो पंसद था। हम बोर्ड गेम 'बिजनेस' खेला करते थे, जो मोनोपोली का मुंबईया रूप था। इस खेल में मुंबई के जाने-पहचाने इलाके जैसे वाकेश्वर, चर्नी रोड, माहिम और माटुंगा हुआ करते थे। खेल में इस्तेमाल होने वाले कागज के नोट लंबे समय तक चलें, इसके लिए हम पुरानी नोटबुक के गत्ते वाले कवर को काटकर उन पर नोट चिपका देते थे। पूरी बिल्डिंग के बच्चे हमारे घर आ जाते थे और हम घंटों खेलते थे।

मैंने अपनी छोटी बहन रीता को यह भरोसा दिला दिया था कि मैं गांधीजी का अवतार हूं क्योंकि मेरे कान भी उनकी तरह ही बड़े थे। वह लंबे समय तक इस बात पर भरोसा करती रही। उसके बाद, एक दिन उसे समझ आया कि मेरा जन्म तो गांधीजी की हत्या से कई महीने पहले हो चुका था। मैं ऐसी शरारतें करता रहता था, लेकिन साथ ही इस

सबसे दूर भी रह सकता था। कभी-कभी भाई बहन रेडियो को लेकर झगड़ा करते थे कि उसे चालू रखना है या बंद रखना है, किसी एक की उंगुली रेडियो के पावर बटन पर होती थी। मैं दूर बैठा उनके इस झगड़े का मज़ा लिया करता था।

काका के पास बहुत सारी कहानियां और तरह- तरह के विचार होते थे। मेरे लिए वह चलते-फिरते इनसाइक्लोपीडिया थे। वह स्वतंत्रता सेनानी थे और आज़ादी की लड़ाई में कई दिनों तक जेल में रहना पड़ा। जेल में अंग्रेजों ने उन्हें इतना मारा कि उनकी एक टांग हमेशा के लिए खराब हो गई और उन्हें लंगड़ाकर चलना पड़ा। मुद्राशास्त्र (न्यूमिसमैटिक्स) यानी सिक्कों के अध्ययन में उन्हें बहुत रुचि थी। उनकी एक अलमारी पुराने सिक्कों से भरी थी। वह हर सिक्के से जुड़ी कहानी और ऐसिहासिक तथ्य बता सकते थे। सिक्के इकट्ठे करने वाले दूसरे लोग सिक्कों के बारे में जानकारी लेने के लिए काका के पास आते थे। काका उनके सिक्कों पर एक नज़र डालकर ही उनके इतिहास के बारे में सब कुछ बता देते थे। ऐसा लगता था वह इन सिक्कों के बारे में बिना रुके लगातार बात कर सकते थे। लोग अपने सिक्कों के बारे में काका के ज्ञान को देखकर हैरान रह जाते थे, उन्हें भरोसा नहीं होता था कि एक सिक्के के पीछे भी इतनी कहानियां हो सकती हैं। हर कोई काका के सिक्कों के बारे में जानना चाहता था। गुजराती लेखक और ज्ञानपीठ पुरस्कार विजेता उमाशंकर जोशी भी उनमें से ही थे। 1970 में सरकार का एक आदेश आया, जिसके तहत आपके पास मौजूद अनोखे और दुर्लभ, भारतीय और विदेशी सिक्के सरकार को देने थे। हमें बहुत चिंता हुई कि दशकों से इकट्ठा किया हुआ काका का दुर्लभ संग्रह चला जाएगा। लेकिन काका ने बिना किसी झिझक या परेशानी के अपना संग्रह दे दिया।

जब भी काका विदेश यात्रा से वापस आते तो अपने साथ सूटकेस भरकर उपहार लाते थे। वह अक्सर आधी रात को वापस आते तो उस समय तक हम सब जगे रहते थे। हमारे लिए उनका बैग सांटा क्लोज के बैग की तरह होता था। उसमें से हमारे लिए स्कूल बैग, इरेजर, पेंसिल, बहनों के लिए ड्रेस और हम भाइयों के लिए शर्ट जैसी चीजें होती थीं।

काका को किताबें और एलपी रिकॉर्ड (ज़्यादा देर तक चलने वाले ग्रामोफोन रिकॉर्ड) जमा करने का भी शौक था। उनके पास पूरी दुनिया से अलग-अलग विषयों पर लाई गईं 500 किताबें थीं। खुद को सुकून देने के लिए वह इंस्ट्रूमेंटल म्यूज़िक सुनते थे। काका हमेशा अभिनेताओं, निर्देशकों और निर्माताओं से घिरे रहते थे, लेकिन उन्हें लेखक सबसे ज़्यादा पसंद थे। किताबें पढ़ने का उनका शौक उनके बच्चों में भी आया। कवि प्रदीप से

उनकी गहरी दोस्ती थी। कवि प्रदीप ने ही *'ए मेरे वतन के लोगों'* जैसा प्रसिद्ध गीत लिखा था। हमारे लिए सौभाग्य की बात थी कि हमने प्रदीपजी को अपने घर पर गाते सुना। हम सभी बच्चों को बचपन से कविता और पारंपरिक संगीत सुनने को मिला। कवि प्रदीप खुलकर अपनी बातें बताया करते थे।

काका के कुछ खास दोस्त थे, जिनसे वह हर रोज दोपहर के 2.30 बजे चर्चगेट के पास जाने-माने गेलॉर्ड रेस्टॊरेंट में कॉफी पर मिला करते थे। ये केवल दोस्तों के बीच होने वाली आम मुलाकात नहीं थी। यहां कलाकार, लेखक, विचारक और व्यापारी मिला करते थे, जिनमें दार्शनिक चर्चाएं होती थीं।

काका की ज़िंदगी में जाने-माने दार्शनिक जे. कृष्णमूर्ति की ख़ास जगह थी। जब भी कृष्णमूर्ति या जिद्दू, जैसा कि उन्हें प्यार से कहा जाता था, मुंबई आते थे तो वे काका के सबसे खास दोस्त के घर पर ठहरते थे। अपनी किशोरावस्था के दौर में, मैं अक्सर काका की जिद्दू के साथ होने वाली दार्शनिक मुलाकातों में चला जाता था। ऐसी ही एक मुलाकात में उन्होंने मुझसे सवाल किया 'हम कौन हैं?' उन्होंने मुझसे पूछा कि क्या हम अणु और परमाणु से बना भौतिक स्वरूप हैं? या हम वो हैं जो हमारे आंतरिक विचार हमें बनाते हैं? बचपन में पाठशाला में सीखी बातों के बाद, अब इन प्रश्नों ने भी मुझे आत्ममंथन करने की प्रेरणा दी। मेरे अंदर प्रश्न पूछने की जिज्ञासा जगाने का श्रेय उन्हें ही जाता है। इस जिज्ञासा का प्रयोग मैंने अपने जीवन में हर जगह किया।

काका को बौद्धिक बहस और चिंतन से भरी शामें बेहद पसंद थीं। उनके वैज्ञानिक स्वभाव का प्रभाव मुझ पर गहरा असर पड़ा। मैंने उनसे किसी भी बात को सीधे स्वीकार न करना और हर बात पर सवाल उठाना सीखा। सत्य के कई पहलू होते हैं, जो लगातार बदलते रहते हैं। मैंने धर्मगुरुओं से सवाल करना शुरू किया, लेकिन वे अक्सर संतोषजनक जवाब नहीं दे पाते थे। मैं उनसे विभूति के बारे में पूछता, जो केसर मिला पीला पाउडर होता है, जिसे मंत्रों के उच्चारण के साथ भक्तों के माथे पर लगाया जाता है। लेकिन वे मुझे बिना कारण जाने इस रस्म में विश्वास करने के लिए कहते। काका की तरह मैं भी नास्तिकता की तरफ झुकने लगा था।

समय के साथ, बा और काका वैचारिक स्तर पर एक दूसरे से बिल्कुल अलग हो गए। उन दोनों का मेरे जीवन पर अलग-अलग प्रभाव पड़ने लगा। बा चाहती थीं कि मैं जैन धर्म के बारे में सीखूं, जबकि काका को गुरुओं से सवाल करना पसंद था। लेकिन

दोनों के बीच यह मतभेद केवल धार्मिक सोच तक सीमित नहीं था। हालांकि दोनों दृढ़ता से एक दूसरे के साथ बने रहे, लेकिन उनका जीवन अलग दिशाओं में आगे बढ़ रहा था। बच्चों, परिवार और संस्कृति से जुड़ी बातों के अलावा उनका समय बिल्कुल अलग चीजें करते हुए बीतता था। काका लगभग हर महीने विदेश यात्रा पर जाते थे, लेकिन बा की सेहत ऐसी नहीं थी कि उनके साथ जा सकें। काका को अच्छे से तैयार होना पसंद था। वे विदेश से खरीदी शर्टें पहनते थे। अगर उन्हें भारत में शर्ट सिलवानी होती तो वह बेहतरीन दर्जी से ही सिलवाना पसंद करते थे। वह अक्सर चुटकी लेकर बोलते, 'जब मैं बंबई आया तो मेरी जेब में केवल तीन रुपये थे। जब तक मेरी जेब में तीन रुपये बचे रहेंगे, मैं पैसे खर्च करता रहूंगा और कोई मुझे रोक नहीं सकता।' काका के कपड़े जितने बेहतर होते जा रहे थे, बा उतनी ही सरल ज़िंदगी जीने लगी थीं। दोनों के जीवन जीने का तरीका अलग था, लेकिन खुद और परिवार को लेकर दोनों ही बहुत महत्वकांक्षी थे।

कारोबारी दुनिया में पहला कदम

मैंने अपना पहला कारोबार कॉलेज के दिनों में ही शुरू कर लिया था। यह अचानक ही हुआ था, लेकिन इससे मिले अनुभव ने उद्यम शुरू करने को लेकर मेरी रुचि को बढ़ा दिया।

मुंबई के सेंट जेवियर कॉलेज में दो साल की पढ़ाई के बाद मेरा दाखिला कॉलेज ऑफ इंजीनियरिंग पुणे (COEP) में हो गया। उस समय गिनती के ही इंजीनियरिंग कॉलेज होते थे। कॉलेज के दूसरे साल में मेरे दोस्त और सहपाठी विक्रम देसाई ने मुझे डॉ. शांतिलाल देसाई से मिलवाया। डॉ. देसाई पुणे के जाने-माने रिसर्च सेंटर, सेंट्रल वाटर एंड पावर रिसर्च स्टेशन के प्रमुख थे। उस समय इंजीनियरिंग पाठ्यक्रम में काफी बदलाव किए जा रहे थे। इंजीनियरिंग को तीन साल से चार साल का कर दिया गया था। इस वजह से पाठ्यक्रम में कई नई किताबें शामिल की गईं, और कई किताबें हटा दी गईं। उस समय अधिकांश किताबें विदेशी लेखकों और प्रकाशकों की होती थीं। इसलिए अधिकांश विद्यार्थियों के लिए ये किताबें बहुत मंहगी थीं। यही वजह थी कि एक परंपरा बन गई कि सीनियर छात्र अपनी पुरानी किताबें, जुनियर छात्र को दे दिया करते थे। लेकिन पाठ्यक्रम बदलने से अब पुरानी किताबें काम की नहीं रह गई थीं।

जिन छात्रों के परिवार नई किताबों का खर्च नहीं उठा सकते थे उन पर इसका बहुत बुरा असर पड़ा। वे सभी प्रतिभाशाली छात्र थे। डॉ. देसाई उन छात्रों के लिए मुफ्त पुस्तकालय शुरू करना चाहते थे।

पुस्तकालय के लिए पैसे जुटाना मुश्किल था, तो डॉ. देसाई ने हम कुछ लोगों को पैसे जुटाने का उपाय तलाश करने के लिए कहा। किसी ने गुजराती कलाकारों को बुलाकर चैरिटी कार्यक्रम करवाने का सुझाव दिया। किसी ने यह भी सुझाव दिया कि ऐसे किसी कार्यक्रम में किताब प्रकाशित कर उसे बेचा जाए और इसके लिए आयोजकों से पैसे लिए जाएं।

ऐसी ही एक बातचती में मैंने बताया कि मेरे पिता फिल्म डिस्ट्रिब्यूटर हैं। तो आखिरकार हमने पुणे में गुजराती फिल्म दिखाने की योजना बनाई। उस समय पुणे में गुजराती फिल्मों का प्रदर्शन न के बराबर होता था। टिकटों की बिक्री से मिलने वाले पैसे के अलावा हम प्रायोजकों से भी पैसे जुटा सकते थे। यह सुझाव सबको पसंद आया।

अगली बार जब मैं मुंबई गया, तो मैंने हिचकिचाते हुए काका को अपनी योजना बताई। मुझे आश्चर्य हुआ कि काका मान गए। हिट गुजराती फिल्म *कलापी* के निर्माता काका के दोस्त थे। मुझे पता था कि *कलापी* प्रसिद्ध गुजराती कवि सुरसिंहजी गोहिल के जीवन पर आधारित है। वह *कलापी* उपनाम से कविताएं लिखते थे। वह गुजरात की लाठी स्टेट के राजकुमार थे। उनके काम का असर कवियों की आने वाली कई पीढ़ियों पर दिखाई पड़ता है। हो सकता है कि लोगों को फिल्म के बारे में ज़्यादा जानकारी न हो, लेकिन कवि के बारे में सब लोग जानते थे। इसलिए फिल्म के टिकट बेचना आसान हो गया। फिल्म में संजीव कुमार और अरुणा ईरानी जैसे सुपरस्टार होने से भी टिकट बेचने में मदद मिली।

काका और मैं फिल्म के निर्माता से मिलने गए। जब उन्हें फिल्म दिखाने के मकसद का पता चला तो उन्होंने मुझे कहा, 'यंग मैन, मैं इस फिल्म के लिए तुमसे पैसे नहीं लूंगा।' मैं बहुत खुश हुआ। काका ने आगे की ज़िम्मेदारी मुझ पर छोड़ दी।

जब मैं पुणे पहुंचा तो डॉ. देसाई और विक्रम यह जानकर बहुत खुश हुए। हमने फिल्म दिखाने की तैयारियां शुरू कर दीं। हमने टिकट छपवाए और प्रायोजक जुटाने के लिए लोगों से मिलना शुरू किया। रविवार सुबह 11 बजे से दोपहर 2 बजे के स्लॉट के लिए

डेक्कन जिमखाना में थिएटर बुक किया गया। प्रायोजकों को निश्चित संख्या में टिकट दिए गए। बचे हुए टिकटों को हमने बेचा। फिल्म के शो का प्रचार करने के लिए हम कई गुजराती कार्यक्रमों में भी गए। आखिरकार, फिल्म दिखाने का दिन आ गया। मुझे थोड़ी घबराहट हो रही थी। प्रसिद्ध उद्योगपति एस.एल. किर्लोस्कर कार्यक्रम के मुख्य अतिथि थे। विक्रम ने कार्यक्रम का शुरुआती संबोधन दिया, उसके बाद डॉ. देसाई और एस.एल. किर्लोस्कर का भाषण हुआ। मैंने धन्यवाद भाषण दिया। यह मेरा पहला सार्वजनिक भाषण था। फिल्म स्क्रीनिंग के दौरान हमने बुकलेट बांटी, जिनमें फिल्म से जुड़ी जानकारी के साथ ही गुजराती इंजीनियर्स लाइब्रेरी के बारे में बताया गया था और उसमें प्रायोजकों के विज्ञापन भी थे।

हमने उस दिन करीब 1,00,000 रुपये जमा किए, जो उस समय के हिसाब से बड़ी रकम थी। डॉ. देसाई की खुशी का ठिकाना नहीं था। इतना पैसा हमारा पुस्तकालय शुरू करने के लिए काफी था। हमने स्थानीय किताबों की दुकान से थोक में किताबें खरीदने की बात की। हमें पहले से चल रहे पुस्तकालय के एक हिस्से में हमारा पुस्तकालय चलाने की जगह मिल गई। छात्रों में किताबें बांटने की ज़िम्मेदारी मैंने ली।

जब महाराष्ट्र के अंदरूनी इलाकों से आने वाले छात्रों को पुस्तकालय का फायदा मिला, तो उनके चेहरे पर खुशी देखकर पिछले कुछ हफ्तों में की गई पूरी मेहनत वसूल हो गई।

सामाजिक कार्यों से जुड़ा यह मेरा पहला उद्यम था, जिसे अच्छे उद्देश्य के लिए किया गया था। कार्यक्रम की सफलता से मुझे बहुत संतुष्टि मिली। स्वंयसेवकों, फिल्म निर्माता और डॉ. देसाई की निस्वार्थ भावना ने मुझे भविष्य का रास्ता दिखाया।

पहले साल की सफलता से उत्साहित होकर, अगले साल पैसा जुटाने के लिए हमने लोकप्रिय स्टार गुरु दत्त की फिल्म, *चौदहवीं का चांद* का प्रदर्शन किया।

व्यवसाय की दुनिया में पहला कदम

हमने इंजीनियरिंग पास की, तो हमें एहसास हुआ कि बाहर केवल कुछ ही लोगों के लिए अच्छी नौकरियां थीं। 400 लोगों के बैच में से करीब अस्सी लोग विदेश चले गए। पच्चीस या तीस लोग पारिवारिक कारोबार से जुड़ गए और लगभग पांच लोगों ने अपना खुद का कारोबार शुरू किया। बाकी लोगों ने जो भी नौकरी मिली वह पकड़ ली। इनमें

बहुत सारी नौकरियां मैन्युफैक्चरिंग प्लांट्स में थीं। उन्हें पक्का करना था कि मशीनें सही से काम करती रहें। यहां पंप, मोटर और लाइट बल्ब जैसी चीजें बनती थीं। यहां डिज़ाइन या इनोवेशन का कोई मौका नहीं था, बस कुछ चीज़ों में मामूली बदलाव या मौजूदा उत्पादों में थोड़ी बहुत रिवर्स-इंजीनियरिंग ही की जा सकती थी।

मैंने 1968 में न्यूयॉर्क के ब्रुकलिन पॉलिटेक्निक[1] के लिए आवेदन दिया था। कॉलेज ने मुझे एक ब्रोशर भेजा जिसमें छात्रों की तस्वीरें थीं, जो एक लकड़ी की बेंच पर बैठे थे और पार्क में घूम रहे थे। मैंने लकड़ी की बेंच के चारों तरफ हरियाली से भरा शानदार कैंपस होने की कल्पना की। जब मैं वहां पहुंचा, तो मुझे यह देखकर निराशा हुई कि वहां कोई पार्क था ही नहीं, केवल कॉलेज की इमारत थी। जब मैंने रजिस्ट्रार से तस्वीरों के बारे में पूछा, तो उन्होंने मुस्कुराकर मुझे बेंच दिखाई। इमारत के ठीक बाहर वाले फुटपाथ के कोने में सचमुच एक बेंच लगी थी। रजिस्ट्रार ने कहा कि पूरा न्यूयॉर्क शहर ही हमारा कैंपस है। मैंने अमेरिका के बारे में पहली चीज सीखी कि मार्केटिंग इसके नस-नस में है!

मैंने इलेक्ट्रिकल इंजीनियरिंग में एमएस की पढ़ाई शुरू की। जब मेरे रूममेट इंदर सिह को यह पता चला तो वो बहुत निराश हुए। वो कॉलेज में मुझसे एक साल सीनियर थे। उन्होंने ज़ोर देकर मुझे कंप्यूटर साइंस करने की सलाह दी, क्योंकि आने वाला भविष्य उसी का था। उनकी बात मानकर मैंने विषय बदलकर कंप्यूटर चुन लिया।

ब्रुकलिन पॉलिटेक्निक में कई ऐसी चुनौतियां आयीं जिसका सामना मैंने अबतक नहीं किया था। मेरी क्लास में फुलब्राइट स्कोलर्स[2] और बेल लैब्स के इंटर्न[3] थे। क्लास में जबरदस्त प्रतिस्पर्धा थी। वहां बहुत सारे प्रतिभाशाली लोग थे। प्रतिस्पर्धा का स्तर

---

1 अब ब्रुकलिन पॉलिटेक्निक को न्यूयॉर्क यूनिवर्सिटी टेंडन स्कूल ऑफ इंजीनियरिंग कहा जाता है।

2 फुलब्राइट स्कॉलर फुलब्राइट कार्यक्रम का हिस्सा थे। फुलब्राइट को 1946 में जे. विलियम फुलब्राइट ने शुरू किया था। इसे दुनिया की सबसे प्रतिष्ठित छात्रवृत्ति माना जाता था। प्रतियोगी परीक्षा के बाद लोगों का चुनाव होता है और उन्हें पढ़ाई, शोध, पढ़ाने या अपनी प्रतिभा को दिखाने के लिए छात्रवृत्ति मिलती है।

3 बेल लैब्स की पहचान प्रमुख औद्योगिक अनुसंधान और वैज्ञानिक विकास संस्थान के तौर पर है। बेल लैब्स में काम कर रहे शोधकर्ताओं ने कई आधुनिक अविष्कार किए हैं। इसमें ट्रांजिस्टर, लेजर, फोटोवोल्टिक सेल, यूनिक्स ऑपरेटिंग सिस्टम, और B, C, C++, S, SNOBOL, AWK, AMPL जैसे प्रोग्रामिंग लैंग्वेज शामिल हैं।

बहुत ऊंचा था। प्रतिभाशाली सहपाठियों के साथ होने से मुझ पर ज़्यादा मेहनत करने का दबाव पड़ रहा था।

जिस दुनिया से मैं आया था उसकी तुलना में अमेरिका ज्यादा आज़ाद देश था। उस समय मुक्त बाज़ार और पूंजीवाद जैसी अर्थशास्त्र की बातों को समझने के लिए मैं काफी युवा था। मैं भारत में पला बढ़ा था। भारत की नजदीकी तत्कालीन यूएसएसआर के साथ थी, इसलिए अमेरिका से जुड़ी बातों को लेकर मुझे संदेह रहता था और मैं अधिकतर बातों को अमेरिकी प्रचार मानकर खारिज कर देता था। लेकिन अब मैं टेक्नोलॉजी के मामले में उसके प्रभुत्व को खुद देख सकता था।

मेरा सामना अमेरिकी ज़िंदगी के विरोधाभासों से भी हुआ। मैं जिस इलाके में रहता था वहां अपराध बहुत होते थे। कॉलेज जाते समय हमें एक पार्क को पार करके जाना पड़ता था। पार्क से गुजरते समय लूटपाट होने की आशंका बनी रहती थी। मुझे हमेशा अपने साथ कम से कम $5 रखने की सलाह दी गई। अगर आपके पास पैसे नहीं मिले तो पक्का था कि लुटेरा आपके साथ मारपीट करेगा। मेरे पास इंश्योरेंस भी नहीं था, इसलिए मैं नहीं चाहता था कि मुझे किसी तरह का नुकसान पहुंचे।

दूसरी तरफ, दोस्तों के साथ शहर में घूमते हुए मुझे न्यूयॉर्क के एक अलग ही पहलू को देखने का मौका मिला। हम पांच दोस्त थे। मेरे अलावा एक इटली, एक स्पेन, एक स्विटजरलैंड और एक अरब से था। हम मैनहैटन या ब्रुकलिन के मंहगे इलाकों में घूमते, रात की चमकती रोशनियों और ऊंची इमारतों का मजा लेते। न्यूयॉर्क में लोग आमतौर से अच्छे कपड़े पहनते थे और उनमें आत्मविश्वास नज़र आता था। हर तरफ फाइन डाइनिंग रेस्टोरेंट और जैज़ संगीत बज रहा होता। हालांकि, मेरे लिए शाकाहारी खाना तलाश करना बड़ी चुनौती थी।

मैं बीटल्स का दीवाना था। उस समय ज़्यादातर जगहों पर 45-आरपीएम प्लेयर्स होते थे। इनमें एक समय में एक ही डिस्क बजाई जा सकती थी, और डिस्क के एक तरफ एक ही गाना होता था। मैंने *'लेट इट बी'* गाना कम से कम नहीं तो सैंकड़ों बार सुना होगा। यह मेरा सबसे पंसदीदा गाना था।

पास के वुडस्टॉक में एक म्यूज़िक फेस्टिवल ने इतिहास बना दिया था। ऐसा लग रहा था कि भविष्य शांति और प्यार से भरा होगा।

हालांकि, उस समय अमेरिका-वियतनाम संघर्ष अपने चरम पर था। तो दूसरी ओर, उसकी विरोधी संस्कृतियां अपने शिखर पर थीं।

मैं पूरी तरह एक अलग दुनिया से था, और भले ही मैं इससे जुड़ नहीं पा रहा था, लेकिन युद्ध विरोध और अहिंसा का नारा लगाती 'फ्लावर पावर' हर जगह थी और ये सब काफी आकर्षक था। सड़कों पर लंबे बालों वाले रंग-बिरंगे युवा प्रदर्शनकारियों को देखकर मज़ा आता था। गूंजते नारों के साथ शांतिपूर्ण प्रदर्शन कर रहे युवा प्रदर्शनकारियों को ताकतवर अधिकारियों का डर नहीं था। भारत से आने के कारण मैं सरकार के खिलाफ इस तरह के खुले विरोध की बात सोच भी नहीं सकता था।

युद्ध ने सेना में भर्ती का डर भी बढ़ गया था। मेरे ग्रेजुएट बनने के बाद, मेरे ग्रीन कार्ड के हिसाब से मुझे भी युद्ध में भेजा जा सकता था। हालांकि, 365 में से मेरा नंबर 360वें पर था। मेरा नंबर सूची में इतना नीचे था कि सभी इस बात का मजाक बनाते कि मेरे जाने से पहले महिलाओं और बच्चों को भी युद्ध में भेज दिया जाएगा। पर मेरा साथी अनिल मेरे जितना शांत नहीं था। उसका नंबर 100 के अंदर था। अपने वजन को 110 पौंड (लगभग 50 किलो) से कम रखने के चक्कर में वह बहुत कम खाना खाता था, ताकि उसे अनिवार्य मिलिट्री सेवा के लिए अयोग्य घोषित कर दिया जाए। कुछ लोग वापस भारत चले गए। और कुछ लोग ऐसे भी थे, जो अमेरिका से अपने प्यार के चलते वियतनाम भी गए।

ये भी सच है कि युद्ध ने मेरी नज़रों में अमेरिकी चमक को धुंधला कर दिया था, लेकिन चांद पर पहुंचकर अमेरिकी ने बड़ी कामयाबी हासिल की थी जिसे मैं अनदेखा नहीं कर सकता था। इस कामयाबी ने पूरी दुनिया का ध्यान अमेरिका की ओर खींचा। मीडिया में हर तरफ अंतरिक्षयात्रियों और अपोलो 11 के ऐतिहासिक मिशन की तस्वीरें छाई हुई थीं।

1970 में मैंने अपनी पीएचडी पर काम करना शुरू किया। मेरे सलाहकार, डॉ. मैककेलर, आईबीएम में एक रिसर्चर और ब्रुकलिन पॉलिटेक्निक में प्रोफेसर थे। उनका पक्का भरोसा था कि इसी से मेरे आगे बढ़ने का रास्ता खुलेगा। लेकिन तीन महीने में मैंने इस रास्ते को छोड़ने का फैसला कर लिया। शायद मेरे अंदर का उद्यमी मुझसे ऐसा करवा रहा था।

मेरी पहली नौकरी हार्टफोर्ड, कनेक्टिकट की बीमा कंपनी, द ट्रैवलर्स कंपनीज इंक, के मुख्यालय में थी। मैंने एप्लिकेशन्स प्रोग्रामर के तौर पर काम करना शुरू किया, और मेरा पहला काम व्यवसायिक एप्लिकेशन्स के लिए सीओबीओएल (COBOL) प्रोग्राम के कोड तैयार करना था। मेरे पास कंप्यूटर साइंस में मास्टर्स की डिग्री थी और मैं वहां काम करने वालों में सबसे ज़्यादा पढ़ा लिखा था, लेकिन मैं जो काम कर रहा था उसके लिए बहुत ज़्यादा कौशल की ज़रूरत नहीं थी। वहां तो लोग अक्सर मजाक करते थे कि एक हफ्ते की ट्रेनिंग के बाद बंदर भी यह काम कर सकता है।

पर मेरे पास अपनी पसंद का काम चुनने का विकल्प नहीं था। युद्ध के कारण अर्थव्यवस्था सुस्त हो गई थी और नौकरी मिलना आसान नहीं था। इसलिए शाम के समय मैंने रेंससेलर पॉलिटेक्निक से फाइनेंस और मार्केटिंग में स्पेशलाइजेशन के साथ मैनेजमेंट कोर्स करना शुरू कर दिया।

मैं अपने करियर में आगे बढ़ने के लिए तैयार था। मेरा अमेरिकन ड्रीम साकार होता दिखाई देने लगा था। उसी दौरान अपनी बहन की शादी के लिए मैं भारत वापस आया।

जीवनसाथी की खोज

मैं 1972 में अपनी छोटी बहन नीला की शादी[4] के लिए भारत आया। इस दौरान मेरी शादी की भी चर्चा होने लगी। इसी दौरान मैं शैला से मिला। हम दोनों के पिता बिजनेस पार्टनर थे, और हमारा परिवार वर्षों से एक दूसरे को जानता था। फिल्मों की स्क्रीनिंग के दौरान मैंने शैला को कई बार देखा था, लेकिन उससे कभी बात नहीं हुई थी।

अब हम उसके घर पर थे। माटुंगा के सभ्रांत इलाके में उसका तीन मंजिल का एक हवादार बढ़िया घर था। जैसे ही शैला कमरे में आई मैं देखते ही उसका दीवाना हो गया! लेकिन तभी मुझ ख्याल आया कि केवल ऊपरी सुंदरता ही सब कुछ नहीं होती। दो लोगों को अगर साथ ज़िंदगी बितानी है तो उनमें गहरा जुड़ाव होना ज़रूरी है। मुझे लगा कि वह बहुत सुसंस्कृत, समझदार और विनोदी स्वभाव की है और खुद को अच्छे से संभालना जानती है। अब मामला उलट गया था। मुझे लगा कि कोई आत्मविश्वास से भरा व्यक्ति

---

4 मैं आज तक इस बात पर मजाक बनाता हूं कि मेरी ज़िंदगी शायद सूरज बडजात्या की फिल्मों से प्रभावित है, जिनमें होने वाली शानदार शादियां नायक का जीवन बदल देती हैं!

ही उसे प्रभावित कर सकता है। मेरे दिमाग में उथल-पुथल चल रही थी कि क्या वह मुझे अपने लायक समझेगी।

उस समय भारत में जोड़े शादी से पहले शायद ही मिला करते थे। हम मिलने-जुलने लगे थे और एक दिन हम दोनों कार से एक दोस्त के यहां किसी कार्यक्रम में जा रहे थे। शैला पुरानी फिएट चला रही थी। उस समय भारत में कार के दो ही मॉडल मिलते थे, जिसमें से एक फिएट थी। उस कार को खरीदने के लिए भी वर्षों इंतज़ार करना पड़ता था। मुंबई में कैंप्स कार्नर के पास सड़क की चढ़ाई पर कार बंद पड़ गई। शैला को कार चढ़ाई पर ले जाने में मुश्किल हो रही थी। मैंने मदद की पेशकश की लेकिन शैला को भरोसा नहीं था कि मैं भारत में कार चला सकता हूं। उसने सोचा कि मुझे अमेरिका में लेफ्ट-हैंड-ड्राइव वाली कार चलाने की आदत होगी और मैं पुरानी फिएट नहीं चला पाउंगा। लेकिन मैंने कार चला ली। बाद में मुझे पता चला कि उसी मौके पर शैला ने मेरे साथ जीवन बिताने का सोच लिया था।

जल्दी ही हमारी शादी हो गई। मैं कुछ दिनों के लिए ही भारत आया था लेकिन शादी की वजह से मुझे पैंतालीस दिन और यहीं रुकना पड़ा। शैला मेरा साथ अमेरिका आ गई। हम दोनों ने अपने नए जीवन की शुरुआत की। उसने गणित में मास्टर्स किया था। घर पर बैठे रहने से उसे भी परेशानी हो रही थी। उसने बैंक में नौकरी शुरू कर दी, लेकिन जल्दी ही वह मेरे साथ ट्रेवलर्स में काम करने लगी।

जब मैं वापस आया तो मेरे बॉस के पास मेरे लिए $150,000 प्रोजेक्ट था। मुझे साथ काम करने के लिए तीन या चार प्रोग्रामर्स दिए गए और हमें छह महीने में एक बिजनेस एप्लिकेशन तैयार करना था। एक हफ्ते प्रोजक्ट समझने के बाद मुझे बढ़िया उपाय मिला। अगर हम पहले से मौजूद एप्लिकेशन में थोड़ा बदलाव कर देते हैं तो इस प्रोजेक्ट की ज़रूरत ही नहीं थी। उसी समय कंपनी में मेरी अहमियत बढ़ गई। उन्होंने मुझे 'सुपर प्रोग्रामर' बुलाना शुरू कर दिया।

एक दिन ऐसा भी था कि एचआर टीम में से किसी ने फोन कर मुझे कहा कि सुपर बॉस मुझसे मिलना चाहते हैं। मुझे चिंता हुई, वैसे मुझे तो यही लगता था कि मैं बहुत बढ़िया काम कर रहा था। मैंने अपने विभाग में सबसे ज़्यादा मेहनत की थी, मैं अक्सर रात-रात भर काम किया करता था।

किसी तरह मैं बॉस के केबिन में गया तो उसने मुस्कुराते हुए मेरा स्वागत किया। सुपर बॉस ने कहा कि वह मेरे काम से बहुत खुश हैं और मुझे बोनस देना चाहते हैं। उस समय मुझे $12,000 सालाना मिलता था, और मुझे $3,000 का बोनस दिया गया। मुझे बहुत खुशी हुई।

एक हफ्ते बाद मुझे पता चला कि स्थानीय अदालत ने नया नियम बनाया था, जिसमें कंपनियों के लिए अपने कर्मचारियों को ओवरटाइम का पैसा देना ज़रूरी बना दिया था और यह नियम पिछले साल से लागू किया जाना था। जिस तरह से मुझे 'बोनस' दिया गया उससे ऐसा लगा कि कंपनी ने उस अनिवार्य भुगतान को अपनी खुशी से मुझे दिया था।

मेरी प्रोफाइल बढ़ाकर डेटाबेस सॉफ्टवेयर इंजीनियर का कर दिया गया। डेटा सेंटर बहुत आधुनिक था। एक बार मैं कैफेटेरिया में कॉफी पी रहा था कि तभी बहुत तेज़ और अजीब आवाज़ आई। मैंने खिड़की से बाहर देखा कि ऑफिस में हेलिकॉप्टर उतर रहा था। मुझे लगा कि क्या कोई आतापकालीन स्थिति थी? क्या हमें इमारत से बाहर निकलना होगा? लेकिन हेलिकॉप्टर से जो लोग उतरे वे इमरजेंसी में सहायता देनी वाली टीम से नहीं बल्कि इंजीनियर लग रहे थे। वो आईबीएम की टीम थी जो खराब आईबीएम 370 सर्वर की जगह नया सर्वर लगाने आई थी। इस सर्वर पर ट्रेवलर्स का बहुत ज़रूरी एप्लिकेशन चलता था। आईबीएम के इस पेशेवराना अंदाज़ को देखकर मैं हैरान रह गया।

अमेरिका में काम करने की संस्कृति भी अलग थी। अब जैसे कॉफी को ही ले लिजिए, अमेरिका में कॉफी लेने के लिए कंपनी के बड़े सीनियर अधिकारी भी लाइन लगाकर खड़े होते थे, ऐसा लगता था जैसे कॉफी मशीन के सामने सारी ऊँच-नीच खत्म हो गई हो। भारत जैसे जातिवादी समाज से आने के बाद इस तरह की समानता को देखकर बहुत प्रेरणा मिलती थी।

मैं बहुत बढ़िया काम कर रहा था, फिर भी मुझे लगता था कि मेरे काम में कोई चुनौती नहीं थी और मेरी पूरी क्षमता का इस्तेमाल नहीं हो रहा था। मुझे तरक्की देने के लिए कई बार नियमों से परे जाकर कदम उठाए गए थे। फिर भी मुझे काम करने में मज़ा नहीं आ रहा था। मैं बहुत बेचैन था और मेरी महत्वकांक्षा बढ़ती जा रही थी। उसी समय मुझे एक सर्च फर्म से कॉल आया। उन्होंने मुझे अमेरिकन कैन में 'डेटाबेस मैनेजर' का पद देने की

पेशकश की। इससे मुझे करियर में बहुत बढ़त मिलती। मैं पुरानी नौकरी में गंवाए समय की भरपाई करना चाहता था। लेकिन मैंने इस ऑफर को मना कर दिया। नई नौकरी के लिए दूसरी जगह जाना होता और शैला ट्रेवलर्स में पूरी तरह जम गई थी। अमेरिकन कैन हम दोनों का इंटरव्यू लेने के लिए तैयार हो गई और इस तरह बात बन गई।

1974 में हम अमेरिकन कैन में काम करने लगे। ग्रीनविच, कनेक्टिकट में उनका एक ख़ूबसूरत 300 एकड़ का ऑफिस था। हमें पास के स्टेमफोर्ड इलाके में घर मिल गया। ऑफिस तो बेहद शांत और सुंदर था, लेकिन ग्रीनविच, जिसे 'अरबपतियों का शहर' कहा जाता है, में कुछ अजीबो-गरीब सामुदायिक नियम थे, जिन्हें कंपनी को मानना पड़ता था। जैसे कि खुले में गाड़ी पार्क करना मना था, केवल ज़मीन के नीचे बनी पार्किंग में ही गाड़ी खड़ी की जा सकती थी। ऑफिस के बाहर कोई स्ट्रीटलाइट नहीं थी। रात में परदे नीचे रखने पड़ते थे।

यहां आने के बाद मुझे कॉर्पोरेट अमेरिका की अनकही सच्चाई का पता चला। आप चाहे कितने भी मेहनती या प्रतिभाशाली क्यों न हो, अगर आप WASP, यानी व्हाइट एंग्लो-सैक्सन प्रोटेस्टेंट नहीं हैं, तो आप वाइस-प्रेसिडेंट के स्तर से आगे नहीं बढ़ सकते थे।

ऐसे समाज में, जहां आगे बढ़ने के लिए प्रतिभा को ही पैमाना माना जाता हो, वहां ऐसा होना मुझे सही नहीं लगा। शैला और मैं प्रतिभा के दम पर ही आगे बढ़े थे। हम हमारी पीढ़ी के शुरुआती लोगों में से थे जो अमेरिका आए थे, और अब हमें सोचना था कि क्या हम इन परिस्थितियों में वहां रहना चाहते हैं। हमने आपस में बातचीत की और इससे भारत वापस जाने का हमारा इरादा और मज़बूत हुआ।

1975 में हमारे पहले बच्चे का जन्म हुआ। हमने बच्चे का नाम चिरंतन रखा, जिसका मतलब होता है लंबा जीवन। बाद में हमें लगा कि अमेरिकी लहजे के हिसाब से यह नाम लंबा था तो हमने उसे छोटा करके चिरंत कर दिया। उसके जन्म के बाद हम घर वापस जाने पर ज़्यादा विचार करने लगे।

चिरंत नाम यथार्थ नहीं था

हमें भारत वापस आए कुछ ही महीने हुए थे। शुरुआती अनिश्चितता भी कम होने लगी थी। मैं हिंदीट्रॉन में साझेदार बन गया था और करियर में धीरे-धीरे आगे बढ़ रहा था। शैला भी परिवार के पास वापस आकर बहुत खुश थी। चिरंत, सबकी आंखों का तारा

था, उसकी प्यारी हरकतों से सबको ख़ुशी मिलती थी। ऐसा लग रहा था कि हमें हमारा ठिकाना मिल गया था। जीवन अच्छा चल रहा था! लेकिन हमें क्या पता था कि यह तूफान से पहले की शांति थी।

जनवरी 1979 की बात है, यह घटना मेरे मन में छप गई है। मैं हमेशा शनिवार के दिन चार साल के चिरंत को अपने इरोज बिल्डिंग के ऑफिस ले जाता था। हमारा ऑफिस पांचवें फ्लोर पर था। प्लान यह था कि छोटी सी रिव्यू मीटिंग के बाद मैं उसे रानी बाग चिड़ियाघर या हॉर्स गार्डन ले जाऊंगा। उस दिन उसका एक कजिन भाई भी हमारे साथ था। मीटिंग के समय चिरंत और उसका कजिन दोनों मेरे केबिन में ही खेल रहे थे।

चिरंत बीच-बीच में पूछ लेता था, 'हू क्या छू?'[5] मैं मीटिंग करते हुए ही उसके सवालों के जवाब देता रहा। कुछ देर बाद मुझे अहसास हुआ कि चिरंत सवाल नहीं पूछ रहा। हमने चारों तरफ देखा लेकिन चिरंत दिखाई नहीं दिया। फिर हमने पर्दा हटाकर देखा तो एक खिड़की खुली थी। मैंने खिड़की से जो देखा उससे मेरा दिल बैठ गया। हसमुख चिरंत पाँचवीं मंज़िल से नीचे फुटपाथ पर निश्चल पड़ा था। मैं पूरी तरह टूट गया। उसके बेजान शरीर को लेकर हम बॉम्बे अस्पताल दौड़े, लेकिन मुझे अनहोनी का अहसास हो गया था। मैं आंसुओं को रोके, सब कुछ ठीक होने की उम्मीद कर रहा था। लेकिन वहां पहुंचकर उसे मृत घोषित कर दिया गया। शैला को इस बारे में बताना मेरी ज़िदगी का सबसे मुश्किल फोन कॉल था। उसे तो भरोसा ही नहीं हुआ। सच्चाई का अहसास होते ही वह अस्पताल भागी। उसे संभालवना मुश्किल हो रहा था। इस दुर्घटना के समय काका और बा उदयपुर में छुट्टियां मना रहे थे। जब वे होटल पहुंचे तो उन्हें पता चला कि उनके लिए टेलिफोन कॉल आया था। काका को जैसे कुछ गलत होने का अहसास हो गया था, उन्होंने बा को कमरे में जाकर आराम करने को कहा और उसके बाद फोन पर बात की। दृढ़ स्वभाव वाले काका का भी धैर्य टूट गया और वे बिलख पड़े। फिर भी उन्होंने खुद को संभाला और बा को कुछ नहीं बताया। कुछ ही घंटों में उन्होंने मुंबई की वापसी फ्लाइट ले ली। अब तक बा को कुछ पता नहीं था।

चिरंत का दाह संस्कार उसी दिन कर दिया गया। मेरे भीतर अंतिम संस्कार की धुंधली सी याद है। परिवार और दोस्त सब हमारे साथ थे। जब मैंने उन्हें दुर्घटना के बारे में बताया

---

5 मैं कहां हूँ?

तो वे हैरान रह गए। मुझे समझ ही नहीं आ रहा था कि मेरे चारों तरफ क्या चल रहा था। मेरे साले ने ही अंतिम संस्कार की तैयारियां पूरी कीं। चिता की धधकती ज्वाला के बीच यह मेरी परीक्षा का समय था कि मैंने स्वीकार और अपरिग्रह को कितना आत्मसात किया था। मैं न तो इस आघात को स्वीकार कर पाया और न ही खुद को इससे दूर कर पाया। यह दर्द पूरी ज़िंदगी हमारे साथ रहेगा। मैं असफल हो गया था।

तीसरे दिन प्रार्थना सभा रखी गई। हमारी तो जैसे चेतना ही चली गई थी। लेकिन हमें इस दुर्घटना के परे देखना था। हमारी बेटी प्राची (जन्म 1978) उस समय कुछ ही महीने की थी। हमें सब कुछ भूलकर उसके भविष्य के लिए आगे बढ़ना था। काम में लगे रहने पर ठीक रहता था लेकिन अकेला होने पर यह दुर्घटना मुझे बार-बार कचोटती थी। मुझे पता था कि शैला की स्थिति मुझसे भी ख़राब थी। लेकिन उसने अपने आंसू पोंछे, बहादुरी से खुद को संभाला और ज़िंदगी में जो भी छोटी खुशियां थीं उन्हें समेटने में जुट गई। मुझे किसी की कही बात याद आ रही है कि दर्द जवाब मांगता है, लेकिन कई बार जवाब होता ही नहीं। हमारे पास भी कोई जवाब नहीं था। चिंरत अब हमारे साथ नहीं था। यही सच्चाई थी।

तीन महीने बाद, काका के सबसे करीबी दोस्त चल बसे। वह फिर से टूट गए। मुझे नहीं पता कि यह उनके पोते और करीबी दोस्त के जाने का दुख था या केवल खराब सेहत का असर था, लेकिन कुछ दिनों बाद काका भी नहीं रहे। वह केवल छप्पन साल के थे। अब तो मुझे पक्का यकीन हो गया कि ईश्वर कहीं नहीं है। इस समय तक, मेरे जीवन की अच्छी या बुरी, सुखद या दुखद सभी घटनाएं मेरे अतीत को प्रभावित कर चुकी थीं। शैला, मैं और प्राची जिंदगी में आगे बढ़े। फिर 1979 में मेरे बेटे जिगर और 1982 में बेटी हेरल का जन्म हुआ। हालांकि, यह स्वीकार और अपरिग्रह ही था जिसने मुझे जीवन में ज़्यादा उद्देश्यपूर्ण और प्रभावी मकसद की तरफ बढ़ने के लिए प्रेरित किया। वह उद्देश्य था उस उभरते उद्योग को आगे बढ़ाना जिसका मैं हिस्सा था। वह उद्योग, जिसने भारत के भाग्य को बदल दिया।

3

और कारवां बनता गया...

मैंने कुछ नियम तय किए हैं जो टेक्नोलॉजी को लेकर हमारी प्रतिक्रिया को दर्शाते हैं:

आपके जन्म के समय दुनिया में जो कुछ मौजूद है वह सामान्य और साधारण है और यह दुनिया के काम करने का स्वाभाविक तरीका है।

आपकी उम्र के पंद्रह से तीस वर्ष के बीच जो भी अविष्कार किया गया वह नया, रोमांचक और क्रांतिकारी है और संभावना है कि आप उनमें अपना करियर बना सकते हैं।

आपके पैंतीस वर्ष का होने के बाद जो अविष्कार होता है वह चीजों के स्वाभाविक क्रम के खिलाफ है।

—डगलस एडम्स

अगर आप ऐसे समय में पैदा हुए होते जब कंप्यूटर हर जगह थे या आपने कंप्यूटर के साथ काम करना शुरू किया, तो आपको सॉफ़्टवेयर क्या होता है, यह पता होगा। ऐसे में आप एडम्स की पहली दो श्रेणियों में आते हैं। अब ज़रा आप ऐसे इंसान को सॉफ्टवेयर के बारे में समझाने की कल्पना कीजिए जिसने कभी लैपटॉप या स्मार्टफोन का इस्तेमाल नहीं किया है। ऐसा इंसान आपके फोन में मौजूद सॉफ्टवेयर को भी हार्डवेयर ही समझ

लेगा। यह वही चुनौती थी जिसका सामना हमने कंप्यूटर के शुरुआती दिनों में व्यापार करते समय किया।

जब 70 के दशक में मैंने भारत में काम करना शुरू किया तो उस समय सरकार या कारोबार में निर्णय लेने की क्षमता रखने वाले लोगों को सॉफ्टवेयर की कोई जानकारी नहीं थी। वे लोग एडम्स की बताई तीसरी श्रेणी से आते थे। क्योंकि सॉफ्टवेयर दिखाई नहीं देता था, इसलिए समस्या और भी बढ़ गई थी। किसी ऐसी चीज की उपयोगिता आप कैसे समझाएंगे, जिसे न देखा जा सकता है, न छुआ जा सकता है, न सूंघा जा सकता है, न स्वाद लिया जा सकता है और न ही सुना जा सकता है? इसे आयात या निर्यात कैसे किया जाएगा? या इस पर टैक्स कैसे लगाया जाएगा?

इससे मुझे छह नेत्रहीन लोगों की कहानी याद आई, जिन्होंने अपने जीवन में कभी हाथी के बारे में नहीं सुना था। उन्हें छूकर हाथी के बारे में बताना था। जिस व्यक्ति ने पूंछ को छुआ उसने कहा कि हाथी रस्सी जैसा था। जिसने पैर को छुआ उसे लगा कि हाथी पेड़ के तने जैसा था। जिसने पेट को छुआ उसे लगा कि यह विशाल दीवार थी।

भले ही वे एक ही हाथी की बात कर रहे थे लेकिन समझ में बहुत अंतर था। हर कोई अपनी जगह सही था लेकिन किसी ने भी दूसरे की बात पर ध्यान नहीं दिया। नतीजा यह हुआ कि उन्हें लगा कि उनके अलावा सब झूठ बोल रहे थे।

इस कहानी का सार यही है कि हम मनुष्यों में यह प्रवृति होती है कि हम अपने व्यक्तिगत और सीमित अनुभव के आधार पर सच को जानने का दावा करते हैं, और दूसरों की बात पर ध्यान नहीं देते।

अब हाथी तो एक जीवित प्राणी है, जिसे आप छूकर महसूस कर सकते हैं। लेकिन अगर आपको किसी अमूर्त चीज़, जैसे सॉफ्टवेयर के बारे में समझाना हो तो आप क्या करेंगे? और उससे भी बुरी स्थिति तब होगी जब लोग सॉफ्टवेयर को कुछ और ही समझने लगें?

उस समय लोगों से होने वाली बातचीत से मैं हैरान रह जाता था। एक बार एक कस्टम अधिकारी ने मुझसे पूछा कि मैं क्या निर्यात करता हूं। मैंने उसे कहा मैं सॉफ्टवेयर निर्यात करता हूं, तो उसने मुझे सॉफ्टवेयर दिखाने को कहा। अब कोई सॉफ्टवेयर भला कैसे दिखा सकता है? क्या मैं उसे वह फ्लॉपी डिस्क दिखाता जिसमें मैं सॉफ्टवेयर भेज रहा था? या मैं उसे उन कोड्स के प्रिंटआउट दिखाता? या मैं उसे वे कॉन्ट्रेक्ट दिखाता

जो अभी तक पूरी तरह तैयार नहीं थे, उस पर हस्ताक्षर होना तो दूर की बात है? एक बार किसी दूसरे कस्टम ऑफिसर ने कहा कि मैं जो भी निर्यात कर रहा था उसका एक नमूना उसके पास छोड़ जाऊं। मुझे उसके पास फ्लॉपी डिस्क छोड़कर आनी पड़ी। उस मेहनती अधिकारी ने तुरंत फ्लॉपी डिस्क को फॉर्म के साथ स्टेपल कर दिया। स्टेपल लगते ही फ्लॉपी डिस्क खराब हो गई।

काफी लंबे समय तक सॉफ्टवेयर को लेकर लोगों की समझ बहुत अलग थी। 80 के दशक तक यही स्थिति रही और इस वजह से कारोबार को बढ़ाने में परेशानी हो रही थी। सॉफ्टवेयर कारोबार में हाथ आजमा रहे युवाओं से मिलने पर मुझे अहसास हुआ कि ये सिर्फ़ अकेली मेरी समस्या नहीं है, मेरी तरह बहुत से लोगों को परेशानी हो रही है। मुझे लगा कि इसके लिए कुछ करना होगा।

एक बार मैं एक बिज़नेस से जुड़े किसी कार्यक्रम हिस्सा लेने गया था। वहां मेरी मुलाकात एक तकनीकी शिक्षक से हुई। सॉफ़्टवेयर को समझाने और बार-बार गलत समझे जाने की समस्या पर हमारी बातचीत तुरंत जम गई। पता चला विजय मुखी, केवल एक शिक्षक नहीं थे बल्कि पथप्रदर्शक थे। उनमें सीखते रहने की ज़बरदस्त ललक थी। अगर उन्हें किसी खास तकनीक के बारे में पता चलता, तो वह उसे सीखने के लिए खुद को कमरे में बंद कर लेते थे और तब तक बाहर नहीं निकलते थे, जब तक कि उसमें माहिर न हो जाएं। उनमें तकनीक को लेकर बच्चों जैसी उत्सुकता थी। हम जल्दी ही गहरे दोस्त बन गए। समय के साथ तकनीक को लेकर उनकी जिज्ञासा बढ़ती ही गई।

80 के दशक के मध्य में विजय मुखी के घर हर महीने बैठक जमने लगी थी। जल्द ही, ये बैठकें तकनीकी व्यवसाय में काम करने वाले उद्यमियों से भर गई। यहीं बॉम्बे कंप्यूटर क्लब[1] की नींव पड़ी। हर महीने मीटिंग का नया प्रायोजक होता था। उस वक्त भी हम इस बात को लेकर पक्के थे कि प्रायोजक अपने निजी एजेंडे को न बढ़ावा दें। हम बस उनके सहयोग के लिए आभार व्यक्त कर सकते थे। इसी तरह की मीटिंग्स से आगे चलकर नेशनल एसोसिएशन ऑफ सॉफ्टवेयर एंड सर्विस कंपनीज़ (NASSCOM), द इंडस एंटरप्रेन्योर्स (TiE) और ऐसी कई दूसरी संस्थाओं की नींव पड़ी। हम इंटरनेट और साइबर सुरक्षा जैसे उभरते विषयों पर चर्चा करते थे। ये बैठकें

1 जेनिथ कम्प्यूटर्स के राज सराफ और चिराग उनादकट, क्लब के शुरुआती सदस्य थे।

मुझे काका के अपने दोस्तों के साथ गेलेज रेस्टोरेंट में 2.30 बजे वाली कॉफी मीटिंग्स के दौरान की याद दिलाती थीं।

1986 की बात है, मैं ड्रिंक्स के साथ ऐसी ही एक बैठक में शामिल था। हर कोई नौकरशाही से गुस्सा था। मेरी भी शिकायतें थीं। जानी-मानी कंपनी डीईसी और हिंदीट्रॉन के बीच साझे उद्यम का मामला 1985 से अधर में था (आखिरकार, यह समझौता 1987 में पूरा हुआ)। पार्टी में आए कई लोग इस बात पर मजाक कर रहे थे कि कैसे नौकरशाही ने हमें जकड़ रखा था क्योंकि उन्हें सॉफ्टवेयर की कोई जानकारी नहीं है।

इसी बातचीत के दौरान, मैंने अपना विचार सबके सामने रखा, यह विचार काफी दिनों से मेरे दिमाग में था। मैंने ऐसा संगठन बनाने का सुझाव दिया जो सरकार के साथ मिलकर नियम बनाने और सरकारी सोच में बदलाव लाने पर काम करे। हम युवा सॉफ्टवेयर उद्यमी थे पर हमारा समय कुछ नया करने पर ध्यान देने की बजाय सरकारी कार्यालयों में कागजी कार्यवाही पूरा करने में लग जाता था। अमेरिका के कारोबारी माहौल में काम करने का अनुभव होने के कारण मैं बता सकता था कि भारत में कहां कमी थी।

वैसे तो शराब के दौर के बीच वहां नए-नए विचार निकलते रहते थे। उस वक्त तो लोगों को वे बहुत पसंद आते थे पर अगले दिन नशा उतरने तक वे उन्हें भूल भी जाते थे। मैंने अपने विचार को आगे बढ़ाने के लिए जल्दी ही फिर से मिलने की बात कही। मैंने अगले दिन ही ताज महल होटल के सी लाउंज में मिलने का सुझाव दे दिया। हालांकि तब तक मुझे भी नहीं पता नहीं था कि दूसरे लोग मेरे विचार को लेकर कितना गंभीर थे।

अगले दिन मेरा डर सच में बदल गया। विजय मुखी के यहां पार्टी में 30 मौजूद थे लेकिन उनमें से केवल तीन ही अगले दिन मिलने आए। मैंने खुद को समझाया कि शुरुआत के लिए यह बुरा नहीं है। हमने आगे की योजना पर विचार किया और मुंबई में सॉफ्टवेयर सर्विस इंडस्ट्री से जुड़े 15 सबसे प्रभावशाली लोगों की सूची बनाई।[2] मैंने उन सभी को इरोज़ सिनेमा बिल्डिंग में हिंदीट्रॉन के ऑफिस में मिलने के लिए बुलाया। वे सभी बड़ी कंपनियों में ऊंचे पदों पर थे। मुझे उम्मीद नहीं थी कि वे लोग मिलने आएंगे।

---

2 इसमें प्रकाश आहुजा, कनक पांड्यन, शशि भगनारी (डाटाक्वेस्ट के तत्कालीन पत्रकार), डॉ. निर्मल जैन, सौरभ श्रीवास्तव और मस्टेक, डाटामेटिक्स, पाटनी, हिंदीट्रॉन के प्रतिनिधि और दूसरे कई लोग शामिल थे।

मेरी उम्मीदें आसमान छूने लगीं जब लगभग सभी लोग वहां आ पहुंचे। मैंने उनके सामने उद्योग से जुड़ी ऐसी संस्था बनाने का विचार रखा जो उद्योग के हितों को सरकार के सामने रख सके। कमरे में मौजूद सभी लोग ने बहुत सकारात्मक रुख दिखाया। उनमें से हरेक सर्विस बिजनेस को नई ऊंचाई पर पहुंचाने की सोच रखता था। आधिकारिक तौर से उद्योग का संगठन बनाने से पहले हमारे पास एक कोर ग्रुप था जो लोगों को जोड़ने की शुरुआत कर सकता था।

उद्योग से जुड़ा संगठन बनाने का विचार कोई नया नहीं था। प्राचीन रोम में भी इस तरह के संगठन, कॉलेजियम या कॉर्पस हुआ करते थे और जिन्हें कानूनी मान्यता प्राप्त थी। वहां किसी खास हस्तशिल्प को बेचने वाले विक्रेताओं का संगठन होता था। उदाहरण के लिए, ओस्टिया एंटिका के प्राचीन बंदरगाह में लंबी दूरी की यात्रा करने वाले जहाजों के मालिकों का समूह होता था, जिसे नवीकलरिओरम (naviculariorum) कहते थे। इंग्लैंड में भी पिछली कई सदियों से व्यापारी संगठन काम करते रहे हैं। आज देखने पर लगता है कि वे संगठन उद्योग के लिए कुछ खास न करके केवल मालिकों के भले के लिए ही बने थे।

यहां तक कि भारत में सॉफ्टवेयर उद्योग से जुड़े संगठन बनाने का विचार भी नया नहीं था। स्थानीय स्तर पर ऐसे कई संगठन काम कर रहे थे। उदाहरण के लिए, पुणे और चंडीगढ़ के आईटी उद्यमियों ने उद्योग से जुड़े मुद्दों पर बात करने के लिए बैठकें की थीं। पर स्थानीय स्तर पर होने वाले इन प्रयासों का राष्ट्रीय स्तर पर कोई प्रभाव नहीं पड़ रहा था। उस समय सबसे बड़ा संगठन मैन्युफैक्चरर्स एसोसिएशन फॉर इंफॉर्मेशन टेक्नोलॉजी (MAIT)[3] था। उस समय बहुत कम लोग थे जिन्हें सॉफ्टवेयर की ताकत का अंदाजा था। उस दौर में इलेक्ट्रॉनिक्स उद्योग तेजी से आगे बढ़ रहा था।

---

3 एमएआईटी (MAIT) की स्थापना 1982 में हुई थी। यह इंफॉर्मेशन और कम्यूनिकेशन टेक्नोलॉजी उद्योग से जुड़ा संगठन था। इसका मुख्यालय दिल्ली में था। एमएआईटी में मुख्य तौर से हार्डवेयर बनाने और असेंबल करने वाली कंपनियां उसकी सदस्य थीं। एचसीएल, विप्रो, डीसीएम, जेनिथ, माइक्रोलैंड, टीसीएस, आईडीएम, इस्सेन, कम्प्युट्रॉनिक्स और ऐसी कई कंपनियां इस संगठन से जुड़ी थीं। उनका ध्यान भारत को इलेक्ट्रॉनिक्स निर्माण के केन्द्र के तौर पर खड़ा करना था। अगर मुझे सही ये याद है तो, एमएआईटी की एग्जीक्यूटिव कमेटी में 16 सदस्य थे जो हार्डवेयर निर्माण से जुड़ी कंपनियों से थे। उसमें सॉफ्टवेयर उद्योग से केवल दो सदस्य थे और उनमें से कोई भी सॉफ्टवेयर सर्विस से नहीं जुड़ा था।

मेरी राय में एमएआईटी, दिल्ली के उन उद्योगपतियों का समूह था, जिसे नेताओं और नौकरशाही से नजदीकी का फायदा मिलता था। मुझे याद है कि एक बार कंप्यूटर हार्डवेयर बनाने वाली कंपनी के एक सीईओ ने मुझसे कहा था, 'आप खुश क्यों नहीं है? आपको क्या परेशानी है? बताईए कौन सा अधिकारी आपके उद्योग को परेशान कर रहा है? हम उनका ट्रांसफर करवा देंगे।' मुझे समझ आ गया कि यह ऐसे व्यापारियों का समूह था, जो अपने हिसाब से काम करवाते थे और अक्सर देश की भलाई से पहले अपनी कंपनी की भलाई सोचते थे।

हम सबसे पहले सरकार को यह समझाना चाहते थे कि सॉफ्टवेयर सर्विस नाम का भी कारोबार होता है और यह हार्डवेयर तथा सॉफ्टवेयर उत्पादों के कारोबार से अलग है। एमएआईटी का मानना था कि सॉफ्टवेयर व्यापार हार्डवेयर व्यापार का ही छोटा सा हिस्सा है और हार्डवेयर व्यापार ज़्यादा महत्वपूर्ण है। एमएआईटी के पास भी अपना एक सॉफ्टवेयर डिविजन था और उसे चलाने के लिए उनके पास थे एफ.सी. कोहली, जो टीसीएस के सीईओ थे। उस समय वे भारत के सॉफ्टवेयर उद्योग में सबसे प्रभावशाली चेहरा थे। इसलिए भले ही एमएआईटी सॉफ्टवेयर सर्विस उद्योग का सही प्रतिनिधि न हो, फिर भी उस समय वह उद्योग का सबसे प्रभावी संगठन था।

अगर हम चाहते थे कि सरकार सॉफ्टवेयर उद्योग से जुड़ी चुनौतियों पर ध्यान दे तो हमें अपनी आवाज सरकार तक पहुंचाने की ज़रूरत थी। और इसके लिए ज़रूरी थी लॉबियिंग। हम इस बात पर सहमत थे कि हम किसी कंपनी के हितों के लिए काम नहीं करेंगे बल्कि ऐसा ईकोसिस्टम बनाने पर ध्यान देंगे जिससे पूरे सॉफ्टवेयर और सॉफ्टवेयर सर्विस उद्योग को फायदा पहुंचे। इसलिए लॉबी करना हमारा लक्ष्य नहीं था, ये केवल लक्ष्य तक पहुंचने का साधन था।

निजी तौर पर मेरा मानना था कि प्रभावी संगठन बनाने के लिए ज़रूरी था कि सॉफ्टवेयर उद्योग से जुड़ी टॉप 80 फीसदी कंपनियां हमारे साथ शामिल हों। शुरुआत में इस काम के लिए समर्थन जुटाना मुश्किल था, और हममें से कुछ लोग ये मानते थे कि फिलहाल जितने भी लोग जुटें उतना ही सही है। जबकि दूसरी तरफ मेरे सहित कुछ लोग थे जो मानते थे कि जब तक सही संख्या में कंपनियां न जुटें तब तक आगे नहीं बढ़ना चाहिए।

मुझे खुशी है कि हमारा छोटा सा समूह अपनी बात पर अड़ा रहा, और आज पीछे देखने पर लगता है कि हम सही थे। उद्योग की 80 फीसदी कंपनियों के शामिल होने

से हम पूरी दुनिया को ये संदेश दे सके कि हम भारत के सॉफ्टवेयर सर्विस उद्योग की आवाज़ हैं।[4] हमें नहीं पता कि अगर उस समय हम अपने कदम पीछे हटा लेते तो आज क्या स्थिति होती।

हम ये नहीं चाहते थे कि अलग-अलग लोग सरकार के सामने अपने अलग-अलग एजेंडा लेकर बात करें और निति निर्माता भ्रमित हों। अगर हम आपसी बातचीत से आम राय नहीं बना सकते तो हम नीति निर्माताओं से कैसे उम्मीद कर सकते थे कि वे हमारे उद्योग के भविष्य के लिए सोचें? सॉफ्टवेयर उद्योग को बिना किसी दुविधा के अपनी बात एक साथ एक आवाज़ में रखनी होगी। अब जो सवाल हमें परेशान कर रहा था वह कि हमारी योजना को सुनने के बाद क्या लोग हमारे साथ जुड़ेंगे? हम अपनी कंपनियों के निजी फायदे के लिए ऐसा नहीं कर रहे थे। अगर उद्योग का विकास होगा तो उसका फायदा सभी को मिलेगा। उस उद्योग में इतनी जगह होगी कि नई कंपनियां सॉफ्टवेयर ईकोसिस्टम में शामिल हो सकेंगी। अगर हम ये बात सबको समझा सकें तो लोगों के साथ न आने की कोई वजह नहीं थी।

हमने आईटी उद्योग के प्रमुख लोगों से मिलना शुरू किया। मुंबई की आईटी कम्पनियां जल्दी ही जुड़ गईं। वाशिंगटन में भारतीय सॉफ्टवेयर प्रतिनिधिमंडल की पहली मीटिंग में सॉफ्टवेयर उद्योग का संगठन बनाने पर बात हुई थी। इस मीटिंग में नंदन नीलेकणि, के वी रमानी[5], सौरभ श्रीवास्तव, और एमईआईटी[6] (तत्कालीन डीओई) से श्री एस.एस. ओबेरॉय शामिल थे। नंदन और मैंने बाद में भी संगठन को लेकर बातचीत की और नंदन ने बैंगलोर के उद्यमियों के साथ मीटिंग करवाने की कोशिश की। हममें से

---

4 नैसकॉम के शुरुआती दिनों में, हम एशियन-ओशिनियन कंप्यूटिंग इंडस्ट्री ऑर्गेनाइजेशन (ASOCIO) का सदस्य बनना चाहते थे, जो पूरे एशिया प्रशांत क्षेत्र के इंफोर्मेशन एंड कम्यूनिकेशन टेक्नोलॉजी प्रौद्योगिकी (ICT) संघों का जाना-माना संगठन था। जब नैसकॉम ने इसमें शामिल होने और भारत का प्रतिनिधित्व करने का अनुरोध किया, तो हमें बताया गया कि एक टियर-2 शहर की कंपनियों का छोटा संगठन पहले से ही ऐसा कर रहा था।

5 रमानी फ्यूचर सॉफ्टवेयर के संस्थापक और ह्यूजेस सॉफ्टवेयर सिस्टम्स के सह-संस्थापक हैं।

6 एमईआईटीवाई का पूरा नाम है मिनिस्ट्री ऑफ इलेक्ट्रॉनिक्स एंड इंफोर्मेशन टेक्नोलॉजी। डीओई का मतलब है डिपार्टमेंट ऑफ इलेक्ट्रॉनिक्स।

कुछ ने मद्रास, कलकत्ता और दिल्ली की यात्राएं भी की। मैं व्यक्तिगत तौर पर इनमें से हर शहर के आईटी उद्योग के प्रमुख व्यक्तियों से मिला।

हमने अत्याधिक शक्तिशाली एमएआईटी और दूसरे प्रमुख लॉबी समूहों को नाराज़ कर दिया था। हमें जितना हो सके उतने ज़्यादा समर्थन की ज़रूरत थी। हालांकि उद्योगों से जुड़े ऐसे संगठनों में निजी अंहकार हावी रहता है, लेकिन हमने पहले दिन से ही आम सहमति से काम किया और सबको जोड़कर रखा।

आखिरकार हमें लोगों को साथ लाने में दो साल से ज़्यादा का समय लग गया। मुझे लगता है कि हम सभी साथ आए क्योंकि हमने सही इरादे से काम करना शुरू किया था। इसके अलावा, हम सभी की परेशानियां, मुद्दे और गुस्सा भी एक ही जैसा था। यहां तक कि हम सभी एक जैसे सूट पहनते थे![7]

इसलिए अलग-अलग कंपनियों और व्यापारिक हितों के बावजूद हमारी समानताओं और साझा हितों के कारण हम सभी साथ मिलकर साझा लक्ष्य के लिए काम कर पाए।

चेक 'मेट' (MAIT)

हम एमएआईटी के खिलाफ नहीं थे। हम केवल सॉफ्टवेयर और साफ्टवेयर सर्विसेज व्यापार से जुड़े उद्योगों का संगठन बनाना चाहते थे। लेकिन एमएआईटी से जुड़े कुछ लोगों ने हमें अपना विरोधी समझा। यह अच्छी बात नहीं थी क्योंकि हम चाहते थे कि लोग हमारी बातों और एजेंडे को गंभीरता से लें और उसे विरोधी न समझें।

एमएआईटी के कुछ सीनियर्स भी हमें खतरा मानते थे क्योंकि वे अपनी वर्तमान स्थिति से संतुष्ट थे। उनके निजी व्यापार के लिहाज से सबकुछ बढ़िया था और उनकी ऊँची पहुंच के कारण सरकारी नीति के होने या न होने का उन पर कोई असर नहीं पड़ता था।

---

7 हम जीवन में लगभग एक जैसी स्थिति में थे, एक जैसी चीजों को पसंद करते थे। एक बार दिल्ली में अमेरिकी कॉन्सुलेट के डिनर में के.वी. रमानी, टीसीएस के डॉ. निर्मल जैन और मैंने बिल्कुल एक जैसा सूट पहना था! आपसी बातचीत में हमें पता चला कि हम तीनों ने अलग-अलग समय पर एक ही अमेरिकी रिटेलर की अलग-अलग दुकानों से अपने पार्टी सूट खरीदे थे और उस दिन हम सबने वही सूट पहने थे।

सबसे बुरा यह था कि एमएआईटी के अध्यक्ष, डॉ. ओ.पी. मेहरा भी हमसे खुश नहीं थे। डॉ. मेहरा छोटी मगर प्रभावी कंपनी, इंटरनेशनल डेटा मैनेजमेंट (आईडीएम) के प्रमुख थे। ये एक ऐसा समूह था जिसने आईबीएम के भारत से जाने के बाद भी इसी कंपनी ने आईबीएम 1400 सीरीज़ मशीनों की देखभाल का काम संभाला था।

हमारा संगठन बिल्कुल नया था और हमारा कोर ग्रुप एमएआईटी के साथ गलतफहमियों को दूर करना चाहता था। मैंने डॉ. मेहरा से उनके मुंबई ऑफिस में मुलाकात करने की बात सोची। प्रभावशाली और अधिकारपूर्ण व्यक्तित्व वाले डॉ. मेहरा शानदार भाषण देने में माहिर थे। मुझे मुलाकात से किसी नतीजे की उम्मीद नहीं थी। लेकिन मैं फिर भी उन्हें समझाना चाहता था कि हमारे इरादे गलत नहीं हैं। मैंने उन्हें विस्तार से बताया कि हम किसका प्रतिनिधत्व करते हैं और क्या करने की कोशिश कर रहे हैं। थे। मैंने कहा कि वह हमें सही रास्ता दिखाएं और एमएआईटी को चलाने के उनके अनुभव से हमें फायदा हो सकता है।

डॉ. मेहरा बेहद शालीनता से मिले लेकिन यह साफ था कि एमएआईटी हमसे खुश नहीं था। उन्होंने मुझे रोकने की पूरी कोशिश की। उन्होंने बताया कि सरकार के साथ काम करना कितना मुश्किल था और कहा कि ऐसी कोशिश का कोई फायदा नहीं होगा। मैंने सॉफ्टवेयर उद्योग और ख़ासतौर से सॉफ्टवेयर सर्विसेज़ उद्योग को लेकर हमारी सोच उन्हें बताई। मैंने उन्हें बताया कि विदशी करेंसी कमाकर यह उद्योग भारतीय अर्थव्यवस्था का मुख्य स्तंभ बन सकता है। लेकिन डॉ. मेहरा नहीं माने। उन्होंने शायद मुझे ऐसे बच्चे के तौर पर देखा जो चांद से खेलने की जिद कर रहा है।

मैंने उन्हें फिर से कहा कि हम एमएआईटी के खिलाफ नहीं हैं। हम केवल सॉफ्टवेयर उद्योग के लिए अलग पहचान चाहते हैं ताकि उसकी ख़ास ज़रूरतों को पूरा किया जा सके। डॉ. मेहरा ने कहा कि एमएआईटी की सॉफ्टवेयर डिवीजन के प्रमुख एफ.सी. कोहली सॉफ्टवेयर उद्योग से जुड़ी चुनौतियों को संभाल सकते हैं। आख़िरकार, उस समय उद्योग का 60-70 प्रतिशत हिस्सा टीसीएस और टाटा बरोज़ के पास था।

मुलाकात खत्म हो हुई।

कमरे से बाहर आते समय मैं कुछ देर के लिए परेशान हुआ। मैंने मुलाकात के बारे में फिर से सोचा। अगर मैं तर्क के आधार पर देखूं तो डॉ. मेहरा का मुझे हतोत्साहित करना

स्वाभाविक था। मैंने पक्का किया कि इस मुलाकात का मेरे मनोबल पर कोई असर नहीं होना चाहिए और मैंने ऐसा ही किया।

एमएआईटी से हमारे संगठन को समर्थन न मिलना बड़ा झटका था। लेकिन दूसरी तरफ सॉफ्टवेयर उद्योग से मिल रहे भरपूर समर्थन से हमारा उत्साह भी बढ़ रहा था। तमाम मुश्किलों के बावजूद हमारा व्यापार बढ़ रहा था। हमें आगे बढ़ते जाना था।

आगे का रास्ता साफ दिखाई दे रहा था। हमें सरकार से सीधे सहयोग मांगना होगा। वैसे भी नीति निर्माताओं के सामने सॉफ्टवेयर उद्योग का प्रतिनिधित्व करना हमारे प्रमुख कार्यों में से था। उस समय डीओई सॉफ्टवेयर उद्योग से जुड़े मामलों को देखने वाली संस्था थी। डॉ. एन. शेषागिरी जैसे विद्वान उसके प्रमुख थे। भारत को लेकर उनकी सोच और महत्वकांक्षा बहुत बड़ी थी। लेकिन साथ ही वह अधिकारवादी भी थे, बहुत कम बातचीत करते थे और अक्सर अपने सामने किसी को नहीं बोलने देते थे। फिर भी वही हमारी आख़री उम्मीद थे।

डॉ. शेषागिरी को भारत के सॉफ्टवेयर उद्योग की क्षमता पर बहुत भरोसा था। वह अक्सर कहते, 'अगर भारत के पास प्रतिभाशाली सॉफ्टवेयर इंजीनियर्स के तौर पर कच्चा माल उपलब्ध है, तो फिर इसे कुछ भी आयात करने की क्या ज़रूरत है?' मेरा मानना था कि शिक्षाविदों ने गलती से यह मान लिया था कि सॉफ्टवेयर का मतलब केवल जटिल कोड तैयार करना था। डॉ शेषागिरी कहते थे, 'हम ज़रूरी संख्या में प्रतिभाशाली प्रोग्रामर्स को लगाकर देश में ही चीज़ें क्यों नहीं तैयार कर सकते, जिससे उन्हें आयात करने की ज़रूरत ही न रहे?' इसके जवाब में मेरा कहना था कि 'अगर आपको समोसा बनाने की सभी सामग्री दे दी जाए लेकिन कैसे बनाना है यह न बताया जाए तो क्या आप समोसा[8] बना पाएंगे?' सॉफ्टवेयर उत्पाद विकसित करना केवल विज्ञान नहीं है, यह कला भी है। उन दिनों काम में लाने योग्य उत्पाद को बनाने में कई वर्ष लगते थे। इसके साथ ही रिसर्च एंड डेवलपमेंट में निवेश करना और असफलताओं से सीखने की भी ज़रूरत पड़ती थी। इस व्यापार में पैसा कमाना मुश्किल था। हिंदीट्रॉन में हम सॉफ्टवेयर उत्पादों के विकास

---

8 मैं कहना चाहता हूं कि अगर आपने कभी समोसा नहीं देखा या उसका स्वाद नहीं लिया तो उसे बनाना और भी मुश्किल होगा भले ही आपके पास उसे बनाने की पूरी सामग्री हो। किसी उत्पाद को शुरू से बनाने की तुलना में उसकी रिवर्स इंजीनियरिंग आसान है। मेरा मानना है कि उस समय हम सॉफ्टवेयर उत्पाद के बिजनेस के लिए तैयार नहीं थे।

में काफी पैसा गंवा चुके थे। मेरा मानना है कि उस समय भारत सॉफ्टवेयर उत्पादों से जुड़े उद्योगों के लिए तैयार नहीं था। लेकिन डॉ. शेषागिरी अपनी बात पर अड़े थे। और मैं ऐसे व्यक्ति से मिलने जा रहा था।

आख़िरकार, जब मैं उनसे मिलने गया, तो मेरा सिर्फ़ एक ही मकसद था, मैं केवल हमारे सॉफ्टवेयर संगठन के गठन पर उनकी सलाह चाहता था। उन्होंने साफ कहा कि वह इसका समर्थन नहीं करते क्योंकि वह नहीं चाहते कि एक ही उद्योग से जुड़े अलग-अलग संगठन बनें। उन्होंने कहा कि एमएआईटी सॉफ्टवेयर उद्योग का प्रतिनिधित्व कर रहा था। मैंने सॉफ्टवेयर उद्योग की ज़रूरत पर अलग संगठन बनाने की वजह समझाने की कोशिश की लेकिन उन्होंने मेरी बात नहीं मानी।

यह साल 1987 की बात थी। मैं हिंदीट्रॉन में पार्टनर था और कंपनी को आगे बढ़ाने की कोशिश में लगा था। हम कंप्यूटर की दुनिया में जानी-मानी अंतर्राष्ट्रीय कंपनी डिजिटल इक्विपमेंट कॉर्पोरेशन (DEC) के साथ जॉइंट वेंचर शुरू करने वाले थे। डीईसी के साथ साझेदारी हिंदीट्रॉन की किस्मत को बदलने वाली थी। उस समय डीईसी के साथ जुड़ना बड़ी बात थी। डीईसी उस समय आईबीएम के बाद दुनिया की दूसरी सबसे बड़ी कंप्यूटर कंपनी थी, जिसमें 12,000 कर्मचारी थे। कंपनी 11 बिलियन डॉलर की आय पर पहुंचने वाली थी। इस जॉइंट वेंचर को सफल बनाना हमारे लिए सब कुछ था। डीईसी की तुलना में हमारी कंपनी बहुत नई थी और काम के मामले में दुनिया में हमारी पहुंच भी सीमित थी। यह भारत में निजी क्षेत्र की पहली बड़ी साझेदारी थी। हम प्रेस और मीडिया में छाए हुए थे। महीनों से हम अखबारों के पहले पन्ने पर थे।

इस जॉइंट वेंचर को भारत सरकार से अनुमति की ज़रूरत थी और अनुमति देना डीओई का काम था, जिसके प्रमुख डॉ. शेषागिरी थे। हमारे प्रतिनिधिमंडल में हिंदीट्रॉन और डीईसी दोनों के लोग शामिल थे।

स्थिति तब और जटिल हो गई जब मैंने महसूस किया कि अगर मैं हमारे संगठन की बात को आगे बढ़ाता हूं तो डॉ. शेषागिरी नाराज़ हो सकते थे, जिसका मतलब था कि हिंदीट्रॉन के लिए बेहद महत्त्वपूर्ण जॉइंट वेंचर की मंजूरी खतरे में पड़ जाती। अभी तक मेरे साझेदार उद्योग के लिए संगठन बनाने की मेरी पहल का समर्थन कर रहे थे। लेकिन अब इससे हमारी कंपनी के व्यापार पर असर पड़ता दिखाई दे रहा था तो मैं नहीं जानता था कि उनकी क्या प्रतिक्रिया होगी।

मुझे उद्योग जगत के कई दिग्गजों के फोन आए कि मुझे पीछे हट जाना चाहिए। मुझे लगता है कि इन लोगों को एमएआईटी की तरफ से ही उकसाया गया होगा। संदेश साफ था। अगर मैं उद्योग का संगठन बनाने की बात करूंगा तो हिंदीट्रॉन-डीईसी के जॉइंट वेंचर को शायद सरकारी मंज़ूरी नहीं मिलेगी। मैंने डीईसी और हिंदीट्रॉन में अपने साझेदारों को स्थिति की जानकारी दी। इमरजेंसी मीटिंग बुलाई गई। सभी चिंतित थे लेकिन मैं फिर भी इसे एक और मौका देने पर अड़ा था।

मैंने और हिंदीट्रॉन के मेरे साझेदारों ने इस बात को महसूस किया कि जब मैं सरकार का विरोध नहीं कर रहा था, तब भी एमएआईटी ने हमारे जॉइंट वेंचर में बाधा डालने की कोशिश की थी। हमने देखा कि एमएआईटी की तरफ से हर तीन महीने में एक पत्र डीओई को भेजा जाता था जिसमें हमारे जॉइंट वेंचर को विशेष रियायत देने का आरोप लगाया जाता था। उसके बाद सरकार की तरफ से हमें पत्र भेजा जाता था। हम पूरी पड़ताल करने के बाद सरकार को अपना जवाब भेजते थे। इस सबमें तीन महीने निकल जाते और तभी हमें नया पत्र मिल जाता, जिसकी भी शुरुआत एमएआईटी से ही हुई होती। ये ऐसा था जैसे कोई पहिया घूम रहा हो। लंबे समय तक ऐसा ही चलता रहा। मैंने डीओई के अधिकारियों से भी पूछा कि वे ऐसी बेवजह ही मांग पर क्यों ध्यान देते हैं, तो उसने कहा, 'हमारे यहां लोकतंत्र है, और हमें उद्योग से जुड़े संगठन से आने वाली अपील पर कार्रवाई करनी पड़ती है।' मुझे लगता था कि नीति निर्माताओं के लिए अर्थव्यवस्था को आगे बढ़ाने की बजाय फाइल को पूरा करना ज़्यादा ज़रूरी था। वे लोग लकीर के फकीर थे।[9]

मुझे आज भी भरोसा है कि सरकारी अधिकारी हमारे प्रति कोई दुर्भावना नहीं रखते थे। उन्हें कंप्यूटर उद्योग की ज़रूरतों के बारे में कोई जानकारी ही नहीं थी। इसलिए, वे एमएआईटी के अवसरवादी उद्योगपतियों के हाथों का खिलौना बन गए थे। मैं आपको उदाहरण से समझाता हूं।

उस समय भारत सरकार ने नॉर्वे की नोर्स्क डेटा कंपनी के साथ एक समझौता किया। इसके तहत भारत में इलेक्ट्रॉनिक्स कॉरपोरेशन ऑफ इंडिया लिमिटेड (ECIL) की हैदराबाद फैक्ट्री में कंप्यूटर बनाए जाने थे। समझौते के अनुसार सभी तरह के व्यवसायिक

---

9 जो व्यक्ति 'लिखित शब्दों' का अंधानुकरण करता है।

इस्तेमाल के लिए ईसीआईएल के बनाए नॉर्स्क डेटा कंप्यूटर्स का ही इस्तेमाल करना ज़रूरी था। उस समय डीईसी की माइक्रोवीएएक्स (MicroVAX) मैन्युफैक्चरिंग प्रोसेस के लिए एंटरप्राइज़ रिसोर्स प्लानिंग (ERP) कर रही थी। एमएआईटी ने अजीब मांग रखी कि डीईसी, नॉर्स्क डेटा के लिए फिर से उनके ईआरपी तैयार करे। इस मांग को पूरा करने के लिए सॉफ़्टवेयर को दोबारा लिखने में करोड़ों डॉलर खर्च होते, जो भारत में प्रोजेक्ट के आकार से बहुत अधिक था, और सॉफ़्टवेयर को फिर से लिखने में बहुत अधिक समय लगता। इस तरह की बेवजह की मांगों से न केवल मैं, बल्कि उद्योग जगत के दूसरे साथी भी हैरान थे!

भारत में उत्पादन को बढ़ावा देने के लिए सरकार चाहती थी कि कंप्यूटर की कैबिनेट भारत में ही बननी चाहिए। लेकिन डीईसी-हिंदीट्रॉन जो माइक्रोवीएएक्स बनाने की योजना बना रही थी, उसके लिए इलेक्ट्रोमैग्नेटिक सुरक्षा वाले खास तरह के कैबिनेट की ज़रूरत थी। ये कैबिनेट केवल अमेरिका के एक प्लांट में बनाए जाते थे। जब हमने सरकार से इस कैबिनेट के आयात की अनुमति मांगी, तो इस पर एमएआईटी ने सरकार को पत्र लिखकर कहा कि इन कैबिनेट पर 250 प्रतिशत का आयात शुल्क लगाया जाना चाहिए।

हम भारत में नया कैबिनेट प्लांट लगाने का सोच सकते थे लेकिन उसे लगाने की कीमत हमारे पूरे कारोबार की कीमत से दोगुनी थी। मेरे कहने का मतलब है कि नौकरशाही के इरादे गलत नहीं थे, लेकिन वे कंप्यूटर व्यापार की वास्तविकताओं को नहीं समझते थे।

एमएआईटी में कुछ लोगों ने खुलेआम कहा कि वे इस परियोजना को कम से कम अगले कुछ वर्षों तक शुरू नहीं होने देंगे। दुर्भाग्य की बात है कि हुआ भी ऐसा ही।

निराश होकर हम कोहली के पास गए और अपना गुस्सा निकाला। डीईसी जैसी दुनिया की दूसरी सबसे बड़ी कंप्यूटर कंपनी, जो भारत में पूरी इच्छा से मैन्युफैक्चरिंग शुरू करना चाहती है, उसे हार्डवेयर मैन्यूफैक्चरर के नाम पर असेंबलर का काम कर रहे लोग कैसे रोक सकते हैं?[10] ये कंपनियां पूरी किट आयात करके और प्रिंटेड सर्किट

10 जब मैं इस किताब को लिख रहा हूं, उस समय तक भी भारत में बहुत सारे 'कंप्यूटर मैन्यूफैक्चरर' केवल असेंबलर ही हैं। ये कंपनियां मैन्यूफैक्चरर की श्रेणी में आती हैं, जिससे इन्हें करों में छूट और आयात शुल्क में राहत मिलती है, जिससे राजस्व का नुकसान होता है

बोर्ड्स (PCB)[11] पर सोल्डरिंग का आसान सा काम करके, उसे देश में बनी कैबिनेट में फिट करके बस असेंबल उत्पाद बेच रही थीं।

कोहली को इन सब बातों का पता नहीं था और ये जानकर वे भी हक्के बक्के रह गए। उन्होंने तुरंत डॉ. मेहरा से बात की, जिन्हें खुद भी इन बातों को पता नहीं था। कोहली ने हमसे वादा किया कि आगे से ऐसा नहीं होगा।

पर एमएआईटी के कुछ लोगों द्वारा की गई ये हरकतें मेरे लिए वरदान बनकर आई। मुझे समझ आया कि किसी उद्योग के संगठन की ताकत कितनी हो सकती है। मुझे आश्चर्य हुआ कि कैसे मुट्ठी भर लोग डीईसी जैसी विशाल कंपनी और हिंदीट्रॉन के जॉइंट वेंचर में अड़चन डालने में कामयाब हो सकते हैं। मैं इससे हैरान था।

जब हमारे सॉफ्टवेयर उद्योग के संगठन को बनाने की सारी आशा खत्म हो गई थी, तभी एमएआईटी की घटना ने संगठन बनाने के मेरे संकल्प को और मज़बूत बना दिया।

कोहली को मनाने की कोशिश

कोहली को मनाने की कोशिश में कई महीने निकल गए। मैंने जॉइंट वेंचर पर हस्ताक्षर होने तक इंतजार किया। जैसे ही यह काम हुआ, मैं फिर से संगठन बनाने के काम में जुट गया।

मुझे पता था कि मुझे टाटा समूह जैसी बड़ी कंपनी को अपने साथ लाना होगा, हालांकि उन्हें हमारे सॉफ्टवेयर उद्योग के संगठन की ज़रूरत नहीं थी। लेकिन हमें उनकी ज़रूरत थी।

टाटा बरोज पहले ही हमारे साथ थी लेकिन शर्त ये थी कि टीसीएस भी हमारे साथ आए। लेकिन टीसीएस जैसी बड़ी कंपनी को साथ लाना आसान नहीं था। संगठन बनाने की जल्दी में हमारा कोर ग्रुप कोहली को पहले ही नाराज़ कर चुका था। मुझे लगा कि हमारा संगठन कोहली के लिए असहज स्थिति खड़ी कर देगा। इससे यह संदेश जा सकता

और असली इनोवेशन को बढ़ावा नहीं मिल पाता। हम बहुत लंब समय से अफवाहें सुनते रहे हैं कि कुछ हार्डवेयर कंपनियां अपने हार्डवेयर को सॉफ्टवेयर बताकर आयात करती हैं (हार्डवेयर आयात पर सॉफ्टवेयर की तुलना में ज़्यादा आयात शुल्क लगता है), जिससे सरकार की आय पर असर पड़ता है। वे सॉफ्टवेयर भी मुफ्त में दे देती हैं, जिसे मैं चोरी मानता हूं।

11 प्रिंटेड सर्किट बोर्ड 'बेस लेयर' है जिस पर कंप्यूटर के हिस्सों को जोड़ा जाता है।

था कि एमएआईटी के सॉफ्टवेयर विभाग के प्रमुख के तौर पर उनका काम सही नहीं रहा। हालांकि हम कोहली के बाद दूसरे नंबर के अधिकारी को मनाने में कामयाब रहे, लेकिन कोहली को अपने साथ लाए बिना बात नहीं बनने वाली थी।

हमारी अच्छी नियत और रिश्तों के बावज़ूद कोहली ने हमारे साथ जुड़ने से मना कर दिया। टीसीएस के साथ आए बिना सॉफ्टवेयर उद्योग के संगठन का कोई मतलब नहीं था। ऐसे हम अलग-अलग शहरों में बने उन दूसरे संगठनों जैसे ही होते, जहां कुछ लोग नियमित रूप से मिलते तो हैं, लेकिन कोई काम नहीं होता। समस्या ये थी कि कोहली को लगता था कि एमएआईटी लॉबिंग का काम अच्छे से कर रहा था, इसलिए किसी दूसरे संगठन की ज़रूरत नहीं थी।

कोहली समझदार इंसान थे। मैं उनकी बहुत इज़्जत करता था। मैं उन्हें नए जमाने का स्वतंत्रता सेनानी कहा करता था। कुछ लोगों को वह तानशाह जैसे लगते थे, लेकिन वह बस चाहते थे कि लोग कुछ भी बोलने से पहले पूरी तैयारी करके आएं। 1977 में जब मैं उनसे अपनी नौकरी के इंटरव्यू के लिए मिला, तो उन्होंने मेरा इंटरव्यू लेने के बजाए मुझे भारत में बने रहने के लिए मनाने की कोशिश की। अगर उन्हें हमारी सोच समझ नहीं आ रही थी तो इसका मतलब था कि हमारे समझाने का तरीका सही नहीं था। ये बात मेरे दिमाग में घूमती रही। जैसा कि मेरे साथ अक्सर होता है, इसका समाधान भी मुझे अचानक समझ आया। उस समय सायन में देर रात घूमते हुए मेरे दिमाग में अचानक कोहली को मनाने का तरीका सुझा।

सरकार को इस बात की समझ नहीं थी कि सॉफ्टवेयर अमूर्त उत्पाद है। उन्होंने हार्डवेयर उत्पादों के लिए जो नियम बनाए गए थे उन्हें ही सॉफ्टवेयर पर भी लागू कर दिया गया। यहां तक कि सॉफ्टवेयर को सही तरह से परिभाषित करने की भी ज़हमत नहीं उठाई। इसलिए आरबीआई (RBI), आयकर विभाग, उत्पाद और सीमा शुल्क विभाग किसी को पता ही नहीं था कि सॉफ्टवेयर पर कौन से नियम लागू किए जाएं। वे हर चीज हार्डवेयर के नियमों से चलाते थे। जबकि वे नियम सॉफ्टवेयर के अनुकूल नहीं थे। उदाहरण के लिए, आप कस्टम विभाग को डेटा के तौर पर भेजे जाने वाली वस्तु का नमूना नहीं दिखा सकते थे।

एमएआईटी मुख्य रूप से हार्डवेयर उद्योग का संगठन था। अगर एमएआईटी हमारा प्रतिनिधित्व करता, तो सॉफ्टवेयर को अलग नज़रिए से नहीं देखा जाता, जो कि

सॉफ्टवेयर के विकास के बहुत ज़रूरी था। आज यह बात आसान लगेगी, पर उस समय हम सॉफ्टवेयर की अमूर्तता के बारे में सही तरह से लोगों को समझाने के बाद ही उनकी सोच को बदलने में कामयाब हुए थे।

यही अमूर्तता ही हमारी सभी समस्याओं की जड़ थी। हमारी एकमात्र उम्मीद एक उद्योग संघ की थी जो इस अमूर्त व्यवसाय को एक पहचान देने के लिए समर्पित हो। मुझे समझ आ गया था कि क्या करना था।

मैं कोहली से एक बार फिर से मिला और उन्हें सब कुछ समझाया। मैंने उन्हें उदाहरणों से समझाया कि कैसे हार्डवेयर उत्पाद से जुड़े नियमों को न दिखाई देने वाले सॉफ्टवेयर उत्पादों पर लागू किया जा रहा है। आखिरकार उन्हें मेरी बात समझ आई और उन्होंने अपनी सहमति दे दी। कोहली की यही अच्छी बात थी। एमएआईटी और टीसीएस से जुड़े होने के बावजूद उन्हें सॉफ्टवेयर उद्योग की समस्याओं की जानकारी थी। उन्हें समझ आया कि समस्या एमएआईटी नहीं था, बल्कि सॉफ्टवेयर जैसे पूरी तरह अमूर्त उद्योग पर ज़्यादा ध्यान दिए जाने की ज़रूरत थी।

हालाँकि, कोहली ने मुझे संगठन बनाने से पहले एक बार फिर डॉ. मेहरा से बात करने की सलाह दी।

कोहली का समर्थन मिलने के बाद हमने दिल्ली में राउंड टेबल कांफ्रेंस का आयोजन किया और वहां डॉ. मेहरा को आमंत्रित किया। पिछली बार की तरह उनसे अकेले मिलने के बजाए इस बार हमने इंफोसिस के नंदन नीलेकणि, टाटा बरोज़ के सौरभ श्रीवास्तव, मास्टेक के अशांक देसाई, डीसीएम डेटा प्रोडक्ट्स के जोइ क्लीटस, विप्रो के अशोक नरसिम्हन और ऐसे कुछ दूसरे लोगों की उपस्थिति में अपनी बात रखने की सोची। ये सभी लोग हमारे संगठन के पक्के समर्थक थे।

डॉ. मेहरा आए। उनकी कही बातें हम बहुत ध्यान से सुन रहे थे। हम समझ रहे थे कि वह एमएआईटी पर बने रहने पर ज़ोर दे रहे थे। उन्होंने हमें एमएआईटी से अलग हुआ अनैतिक समूह कहा। उन्होंने कहा कि सॉफ्टवेयर केवल 50 मिलियन डॉलर का उद्योग है, जिसकी तुलना में हार्डवेयर बहुत विशाल उद्योग है। वे हमें हतोत्साहित करते रहे। उन्होंने हमारी छवि एक ऐसे युवाओं के तौर पर दिखाया जो नहीं जानते थे कि वो क्या करने जा रहे थे। उन्होंने ज़ोर देकर कहा कि हमारी भलाई एमएआईटी के साथ बने रहने में ही है।

हमने एक बार फिर से इस बात को रखा कि हम कोई अलग हुआ समूह नहीं हैं। हम अलग उद्योग से जुड़े हैं, जिसकी अपनी ज़रूरतें और समस्याएं हैं और यही वजह है कि हमें हार्डवेयर उद्योग के संगठन से अलग पहचान की ज़रूरत है। विरोध को देखते हुए, डॉ. मेहरा मीटिंग के बीच से चले गए। उनके जाते ही हम समझ गए कि हम अपने काम में आगे बढ़ सकते हैं थे। हम सभी के चेहरे पर राहत भरी मुस्कान तैर गई। डॉ. मेहरा की प्रतिक्रिया में कुछ भी अप्रत्याशित नहीं था।

यह साफ था कि हम अपना संगठन बनाने जा रहे थे भले ही कोई हमारा समर्थन करे या न करे।

नैसकॉम (NASSCOM) का गठन

आधुनिक परिवहन में राजमार्गों की अहम भूमिका है। इसमें एक खास बात होती है, अगर आप किसी मोड़ पर मुड़ना भूल गए तो फिर से वहीं आने के लिए आपको बहुत लंबा सफर तय करना होगा। नैसकॉम का गठन भी इसी तरह का सफर था। अक्सर हम भटक जाते, और हमारे पास इस विश्वास पर भरोसा करने की कोई वजह नहीं थी कि हमने जो संगठन बनाया है वो कुछ वर्षों से ज़्यादा टिक पाएगा। फिर भी हमने पूरे नियमों से इसे बनाया। अगर संगठन को सफल बनाना था तो इसके संस्थापकों का लोकतंत्र में भरोसा और उनके लक्ष्य बने रहने चाहिए। यह तभी हो सकता था जब संगठन के रोजाना के कामों को करने के लिए मूल्यों पर आधारित तंत्र हो। हम चाहते थे कि संगठन के संविधान के ज़रिए हमारे मूल्यों को नियमों में ढालकर इसे कानूनी वैधता दी जाए।

तो काफी विडंबना की बात है कि हमने एमएआईटी संस्थापक अध्यक्ष, प्रेम शिवदासानी को अपने साथ जोड़ा। उन्हें संगठन का संविधान बनाने का अनुभव था। उसके बाद हम दिल्ली के कनाट प्लेस में खरीदारी करने गए। वहां हम फेडरेशन ऑफ इंडियन चेंबर ऑफ कॉमर्स एंड इंडस्ट्री (FICCI) और कॉन्फेडरेशन ऑफ इंडियन इंडस्ट्री (CII) के कार्यालयों में मिलने गए और उनके संविधान की प्रति मांगी। मुंबई में हमने कंप्यूटर सोसायटी ऑफ इंडिया (CSI) और इंडियन मर्चेंटस चेंबर (IMC) के संविधान को भी टटोला।

इस सबको इकट्ठा करने के बाद हमारी कोर टीम ने हमारे संविधान के बिंदुओं पर बात शुरू की। बॉम्बे जिमखाना के मेरे ऑफिस और आदि कपूर के ऑफिस में हमने

कई मीटिंग्स की। आदि उस समय टाटा इंफोटेक के सलाहकार थे। वह कोहली के काफी करीबी थे और इसी वजह से समूह से जुड़े थे। हालांकि उन्होंने तेरह साल की नौकरी के बाद समूह छोड़ दिया था। वह हमारे संगठन में भरोसा जताने वाले शुरुआती लोगों में से थे और शुरू से ही कोर टीम से जुड़े थे। कोर टीम में अशांक देसाई और सोनाटा सॉफ्टवेयर के कनक पांडियन भी शामिल थे। जैसे-जैसे काम आगे बढ़ा, कई लोग हमसे आकर जुड़े। संगठन बनना शुरू हो गया था। अगर मज़रुह सुल्तानपुरी के शब्दों में कहें तो: *'लोग साथ आते गए, कारवां बढ़ता गया।'*[12]

हमने संविधान बनाने का काम शुरू कर दिया। हमने संगठन के सभी पदों और उनके कार्यकाल की अवधि को स्पष्ट किया। हमने दूसरे संगठनों की गलतियों और ताकतों से सीख ली।[13] निजी एजेंडा चलाने वाले लोग संगठन पर नियंत्रण न कर पाएं इसके लिए यह तय किया गया कि कोई भी अध्यक्ष बिना चुनावों के एक बार से ज़्यादा पद पर नहीं रह पाएगा। इस नियम ने बाद में मुझे अजीब स्थिति में डाल दिया था। दरअसल नैसकॉम के पहले चुने गए अध्यक्ष के तौर पर मेरा कार्यकाल खत्म हुआ तो हर किसी ने ज़ोर दिया कि मैं फिर से इस पद को संभालूं।[14] लेकिन मैंने ऐसा नहीं किया और अगले अध्यक्ष ने काम संभाला।

कंपनियों के टर्नओवर के आधार पर सदस्यता शुल्क 5,000 रुपये से 20,000 के बीच रखी गई। पर मैंने काम शुरू करने के कुछ दिनों बाद ही इसे हटा लिया, क्योंकि लोगों को 5,000 रुपये देने के लिए मनाना भी बड़ी चुनौती थी। इसमें कोई शक नहीं कि उस समय यह बड़ी रकम थी, ख़ासतौर से छोटी कंपनियों के लिए। लोग अभी भी हमें एमएआईटी से अलग हुए विरोधी गुट की तरह ही देखते थे। कई लोग मानते थे कि हमारे

---

12 इसका मतलब है, 'हमारे काम के बढ़ने के साथ लोग हमारे साथ जुड़ने लगे और जुड़ने वाले लोगों की संख्या बढ़ने लगी।'

13 बहुत सारे लोगों को इस बात का अंदाजा नहीं है कि हमारे दृष्टिकोण में लचीलेपन के कारण ही नैसकॉम बदलते समय और चुनौतियों के साथ खुद को बदल पाया।

14 अध्यक्ष का कार्यकाल दो वर्ष का था। बाद में इसे कम करके एक वर्ष का कर दिया गया ताकि ऊपरी स्तर से भी नए विचार आ सकें। यह हमारे स्वभाव में था कि नैसकॉम किसी व्यक्ति से बड़ा है और इसलिए बदलाव न केवल ज़रूरी है बल्कि महत्वपूर्ण भी है। इससे हमें नए लोगों को साथ जोड़ने और संगठन को ऊर्जावान बनाए रखने में भी मदद मिली।

संगठन के साथ जुड़ने का मतलब था हार्डवेयर से जुड़े ताकतवर लोगों को नाराज़ करना। कई मौकों पर पैसा कम पड़ जाता था। कई बार मुझे संगठन को बंद करने या अपने निजी व्यापार से संगठन को पैसा देने के बीच चुनाव करना पड़ता था। मैंने जब भी ज़रूरत पड़ी अपनी कंपनी के पैसे से संगठन की मदद की।

बारह सदस्यों की एग्जीक्यूटिव काउंसिल (EC) बनाई जानी थी। इसके सदस्यों को चुनने की प्रक्रिया संविधान में लिखी गई थी। इसमें पूर्व अध्यक्षों सहित निर्वाचित और नामांकित दोनों तरह के सदस्य थे। एग्जीक्यूटिव काउंसिल की शक्तियों और कार्यों के बारे में भी स्पष्ट रूप से बताया गया था।

यह साफ था कि हम रोटरी इंटरनेशनल जैसे कम्युनिटी मॉडल या आईएमसी (IMC) की तरह भी काम नहीं करेंगे। हमारे यहां ट्रस्टियों की कोई भूमिका नहीं थी। संगठन में ऐसा कोई पद नहीं था जो किसी के लिए आरक्षित हो। हम टेक्नोलॉजी से जुड़े उद्योग का प्रतिनिधित्व करते थे जो तेजी से बदल रही थी। यह ज़रूरी था कि हमारे ऑफिस में नई सोच और विचारों वाले लोग आते रहें। हम सीआईआई जैसे भी नहीं हो सकते थे, जहां पूर्व अध्यक्षों या वरिष्ठ व्यक्तियों के लिए जगह हो। हम लायंस क्लब की तरह भी नहीं हो सकते थे, जहां पदाधिकारी समय के साथ ऊपरी पद पर पहुंच जाते थे।

हमने चीजों को आसान रखा। हमने एग्जीक्यूटिव काउंसिल के निर्वाचित सदस्यों पर भरोसा रखा और निर्णय के अधिकार पूरी तरह उनको दिए। हमने ज़्यादा लिखित नियम नहीं बनाए, और ऐसी व्यवस्था बनाई कि एग्जीक्यूटिव काउंसिल ज़रूरत के हिसाब से व्यवस्था में बदलाव कर सके। हमें पता था कि यहां बढ़ते काम और जटिल मुद्दों को सुलझाने के लिए हम पूरा समय नहीं दे पाएंगे इसलिए हमने सक्षम और सशक्त सचिवालय बनाने का निर्णय लिया। उसमें संगठन के लिए प्रतिबद्ध पेशेवर रखे गए। हमें हमारे उद्योग में काम करने वाले योग्य पेशेवरों पर गर्व है; हमारा संगठन भी इससे अलग नहीं था। हमने आम सहमति बनाने पर भी जोर दिया। हम नहीं चाहते थे कि हमारे सदस्य संगठन के सार्वजनिक बयानों से अलग बात कहें। 16 जून 1988 के दिन चालीस संस्थापक सदस्यों में से सात सदस्य एक-एक कर आगे आए और उन्होंने संगठन के संविधान पर हस्ताक्षर किए। ये सदस्य थे, अशांक देसाई, कनक पांडियन,

डेटामैटिक्स के ललित कानोडिया, प्रेम शिवदासानी, सौरभ श्रीवास्तव, टीसीएस के यश पाल साहनी और मैं।

इसके साथ पांच सदस्यों, के.वी. रमानी, जोई क्लीटस, सौरभ श्रीवास्तव, प्रेम शिवदासानी और मैंने मिलकर पहली एग्जीक्यूटिव काउंसिल का गठन किया।

इस तरह, तमाम मुश्किल से पार पाते हुए चालीस सह-संस्थापकों के साथ नेशनल एसोसिएशन ऑफ सॉफ्टवेयर एंड सर्विस कंपनीज (NASSCOM)[15] की शुरुआत[16] हुई।

शुरुआत में जिन लोगों और जिन कंपनियों ने संगठन बनाने में सहयोग किया था, उन सभी को नैसकॉम का सह-संस्थापक बनाया गया।

मुझे एक मज़ेदार घटना याद आ रही है। कुछ वर्ष पहले, नैसकॉम के सालाना लीडरशिप इंवेंट में सलिल पारेख (वे उस समय कैपजिमिनी कंपनी में काम करते थे) ने कैपजिमिनी के सीओओ से मुझे मिलवाया। सीओओ ने मुझसे कहा कि वह नैसकॉम के सह-सस्थापकों में एक है। मैं चौंक गया, क्योंकि मैं उनसे पहली बार मिल रहा था, और नैसकॉम के साथ बिताए इतने वर्षों में मैंने कभी उनका नाम नहीं सुना था। पता चला कि कैपजिमिनी ने 2015 में आईगेट (iGate) का अधिग्रहण किया था, जिसने 2011 में पटनी कंप्यूटर सिस्टम्स का अधिग्रहण किया था, और पटनी नैसकॉम के सह-संस्थापकों में से एक थी!

यह मेरे लिए खुशी का पल था। यह इस बात का भी प्रमाण था कि जिन लोगों ने नैसकॉम के विचार को शुरुआत में नहीं स्वीकार किया था, आज वे लोग नैसकॉम के सह-संस्थापक के नाते मिलने वाले गर्व के साथ जुड़ना चाहते थे।[17]

---

15 संगठन के नाम पर काफी चर्चा हुई। कुछ लोगों ने ISSCOM नाम सुझाया, जिसका मतलब था इंडियन एसोसिएशन ऑफ सॉफ्टवेयर एंड सर्विस कंपनीज़। आखिरकार नैसकॉम (NASSCOM) नाम सबको पसंद आया।

16 उस समय तक हमें मीडिया में कोई पहचान नहीं मिली थी। मधु वलुरी उन पहले पत्रकारों में से थे जिन्हें भारत के सॉफ्टवेयर उद्योग पर भरोसा था और जिन्होंने हमें सहयोग दिया। भारत में उभर रहे उद्योग को सहयोग देने के लिए युवा पत्रकार के तौर पर उन्होंने सॉफ्टवेयर रिव्यू के नाम से पत्रिका शुरू की।

17 कुछ देर पहले मैंने एक घटना का ज़िक्र किया था, जहां फ्रांस गए हमारे प्रतिनिधिमंडल की उपेक्षा की गई थी। आज फ्रांस की कंपनी का सीओओ खुद का नाम नैसकॉम के साथ जोड़ना चाह रहा है, यह मेरे लिए बहुत गर्व का पल था!

इस किताब को लिखते समय, उस दिन को बीते तीस साल से ज़्यादा का समय हो चुका है। बहुत कम बदलावों के साथ इसका संविधान लगातार प्रभावी तरीके से नैसकॉम की मदद कर रहा है।

कभी-कभी, मैं यह सोचकर ठिठक जाता हूं कि कैसे नैसकॉम लगभग न बनने की कगार पर आ गया था। बार-बार सोचता हूं और फिर रुक जाता हूं। मैं सोचना भी नहीं चाहता कि अगर ऐसा नहीं होता तो कितनी भयावह स्थिति होती।

नैसकॉम ने उद्योग जगत में बदलाव लाने से कहीं बढ़कर काम किया है। इसने भारत को बदला है। भारत के लाखों युवाओं को सॉफ्टवेयर उद्योग ने नौकरी और प्रशिक्षण दिया। ये युवा आज दुनिया के कोने-कोने में काम कर रहे हैं। देश में नया मध्यम-वर्ग खड़ा हुआ। इसने अर्थव्यवस्था को सीधे प्रभावित किया और भारत के विदेशी करेंसी भंडार को मज़बूत बनाने के साथ विदेशी करेंसी की स्थिति को स्थिर बनाया। इससे भारत अपना लोन न चुका पाने के जोखिम से बाहर आया। नैसकॉम ने देश में नई कार्य संस्कृति को बढ़ावा दिया, जो ज़्यादा समतावादी और वैश्विक थी। सबसे महत्वपूर्ण बात यह हुई कि भारत को लेकर दुनिया की सोच में बदलाव आया। भारत की फकीरों[18] और सपेरों के देश वाली छवि की जगह लैपटॉप पर काम करते प्रोग्रामर्स और दुनिया की मदद करते कॉल सेंटर्स ने ले ली।

आगे के पन्नों में मैं उस बदलाव की कहानी के बारे में बताने जा रहा हूं, जो अभी भी जारी है।

---

18 विकिपीडिया: 'अंग्रेजी में फ़क़ीर मतलब है भिक्षा मांगने वाला दरवेश। आध्यात्मिक नज़रिए से, फ़क़ीर शब्द ईश्वर को लेकर मुनष्य की आध्यात्मिक आवश्यकता को दर्शाता है।'

4

भविष्य की तरफ़ बढ़ते कदम

1990 की शुरुआत में भारत में मंडल कमीशन की रिपोर्ट लागू करने को लेकर गहमा-गहमी चल रही थी। किताब की शुरुआत में मैंने देश की राजनैतिक और आर्थिक वातावरण की बात की, जिसके कारण हमें नैसकॉम जैसे संगठन बनाने के लिए मजबूर होना पड़ा। हमारा देश दिवालिया होने की कगार पर था और लग रहा था कि नीति निर्माताओं और सरकार को पता ही नहीं कि इस स्थिति से कैसे निपटा जाए।

एक आसान उपाय था कि नीतिगत ढांचे को सरल बनाकर देश में उद्यमिता को बढ़ावा दिया जाए। लेकिन उस दौरान संदेह, अफवाहें और भ्रष्टाचार की ख़बरें आम थीं। इसलिए राजनेता बड़ी कंपनियों के साथ खुलकर काम करने से कतराते थे। अर्थव्यवस्था को मज़बूत बनाने के लिए सरकार और उद्योगों के बीच होने वाला ज़रूरी सहयोग गायब ही था।

नेता न सही, नौकरशाही तो इसमें मदद कर सकती थी। लेकिन वे भी बड़े व्यवसायिक घरानों को लेकर अच्छी सोच नहीं रखते थे। अक्सर इन व्यवसायिक घरानों को लालची पूंजीवादी माना जाता था जो कर की चोरी और मुनाफे के लिए कुछ भी कर सकते थे।

यह साफ था कि अर्थव्यवस्था को सुधारने के लिए सरकार और व्यवसायों के बीच के ख़राब रिश्तों को बेहतर बनाना होगा। एक दूसरे का अनादर, संदेह और यथास्थिति बनाए रखने की जगह आदर, भरोसा और बदलाव को जगह देनी होगी।

इसमें ताज्जुब नहीं था कि नौकरशाहों के साथ नैसकॉम की शुरुआती बातचीत को उन्होंने वैसे ही संदेह के साथ देखा जैसा वे आम व्यापार को देखते आ रहे थे। नैसकॉम की स्थापना सरकार और उद्योग को एक साथ लाकर देश को आगे बढ़ाने की सोच के साथ हुई थी। लेकिन उससे पहले आपसी आदर और भरोसे को बहाल करना ज़रूरी था। लगातार बातचीत के बाद अधिकारियों को यह समझ आ गया कि सॉफ्टवेयर उद्योग के उद्यमी उन उद्यमियों से अलग[1] हैं जिनसे वे आजतक उनका साबका पड़ता रहा था।

हमने एक बार हमसे सहानुभूति रखने वाले एक अधिकारी से वर्क-इन-प्रोग्रेस (ऐसे प्रोजेक्ट जो चल रहे हैं लेकिन पूरे नहीं हुए हैं) पर लागू उत्पाद शुल्क हटाने के लिए कहा। नैसकॉम की तरफ से मैंने उनसे कहा कि आप सॉफ्टवेयर सर्विसेज पर उत्पाद शुल्क नहीं ले सकते, क्योंकि उसके लिए पहले से ही सेवा कर मौजूद है। उसने गुस्से में कहा, 'अगर मैं चाहूं तो आप जिस हवा में सांस ले रहे हैं, उस पर भी टैक्स लगा सकता हूं।' उसे लगा जैसे हम उसके अधिकार को चुनौती दे रहे थे। उसने हमें कहा कि 'हम उससे अनुरोध कर सकते थे, लेकिन उसे चुनौती नहीं दे सकते थे।'

हमने लगातार प्रयास जारी रखा और आखिरकार वह मान गया। वह सहयोग करने को तैयार हो गया और उसने बड़ी चतुराई से शुल्क को घटाकर 'शून्य' कर दिया। क्योंकि अगर वह इसे पूरी तरह हटा देता तो उसे भविष्य में शुल्क लगाने के लिए फिर से अपने बॉस से अनुमति लेनी पड़ती। इसे शून्य करके, उसने भविष्य में शुल्क बढ़ाने की स्वतंत्रता अपने हाथ में रखी।

भारत के आईटी उद्योग के अगुवा बहुत सरल लेकिन दूर की सोच रखने वाले लोग थे। इनमें से ज़्यादातर टेक्नोक्रेट विदेश में पढ़े थे। वे इनोवेशन और तेजी से उभर रही कंप्यूटर टेक्नोलॉजी से परिचित थे जो भारत को हमेशा के लिए बदल सकती थी।

नैसकॉम ने दूसरे उद्योगों की तुलना में सरकार के सामने अलग तरह से अपना प्रतिनिधित्व किया। हमने योग्यता पर बल दिया। हम पक्षपातपूर्ण संरक्षण या केवल कुछ बड़ी कंपनियों का हित नहीं चाहते थे। इसके बजाए नैसकॉम ने खुली नीतियां अपनाई, जिनसे व्यक्तियों और कंपनियों को उनकी योग्यता के आधार पर लाभ मिले। अधिकारियों

---

1 उन उद्यमियों की पृष्ठभूमि और उद्देश्य में अंतर है। सॉफ्टवेयर उद्योग से जुड़े उद्यमी सामान्य पृष्ठभूमि से हैं और अपने व्यापार को खड़ा करने के लिए गलत तरीके नहीं अपनाना चाहते।

को ताज्जुब हुआ कि हम सभी के लिए एक समान नीतियां बनाने की बात कर रहे थे ताकि हम समान स्तर पर पूरी दुनिया से प्रतिस्पर्धा कर सकें। भारत को आगे रखने की रणनीति से वे भी उत्साहित थे।

उद्योगों से जुड़े अधिकांश संगठन अपने कामकाज को गुप्त रखते थे, वे नौकरशाहों में व्यापार को लेकर कम समझ का फायदा उठा सकें। लेकिन इनके उलट, नैसकॉम ने जिस भी मीटिंग में नौकरशाहों को बुलाया जा सकता था, हर उस मीटिंग में उन्हें आमंत्रित किया। उन्हें सॉफ्टवेयर उद्योग की चुनौतियों की जानकारी देने के लिए कंपनियों का दौरा करवाया। इस तरह 'वे' 'हम' बन गए और उनका भरोसा बढ़ा।

नौकरशाहों को जिस भी डेटा की ज़रूरत होती थी, हमने उन्हें दिया। हमने उनको डायमंड इंडस्ट्री से तुलना के आंकड़े भी दिए, क्योंकि उस समय डायमंड इंडस्ट्री को विदेशी करेंसी कमाने में अहम माना जाता था। पर सही मायने में उनकी असल विदेशी कमाई बहुत कम थी। नौकरी देने के मामले में भी सॉफ्टवेयर उद्योग ने ऊंची तनख्वाह वाली ऐसी नौकरियां दीं जिनके पास खर्च करने के लिए ज़्यादा पैसा था।

आखिरकार अधिकारियों को समझ आया कि सॉफ्टवेयर उद्योग की प्रमस्याएं सुनी जानी चाहिएं। अगर सॉफ्टवेयर अच्छा करेगा तो वे भी अच्छा करेंगे और भारत भी आगे बढ़ेगा!

नैसकॉम ने सॉफ्टवेयर को लेकर अपनी सोच को पूरे जोश के साथ लोगों के बीच पहुंचाया। हमने नौकरशाहों को पूरी जानकारी दी जिससे वे हमारे संगठन का पक्ष सबके सामने रखें। मैं उनसे पूछता था, 'आपके बच्चे बड़े होकर क्या करेंगे?' उन्हें लगता था कि उनकी पहुंच के चलते उनके बच्चों को अच्छी जगह नौकरी मिल जाएगी या वे विदेश में रहने लगेंगे। मुझे यह जानकार निराशा होती थी। सॉफ्टवेयर उद्योग में इतनी क्षमता थी कि योग्यता के आधार पर उनके बच्चों को भारत में ही बेहतर भविष्य दे सकता था, वह भी किसी पहुंच का इस्तेमाल किए बिना। मेरी बातें सुनकर हमें लेकर उनकी सोच बदल जाती थी।

आम सोच यही थी कि अधिकतर नौकरशाह पुरानी सोच वाले, भ्रष्टाचारी और स्वार्थी होते हैं। लेकिन मेरा अनुभव इसके बिल्कुल उलट रहा। ऐसे बहुत सारे अधिकारी थे जो सही मायने में बदलाव लाना चाहते थे। ऐसा नहीं होता तो वे साल-दर-साल हमारे प्रस्तावों पर विचार नहीं करते और वह भी बिना किसी रिश्वतखोरी के।

सरकार, नौकरशाही, सरकारी विभागों – डीओई से लेकर गृह मंत्रालय, सीमा शुल्क, राजस्व और उत्पाद शुल्क विभाग से लेकर आरबीआई और भारतीय प्रतिभूति और विनिमय बोर्ड (सेबी) जैसे संस्थानों तक, इन सभी से हमारी बातचीत ने 100 से ज़्यादा नियमों पर असर डाला। कुछ नियमों को बदलने के लिए पांच साल से ज़्यादा समय तक पैरवी करनी पड़ी। लेकिन यह यही दिखाता ह कि हम कितनी गहराई से उनसे जुड़े थे।

बूट क्रेश या शुरुआती हिचकोले

कई असामान्य घटनाओं के कारण 1988 में नैसकॉम का जन्म हुआ। तमाम मुश्किलों के बीच इस संगठन का बनना किसी चमत्कार से कम नहीं था। लेकिन अभी बहुत कुछ होना बाकी था। अभी ज़रा रुकिए, आगे आप और भी बहुत कुछ जानेंगे कि संगठन ने पहिया कैसे घुमाया, कैसे काम करना शुरू किया। संगठन में सबसे पहला काम था सही लोगों को सही पद पर रखना।

हम दो लोगों के नेतृत्व वाली टीम बनाने पर सहमत हुए थे। पहला, अध्यक्ष, जो पूर्णकालिक कर्मचारी होगा। दूसरा, चेयरपर्सन,[2] जो उद्योग से जुड़ा वरिष्ठ व्यक्ति होगा जिसे व्यापार से जुड़ी चुनौतियों की जानकारी होगी।

दुनिया के सामने चेयरपर्सन ही नैसकॉम का चेहरा होगा। उस व्यक्ति का कद नैसकॉम के कद जैसा ही होना चाहिए। अगर हम एमएआईटी जैसी विश्वसनीयता चाहते थे, तो हमें एफ.सी. कोहली या डॉ. ओ.पी. मेहरा जैसे किसी दिग्गज चेहरे की ज़रूरत थी। इस पद पर आने वाले व्यक्ति के पास विश्वसनीयता और मुखर होकर अपनी बात रखने की क्षमता होना ज़रूरी था।

हम चाहते थे कि कोहली खुद इस पद को संभालें। लेकिन उन्होंने साफ-साफ कहा कि वह एमएआईटी में ही रहना चाहते हैं क्योंकि वह हार्डवेयर और सॉफ्टवेयर दोनों को भारत में बढ़ता देखना चाहते हैं।

मैं इतना सीनियर नहीं था कि इस को संभाल सकूं। दूसरा हिंदिट्रॉन का डीईसी के साथ जॉइंट वेंचर भी चल रहा था। इसके अलावा, पिछले वर्ष मुझे दिल का दौरा पड़ा था।

---

2 जब हमने शुरू किया था, तब इन पदों के लिए अलग-अलग पदनाम थे, लेकिन भ्रम से बचने के लिए मैं वर्तमान पदनामों का उल्लेख करूंगा।

आखिरकार हमने प्रेम शिवदासानी से संपर्क किया। सभी उनकी इज्जत करते थे। वे हाल ही में इंटरनेशनल कंप्यूटर्स इंडियन मैन्यूफैक्चर लिमिटेड (ICIM) से रिटायर हुए थे और अपना सॉफ्टवेयर व्यापार शुरू किया था। आईसीआईएम उस समय देश की सबसे बड़ी आईटी कंपनियों में से एक थी। शिवदासानी एमएआईटी के संस्थापक अध्यक्ष भी थे। वे इस पद के लिए बिल्कुल सही थे।

आखिरकार छह महीने की अनिच्छा के बाद शिवदासानी बोर्ड में शामिल होने के लिए तैयार हुए, लेकिन वह केवल औपचारिक चुनाव होने तक ही रहने वाले थे। उनके हां करने के बाद हमने दूसरे लोगों की तलाश शुरू की। मैंने वाइस-चेयरपर्सन[3] और कोषाध्यक्ष का पद संभाला। उसके बाद से हमने पीछे मुड़कर नहीं देखा।

हमने अनिल श्रीवास्तव को अध्यक्ष के तौर पर शामिल किया। अनिल सरकार के सलाहकार थे, और निजी क्षेत्र में इंफोर्मेशन एंड कम्यूनिकेशन टेक्नोलॉजी के क्षेत्र में विभिन्न पदों पर काम कर चुके थे। वह साफ शब्दों में अपनी बात रखते थे और अच्छा लिखते थे। सरकार से साथ संपर्क बनाने के लिए वे बिल्कुल सही चुनाव थे। नैसकॉम अपनी बेहतर शुरुआत के लिए तैयार था।

या शायद हम ऐसा सोच रहे थे।

हमें पहला झटका तब लगा, जब हमें समझ आया कि अनिल नैसकॉम की सोच और दृष्टिकोण के हिसाब से काम नहीं कर रहे थे। हम चाहते थे कि नैसकॉम सबसे पहले एक ऐसे ईकोसिस्टम का निर्माण करे जो सॉफ्टवेयर व्यापार को बढ़ाने में सहयोग करे। इसके लिए सरकरी नीतियों पर ध्यान रखना और उद्योग के लिए लॉबिंग करना ज़रूरी था। ईकोसिस्टम धीरे-धीरे बनेगा लेकिन उस दौर में आगे बढ़ने के लिए लॉबिंग बहुत ज़रूरी थी। इसमें आधिकारियों और राजनेताओं से मिलना और उद्योग से जुड़े मुद्दों को उठाने के साथ ही उन्हें ज़रूरी बदलाव लाने के लिए तैयार करना शामिल था। इसके साथ ही हमें उम्मीद थी कि अनिल नैसकॉम को आर्थिक और संगठनात्मक स्थिरता के रास्ते पर आगे बढ़ाएंगे।

---

3 नैसकॉम के शुरुआती दिनों में मानद पदों को अध्यक्ष और उपाध्यक्ष कहा जाता था। नैसकॉम के प्रमुख को एग्जीक्यूटिव डायरेक्टर (ED) कहा जाता था। अनिल श्रीवास्तव और देवांग मेहता दोनों इसी पद पर आए थे। हालांकि, जब देवांग नैसकॉम के रोज़ाना के काम को देखने लगे तो मानद पदों को चेयरपर्सन और वाइस-चेयरपर्सन से बदल दिया गया।

इसके बजाए अनिल अख़बारों और दूसरे प्रकाशकों के लिए अकादमिक लेख लिखना पसंद करते थे। वह अच्छा प्रजेंटेशन तो दे सकते थे लेकिन उनमें उद्यमशीलता की भावना नहीं थी और नैसकॉम को इसी की सबसे ज़्यादा ज़रूरत थी। वह प्रचार तो करना चाहते थे लेकिन लॉबिस्ट नहीं बनना चाहते थे।

इसके अलावा दूसरे मुद्दे भी थे। कुछ ही महीनों में हमेशा सक्रिय रहने वाले नारायण मूर्ति ने मुझे बताया कि नैसकॉम के खर्च तेजी से बढ़ रहे हैं। मैं दूसरे विषयों में व्यस्त था और मुझे भरोसा था कि टीम रोजाना के काम की देखभाल कर लेगी। इसके चलते संगठन पर ₹10,00,000 का कर्ज हो गया था। जब मैंने पता लगाया तो मुझे समझ आया कि हम नैसकॉम को किसी स्थापित बिजनेस जैसी भव्यता से चला रहे थे, न कि किसी गैर-लाभकारी संस्था या स्टार्ट-अप की तरह। अनिल ने संगठन के खर्च पर पैट्रोल पीने वाली स्टैंडर्ड 2000 सेडान किराए पर ली थी। झुंझलाहट में मैंने अनिल से बात की और उनसे बजट बनाने का अनुरोध किया। उन्होंने उत्तर में मुझे एक लेख भेजा जिसका शीर्षक था 'स्टार्ट-अप्स डोंट हैव ए बजट'। इसके बाद चीजें बिगड़ती गईं और अनिल के साथ हमारा रिश्ता अचानक खत्म हो गया। अनिल के साथ मिले अनुभव ने लोगों के प्रबंधन और उनकी अपेक्षाओं को लेकर महत्वपूर्ण सबक सिखाए। हमने शायद उस पद की भूमिका को स्पष्ट नहीं किया था जिसके कारण यह स्थिति आई थी। नैसकॉम की कार्य क्षमता पर असर पड़ा था और चीज़ों को ठीक करने के लिए तुरंत कुछ करने की ज़रूरत थी।

इस स्थिति पर काबू पाने में हमारा सामूहिक विश्वास काम आया। उस समय संगठन में चालीस सदस्य थे, और हमने सभी से इस भार को बांटने की अपील की। सभी तैयार हो गए। नारायण मूर्ति ने उद्योग को AS400 (इसके बारे में आप अध्याय 5 में पढ़ेंगे) का प्रशिक्षण देने की पेशकश की। यही वह विश्वास था, जो नैसकॉम को उसकी क्षमताओं को साबित करने से पहले ही एक और मौका देने में मददगार साबित हुआ।

1991 में अनिल के छोड़ने के बाद हम संगठन को ठीक करने की कोशिश कर रहे थे, उसी समय नैसकॉम के पहले चुनाव हुए। मैं बहुत गौरवान्वित महसूस कर रहा था जब 1989 में सभी चालीस सदस्यों ने मुझे चेयरपर्सन बनाने के पक्ष में वोट दिया। हमें इस बात पर आज भी गर्व है कि उस चुनाव के बाद से हर चुनाव में सर्वसम्मति से चुनने की परंपरा आज तक जारी है।

चेयरपर्सन बनने के बाद मैंने अध्यक्ष पद के लिए सही व्यक्ति की तलाश शुरू की। उद्योग जगत के चार-पांच प्रमुख व्यक्तियों की समिति बनाई गई। हम नैसकॉम में किसी उद्यमशीलता की भावना वाले युवा को लाना चाहते थे। हमने करीब 15 लोगों का इंटरव्यू लिया लेकिन बात नहीं बनी। हमने एग्जीक्यूटिव काउंसिल की तरफ भी देखा लेकिन किसी ने भी इस पद पर आने की हां नहीं भरी। हमने प्रोफेसर, शिक्षाविद, रिटायर अधिकारियों में भी उपयुक्त व्यक्ति को खोजा। लेकिन हमें कोई नहीं मिला। यह हमारे लिए चिंता की बात थी। अगर हमें जल्द ही सही व्यक्ति नहीं मिलता तो नैसकॉम अपने लक्ष्य से भटक सकता था। मैंने तलाश और तेज़ कर दी।

देवांग का आना

देवांग ने *इकोनोमिक टाइम्स* में एक लेख लिखा था, जिससे मुझे देवांग के बारे में पता चला। उन्होंने एक टेक्नोलॉजी सम्मेलन के बारे में अपने विचारों को लिखा था। उस कार्यक्रम की प्रमुख बातों को समझकर लिखने की उनकी क्षमता से मैं प्रभावित हुआ। मुझे पता चला कि देवांग ओडिया सीमेंट में इलेक्ट्रॉनिक डेटा प्रोसेसिंग (EDP) मैनेजर[4] हैं। यह जानकर मैं और भी प्रभावित हुआ क्योंकि सॉफ्टवेयर उद्योग से सीधे न जुड़े होकर भी उन्होंने उद्योग से जुड़े मुद्दों को गहराई से सामने रखा था।

मैं अगली बार दिल्ली गया तो उनसे मिलने गया। पहली मुलाकात में ही हमारी अच्छी खासी पहचान हो गई। हमारा उपनाम एक ही था और दोनों को स्ट्रीट फूड, खासतौर से चाट बहुत पसंद थे। हमारी बातचीत जमी। अब मैं अक्सर अपनी दिल्ली यात्रा पर उनसे मिलने लगा, जहां उनके साथ बंगाली स्वीट की पानी पूरी से लेकर सरवना भवन के दक्षिण भारतीय खाने पर बात होती थी। मैं देवांग की ऊर्जा से भरपुर व्यक्तित्व से बहुत प्रभावित हुआ। उनमें लोगों का ध्यान अपनी तरफ खींचने की काबिलियत थी। उनके बालों का स्टाइल एल्विस प्रेस्ली जैसा था और घनी जुल्फें थीं। वह जहां भी जाते थे वहां लोगों के साथ जुड़ाव बना लेते थे। उनकी याददाश्त ज़बरदस्त थी: किसी सरकारी

---

4 उस समय ईडीपी मैनेजर का काम आज के समय के मुख्य सूचना अधिकारी जैसा होता था। हालांकि, उस समय टेक्नोलॉजी का क्षेत्र नया था, इसलिए उसका दायरा सीमित था। उसकी तुलना डिलीवरी मैनेजर की जिम्मेदारियों से की जा सकती है।

ऑफिस में जाने पर वह ऑफिस असिस्टेंट से उसकी मां की सेहत के बारे में पूछने लगते थे, जिससे उन्होंने शायद छह महीने पहले बात की होगी।

वह प्रखर देशभक्त थे। उनकी स्कूल शिक्षा दिल्ली के भारतीय विद्या भवन से हुई थी, शायद उसी का असर था जिससे उन्हें देशभक्ति जैसे गुण मिले। अख़बार में किसी ख़राब ख़बर को पढ़कर उनकी आंखों में आंसू आ जाते थे। उन्हें समाज में हाशिए पर पड़े लोगों की दुर्दशा को देखकर बहुत दुख होता था। देश की अर्थव्यवस्था की ख़राब स्थिति उन्हें परेशान कर देती थी। भ्रष्टाचार की ख़बरें पढ़कर अक्सर वह मुझसे कहते थे, 'आपडो देश क्यारे सुधरसे?'[5]

देवांग से मेरी मुलाकातों के साथ ही मैं नैसकॉम के अध्यक्ष की खोज भी कर रहा था। मैंने उनसे भी अध्यक्ष पद के लिए किसी व्यक्ति का नाम बताने को कहा। और आखिर, एक दिन दिमाग की बत्ती जली: अरे, देवांग ही क्यों नहीं?

वैसे, देवांग का इस पद के लिए उचित न होने की कई वजहें थीं: पहली, वह सॉफ्टवेयर सर्विसेज बिजनेस से नहीं थे और न ही इंजीनियर थे। मुझे यह भी पता था कि उनकी तत्कालीन तनख्वाह नैसकॉम में मिलने वाली तनख्वाह से कहीं ज़्यादा थी। इसके अलावा, देवांग स्वभाव से अधिकारवादी थे जो नैसकॉम के सबसे साथ सर्वसम्मति बनाने की संस्कृति से मेल नहीं खाता था। अगर मैं उनके अधिकारवादी स्वभाव को सही दिशा दे पाता हूं तो वह इस पद के लिए सबसे बेहतरीन है।

जबसे देवांग को इस पद पर रखने का विचार आया, उसके बाद से मैंने किसी दूसरे व्यक्ति के बारे में नहीं सोचा। देवांग के ईडीपी मैनेजर से नैसकॉम आने का मतलब था कि उनका करियर पूरी तरह बदल जाता। आज यह बात सामान्य लगे, लेकिन उस दौर में करियर में इस तरह के नाटकीय मोड़ लाने की बात नहीं सोची जाती थी। लगभग हर कोई उपने करियर की शुरुआत किसी खास क्षेत्र में करता था और 60 वर्ष की उम्र में रिटायर होने तक उसी क्षेत्र में तरक्की करके आगे बढ़ता था। भारत की बदलाव विरोधी संस्कृति में करियर में इस तरह के बदलाव को अच्छा नहीं माना जाता था। फिर भी मेरी राय इसके उलट थी। मेरा मानना है कि समय के साथ सीखने की क्षमता रखने वाले ऊर्जावान व्यक्ति ही करियर में ऐसा बदलाव कर पाते हैं। मैंने भी अपना करियर पांच बार

---

5 'हमारा देश कब सुधरेगा?'

बदला है और मैं अक्सर कहता हूं कि करियर में बदलाव करना इतना मुश्किल नहीं है। बहुस सारे सफल उद्यमियों ने टेक्नोलॉजी में कोई पृष्ठभूमि नहीं होते हुए भी टेक्नोलॉजी के क्षेत्र में बड़े काम किए हैं।

हालांकि देवांग में वे सभी खूबियां नहीं थीं जो हमें अध्यक्ष के लिए चाहिए थीं, लेकिन वह अपनी खूबियों से हमारे काम को नया रूप दे सकते थे। वह चार्टर्ड अकाउंटेंट थे, इसका मतलब था कि अभी हम जिस आर्थिक संकट में फंसे थे वे हमें उससे बाहर निकाल सकते थे। वे पुरस्कार विजेता ग्राफिक डिज़ाइनर थे और पेशेवर तरीके से हमारे ब्रांड को खड़ा करने में मदद कर सकते थे। उन्होंने अख़बार में जो लेख लिखा उससे साफ था कि उनको टेक्नोलॉजी से जुड़े व्यापार की साफ समझ थी। उनमें लोगों से जुड़ाव बनाने की गजब की क्षमता थी। सबसे बढ़कर, वह एक दुकानदार की तरह सोचते थे। भारत का आम दुकानदार जानता है कि अनजाने भविष्य के लिए निवेश करते जाने की जगह हर दिन दुकान से फायदा लेकर घर जाना कितना ज़रूरी है। हमारे पास कई लोग थे जो दूरदर्शी थे। हम ऐसा व्यक्ति चाहते थे जो परिणाम हासिल कर सके। हम ऐसा व्यक्ति चाहते थे जो हमें आर्थिक रूप से सक्षम बना सके।

देवांग उस समय सिर्फ़ 29 वर्ष के थे पर अपने करियर में अच्छी तरह सेट हो चुके थे। मेरा ऑफर सुनकर वह हंसने लगे। वह किसी नॉन-प्रोफिट संगठन में काम करने की बात सोच भी नहीं सकते थे। उस समय उनकी तनख्वाह 15,000 रुपये महीना थी, जो उस समय के किसी नॉन-प्रोफिट संस्था के अध्यक्ष को मिलने वाली तनख्वाह से कई गुना ज्यादा थी। कोई नहीं जानता था कि नैसकॉम का भविष्य क्या होगा और इसमें एक सुनिश्चित करियर के बारे में किसी को कुछ पता नहीं था। आमतौर से नौकरी चाहने वाला नौकरी देने वाले के सामने अपनी बात रखता है। यहां उलटा था, मैं उनके सामने नैसकॉम की नौकरी पिच कर रहा था। तो एक तरह से देवांग ने मेरा इंटरव्यू लिया। उसके बाद से नैसकॉम में हर अध्यक्ष इतना क्षमतावान होता है कि हम उनके सामने अपनी पिच रखते हैं।

मुझे लगता है कि देवांग को नैसकॉम ने अनोखा अवसर दिया था। अध्यक्ष के नाते वह एक पूरे उद्योग को खड़ा करने में मदद कर सकते थे और देश में बदलाव ला सकते थे। वे एक साथ अपने जीवन का उद्देश्य और जुनून को पाने की दिशा में काम कर सकते थे।

देवांग ने इस पर एक हफ्ते सोचा और फिर उचित वेतन की शर्त पर हां कर दी। मैंने एग्जीक्यूटिव काउंसिल को देवांग के बारे में बताया और जो भी उन्हें जानता था, उसने तुरंत सहमति दे दी। लेकिन उनकी तनख्वाह का मसला अभी भी हल नहीं हुआ था। इस पर एग्जीक्यूटिव काउंसिल ने कहा कि अगर हमें प्रतिभाशाली लोग चाहिए तो हमें उन्हें भुगतान भी करना होगा। उन्होंने मुझसे देवांग से बात करके उन्हें नैसकॉम के साथ लाने को कहा।

इस सबके बाद भी नैसकॉम 10,000 रुपये महीने से ज़्यादा की तनख्वाह नहीं दे सकता था। तो मैंने देवांग को कहा कि वह नैसकॉम में हफ्ते के चार दिन काम करें और बाकी दिनों में अपना ग्राफिक ड़िजाइनिंग का काम करें जिससे उनके नुकसान की भरपाई हो सके। जहां तक मुझे पता है, नैसकॉम से जुड़ने के बाद देवांग ने एक दिन भी बाहर काम नहीं किया।

अध्यक्ष की भूमिका अनोखी थी। ऐसा कोई पुराना अनुभव नहीं था जो किसी व्यक्ति को इस नौकरी के लिए पूरी तरह तैयार कर सके। देवांग और उनके बाद आने वाले अध्यक्षों को नौकरी के हिसाब से ढलने के लिए खुद को तैयार करना पड़ा। मैंने देवांग को कहा कि उन्हें स्टार्ट-अप के सीईओ की तरह व्यवहार करना होगा और नैसकॉम को अपने बच्चे की तरह समझना होगा। मैं जानता था कि भारत को लेकर उनकी सोच हमारे उद्योग को आगे ले जाएगी, और वह अपने लिए बहुत ऊंचे मानक स्थापित करेंगे। मैं उनके लिए कोई मानक तय नहीं कर सकता था क्योंकि इससे जुड़े कोई डेटा या पिछली मिसाल नहीं थी।

देवांग को व्यावहारिक और प्रबंधकीय मोर्चे पर खुद को ढालना था। मेरे चेयरपर्सन होने और उनसे निजी दोस्ती होने के कारण यह ज़िम्मेदारी मुझ पर आई। आईटी सर्विसेज के आयात की दुनिया में वह बिल्कुल नए थे। तो मैंने उन्हें सॉफ्टवेयर सर्विसेज की अदृश्यता के बारे में बताने से शुरुआत की। मैंने उन्हें बताया कि यह उद्योग 'एविडेंस-बेस्ड मार्केटिंग' पर चलती है। सॉफ्टवेयर सर्विसेज अदृश्य होती हैं और उन्हें सॉफ्टवेयर उत्पादों की तरह प्रदर्शित नहीं किया जा सकता। संभावित ग्राहक सॉफ्टवेयर डिलीवर हो जाने के बाद ही सॉफ्टवेयर सर्विस का अनुभव ले सकता था, ऑर्डर देते समय उसे कुछ नहीं दिखाया जा सकता था।

भारतीय सॉफ्टवेयर उद्योग के पास दूसरों की प्रतिस्पर्धा में क्या फायदे हैं इस पर हमारी कई बार लंबी चर्चा हुई। हमने सांताक्रूज इलेक्ट्रॉनिक एक्सपोर्ट प्रोसेसिंग ज़ोन (SEEPZ), आरबीआई और सीमा शुल्क विभाग के साथ आने वाली चुनौतियों पर भी बात की। वह अक्सर मेरे ऑफिस में आते और इस व्यापार के बारे में जानने की कोशिश करते। मैं धैर्य के साथ उनके प्रश्नों का उत्तर देता। कोई औपचारिक इंडक्शन प्रोग्राम नहीं था। लेकिन देवांग लगातार उद्योग के बारे में अपनी समझ बढ़ाने के साथ ही इससे जुड़े मुद्दों को सीखने की कोशिश कर रहे थे।

दूसरा पहलू लोगों के मैनेजमेंट को लेकर था। देवांग ने किसी नॉन-प्रोफिट संस्था के स्वैच्छिक पीयर-टू-पीयर मॉडल की ताकत और कमजोरियों को समझा। किसी भी सॉफ्टवेयर कंपनी या सीईओ पर नैसकॉम का सदस्य बने रहने की बाध्यता नहीं थी। एग्जीक्यूटिव काउंसिल का हर सदस्य सफल उद्यमी था। हर किसी को शामिल करना काम का हिस्सा था। वह हमेशा कहते थे कि जिस तरह मैंने एग्जीक्यूटिव काउंसिल की मीटिंग में उनका परिचय करवाया और हर सदस्य से देवांग से निजी तौर पर मिलने की अपील की, उससे वह बहुत प्रभावित हुए थे। यह उनकी उम्मीदवारी पर सर्वसम्मति बनाने का तरीका था।

देवांग और मैंने सबसे पहले नैसकॉम के लिए कॉर्पोरेट स्टाइल के ब्रांड बनाने का काम किया। मुझे हिंदीट्रॉन की रिब्रांडिंग का अच्छा अनुभव था। 1990 में अच्छे ग्राफिक डिज़ाइनर मिलना मुश्किल था, ऐसे में देवांग का कौशल हमारे काम आया।

हमारे साथ आते ही देवांग नैसकॉम की रिब्रांडिंग में जुट गए। हमारे आयोजनों में अंतरराष्ट्रीय स्तर की कुशलता दिखाई देने लगी, हम इसी की आशा कर रहे थे। हमारे आयोजनों में पेशेवर तरीके से तैयार किए गए बैकड्रॉप हुआ करते थे, जब उस दौर में ज़्यादातर कार्यक्रमों में बैकड्रॉप नहीं होते थे।

समय के साथ नैसकॉम ब्रांड बहुत आकर्षक और प्रभावशाली हो गया। यहां तक कि वैश्विक सलाहकार हमारी बताई लाइन पर काम करने लगे।[6] फैशन शो से लेकर

6 1996 में हमने मैक्किंजे को अगली बड़ी चीज पर अध्ययन के लिए कमीशन किया। आमतौर से जारी की गई रिपोर्ट के शीर्षक में कंसल्टेंट का नाम लिखा जाता था। हमने ज़ोर दिया कि यह रिपोर्ट हमारे बताए डेटा और इनसाइट के आधार पर तैयार की गई है, इसलिए रिपोर्ट के शीर्षक में नैसकॉम-मैक्किंजे रिपोर्ट लिखा जाना चाहिए। वे मान गए।

उद्योग से जुड़े कार्यक्रमों तक, हर तरफ जश्न का माहौल रहता था। उस समय यह बहुत अनोखी बात थी। एक बार प्रोफिटेक के डॉ. प्रकाश हेबालकर ने मुझसे पूछा, 'हरीश, तुम एक गंभीर संगठन चला रहे हो या कोई सोशल क्लब?' मैंने उन्हें समझाया कि हमारा मानना है कि सदस्यों के बीच दोस्ती होना बहुत ज़रूरी है। अगर हम एक साथ सॉफ्टवेयर उद्योग का प्रतिनिधित्व कर रहे थे तो यह ज़रूरी था कि उद्योग से जुड़े लोगों के बीच भी एकता हो।

इस सभी गतिविधियों से देवांग की सार्वजनिक छवि बेहतर हुई। ऐसा भी हुआ कि मेरे बाद आने वाले चेयरपर्सन्स और देवांग के बीच कुछ मनमुटाव भी हुए, जो कि स्वाभाविक भी था। मैं अक्सर सबके बीच आपसी मेलजोल बनाए रखने की कोशिश में लगा रहता था। इस तरह के टकराव आसानी से खत्म भी हो जाते थे।

मुझे एक घटना याद आ रही है, एक बार देवांग ने किसी नीतिगत विषय पर चेयरपर्सन की राय पर अपनी सहमति नहीं दी। देवांग नहीं चाहते थे कि चेयरपर्सन नैसकॉम की प्रेस कांफ्रेंस में आएं। हालांकि देवांग चेयरपर्सन को आने से मना नहीं कर सकते थे। इसलिए देवांग ने चेयरपर्सन के सेक्रेटरी को फोन करके पूछा कि किन दिनों में वह देश से बाहर रहेंगे। उसके बाद उन्हीं दिनों में प्रेस कांफ्रेंस रख ली गई।

व्यक्तिगत और पेशेवर तौर से देवांग अपनी शारीरिक सीमा से बढ़कर काम करते थे। उनकी कर्तव्यनिष्ठा की तारीफ की जाती थी। उदाहरण के लिए, अगर हम किसी सरकारी अधिकारी से किसी कानून की धारा 56 को लेकर बाचतीच करते थे, तो देवांग उस धारा से प्रभावित होने वाली दूसरी धाराओं जैसे 27, 59 और 67 के बारे में भी पूरी तैयार करके आते थे। वे नौकरशाहों के सामने इतनी ज़्यादा तैयारी से जाते थे कि सामने वाले के पास जवाबी तर्क करने या विचार को खारिज करने की कम से कम गुंजाइश बचे। वह पक्का करते थे कि काम पूरा हो और कुछ भी बचा न रहे।

आने वाले वर्षों में हममें से कुछ लोग पर्दे के पीछे से नैसकॉम को आगे बढ़ाने का काम करते रहे, ऐसे समय देवांग भारत की सॉफ्टवेयर क्रांति का चेहरा बनकर उभरे। वह भारत सरकार और लगभग सभी राज्य सरकारों की आईटी से जुड़ी किसी भी नीति के लिए प्रमुख व्यक्ति बन गए थे। वह कई मंत्रियों के करीबी सलाहकार बने। वह उस स्तर पर पहुंच गए थे, जहां अगर किसी दिन उनका नाम *इकोनोमिक टाइम्स* में नहीं छपता था तो वह परेशान हो जाते थे। देवांग का नाम हर तरफ था। अपने खास कौशल और सहज प्रवृति के कारण उन्होंने उन्होंने आईटी उद्योग में गति ला दी थी। कहा जाता है कि वर्ष

2020 तक इस उद्योग में 40 लाख लोगों को सीधे रोजगार मिल रहा था और अनुमान के मुताबिक इससे सात से आठ गुना लोगों को अप्रत्यक्ष रोजगार मिल रहा था।[7]

जब आप आंकड़ों का विश्लेषण करते हैं तो इसका प्रभाव और भी साफ नज़र आता है। आपको पता चलता है कि आईटी उद्योग से 3-4 करोड़ घर जुड़े हैं और देश की 10 प्रतिशत आबादी आईटी उद्योग से कहीं न कहीं जुड़ी है।[8]

हालांकि उनको नियंत्रण में रखना मुश्किल था, पर अनाधिकारिक रूप से यह मेरा ही काम था। एक दोस्त, विश्वासपात्र और सलाहकार के तौर पर वह मुझ पर सबसे ज़्यादा भरोसा करते थे। हम हर दूसरे दिन बात करते थे। नैसकॉम के हित के लिए, ज़रूरत पड़ने पर उनकी मत्वकांक्षा को नियंत्रित रखने का काम मैंने खुद संभाला। अगर वह गलत दिशा में जा रहे होते तो उद्योग का जानकार होने के नाते सही दिशा देने की ज़िम्मेदारी भी मेरी ही थी।

अगर मुझे देवांग की एक खूबी के बारे में पूछा जाए तो मैं कहूंगा कि उनकी नज़र में असंभव शब्द था ही नहीं। कुछ लोगों को लगता था कि इससे नैसकॉम को नुकसान होगा। लेकिन ये ऐसे लोग थे, जिन्होंने कभी 65 वर्ष के राजनेता के सामने बैठकर उसे नहीं समझाया था कि भारत आने वाले समय में आईटी की महाशक्ति बनने जा रहा था, और वह भी बिना किसी आंकड़ों या सबूत के। ऐसा करने के लिए आपके पास देवांग जैसा जुनून होना ज़रूरी था।

विकास को लक्ष्य बनाने वाले विट्ठल

डिपार्टमेंट ऑफ इलेक्ट्रॉनिक्स (DoE) को 1980 के दशक के आखिर में डिपार्टमेंट ऑफ एटोमिक एनर्जी और डिपार्टमेंट ऑफ स्पेस की तरह ही वैज्ञानिक विभाग माना जाता

---

7 अनुमान के मुताबिक, बीपीओ क्षेत्र की एक नौकरी के पीछे तीन से चार अप्रत्यक्ष नौकरियां पैदा होती हैं, वहीं आईटी क्षेत्र की एक नौकरी के कारण कई मामलों में करीब 12 लोगों को अप्रत्यक्ष रोजागार मिलता है।

8 2001 की जनगणना के अनुसार, भारत में करीब 18.8 करोड़ घर थे और उनमें से 5.4 करोड़ घर शहरी क्षेत्र में थे। ज़्यादा जानकारी के लिए इस लिंक पर जाएं https://www.censusindia.gov.in/2011-common/census_data_2001.html and at https://censusindia.gov.in/Data_Products/Data_Highlights/Data_ Highlights_link/data_highlights_hh1_2_3.pdf.

था। 1970-1988 तक टेक्नोक्रेट इसके सचिव हुआ करते थे। उसके बाद दो नौकरशाहों के बीच मतभेद के कारण 1989 में यह 'गैर-वैज्ञानिक विभाग' बन गया और भारतीय प्रशासनिक सेवा (आईएएस) के अधिकारी, एन विट्ठल ने डीओई के सचिव का काम संभाला।

विट्ठल तकनीक की दुनिया से नहीं थे और एक आम नौकरशाह की तरह थे। पर पहले के टेक्नोक्रेट की तुलना में वह ज़्यादा मुखर थे और उन्हें व्यापार की समझ थी। वह ऐसी हर चीज को सीखना चाहते थे जिससे देश को आर्थिक संकट से बाहर निकाला जा सके। उन्होंने शुरुआत इलेक्ट्रॉनिक्स पर ध्यान देने से किया, क्योंकि तब वह सॉफ्टवेयर उद्योग की क्षमता के बारे में नहीं जानते थे। इसके बावजूद, सरकार के भीतर वह हमारे सबसे बड़े सहयोगी बनकर उभरे।

ऑफिस में आने के बाद विट्ठल ने सबसे पहले उद्योग से जुड़े सभी संगठनों को मीटिंग के लिए बुलाया। वह उनकी अपेक्षाओं को समझना चाहते थे। जब हमें मीटिंग का बुलावा मिला तब हमें पता चला कि हमारे अलावा सभी संगठन हार्डवेयर व्यवसाय से जुड़े थे। केवल हम अपवाद थे।

हमने सॉफ्टवेयर उद्योग की अदृश्यता और इस उद्योग से जुड़ी समस्याओं के बारे में विस्तार से समझाने में खासा समय लगाया था। इस बुलावे से हमें पता चला कि कितना कुछ करना अभी बाकी है। हमें डर था कि इतने सारे हार्डवेयर संगठनों के बीच हमारी आवाज दब जाएगी।

इतने वरिष्ठ अधिकारी का बुलावा मिलने का मतलब था कि हमें जाना ही था। लेकिन हमने कार्यक्रम में न जाने का फैसला किया। कुछ ने सोचा कि हम दु:साहस दिखा रहे थे क्योंकि 'डीओई सचिव उद्योग के लिए भगवान से कम नहीं था।'

और वास्तव में, जब कुछ दिनों बाद हमने विट्ठल से मीटिंग के लिए समय मांगा तो उनका निजी सचिव हमसे बहुत नाराज़ था। उससे बात करके हमें पता चल गया कि विट्ठल भी हमसे बहुत नाराज़ हैं। हमें लग रहा था कि नए सचिव से बातचीत के सारे रास्ते बंद हो गए हैं, तभी अचानक विट्ठल से मिलने का समय मिल गया। हम ताज्जुब में थे कि अचानक समय कैसे मिला। शायद वह जानना चाहते थे कि हम उनके बुलावे पर मीटिंग में क्यों नहीं आए थे।

विट्ठल ने हमारी बात सुनी और बेमन से हमारे कारणों को मान लिया। धीरे-धीरे उन्होंने हमारा दृष्टिकोण समझने की कोशिश की। हमने उन्हें सॉफ्टवेयर सर्विस उद्योग को लेकर हमारे महत्वकांक्षी लक्ष्य के बारे में बताया, हमें पता नहीं था कि वह इन बातों को मानेंगे। लेकिन उन्होंने माना।

जब मैंने उन्हें कहा कि सॉफ्टवेयर व्यवसाय में 100 करोड़ डॉलर की क्षमता है, तो वे खूब हंसे और मुझसे पूछा, 'यंग मैन, क्या तुम जानते हो कि 100 करोड़ में कितने ज़ीरो होते हैं?'

जब बातचीत हमारी मांग पर पहुंची तो वे काफी सतर्क हो गए। उन्हें लग रहा था कि हम कुछ बेवजह की मांग रखेंगे। उन्होंने हमें परेशान करने वाले तीन प्रमुख मुद्दों के बारे में जानना चाहा, जिन्हें हल करने के लिए वह कुछ कर सकें। हमने कहा कि यह तो केवल एक छोटा कदम होगा, जबकि हमें पूरे तंत्र में बड़ा बदलाव चाहिए।

एक दिन पहले मीटिंग की तैयारी करते समय यह बात हमारे दिमाग में आई थी। नैसकॉम नया संगठन था और उसे पहले सरकार की नीति निर्धारण प्रक्रिया का हिस्सा बनाना ज़रूरी था। प्रभाव डालने के लिए ज़रूरी था कि हम नीति बनाने वाले शीर्ष समूह में हों। इसे करने का एक ही तरीका था कि हम डीओई को इस बात के लिए राजी करें कि जब भी वे सॉफ्टवेयर व्यवसाय से जुड़ी कोई नीति बनाएं तो उससे पहले हमसे सलाह लें। क्योंकि नैसकॉम केवल कुछ ताकतवर कंपनियों के हितों का प्रतिनिधित्व नहीं करता था, बल्कि पूरे ईकोसिस्टम के बारे में विचार करता था। हमें भरोसा था कि हमारे डेटा और हमारा दृष्टिकोण अधिकारियों को सही निर्णय लेने में सहायता करेंगे। इसके अलावा, हमने विट्ठल के सामने खुद को उभरते उद्योग के तौर पर प्रस्तुत करने का निर्णय लिया। नैसकॉम एक स्टार्ट-अप की तरह था, जिसके पास खोने के लिए कुछ नहीं था। हम जितने भूखे थे, उतने ही नासमझ भी।

विट्ठल को बहुत आश्चर्य हुआ जब हमने उनसे कहा कि जब भी 'सॉफ्टवेयर' से जुड़ी किसी प्रक्रिया में बदलाव लाने का सोचा जाए तो उससे पहले हमसे भी सलाह ली जाए। डीओई 'सॉफ्टवेयर' के लिए नोडल एजेन्सी थी और हमारे उद्योग में किसी भी बदलाव के लिए उनकी अनुमति ज़रूरी थी। उनके साथी नौकरशाहों ने उन्हें हमारे साथ ऐसा कोई भी वादा न करने की सलाह दी। लेकिन विट्ठल को समझ आया कि हमारी मांग को मानने में कोई नुकसान नहीं था। उन्होंने अपने साथियों को कहा कि यहां केवल सलाह मांगने की

बात की जा रही है। किसी भी नीति पर आखिरी निर्णय विभाग का ही होगा। इस मीटिंग से सरकार और उद्योग के बीच रिश्तों के नए दौर की शुरुआत हुई।

किसी भी नीतिगत बदलाव से पहले नैसकॉम से सलाह करने की व्यवस्था सॉफ्टवेयर उद्योग के लिए निर्णायक साबित हुई।

1991 देश के लिए महत्वपूर्ण साल था क्योंकि इस साल देश में उदारवादी अर्थव्यवस्था की नींव रखी गई। सॉफ्टवेयर बिजनेस के लिए यह साल दूसरी वजहों से भी महत्वपूर्ण बना। वर्ल्ड बैंक भारतीय सॉफ्टवेयर उद्योग की क्षमता जानने के लिए अध्ययन करवा रहा था। इस रिसर्च के लिए पैसा सरकार ने दिया था। शुरू में नैसकॉम को इसका हिस्सा नहीं बनाया गया। हमने विट्ठल से संपर्क किया और उन्हें याद दिलाया कि कोई भी निर्णय लेने से पहले हमने सलाह ली जानी चाहिए थी और इस रिसर्च के लिए भी हमसे सलाह ली जानी चाहिए। विट्ठल ने न केवल हमारी बात मानी बल्कि नैसकॉम और उद्योग से जुड़े दूसरे संगठनों को भी इसका हिस्सा बनाया। जब हमने टर्म ऑफ रेफ्रेंस को पढ़ा तो हमारा शक पक्का हो गया। यह रिपोर्ट सॉफ्टवेयर उत्पादों पर बहुत ज़्यादा ध्यान देने जा रही थी और इसमें सॉफ्टवेयर सर्विस व्यवसाय को काफी हद तक नजरअंदाज किया जाने वाला था।[9]

हम वर्ल्ड बैंक के रॉबर्ट श्वारे से मिले, जो कि रिसर्च की अगुआई कर रहे थे, और उन्हें समझाया कि भारत में सॉफ्टवेयर उत्पाद नहीं बल्कि सॉफ्टवेयर सर्विसेज में असीम संभावनाएं हैं। इसलिए रिपोर्ट में इसको प्रमुखता मिलनी चाहिए। हमारी बात समझाने के लिए उनके साथ कई मीटिंग्स करनी पड़ीं। यहां तक कि भारतीय परिदृश्य और उद्योग

---

9 अक्सर इसे गलत समझा जाता है, दरअसल, सॉफ्टवेयर उत्पाद और सॉफ्टवेयर सर्विसेज एक-दूसरे से पूरी तरह अलग हैं। उत्पाद ऑफ द शेल्फ रखी ऐसी वस्तु है जो सबके लिए समान काम करती है। जबकि सर्विस को ग्राहक की ज़रूरत के हिसाब से बदलाव करके तैयार किया जाता था। आपको एक दूसरे उद्योग के उदाहरण से समझाता हूं। जब आप घर में रंग करवाना चाहते हैं तो किसी खास ब्रांड के खास रंग को खरीदते हैं। यह रंग एक उत्पाद है। उसके बाद दीवारों पर रंग लगाने के लिए आप किसी ठेकेदार या पेंटर को काम पर रखते हैं। रंग लगाने का यह काम ही सर्विस है।

हर खरीदार के लिए रंग एक समान रहेगा। लेकिन रंग लगाने का तरीका हर घर और रंग लगाने वाले पेंटर के हिसाब से अलग-अलग होगा।

को आगे बढ़ाने के लिए ज़रूरी बदलावों के बारे में बताने के लिए हम अमेरिका भी गए। जब तक श्वारे के पास सभी ज़रूरी जानकारियों नहीं पहुंच गईं तब तक हम उनके साथ लगातार जुड़े रहे। उन्होंने और उनकी टीम ने रिसर्च पूरी की और उसके बाद जो रिपोर्ट पेश की उससे सभी चौंक गए, यहां तक कि विट्ठल भी।

रिपोर्ट में साफ कहा गया कि भारत के सॉफ्टवेयर सर्विसेज निर्यात में 1 बिलियन डॉलर का उद्योग बनने की क्षमता है। उस समय उद्योग का सालाना टर्नओवर केवल 150 मिलियन डॉलर था, उसे देखते हुए 1 बिलियन डॉलर बहुत बड़ा आंकड़ा था। रिपोर्ट में कहा गया कि सॉफ्टवेयर सर्विसेज भारत के सबसे तेजी बढ़ने वाले निर्यात में से एक है, इसके आगे केवल कच्चा कपास है। इसमें कहा गया, 'सॉफ्टवेयर सर्विसेज निर्यात भारत के आर्थिक विकास को बढ़ावा दे सकता है।' इसमें कहा गया कि भविष्य ऑफशोरिंग (अपने देश की जगह सस्ते लागत वाले देशों में काम करवाना) का है, यह क्षेत्र तेजी से आगे बढ़ेगा, और भारत के पास इस मौके का फायदा उठाने वाले सभी ज़रूरी तत्व मौजूद हैं।

सॉफ्टवेयर सर्विसेज की क्षमता के अलावा, रिपोर्ट में सर्विसेज व्यवसाय को लेकर सरकार को तीस से चालीस सुझाव भी दिए गए। डीओई के नज़रिए से यह रिपोर्ट उज्जवल भविष्य के हमारे दावे की पुष्टि करती थी और वे हमारे साथ जुड़ने के लिए तत्पर थे।

विट्ठल शहरों में तेज़-गति का डेटा लिंक देने के लिए सॉफ्टवेयर टेक्नोलॉजी पार्क्स ऑफ इंडिया (STPI) की योजना लेकर आए। एसटीपीआई की योजना पर हमने भी उनके साथ मिलकर काम किया। हमारी तरफ डीओई के रवैये में आया बदलाव विट्ठल के सहयोग के बिना संभव नहीं होता। उन्होंने न केवल अपने विभाग की पूरी ताकत हमारे साथ लगाई, बल्कि सरकार में हमारे बारे में बात भी की, जिससे हमें हर तरह का सहयोग मिल पाया।

विट्ठल को नैसकॉम के साथ काम करने में मज़ा आता था और ऐसा लगता था जैसे वह हममें से ही एक हैं। उन्होंने एक बार कहा, 'नैसकॉम में, एन का मतलब है नट्स, ए का मतलब है अस्स, एस का मतलब स्टुपिड, एस का मतलब स्क्रूबॉल, सी का मतलब क्रेजी, ओ का मतलब ऑडबॉल, और एम का मतलब मेड होता है। और मैं इस समूह का नेता हूं।'

सॉफ्टवेयर उद्योग की इस क्षमता से प्रभावित होकर विट्ठल ने प्रेस रिलीज जारी करके कहा कि अगर उद्योग एक वर्ष के भीतर 400 मिलियन डॉलर की विदेशी करेंसी आय तक पहुंच जाए, तो सॉफ्टवेयर उद्योग को मिलने वाले निर्यात लाभ की समय सीमा को बढ़ा दिया जाएगा। जब हमने यह पढ़ा तो हम विट्ठल के पास गए और कहा कि इस लक्ष्य को हासिल करना असंभव है। वह हमसे एक साल के भीतर हमारी आय को ढाई गुना बढ़ाने के लिए कह रहे थे। प्रोजेक्ट के आधार पर चलने वाले व्यवसाय में यह संभव ही नहीं था। इसमें एक बाधा यह थी कि हमारे पास देश में पर्याप्त संख्या में प्रोजेक्ट मैनेजर ही नहीं थे। प्रकाश हेबलकर ने सलाह दी कि हम देश के बाहर से प्रोजेक्ट मैनेजरों को बुलवाएं। हालांकि, अमेरिका और यूके जैसे देशों के लोगों को काम पर रखने की अपनी अलग चुनौतियां थीं।

विट्ठल ने हमें कहा कि एमएआईटी ने उन्हें वादा किया है कि उद्योग इस लक्ष्य को हासिल कर लेगा। द इलेक्ट्रॉनिक्स एंड सॉफ्टवेयर एक्सपोर्ट प्रमोशन काउंसिल (ESC) ऑफ इंडिया भी इसके लिए तैयार हो गई। हमें समझ आया कि दूसरे एसोसिएशन इसके लिए इसलिए तैयार हो गए क्योंकि वे 1991 के उदारीकरण पैकेज में करों में छूट की समय सीमा को बढ़वाना चाहते थे। हमने विट्ठल को कहा कि वे जो लाभ दे रहे हैं उनका हम स्वागत करते हैं लेकिन हम कोई झूठा वादा नहीं कर सकते। विट्ठल को हमारी ईमानदारी पर बहुत आश्चर्य हुआ।

इसके बाद हमसे कहा गया कि हम इतना चाहते हैं कि आप लक्ष्य के आंकडों को खुले आम चुनौती न दें। विट्ठल ने हमें अकबर-बीरबल की कहानी सुनाई: एक बार अकबर बीरबल[10] से नाराज हो गए, और आदेश दिया, 'घोड़े को उड़ाकर दिखाओ, नहीं तो तुम्हें फांसी पर लटका दिया जाएगा!' बीरबल ने कहा कि वह छह महीने में यह करके दिखा देंगे। जब कुछ महीने बीत गए और कुछ नहीं हुआ तो बीरबल की पत्नी ने उनसे पूछा कि क्या वह सचमुच घोड़े को उड़ा सकते हैं। बीरबल ने उत्तर दिया कि वह नहीं जानते। उन्होंने बस समय मांग लिया था। 'कौन जानता है?

---

10 मेरे दोस्त हर्ष मांगलिक बीरबल का बहुत आदर करते हैं। वह अक्सर मुझे कहते हैं कि शायद बीरबल अकबर के नौ रत्नों में सर्वश्रेष्ठ थे। उन्होंने बताया कि बीरबल को अकबर का सबसे विश्वस्त और करीब सलाहकार माना जाता है। हर्ष नैसकॉम के पूर्व चेयरपर्सन रहे हैं और एक्सेंचर इंडिया के भी पूर्व चेयरपर्सन रहे हैं।

क्या पता छह महीने में घोड़ा मर जाए। या मैं मर जाउं। या बादशाह अकबर ही मर जाएं। या शायद घोड़ा उड़ने ही लगे।' हम समझ गए कि हमारा लक्ष्य असल में बीरबल का घोड़ा था।

अंतर केवल इतना था कि हमारे घोड़े ने असल में उड़ान भरी। कुछ वर्षों बाद जब हमने लक्ष्य हासिल किया तब हमें समझ आया कि असल बात क्या थी।

विट्ठल जानते थे कि हम कर छूट का लाभ एक वर्ष से ज्यादा समय तक चाहते थे। तो उन्होंने उस समय के वित्त मंत्रालय के सचिव बिमल जालान से मुलाकात की और उन्हें समझाया कि सॉफ्टवेयर सर्विसेज का निर्यात बहुत तेजी से बढ़ रहा था। जालान ने विट्ठल को आंकड़ा बताने को कहा। विट्ठल ने उन्हें 300 मिलियन डॉलर का आंकड़ा बताया। जालान को लगा कि यह 500 मिलियन डॉलर हो सकता था तो वे दोनों 400 मिलियन डॉलर के औसत पर सहमत हो गए।

1988 के बाद से हम हर वर्ष 15 प्रतिशत की बढ़िया दर से विकास कर रहे हैं। यह उदारीकरण[11] से तीन वर्ष पहले की बात है। फिर भी हमारे आंकड़ों के हिसाब से हम सरकार द्वारा तय किए लक्ष्य तक नहीं पहुंच सकते थे, वर्ल्ड बैंक के आंकड़ों की तो बात ही रहने दीजिए।

देखने में जालान-विट्ठल की कहानी बहुत अनुचित लग सकती है, लेकिन ऐसा है नहीं। जब आप कोई बड़ी सोच रखते हैं तो आप केवल उसे अनुमान के आधार पर नहीं कह सकते। जाने-माने मैनेजमेंट विचारक, सी.के. प्रहलाद ने कहा, 'तुम्हें भविष्य के लिए बड़ी सोच रखनी होगी।' और क्या हमने ऐसा किया? मैं आपको कुछ आंकड़े बताता हूं, उसके बाद आप खुद इस बात का निर्णय करें।

1988 में नैसकॉम की शुरुआत के समय समय सर्विसेज उद्योग का निर्यात 52 मिलियन डॉलर का था। 2017 में यह आंकड़ा 154 बिलियन डॉलर पर पहुंच गया,

---

11 2004 में आईआईएम अहमदाबाद के प्रोफेसर सुभाष भटनागर के पेपर, शीर्षक 'इंडियन सॉफ्टवेयर इंडस्ट्री' के अनुसार उद्योग ने 1994 में 330 मिलियन डॉलर, 1995 में 450 मिलियन डॉलर और 1997 में 1.1 बिलियन डॉलर का निर्यात किया। ये आंकड़े देखने में छोटे लग सकते हैं लेकिन यह बहुत आशावादी अनुमानों से भी कहीं ज़्यादा हैं।

यानि इसमें तीस वर्षों के भीतर 10,000 गुना बढ़ोतरी[12] हुई। जल्दी शुरुआत करने और लगातार विकास करने का नतीजा शानदार रहा।

अध्याय की शुरुआत में मैंने विदेशी करेंसी के मुद्दे की बात की थी?

आज आईटी उद्योग हर साल अनुमानित 150 बिलियन डॉलर[13] की शुद्ध विदेशी करेंसी कमा कर देता है। यह भारत के कुल सर्विस निर्यात का 50 फीसदी है। यह संख्या सऊदी अरब द्वारा हर साल तेल के निर्यात से कमाए जाने वाली विदेशी करेंसी[14] के बराबर है। हम सभी आईटी उद्योग के हमारी संस्कृति, अर्थव्यवस्था और समाज पर पड़े प्रभाव के बारे में जानते हैं। सोचिए कि हम भारत में कितना बड़ा बदलाव लेकर आए हैं।

ये आंकड़े, विकास दर और देश पर उनका प्रभाव देखने में अद्भुत लगता है, लेकिन यहां तक पहुंचने के लिए कड़ी मेहनत की गई है। चलिए मैं आपको यहां तक पहुंचने की यात्रा के बारे में बताता हूं, जिसके बारे में हमारे ज़बरदस्त समर्थक भी मानते थे कि इसे हासिल करना असंभव है।

---

12 हमने 90 के दशक में 30 प्रतिशत से ज़्यादा की कंपाउंड वार्षिक वृद्धि दर हासिल की। इसमें निर्यात और घरेलू बाज़ार दोनों से हुई आय शामिल है। इस वृद्धि में उस वर्ष में डॉलर की कीमतों को शामिल किया गया है। रुपये के आधार पर यह वृद्धि 10,000 गुना है, जबकि डॉलर के आधार पर करीब 3,000 गुना है।

13 वित्तवर्ष 2021 के अनुसार

14 वित्तवर्ष 2020 के अनुसार

5

आपदा में अवसर

संकट से पार पाना

80 के दशक के अंत और 90 के दशक की शुरुआत में मेरे जीवन में काफी कुछ घटित हो रहा था। मैं नैसकॉम की शुरुआत के बारे में बता चुका हूं और यह भी बताया कि वह समय भारत के लिए भी उथल-पुथल भरा था। अपने काम के दौरान हमें नियमों से जुड़ी कई रुकावटों का सामना करना पड़ा। लेकिन यह केवल उद्योग और देश तक ही सीमित नहीं था। मेरी निजी ज़िंदगी में भी उलथ-पुथल चल रही थी। मेरे परिवार के सदस्यों को स्वास्थ्य से जुड़ी समस्याएं थीं और मेरा करियर भी सही नहीं चल रहा था।

1985 की गर्मियों में मेरे साझेदार माइक शाह और मैंने अपने परिवार के साथ हिंदीट्रॉन के बैंगलोर गेस्ट हाउस में एक महीने की छुट्टियां बिताने की योजना बनाई। छुट्टियों पर जाने का विचार शैला का था। वैसे उसे लोगों के बीच रहना पसंद था, लेकिन मेरे परिवार को कम समय देने पर उसने कभी शिकायत नहीं की। तीन बच्चों को पालना आसान काम नहीं था, लेकिन उसने इस काम को आसान बना दिया। काम के मोर्चे पर परेशानियों के अलावा मेरी ज़िदगी में बहुत सुकून था।

बैंगलोर ट्रिप की शुरुआत शानदार रही। बच्चे हर दूसरे दिन कहीं घूमने जाते थे। शाम के समय हम अंताक्षरी खेलते थे। शैला हमेशा जीत जाती थी। उसके साथ समय बिताना अच्छा लग रहा था।

फिर, दूसरे हफ्ते की शुरुआत में शैला ने सीने में दर्द की शिकायत की। उसका दर्द इतना बढ़ गया कि मुझे चिंता होने लगी।

माइक की मदद से हमें एक अच्छा डॉक्टर मिल गया। डॉक्टर ने जांच के बाद बायोप्सी कराने को कहा। परिवार में सभी रिपोर्ट को लेकर चिंतित थे। हालांकि मैं काफी घबराया हुआ था लेकिन शैला परेशान नहीं थी। शायद उसने अपनी भावनाओं को छुपा लिया, क्योंकि वह सबसे पहले बच्चों के बारे में सोचती थी। आखिरकार रिपोर्ट आई और नतीजा जानकर हम सभी सदमे में थे। शैला को ब्रेस्ट कैंसर था।

वह अभी चालीस साल की भी नहीं हुई थी। हमें विश्वास ही नहीं हुआ कि उसके साथ ऐसा कुछ भी हो सकता है।

उसके परिवार में कभी किसी को कैंसर नहीं हुआ था और हमें लगता था कि हमारी जीवनशैली भी स्वस्थ थी। मुंबई वापस आते ही हम टाटा मेमोरियल अस्पताल गए। दूसरी बायोप्सी से भी कैंसर की पुष्टि हुई।

मेरे साथ पहले ही काफी कुछ घट चुका था। छोटी उम्र में ही हम चिरंत को खो चुके थे। मेरे पिता की मृत्यु भी कम उम्र में ही हो गई थी। अगर शैला को कुछ हो जाता तो मैं खत्म हो जाता। मुझे अपने तीन बच्चों की भी चिंता थी।

हमने अमेरिका में अपने दोस्तों से बात की और इलाज के लिए अमेरिका जाने का सोचा। हमें लगता था कि पश्चिम का इलाज बेहतर होगा। हमें आश्चर्य हुआ जब हमें बताया गया कि भारत में चल रहा इलाज बिल्कुल सही था। ऐसे समय में व्यक्ति खुद पर ही सवाल उठाने लगता है। मैंने पूछा, 'मैं ही क्यों?' लेकिन डॉक्टरों ने बताया कि ब्रेस्ट कैंसर किसी को भी हो सकता है और इसका हमारी जीवनशैली से कोई संबंध नहीं है।

तुरंत सर्जरी करने की ज़रूरत थी। बुरे की आशंका में हमने उसकी वसीयत भी तैयार करवा ली। कुछ दिनों के भीतर शैला का ऑपरेशन हुआ और उसका ब्रेस्ट निकाल दिया गया। शुक्र है, सर्जरी अच्छी रही। लेकिन वह अभी भी पूरी तरह ठीक नहीं थी, या उससे काफी दूर थी। सर्जरी के बाद कीमोथैरपी की दर्दभरी प्रक्रिया शुरू हुई। कीमो की प्रक्रिया के दौरान पहले तो उसके बाल गिरने लगे, बाद में उसका उत्साह भी खत्म हो गया। पूरी प्रक्रिया के दौराम हम खामोश बने रहे। हममें से किसी ने एक बूंद आंसू भी नहीं गिराया। हम सकारात्मक बने रहने की कोशिश करते रहे। उसे इस हालत में देखकर मुझे दुख होता था लेकिन उसके चेहरे पर मुस्कुराहट बनी रहती थी। वह अपने विग पर मजाक करती

और उसने इसे किसी से नहीं छिपाया। हमने अपनी चिंता को छिपाकर रखा, क्योंकि उससे हमारे बच्चों पर बुरा असर पड़ सकता था।

हमारे सिर पर हमेशा एक खतरे की तलवार लटकी हुई थी। परेशानी भरे कुछ महीनों के बाद शैला पर इलाज का असर होने लगा। आखिरकार वह दिन भी आया जब उसने कैंसर को मात दे दी। या शायद ऐसा लग रहा था। डॉक्टरों ने हमें चेतावनी दी कि अगले पांच वर्षों तक कैंसर के वापस आने की संभावना हो सकती है। और शैला को नियमित जांच करवानी होगी।

कई बार, बहादुरी का दिखावा करना भीतर से भारी पड़ जाता है। जैसे ही हमें लगा कि शैला परेशानी से बाहर आ रही है, तभी मुझे दिल का दौरा पड़ा। शायद यह शैला की बीमारी के दौरान मुझ पर आए तनाव की वजह से हुआ या फिर मेरे सिगरेट पीने की वजह से, या फिर दोनों ही वजह रही होंगी। लगा फिर से ज़िंदगी बिखर रही थी।

यह 1987 की बात है। मैं चालीस वर्ष का था और डीईसी-हिंदीट्रॉन के ज्वाइंट वेंचर की तैयारी में लगा था। साथ ही नैसकॉम बनाने की कोशिश भी चल रही थी। हालांकि मेरा व्यापार अच्छा चल रहा था लेकिन मेरे पास इतना पैसा नहीं था कि बिना नियमित आय के अपने परिवार का भविष्य सुरक्षित रख सकूं। मुझे समझ आ गया कि मुझे अपनी जीवनशैली में व्यापक बदलाव लाने होंगे और सिगरेट पीना छोड़ना होगा। उस दिन के बाद से मैंने आज तक सिगरेट को हाथ नहीं लगाया।

मेरा अपना कारोबार

1970 के दशक के आखिरी सालों की बात है, जब मैं तीस की उम्र का एक 'युवा' था और मैंने हिंदिट्रॉन जॉइन किया था। यह मेरे लिए एक रोमांचक सफर की शुरुआत थी।

शुरुआत में ही पीडीपी-11 मशीनों को विदेश से खरीदने के लिए हमें पैसे की ज़रूरत थी। मैं और मेरे पार्टनर कर्ज की बात करने के लिए आईसीआईसीआई बैंक की ललिता गुप्ते[1] से मिले। हमने उन्हें अपने व्यवसाय की योजना बताई और कंपनी का दृष्टिकोण समझाया। उस समय तक बैंक हमारे जैसे व्यवसाय के लिए कर्ज नहीं देते थे, लेकिन उन्होंने 13 लाख रुपये का लोन पास कर दिया।

---

1 बाद में वह आईसीआईसीआई बैंक की जॉइंट मैनेजिंग डायरेक्टर बनीं।

लोन तो हमें आसानी से मिल गया, लेकिन हमें यह लोन तीन विदेशी मुद्राओं (स्विस फ्रेंक, जर्मन मार्क और जापानी येन) में लेना पड़ा। उस समय मुद्रा जोखिम को बचाने (हेजिंग) की अनुमति नहीं थी। हर गुजरते साल के साथ ये मुद्राएं महंगी होती गईं। इस कारण हमारे लोन की रकम भी बढ़ने लगी, और इसके साथ बैंक को चुकाए जाने वाला ब्याज भी बढ़ने लगा। आखिरकार हमने जितना लोन लिया था उसकी दोगुनी रकम चुकाई। उस समय विदेशी करेंसी के अप्रत्याशित उतार चढ़ाव का प्रबंधन करना मुश्किल काम था।

अब इस अनिश्चित और मुश्किल सफर को और मुश्किल बनाने के लिए, जो मशीन हमने आयात की थी, वह अधूरी निकली। इससे मुश्किलें और बढ़ गईं। 'अधूरी' सुनने में कड़वा लग सकता है लेकिन यही सच्चाई थी। डीईसी ने ज़बरदस्ती एक साइंटिफिक मशीन के ऊपर व्यवसायिक एप्लिकेशन लगा दी थी। इस वजह से बाज़ार को जिन फीचर्स की ज़रूरत थी वे काम ही नहीं कर रहे थे। उदाहरण के लिए, मशीन में कोबोल[2] कंपायलर नहीं था जो कि व्यवसायिक सॉफ्टवेयर लिखने के लिए ज़रूरी था। बैच प्रोसेसिंग की क्षमता भी नहीं थी जो कि कमर्शियल एप्लिकेशन के लिए ज़रूरी थी। यहां तक कि मशीन की कंप्यूटिंग क्षमता भी बाज़ार में मौजूद दूसरी मशीनों की तुलना में तीन गुना धीमी थी।

इससे हमें शुरुआत में ही झटका लगा। लेकिन शुरुआती दिक्कतों के बाद सब आसान रहा और व्यवसाय धीरे-धीरे बढ़ने लगा—सॉफ्टवेयर निर्यात का व्यवसाय अच्छा चल रहा था। अब हमारे पार्टनर्स भी पांच से बढ़कर छह हो गए। कंपनी में अरविंद शाह, हेमंत सोनावाला, कमलेश सोनावाला, माइक शाह, प्रवीन गांधी और मैं पार्टनर थे।

हालांकि यह आसानी कुछ ही दिन रही और फिर से परेशानियों ने घेर लिया। भारत के विदेशी मुद्रा की समस्या ने हिंदीट्रॉन को बुरी तरह प्रभावित किया। हिंदीट्रॉन में हमारी तरह ही, हमारे ग्राहकों को भी डीईसी कंप्यूटर्स का आयात करने के लिए विदेशी मुद्राएं खर्च करनी पड़ती थी और उन्होंने अपने निर्णय पर फिर से विचार शुरू कर दिया।

इस बिजनेस से हिंदीट्रॉन पैसा कमा रहा था लेकिन इसे चलाए रखने में बहुत मुश्किल हो रही थी। नियम इतने कड़े थे कि कभी-कभी ग्राहक को आयात के लिए ज़रूरी कागजी कार्रवाई और दूसरी औपचारिकताएं पूरी करने में दो साल तक लग जाते थे।

---

2 उस समय की लोकप्रिय प्रोग्रामिंग लैंग्वेज

रेगुलेटर्स ने एक व्यवसाय की संभावनाओं में कृत्रिम रुकावटें डाली हुई थी। टेक्नोलॉजी की तेजी से बदलती दुनिया में यह ऐसा था जैसे हाईवे पर अचानक से कोई स्पीड ब्रेकर आ जाए जिसे न तो कोई चाहता था और न ही उसकी कोई ज़रूरत थी।

इसलिए 1986 में जब भारत में कंप्यूटर निर्माण शुरू हुआ तो डीईसी के लिए हिंदीट्रॉन के साथ पार्टनरशिप में भारत में फैक्ट्री स्थापित करना समझदारी भरा कदम था।

डीईसी भारत पर खास ध्यान देना चाहती थी। भारत का बाज़ार छोटा था, भारत की नौकरशाही के नखरे भी सबको पता थे और सबसे बड़ी बात यह कि यहां किए किसी भी निवेश पर फायदा लेने के लिए दस साल तक इंतजार करना पड़ता। इसके बावजूद, डीईसी भारत में मैन्युफैक्चरिंग यूनिट लगाने के लिए तैयार हो गई, उसमें भी सबसे नए माइक्रोवीएएक्स सीरीज के कंप्यूटर बनाए जाने थे।

डीईसी कंप्यूटर्स का इस्तेमाल आमतौर से रिसर्च एंड डेवलपमेंट से जुड़े संस्थान और रक्षा से जुड़े संस्थान करते थे। माइक्रोवीएएक्स भारत के व्यावसायिक वातावरण के लिए बिल्कुल सही था। काफी तलाश करने के बाद हमें फैक्ट्री के लिए बैंगलोर सही लगा। शहर में मौजूद रिसर्च एंड डेवलपमेंट इंस्टिट्यूट्स और विश्वविद्यालयों में काफी होनहार लोग मौजूद थे। यहां सेमीकंडक्टर्स और पीसीबीज़ के लिए ईकोसिस्टम मौजूद था। इसके साथ ही, ज़्यादातर संभावित ग्राहक भी बैंगलोर में ही थे।

डीईसी के साथ जॉइंट वेंचर हिंदीट्रॉन के लिए बड़ी बात थी। उस समय डिक पॉलसन डीईसी इंडिया के प्रमुख थे। उनका काउबॉय जैसा, डराने वाला व्यक्तित्व था। वह अमेरिका में जीप चेरोकी चलाते थे और एक बार मुझे गाडी से बोस्टन के रूट 121 और उसके बाद ईस्ट कोस्ट की सिलिकॉन वैली घुमाने ले गए। उन्होंने बताया कि उनका सपना था कि हाईवे के किनारे जिन भी बड़ी आईटी कंपनियों के लोगो और होर्डिंग नज़र आ रहे हैं, एक दिन उनकी जगह केवल डीईसी के होर्डिंग नज़र आएं। अमेरिका में डीईसी का शेयर जिस तेजी से ऊपर जा रहा था उसे देखते हुए लगता था कि डिक का सपना सच हो जाएगा। यहां तक कि हिंदीट्रॉन में भी हमने बड़ी कमाई का सपना देखा था। लेकिन हमें आखिरकार उस साझेदारी से बाहर आना पड़ा।

उस समय डीईसी एशिया पेसेफिक चीफ फाइनेंसियल ऑफिसर (सीएफओ), बॉब डेल ने हमसे कहा, 'क्या आप लोगों ने सोचा है कि इतना पैसा मिलने पर आप क्या करेंगे? आप इतने युवा हैं।' हमारा जॉइंट वेंचर बॉम्बे स्टॉक एक्सचेंज पर सूचीबद्ध होने जा रहा था (अब इसे BSE) कहते हैं।

हालांकि, डीईसी की फाइनेंसियल और कानूनी मसलों की टीम भी उसकी रिसर्च एंड डेवलपमेंट टीम की तरह ही मज़बूत थीं। जॉइंट वेंचर की शर्तें उनके पक्ष में झुकी हुई थीं।

एक बार हम डिक से मिलने गए और हमने उनसे समझौते में पांच बदलाव करने का आग्रह किया। डिक ने साफ इंकार कर दिया कि कोई बदलाव नहीं होगा। डिक ने कहा कि समझौता उसी टर्म शीट के आधार पर बनाया गया है जिस पर हमने हस्ताक्षर किए थे, और वह बदलाव के किसी आग्रह को नहीं मानेगा। उसने शर्तें मानने के लिए हमें केवल एक घंटे का समय दिया। हमें इस बात से कोफ्त हो रही थी कि जॉइंट वेंचर के बोर्ड में हमारा एक भी वोट नहीं था और सारे वोट डीईसी के थे। इसके अलावा, डीईसी के पास वीटो पावर भी थी। हम अपनी राय दे सकते थे, लेकिन उसे मानना या न मानना डीईसी पर निर्भर करता था। यह सही नहीं था लेकिन हम हर हाल में उस जॉइंट वेंचर को शुरू करना चाहते थे इसलिए हमने अपने आग्रह को वापस ले लिया।

हमें डीईसी की सभी मांगे माननी पड़ीं। मुझे याद है कि एक बार हमने बैंगलोर के शानदार होटल में उनके एक एग्जीक्यूटिव के कुत्ते के लिए अलग से कमरा बुक किया था। मैं इस बात से हैरान था कि उनका कुत्ता भी हमसे ज़्यादा अधिकार रखता था।

बाद में मुझे पता चला कि उस समय भारत की कई नई कंपनियों के साथ ऐसा ही हुआ था। आज भारत की सॉफ्टवेयर कंपनियां खुद बहुत बड़ी ताकत बन चुकी हैं। नैसकॉम और जिन बेहतरीन कंपनियों का नैसकॉम प्रतिनिधित्व करता है, उन्होंने दशकों की कड़ी मेहनत से यह इज़्ज़त और ताकत हासिल की है।

भले ही मैं डीईसी की कुछ बातों से असहमति रखता था, लेकिन मैन्युफैक्चरिंग यूनिट लगाने को लेकर उनकी ईमानदारी से इंकार नहीं कर सकता। उनकी आचार संहिता पर कोई प्रश्न नहीं खड़ा किया जा सकता था। कभी किसी कमी या नियमों से छेड़छाड़ की कोई घटना नहीं हुई। उन्होंने कभी भी किसी हितधारक, ग्राहक से लेकर कमर्चारियों और नियामकों तक, को गुमराह नहीं किया।

डीईसी के साथ इस जॉइंट वेंचर में हमारे पास कोई दूसरा रास्ता नहीं था, इसलिए हम चुपचाप काम में लगे रहे। एक बार डीईसी के साथ जॉइंट वेंचर से जुड़ी कानूनी प्रक्रिया पूरी हो गई तो हम लोग व्यवसाय स्थापित करने में लग गए। मैन्युफैक्चरिंग यूनिट को चलाना उस बिजनेस की तुलना में बहुत मुश्किल होने जा रहा था जो हम अब तक करते आ रहे थे। बोर्ड में किसकी कितनी सीट होगी और मैनेजिंग डायरेक्टर (एमडी) कौन

बनेगा इसे लेकर बातचीत शुरू हो गई थी। एमडी को अच्छी तनख्वाह, शानदार घर और कई दूसरी सुविधाएं भी मिलने वाली थीं। दूसरे मसलों की तरह एमडी का निर्णय भी हम नहीं बल्कि डीईसी ही करने वाला था।

एक बार बोस्टन में डीईसी के साथ एक मीटिंग में डिक ने मुझे यह पद संभालने और बैंगलोर शिफ्ट हो जाने के लिए कहा। मैं अमेरिका से मुंबई आया था ताकि अपने परिवार के पास रह सकूं, इसलिए मेरा बैंगलोर जाने का सवाल ही नहीं था। डीईसी ने मेरे इंकार को हल्के में नहीं लिया। उन्हें एमडी जैसे पद के लिए लोगों को उनके सामने गिड़गिड़ाते देखने की आदत थी।[3]

डीईसी ने बोर्ड ऑफ डायरेक्टर में हमें तीन सीटें दीं। मुझे पता था कि हेंमत और प्रवीन को शामिल किया जाएगा क्योंकि वे डीईसी के करीबी थे। व्यवसाय पर मेरी पकड़ को देखते हुए मुझे लगा था कि तीसरी सीट मुझे दी जाएगी। लेकिन मेरे पार्टनर इस बात पर राजी नहीं हुए कि मैं हिंदीट्रॉन का प्रतिनिधित्व करूं।

जब हम कोई समाधान नहीं निकाल पाए, तो हमने डीईसी से कोई रास्ता निकालने को कहा। उन्होंने हमारे आंतरिक मामलों में हस्तक्षेप करने से मना कर दिया। लंबी बातचीत के बाद मुझे सीट गंवानी पड़ी क्योंकि मेरे पास हिंदीट्रॉन कंप्यूटर बिजनेस में केवल 16 प्रतिशत हिस्सेदारी थी। मैं निराश हो गया क्योंकि मैंने इतने वर्षों में कंपनी को खड़ा करने के लिए जी तोड़ मेहनत की थी। आखिरकार मुझे इस जॉइंट वेंचर में अल्टरनेटिव डायरेक्टर बनाया गया, लेकिन मुझे लगा कि मुझे सांत्वना देने के लिए यह किया गया था।

आखिरकार, 1988 में इस जॉइंट वेंचर की शुरूआत हो गई, लेकिन शुरूआत में ही झटके भी लगे। चालीस पार की उम्र होने पर मैं अब युवा नहीं था। डीईसी भारतीय मैन्युफैक्चरिंग कंपनियों से प्रतिस्पर्धा कर रही थी। भारतीय कंपनियों ने कीमत कम रखने में महारत हासिल कर ली थी। डीईसी के साथ पार्टनरशिप करने की मुख्य वजह यह थी कि हम निर्माण की लागत को कम रखते हुए मज़बूती के साथ प्रतिस्पर्धा करना चाहते थे। हमें उम्मीद थी कि हमें कंप्यूटर के कंपोनेंट सस्ती कीमत पर मिलेंगे क्योंकि डीईसी वैश्विक स्तर पर बड़े पैमाने पर उनका उत्पादन करती थी।

लेकिन इसकी जगह हमारी लागत बढ़ने लगी।

---

3 आखिरकार, माइक शाह ने एमडी का पद संभाला।

इसके कई कारण थे। पहला, भारत आसमान छूती विदेशी मुद्रा की समस्या के कारण आयात शुल्क बहुत ज़्यादा था। दूसरा खुद डीईसी की खरीदारी प्रक्रिया। उदाहरण के लिए, अगर हमें जापान की निप्पोन इलेक्ट्रिक कंपनी (NEC)[4] से मेमोरी चिप खरीदनी होती तो, पहले वे लोग जापान में चिप खरीदकर उसे अमेरिका में डीईसी, इंटरनेशनल को भेजते थे। उसके बाद डीईसी इंटरनेशनल वो चिप हमें भेजती थी। पूरी दुनिया का चक्कर लगाकर भेजी गई चिप से डीईसी की भारतीय कंपनी की लागत बढ़ जाती थी। हमारी स्थानीय प्रतिस्पर्धी कंपनियां कहीं सस्ते दरों पर यही चिप हासिल कर रही थीं। हम अपने भारतीय प्रतिद्वंदियों से किसी हालत में टक्कर नहीं ले सकते थे।

इससे पहले 1987 में मैंने जॉइंट वेंचर की अनुमानित बैलेंस शीट को देखा था और जो मैंने देखा, उससे मैं घबरा गया। बोस्टन में हमारी अगली मीटिंग में मैंने हिंदीट्रॉन की टीम के साथ डीईसी को एक प्रेजेंटेशन दिया। जहां मैंने साफ कहा कि इस दर पर हम कभी भी ब्रेक इवन पर नहीं पहुंच पाएंगे। मैंने ज़ोर देकर कहा कि यूनिक इकोनोमिक्स में गड़बड़ी है, और जब तक हम इनपुट लागत को नीचे नहीं लाएंगे, तब तक हम जितना ज़्यादा उत्पादन करेंगे, उतना ही हमारा घाटा बढ़ता चला जाएगा।

डीईसी ने हमें कहा कि समस्या लागत में नहीं बल्कि जिस कीमत पर हम बेचना चाहते हैं, उसमें है। मेरी आपत्ति पर ध्यान नहीं दिया गया, और हमें कहा गया कि हम ऊंची कीमत पर बिक्री करें। हमें पता था कि कुछ बहुराष्ट्रीय कंपनियों को छोड़कर कोई भी भारतीय ग्राहक केवल डीईसी के नाम के लिए 50 प्रतिशत ज़्यादा कीमत नहीं देगा। कुछ वर्ष बाद, दलाल स्ट्रीट की एक पत्रिका ने हमारे वित्तीय आंकड़े देखे और लिखा, 'यह जॉइंट वेंचर एक मज़ाक है: वे जितना ज़्यादा बना रहे हैं, उतना ही घाटे में जा रहे हैं।'

व्यवसाय लड़खड़ाने लगा और मेरी बात सच साबित हुई। कुछ वर्षों बाद डीईसी को भी इसका अहसास हुआ। लेकिन तब तक हमारे प्रतिस्पर्धी बाज़ार पर अपनी पकड़ बना चुके थे।

अब समय आ गया था कि मैं अपनी ऊर्जा किसी और जगह लगाना शुरू करूं। डीईसी के साथ हम व्यवसायिक बाज़ार में थे, लेकिन दुनिया में पर्सनल कंप्यूटर के बाज़ार में क्रांति हो चुकी थी। जब मैंने मुंबई के अंधेरी में एक ग्राहक डेटा सेंटर के पीसी में कोबोल

---

4 उस समय डीईसी, जापान

प्रोग्राम को चलते हुए देखा, तो तुरंत समझ गया इससे उद्योग में ज़बरदस्त बदलाव आने वाला है। बाज़ार माइक्रोवीएएक्स और आईबीएम मशीनों पर काम करने का आदी था, लेकिन यह नाटकीय रूप से अलग था। 15 लाख रुपये की कीमत वाले मिनीकंप्यूटर पर चलने वाले प्रोग्राम को अब 1 लाख रुपये की कीमत वाले पीसी पर चलाया जा सकता था। इसकी ऑपरेटिंग लागत भी बहुत कम थी और पीसी (सर्वर को छोड़कर) के लिए विशाल डेटा सेंटर की ज़रूरत भी नहीं थी।

दुनिया भर में अपनी सफलता से उत्साहित डीईसी पीसी के रूप में आ रही क्रांति को पहचान नहीं पाई। उन्हें लगा कि पीसी कुछ शौकिया लोगों का खिलौना भर है और इस छोटी मशीन पर गंभीर काम नहीं किया जा सकता। उनका अनुमान था कि पीसी की चमक जल्द ही धुंधला जाएगी।

यहां तक कि इंटेल ने डीईसी से संपर्क किया और उनसे पूछा कि क्या वे पीडीपी-11 के लिए मज़बूत और भरोसमंद मदरबोर्ड को चिप के रूप में बना सकते हैं, जिससे पर्सनल कंप्यूटर का नया बाज़ार तैयार हो सके। डीईसी ने मना कर दिया, उसके बाद इंटेल ने आगे बढ़कर खुद का जाना-माना 286 माइक्रोप्रोसेसर विकसित कर लिया।

दूसरी तरफ स्टीव जॉब्स ने पीसी की आने वाली क्रांति को देख लिया था। अपने अनोखे अंदाज़ में उन्होंने डीईसी के सीईओ को एक ताबूत भेजा जिस के ऊपर 'इसके भीतर डीईसी है' लिखा हुआ था।

मैं भी भारत में पीसी में आने वाली संभावनाओं को देख रहा था, इसलिए मैंने हिंदीट्रॉन के ज़रिए पीसी बेचने का निर्णय लिया। इसके लिए हमें स्थानीय पीसी बनाने वाली कंपनी से पार्टनरशिप की ज़रूरत थी।

मैं एस्सेन कंप्यूटर्स के अपूर्व पारेख को अपने इंजिनियरिंग कॉलेज के दिनों से जानता था। उन्होंने 80 के दशक के शुरुआत में एस्सेन को शुरू किया था और इसकी पहचान भरोसेमंद कंपनी के तौर पर बनी। शुरू में उन्होंने पीडीपी-11 मदरबोर्ड पर एसएन-23 कंप्यूटर बनाया। हम डीईसी के साथ जॉइंट वेंचर में आने से पहले इन कंप्यूटर्स को बाज़ार में बेच चुके थे।

अब उन्होंने पीसी बनाना शुरू कर दिया था। हमने एस्सेन के साथ अनुबंध पर हस्ताक्षर किए और उनके रीसेलर बन गए। मांग बहुत ज़्यादा थी और व्यवसाय में तेजी से बढ़ोतरी हुई।

जल्दी ही इन पीसी के रखरखाव की मांग भी आने लगी और हमने यह करना भी शुरू किया। पीसी व्यवसाय को मज़बूत बनाने के लिए हमने नोवेल और ओटोडेस्क के साथ हाथ मिलाया। हम उनके उत्पाद अतिरिक्त सामाग्री के तौर पर पीसी के साथ बेचने लगे। अरे हां! डीईसी भी पीसी बाज़ार में आया लेकिन उसे आते-आते काफी देर हो चुकी थी।

अंत से हुई एक नई शुरुआत

जब मैं हिंदीट्रॉन के साथ जुड़ा उस समय कंपनी में पांच साझेदार थे। हर कोई अपने काम में माहिर था, सभी के काम शुरू से ही तय थे और हम अपना काम कर रहे थे। हेमंत और मैं हमेशा आगे बढ़ने की ललक में रहते थे और जोखिम लेने को तैयार रहते थे। जबकि, प्रवीण और कमलेश की भूमिका सही-गलत की पहचान करने की थी। हमारी योजनाओं की सच्चाई बताना उनका काम था। नए प्रोजक्ट के हमारे प्रेजेंटेशन्स के बाद प्रवीण की सबसे पहली चिंता पैसे जुटाने से जुड़ी होती थी। या कमलेश पूछता, 'इसमें हमारे लिए क्या है?'

लेकिन अगर हमें टेक्नोलॉजी के क्षेत्र में संभावना दिखाई दी तो हम बिना कुछ सोचे उसको हासिल करने की कोशिश में लग गए। हमने यह नहीं सोचा कि इसके लिए ज़रूर कौशल कैसे जुटाएंगे।

मैंने कहीं पढ़ा था, 'अगर कोई तुम्हें अनोखा अवसर दे, लेकिन आपको पता नहीं है कि आप उसे कर पाएंगे या नहीं, तो हां बोल दो–बाद में उसे करने का तरीका सीखो!' शायद इसी से प्रेरित होकर 80 के दशक की शुरुआत में हमने पहली बार सॉफ्टवेयर सर्विसेज के निर्यात में व्यवसाय में उतरने का निर्णय लिया। हमने टेकट्रॉनिक्स और फ्लूक जैसी कंपनियों के लिए डीईसी कंप्यूटर्स और इलेक्ट्रॉनिक इंस्ट्रूमेंट्स के सॉफ्टवेयर निर्यात करने से शुरुआत की।

हमने कई वर्षों तक DEC के आसपास परामर्श, सॉफ़्टवेयर, समाधान और रखरखाव जैसी सेवाओं की पेशकश करके अपनी कंपनी बनाई थी। डीईसी के साथ जॉइंट वेंचर शुरू होने के बाद गैर-प्रतिस्पर्धा समझौते के तहत हिंदीट्रॉन डीईसी कंप्यूटर्स पर सॉफ्टवेयर सेवाएं नहीं दे सकता था। डीईसी के लिए हम केवल भारत में घुसने का ज़रिया थे। उन्होंने यह नहीं सोचा कि हमारे साथ हाथ मिलाकर वे नए व्यवसायिक क्षेत्रों के लिए सस्ते और

एकीकृत समाधान दे सकते थे, दुनिया के नए इलाकों में पहुंच बना सकते थे और इस तरह डीईसी कंप्यूटर्स के बाज़ार को बढ़ा सकते थे।

अब पीछे मुड़ के देखें तो मैं कह सकता हूं कि डीईसी के पास इतना बड़ा मौका था जितना कि सुजुकी के पास था। सुजुकी 1982 में भारत आई। उसने मारूती उद्योग लिमिटेड (उस समय यह भारत सरकार की कंपनी थी) के साथ लाइसेंस और जॉइंट वेंचर के लिए साझेदारी की। इस जॉइंट वेंचर के तहत मुख्यरूप से कारों का आयात किया जाना था। आखिरकार, गुरुग्राम में एक नई निर्माण इकाई (ग्रीनफील्ड प्लांट) शुरू करने के लिए, सुजुकी, कास्टिंग और फोर्जिंग की क्षमता लाई, और भारतीय साझेदार मारुति ने भरपूर प्राकृतिक संसाधनों का उपयोग किया। दोनों ने सहजीवी साझेदारी विकसित की और एक-दूसरे को तेजी से आगे बढ़ाने में सहायता की। उन्होंने जॉइंट वेंचर को सर्विस देने वाले छोटे सप्लायर्स को उनकी टेक्नोलॉजी व प्रोसेस को बेहतर बनाने में मदद की। उनमें से कुछ की पहचान अब ग्लोबल लीडर के तौर पर होती है। इस तरह उपर से नीचे तक फैले इसके प्रभाव ने भारत को दुनिया का प्रमुख ओटोमोबाइल हब बनाने में मदद की।

अपने माइक्रोवीएएक्स के ज़रिए डीईसी भी भारत में कंप्यूटर बनाने वाली कंपनियों के लिए एंकर पार्टनर की भूमिका निभाकर उनको विश्वस्तरीय कंपनी बनाने में मदद कर सकती थी। हमने उभरते हुए उद्यमियों की सहायता करके क्रांति लाने का अवसर गंवा दिया। इससे शायद डीईसी को अपनी अगुआ कंपनी की स्थिति को बनाए रखने और प्रतिस्पर्धा को दूर रखने में मदद मिलती।

आश्चर्यजनक था कि डीईसी को इस बात से कोई परेशानी नहीं थी कि हम उनकी प्रतिद्वंदी कंपनियों के कंप्यूटर सिस्टम्स के लिए सुविधाएं और परामर्श दे रहे थे। हम आईबीएम को सर्विसेज दे रहे थ, जो उस समय डीईसी की मुख्य प्रतिद्वंदी कंपनी थी।

तो हमने हमारे मल्टीसिस्टम्स सॉफ्टवेयर सर्विस व्यवसाय के लिए अलग कंपनी खोलने का निर्णय लिया। मैं कड़े प्रतिस्पर्धी माहौल के बारे में जानता था। नए व्यवसाय को शुरू करने और उसे सुरक्षित बनाने में समय लगा। सही प्रोजेक्ट की तलाश करने, उस पर काम करने, ग्राहकों से उनका मूल्यांकन करवाने और कानूनी व सरकारी औपचारिकताओं को पूरा करने में कई महीने लग गए।

हमने नए व्यवसाय को 'रिवर वैली' नाम दिया। हमने ऑन-साइट काम की बजाए कंसल्टिंग और ऑफशोरिंग पर ध्यान दिया।

ऑन-साइट प्रोजेक्ट को लेकर मेरा अपना पूर्वाग्रह था क्योंकि हमने ऑन-साइट व्यवसाय में काफी समस्याओं का सामना किया था। इस व्यवसाय को 1988 में डीईसी के साथ हुए जॉइंट वेंचर में ट्रांसफर करने से पहले हमने 300 सॉफ्टवेयर इंजीनियर्स की बड़ी टीम बना ली थी।

ऑन-साइट व्यवसाय में तकनीकी प्रशिक्षण के अलावा हमें सांस्कृतिक मसलों से भी जूझना पड़ा। ठंडी जगहों पर इंजीनियर्स लगातार मौसम को लेकर शिकायत कर रहे थे। अमेरिका में तो उनकी स्थिति और भी मुश्किल थी। उन्हें भारत की तरह घर का काम करने के लिए घरेलू नौकर नहीं मिलते थे। उन्हें शाकाहारी खाना तलाश करना भी मुश्किल था। इसके अलावा, वे जब भी खाना बनाते स्मोक अलार्म बज उठता था।

हमारे क्लाइंट भारत की सांस्कृतिक विविधता को नहीं समझ सके। उन्हें ताज्जुब होता था कि छह भारतीय छह अलग तरह से अंग्रेजी क्यों बोलते हैं। उन्हें भारतीयों का गर्दन हिलाना समझ नहीं आता था, जिसका मतलब हां या ना, या फिर इन दोनों से अलग भी कुछ हो सकता था।

बहुत से इंजीनियर्स हमें बिना बताए ही नौकरी छोड़ देते थे। वीजा की समस्या के चलते उन्हें डिपोर्ट कर दिए जाने का डर था। अमेरिका के किसी नाराज ग्राहक का सुबह तीन बजे फोन आ जाना सामान्य बात थी। उनकी शिकायत रहती, 'आपका इंजीनियर तीन दिनों से नहीं आया है। कृपया जल्दी ही उसकी जगह किसी को भेंजें।'

इंजीनियरों का गायब होना आम बात हो गई थी और यह हमारे लिए शर्मिंदगी वाली बात थी। मैंने ऑन-साइट बिजनेस मॉडल पर फिर से विचार किया, जबकि मैं इस मॉडल को पसंद करता था। इसलिए रिवर वैली में हमने रणनीति बनाई कि हम ऑन-साइट काम तब तक नहीं करेंगे जब तक कि वह ऑफशोरिंग बिजनेस से न जुड़ा हो। मैं अक्सर अपनी कोर टीम से मज़ाक में कहता था कि प्रोडेक्ट बिजनेस से आप सोते हुए भी पैसा बनाते हैं, और सर्विसेज बिजनेस आपको सोने नहीं देता।[5]

जब काम के लिए पिच करने की बारी आई तो बहुत सारी चुनौतियां थीं। उस समय ऑन-साइट और ऑफशोरिंग दोनों ही विचार बहुत नए थे। हमारे ग्राहक स्वाभाविक तौर

---

5 यह निराशाजनक है कि इतने वर्षों से व्यवसाय में होने के बावजूद, भारतीय कंपनियां लगातार टाइम एंड मेटेरियल बिजनेस मॉडल पर भी काम कर रही हैं। कुछ ने आउटपुट आधारित मूल्य निर्धारण मॉडल को अपनाया है, हमारा अभी भी आउटपुट पर स्वामित्व नहीं है।

से इसका विरोध करते थे। भारत के सख्त नियमों के कारण मुश्किल और भी बढ़ गई थी। अलग-अलग मंत्रालयों से अनुमति लेना और अनुमति लेने में आने वाली समस्याएं पहाड़ चढ़ने जैसी थीं। हम असल व्यवसाय पर ध्यान देने के बजाए इन समस्याओं को हल करने में ज़्यादा समय लगा रहे थे। मंत्रालयों से अनुमति लेने का मतलब था कि सरकारी बाबुओं से मिलने के लिए दिल्ली में सरकारी कार्यालयों के बाहर कई दिन बिताने पड़ते थे।

वीजा लेना बहुत मुश्किल काम था। आरबीआई के नियम विदेशी मुद्रा की कमी से जुड़े थे और वीज़ा मिल भी जाए तो सेन्ट्रल बैंक ट्रेवल के लिए बहुत कम विदेशी करेंसी जारी करता था। देश के बाहर हमें विदेश में रह रहे दोस्तों और रिश्तेदारों पर निर्भर रहना पड़ता था और उनके घर पर ही रहना पड़ता था क्योंकि इतनी विदेशी मुद्रा नहीं होती थी कि होटल का कमरा ले सकें।

ऑफशोरिंग बिजनेस के लिए ऐसा कोई लिंक नहीं था जो खासतौर से विदेशी ग्राहकों से जुड़ने के लिए बना हो। बिना 64 केबीपीएस[6] लिंक के कोई कितना ऑफशोरिंग कर सकता था? इससे उद्योग की ज़रूरतों का पता चला। अब बड़े पैमाने पर बदलाव लाना नैसकॉम का मूल मंत्र बना।

80 के दशक में, हिंदीट्रॉन कंप्यूटर कंपनी ने डीईसी कंप्यूटर्स को लेकर बढ़िया व्यवसाय किया। हम बाज़ार की सबसे बड़ी कंपनियों में से थे और सही रफ्तार से आगे बढ़ रहे थे। हमारे ब्रांड की पहचान और इज़्ज़त थी। इस व्यवसाय में मैंने जीवन के डेढ़ दशक लगाए थे और अब उससे फायदा उठाने का समय था।

लेकिन मेरी आशा टूटने वाली थी।

हिंदीट्रॉन के बोर्ड ने अचानक मीटिंग बुलाई। मुझे कुछ ठीक नहीं लग रहा था। मुझे मीटिंग बुलाने का कारण समझ नहीं आया। मेरा मन सकारात्मक सोच रहा था, मुझे लगा कि शायद हमने कोई खास सफलता हासिल की होगी।

मैं कमरे में घुसा तो वहां तनाव का माहौल था। उसके बाद तो जैसे पहाड़ ही टूट गया। डॉ. अरविंद शाह और मुझे हिंदीट्रॉन से इस्तीफा देने को कहा गया। दूसरे साझेदारों के पास 68 प्रतिशत हिस्सेदारी थी। और वे मेरा और अरविंद का हिस्सा खरीदना चाहते थे।

---

6 आज के समय केबीपीएस यूनिट इस्तेमाल से बाहर हो चुकी है। आज घरों का आम ब्रॉडबैंड कनेक्शन कम से कम 25 एमबीपीएस का है। 1995-96 के बाद जन्मे –जेन Z के लिए, 1 एमबीपीएस = 1,024 केबीपीएस।

मेरे पैरों तले ज़मीन खिसक गई। मुझे लगा जैसे मुझसे धोखा किया गया था। सबसे दुखद बात यह थी कि यह योजना बनाकर उठाया गया कदम लग रहा था। सब कुछ बहुत निर्दयी तरीके से किया गया। उन लोगों ने साझेदारी को खत्म करने तक के हर कदम की योजना बहुत सोच समझकर बनाई थी। मुझे कभी लगा ही नहीं कि ऐसा भी हो सकता था।

हिंदीट्रॉन से अलग होना मेरे लिए निजी दर्द भी था। यह अपने परिजन से बिछड़ने जैसा था। आखिर घर के बाहर यही मेरा परिवार था। काम के समय हम सभी साझेदार एक साथ ही रहते थे और काम के बाद भी हम सब अपने परिवारों के साथ एक-दूसरे से मिलते थे। हम हर त्यौहार साथ मनाते थे। हम एक साथ मिलते-जुलते थे। हमारे बच्चे एक साथ बड़े हो रहे थे। हम छुट्टियां भी एक साथ बिताते थे। हम हर अच्छे या बुरे समय में एक दूसरे के साथ खड़े रहे थे। कुछ साल पहले ही शैला की बीमारी और फिर मेरी बीमारी के समय उन्होंने मेरी बहुत मदद की थी।

यह पारिवारिक भरोसा था जिसके दम पर हमने उभरते हुए उद्योग में बड़ा व्यवसाय खड़ा किया था। उस समय हिंदीट्रॉन अकेली कंपनी थी जिसके दुनिया की दो बड़ी कंपनियों के साथ जॉइंट वेंचर थे। हम 'टेक्नोलॉजी के ज़रिए बेहतर ज़िंदगी' की सोच के साथ आए थे और उसे साकार करने की कोशिश की थी।

मैंने पूरी शक्ति से विरोध किया लेकिन मेरे पास कोई विकल्प नहीं था। दूसरे साझेदारों के पास शायद अलग होने के कई कारण रहे होंगे। मुझे असल कारण शायद कभी नहीं पता चलेगा। लेकिन उस समय मैं समझ गया था कि आप ऐसे साझेदारों के साथ कोई संगठन नहीं चला सकते जो आपके साथ काम न करना चाहते हों।

शुरुआती झटके और धोखे के बाद, मुझे जल्दी ही सामान्य होकर सोचना था कि अलग होने के बाद क्या होगा। सबसे पहले मुझे हिंदीट्रॉन के मेरे हिस्से के बदले मुआवजा मिलेगा। इसके बाद कंपनी के अलग-अलग व्यवसायों में भी बंटवारा होगा।

मैं नहीं जानता कि साझेदारी खत्म करने का कोई दोस्ताना तरीका है या नहीं, लेकिन हमारे मामले में तो ऐसा बिल्कुल नहीं था। उन्होंने बहुत अलग तरह से कंपनी का मूल्य निर्धारण किया। मेरे हिसाब से, बिजनेस के मूल्य निर्धारण में 'छिपा हुआ' पक्ष था। हमने अभी शुरुआत ही की थी और आने वाले वर्षों में ज़बरदस्त वृद्धि की आशा कर रहे थे। इसलिए मूल्यांकन को इस आने वाली वृद्धि को ध्यान में रखकर किया जाना चाहिए था।

इसके अलावा, डीईसी के जो शेयर हमारे पास थे वे हिंदीट्रॉन में ही रहने थे और शेयर की कीमत इसे नहीं दिखा रही थी।

लेकिन वे उस समय प्रचलित अकाउंटिंग के तरीके के हिसाब से केवल वर्तमान व्यवसाय पर ही मूल्य निर्धारण करना चाहते थे।

कंपनी का मूल्य निर्धारण झगड़े की वजह बन गया। मैंने कई विशेषज्ञों से सलाह ली और उन्होंने सही मूल्य निर्धारण के कई तरीके सुझाए। लेकिन मेरे साझेदार मानने को तैयार नहीं थे।[7]

मुझे कड़वाहट और धोखा दिखाई दे रहा था। मेरे पास दो विकल्प थे, या तो मैं सालों तक कानूनी लड़ाई लड़ सकता था, या जो मिल रहा था उसे लेकर फिर से खुद को खड़ा कर सकता था। शैला के अलावा सभी ने कानूनी लड़ाई लड़ने की सलाह दी। लेकिन मैंने सबकुछ छोड़ आगे बढ़ने का फैसला किया।

हिंदीट्रॉन से निकाले जाने के बाद मेरे सामने बड़ा सवाल था, 'अब आगे क्या?'

मेरे लिए मुश्किलें बढ़ गई थीं क्योंकि हिंदीट्रॉन ने नोवेल सहित सभी बैंकों और व्यावसायिक साझेदारों को पत्र भेजकर बता दिया था कि हिंदीट्रॉन 'मिस्टर मेहता से संबंधित सभी कोलैटरल और गारंटी वापस ले रहा है,' और उन्हें अपने जोखिम पर मेरे साथ डील करनी होगा। यह व्यवसाय में सामान्य तौर से किया जाता था लेकिन मैंने अपने साझेदारों से इसकी अपेक्षा नहीं की थी। इसने उनके साथ मेरे रिश्ते को और भी बिगाड़ दिया। हिंदीट्रॉन से मुझे अलग करने की प्रक्रिया धीरे-धीरे होनी चाहिए थी, लेकिन यहां सबकुछ तुरंत हुआ।

नैसकॉम में कंपनियां सदस्य होती हैं न कि कोई व्यक्ति। हालांकि मैं चुना गया चेयरपर्सन था, फिर भी मैं हिंदीट्रॉन का प्रतिनिधि था। मेरे पूर्व साझेदारों ने नैसकॉम को भी पत्र लिखकर कहा कि वे हिंदीट्रॉन के प्रतिनिधि के तौर पर मेरी जगह किसी और को रखना चाहते हैं।[8]

अचानक, मैंने उस पद पर रहने की योग्यता खो दी थी! नैसकॉम अपने किए वादों को पूरा करे उससे पहले ही नैसकॉम के संस्थापक सदस्यों में से एक को बाहर निकलना

---

7 मैं छिपी हुई टेलविंड के बारे में सही था, अलग होने के चार वर्षों के भीतर, कंपनी का मूल्य मेरे हिंदीट्रॉन से अलग होने के समय से दस गुना हो गया।

8 वे कल्याण सुंदरण को हिंदीट्रॉन का प्रतिनिधि बनाना चाहते थे।

पड़ रहा था। अभी नैसकॉम छोटे बच्चे जैसा था। नैसकॉम को मेरी उतनी ही ज़रूरत थी जितनी मुझे नैसकॉम की।

सौभाग्य से, देवांग तब तक नैसकॉम के अध्यक्ष पद पर आ चुके थे और वह मेरा समर्थन कर रहे थे। नैसकॉम के संविधान से इस समस्या का समाधान मिला। हम मेरे नए स्टार्ट-अप, 'ऑनवर्ड टेक्नोलॉजीज़' को नैसकॉम का सदस्य बना सकते थे और उसके बाद एग्जीक्यूटिव काउंसिल मुझे फिर से चेयरपर्सन नियुक्त कर सकता था। इसे करना इतना आसान नहीं था। जब मैंने रातों-रात ऑनवर्ड को अपने पैसों से खड़ा किया उस समय मैं 44 वर्ष का था! इसके अलावा, नैसकॉम मेरी निजी जागीर नहीं थी; यह लोकतांत्रिक संस्था थी जो उद्योग से जुड़ी थी। यह आज भी ऐसी ही है।

क्या एग्जीक्यूटिव काउंसिल मुझे फिर से नियुक्त करेगी? मैं इस बारे में आश्वस्त नहीं था। लेकिन देवांग को पूरा भरोसा था।

एग्जीक्यूटिव काउंसिल की मीटिंग बुलाई गई। देवांग के कहे अनुसार, मैं शुरू के कुछ मिनट बाहर बैठा रहा और सदस्यों के निर्णय का इंतजार करता रहा। इस दौरान मेरे दिमाग में तरह-तरह के विचार आए। अगर देवांग का प्रस्ताव अस्वीकार कर दिया गया तो नैसकॉम को खड़ा करने के मेरे सारे प्रयास बेकार चले जाएंगे।

लेकिन यह केवल नैसकॉम को खड़ा करने के मेरे निजी संघर्ष के बारे में नहीं था। संगठन का अस्तित्व ख़तरे में था। अगर मेरे बिना नैसकॉम बचा रहता तो मुझे खुशी होती। लेकिन मैं अच्छी तरह जानता था कि संगठन बहुत नया है और मेरे यहां रहे बिना इसका बचे रहना मुश्किल था। यह करो या मरो जैसी स्थिति थी।

आज उस समय के बारे में सोचता हूं कि अगर मैं नैसकॉम वापस नहीं जा पाता, तो मुझे भरोसा है कि एग्जीक्यूटिव काउंसिल का कोई दूसरा सदस्य इस काम को संभाल लेता। शायद नैसकॉम उतना ही प्रभावी संगठन बनता, जितना की आज है। या उससे भी कही ज़्यादा कर पाता। या यह दूसरा एमएआईटी बन सकता था। मेरे पास यह जानने का कोई जरिया नहीं है। लेकिन मैं जानता हूं कि मेरा वहां बने रहने ज़रूरी था क्योंकि मुझे भरोसा था कि मैं नैसकॉम को सफलता की राह पर ले जा सकता था।[9]

---

9 मुझे भरोसा है कि भविष्य में भी नैसकॉम कुछ लोगों हित के लिए काम करने वाले ऐसे संगठन में नहीं बदलेगा जहां देश हित का ध्यान न रखा जाए।

देवांग के इशारे पर मैं मीटिंग में दाखिल हुआ। मैंने बोर्ड के सदस्यों को सर्तक निगाहों से देखा। लेकिन मेरी आशंका खत्म हुई और सबने मुस्कुराहट के साथ मेरा स्वागत किया।

उन पंद्रह मिनटों का देवांग ने बहुत कुशलता से इस्तेमाल किया और सदस्यों को हाल के घटनाक्रम की जानकारी दी और बताया कि इसका नैसकॉम पर क्या प्रभाव पड़ेगा; उसने ऑनवर्ड टेक्नोलॉजीज़ को एग्जीक्यूटिव काउंसिल का सदस्य नॉमिनेट किया और मुझे कंपनी का प्रतिनिधि बनाया। इसके बाद मुझे सर्वसम्मति से चेयरपर्सन चुना गया।

एग्जीक्यूटिव काउंसिल ने जिस तेजी से प्रतिक्रिया की उससे मेरा यह विश्वास पक्का हुआ कि नैसकॉम को मेरी ज़रूरत थी। एग्जीक्यूटिव काउंसिल के सदस्यों और संस्थापक सदस्यों ने मुझ पर जो भरोसा दिखाया था उसके लिए मैं उनका आभारी था। पासे एक बार फिर से पलट रहे थे। खेल शुरू हो चुका था।

6

नैसकॉम के आधार स्तंभ

जीन मोनेट का जन्म वर्ष 1888 में फ्रांस के कॉन्येक में हुआ था। बहुत छोटे में ही पिता ने बेटे की विलक्षण प्रतिभा को पहचान लिया और समझ गए कि यह अंतरराष्ट्रीय व्यापार में बहुत अच्छा करेगा। 16 वर्ष की उम्र में मोनेट ने स्कूल छोड़ दिया और बिजनेस पढ़ने के लिए लंदन चले गए। बाद में वह काम के सिलसिले में स्कैंडिनेविया, रशिया, अमेरिका और मिस्र में काफी घूमे। जब वह 26 वर्ष के थे उस समय मित्र सेनाओं के हिस्से के तौर पर फ्रांस पहले विश्व युद्ध में उलझ गया और ब्रिटेन, रशिया, इटली, जापान, अमेरिका और दूसरे कई देशों के साथ दिया। मोनेट युद्ध के बेहतर नतीजे हासिल करने के लिए युद्ध के प्रयासों और संसाधनों के बेहतर समन्वय और सहयोग में विश्वास करते थे। वह फ्रांस के तत्कालीन प्रधानमंत्री रेन विवियानी से मिले और फ्रांस की सरकार को उनके दृष्टिकोण पर काम करने के लिए राजी कर लिया।

दोनों विश्व युद्धों में शामिल रहे मोनेट ने 1940 में गौर किया कि यूरोपीय देश लगातार एक-दूसरे से लड़ते रहे, बजाय इसके कि वे विकास पर सहयोग करते। शांति हासिल करने और बनाए रखने के लिए उन्होंने यूरोपिय संघ बनाने का एक अजीब और काल्पनिक विचार दिया। आखिर यूरोपिय देश सदियों से एक दूसरे से लड़ते रहे थे। उनका लोकप्रिय कथन था, 'यदि राष्ट्रीय संप्रभुता के आधार पर देशों का पुर्नगठन किया गया तो यूरोप में शांति स्थापित नहीं हो सकती... यूरोप के देश अपने नागरिकों को ज़रूरी समृद्धि और

सामाजिक विकास देने के लिहाज से बहुत छोटे हैं। यूरोपीय देशों को खुद को एक संघ के रूप में गठित करना होगा...'

मोनेट, जर्मन दार्शनिक इमैनुएल कांट से बहुत प्रभावित थे। मोनेट ने प्रतिस्पर्धी देशों के साथ मिलकर काम करने के महत्व को समझा। उन्होंने यूरोप को पूरे महाद्वीप के मुद्दों पर एक करने की कोशिश की जो कि किसी एक देश के मुद्दों से कहीं बड़े थे। फ्रांस और जर्मनी ने एक समझौते के जरिए कोयले और स्टील उत्पादन के संसाधनों को साझा करने पर सहमत हुए। यह समझौता करवाने में मोनेट की बड़ी भूमिका थी। इसके बाद एक प्राधिकरण के तहत इटली, नीदरलैंड, बेल्जियम और लक्जमबर्ग भी इसमें शामिल हुए और यूरोपियन कोल एंड स्टील कम्युनिटी की स्थापना हुई। यह यूरोपियन यूनियन की स्थापना का पहला कदम था।

मोनेट के यूनियन ऑफ यूरोप और नैसकॉम में बहुत समानता हैं।

दोनों ही मामलों में, इच्छा के विरूद्ध जाकर, परस्पर प्रतिस्पर्धी संस्थाओं ने सबके भले के लिए आपस में सहयोग किया। नैसकॉम की सदस्य कंपनियां भारत को व्यक्तिगत हितों से आगे रखती हैं। इसमें शामिल लोग जिस मुद्दे के लिए साथ आए, उसे लेकर बहुत जुनूनी थे।

नैसकॉम भी इसी तरह, एक दूसरे की प्रतिस्पर्धी कंपनियों का असंभावित गठबंधन था। बीते वर्षों में ऐसा कई बार हुआ जब लोगों ने मान लिया था कि यह संगठन खत्म होने वाला था। लेकिन हम आज भी खड़े हैं। संगठन को तीस वर्ष से ज़्यादा का समय हो चुका है। मुझे लगता है कि नैसकॉम के गठन के समय इसके संस्थापकों ने भी संगठन के प्रभाव के बारे में नहीं सोचा होगा। न ही यह सोचा होगा कि यह इतने लंबे समय तक चलेगा।

तो, क्या वजह रही कि नैसकॉम न केवल बेहद मुश्किल चुनौतियों से निपट पाया बल्कि तीस वर्ष से ज़्यादा समय से लगातार काम भी कर रहा है?

इसकी सफलता के पीछे कई कारण हैं। उदारीकरण ने हमारे सपनों को देश की सीमाओं से बाहर जाने की आज़ादी दी। नौकरशाही में भी बहुतों के पास दूर की सोच थी। वित्तीय और गैर-वित्तीय, दोनों मामलों में ऐसे नीतिगत निर्णय[1] लिए गए जिन्होंने हमें आगे बढ़ने में मदद की। संस्थापक सदस्यों और समर्थकों के जुनून और साझा दृष्टिकोण का भी इसमें योगदान है।

---

1 आपको आगे के अध्यायों में इसके बारे में ज़्यादा जानकारी मिलेगी।

शायद इसलिए यह कहावत बनी है कि सफलता के कई माई-बाप होते हैं लेकिन असफलता अनाथ होती है। नैसकॉम की सफलता में कई बातों का योगदान रहा है। लेकिन मेरा मानना है कि एक चीज जो सबसे खास थी जिसने नैसकॉम को एकजुट रखने में मदद की।

इस एकजुटता के पीछे संगठन के बुनियादी मुल्यों की बड़ी भूमिका है। संगठन की शुरुआत में इन मूल्यों को तैयार किया गया था और आज भी इनमें कोई बदलाव नहीं हुआ है। ये मूल्य हमारे लिए ध्रुव तारे की तरह हैं जो घने अंधेरे में भी हमें रास्ता दिखाते हैं।

हमारे लिए हर मूल्य बहुत महत्वपूर्ण हैं, लेकिन नीचे बताए तीन मूल्य बहुत अहमियत रखते हैं:

(1) कोई व्यक्तिगत एजेंडा न रखना (2) सहयोग और प्रतिस्पर्धा, और (3) विकास की सोच के साथ काम करना।

कोई निजी एजेंडा नहीं

लाभ के लिए काम करने वाला संगठन अपने शेयरधारकों को फायदा देने के उद्देश्य से एक साथ जुड़ा रहता है। दूसरी तरफ, गैर-लाभकारी संगठन को अपने लोगों को साथ जोड़े रखने के लिए काफी मेहनत करनी पड़ती है, प्रेरित रखना तो दूर की बात है।

इसें ही देखें: अध्यक्ष और कुछ दूसरे पदों को छोड़कर नैसकॉम का नेतृत्व करने वाले लोग मानद और स्वैच्छिक पद पर होते हैं। देश की कुछ सबसे बड़ी आईटी कंपनियों के संस्थापक या वरिष्ठ अधिकारी इस संगठन के लिए काम करते हैं, जबकि उनके लिए ऐसा करना बिल्कुल ज़रूरी नहीं है। इनके अलावा लाखों इंजीनियर, हज़ारों अधिकारी और सैंकड़ों नौकरशाह हैं जिन्होंने नैसकॉम को आगे बढ़ाने में अहम योगदान किया है।

अगर लोग व्यक्तिगत हित के लिए काम नहीं कर रहे थे तो वे वास्तव में किसके लिए काम कर रहे हैं? आज के समय में लोग, खासतौर से बिजनेस से जुड़े लोगों के पास सबसे पहला सवाल यही होता है कि, 'मेरे लिए इसमें क्या है?' तो, चुनौती यह है कि आप उन्हें बिना किसी तुरंत या स्पष्ट व्यक्तिगत लाभ के घंटों-घंटों तक काम करने के लिए कैसे प्रेरित करें?

इसका उत्तर यह है कि उन्हें उनके व्यक्तिगत हितों को पूरा करने की जगह कहीं ज़्यादा बड़े उद्देश्य की तरफ मोड़ा जाए।

उद्योग के विकास के साथ सबका विकास जुड़ा है। एक बार सदस्यों ने इसको समझ लिया, उसके बाद वे पूरे दिल से नैसकॉम का समर्थन करते हैं। अगर आप दूसरों के सामने उदाहरण पेश करते हैं, और दूसरे देखते हैं कि आप बिना व्यक्तिगत हित के सबकी भलाई करने की कोशिश कर रहे हैं तो वे भी बड़े उद्देश्य को पूरा करने में जुट जाते हैं।

अगर नैसकॉम को सफल होना था, तो उसे ऐसा वातावरण बनाना था जहां छोटी या बड़ी, हर तरह की कंपनियां स्वागत महसूस करें। भारतीय कंपनियां, एमएनसी और सर्विस कंपनियों से लेकर प्रोडक्ट कंपनियों तक हर किसी इसमें अपने लिए कुछ मूल्य देखना होगा। यहां किसी के व्यक्तिगत एजेंडे को जगह देने का सवाल ही नहीं था। बड़ी कंपनियों से जुड़े वरिष्ठ सदस्य आज भी नैसकॉम का समर्थन करते हैं क्योंकि आज भी नैसकॉम ऐसी जगह है, जहां हर कोई अपने मन की बात कह सकता है। जहां अकेली कंपनी की जगह हमेशा उद्योग को आगे रखा जाएगा।

मुझे तीन ऐसी घटनाएं याद आती हैं जो साबित करती हैं कि एक समूह के तौर पर हमने किसी व्यक्ति की जगह हमेशा संगठन के एजेंडा को महत्व दिया। हर घटना हमारे सामने इस इकोसिस्टम के भिन्न स्टेकहोल्डर का नज़रिया प्रस्तुत करती है—पहला शुरुआती नैसकॉम सदस्य, दूसरा संगठन के बतौर खुद नैसकॉम और तीसरा भारत सरकार के अधिकारी।

पहला, मैं जब नैसकॉम का चेयरपर्सन था तो संगठन की वित्तीय स्थिति को स्थिर करना मेरे लक्ष्यों में से एक था, ताकि हम लंबे समय को ध्यान में रखकर उठाए जा रहे कदमों पर ध्यान दे सकें। हमने प्रत्येक सदस्य से 25,000 रुपये की राशि देने की अपील की ताकि घाटे को भरा जा सके। उस समय यह बहुत बड़ी रकम थी। हालांकि यह रकम भी काफी नहीं थी। उस समय नारायण मूर्ति और इंफोसिस ने आईबीएम AS 400 का सशुल्क प्रशिक्षण देने का प्रस्ताव दिया। उद्योग में आईबीएम AS 400 उस समय की उभरती टेक्नोलॉजी थी। इस प्रशिक्षण कार्यक्रम का आयोजन इंफोसिस के कैंपस में ही रखा गया और मज़ेदार बात यह थी कि इसमें प्रतिद्वंदी कंपनियां भी अपने सॉफ्टवेयर इंजीनियर्स को भेज सकती थीं। इस प्रशिक्षण कार्यक्रम के लिए फीस ली जानी थी। और खास बात यह कि इस कार्यक्रम से मिलने वाली रकम नैसकॉम के खाते में आई।

कल्पना कीजिए कि आप अपनी प्रतिद्वंदी कंपनियों के इंजीनियर्स को अपने ऑफिस कैंपस में बुलाकर प्रशिक्षण दें ताकि भविष्य में वे आपसे ही प्रतिस्पर्धा कर सकें। ये बहुत बड़ी बात है![2]

दूसरी उल्लेखनीय घटना तब हुई जब हम विट्ठल के साथ सॉफ्टवेयर टेक्नोलॉजी पार्क्स ऑफ इंडिया, या एसटीपीआई (जिसके बारे में आप अध्याय 8 में विस्तार से जानेंगे।) को लेकर काम कर रहे थे। उन पार्कों को कहां बनाया जाएगा, उन जगहों के बारे में निर्णय लेना बड़ा काम था। नौकरशाह आसानी से इसे शहर के बाहरी इलाकों या उनके भी आगे बनाने की बात कह सकते थे, इससे पहले से स्थापित कंपनियों को ज़्यादा फायदा होता।

लेकिन हमने इस कठिन समस्या का हल निकाला। हम सभी सदस्यों को समान अवसर देना चाहते थे। इसलिए हमने विट्ठल से बात करके यह सुनिश्चित किया कि शहरों के बीच में स्थित परिसरों को भी एसटीपीआई का दर्जा मिले। इससे छोटी कंपनियों को तेजी से बढ़ने और नई कंपनियों को काम शुरू करने में मदद मिली। मैं फिर से कंहूगा कि समूह के तौर पर हम निजी हितों से आगे की सोच रखते हैं।

जब मैं निजी हितों से परे जाकर काम करने की बात करता हूं तो मैं बताऊंगा कि सत्यम घोटाले से उपजे संकट से नैसकॉम कैसे बाहर आया। पूरे उद्योग और संगठन ने साथ मिलकर काम किया ताकि ब्रांड इंडिया की छवि को हमेशा के लिए खराब होने से बचाया जाए। आप आगे किताब में इसके बारे में विस्तार से पढ़ेंगे।

तीसरी घटना सबसे उपयुक्त है, हम क्रॉस बॉर्डर टेक्सेशन नीति में बदलाव चाहते थे। हमने डीओई को अपना प्रस्ताव पेश किया, जिसने उसे आरबीआई को भेज दिया। आरबीआई के एक अधिकारी इसमें कुछ बदलाव चाहते थे। उसने डीईओ से संपर्क किया, उन्होंने उसे बताया कि इन बदलावों की सिफारिश नैसकॉम ने की है, इसलिए

---

2 मूर्ति के अलावा और भी बहुत से लोगों ने नैसकॉम के लिए व्यक्तिगत सहयोग दिया। 1991 की बात है, नैसकॉम के लिए दुनिया भर में अपने संबंध और विश्वसनीयता बनाना ज़रूरी था। अशांक ने स्वेच्छा से नैसकॉम और आईटी उद्योग का प्रचार एशिया ओशियाना क्षेत्र (उस समय इसमें बीस देश, जैसे, जापान, ऑस्ट्रेलिया और साउथ कोरिया शामिल थे) में करने की ज़िम्मेदारी ली। उन्होंने अपना पैसा खर्च करके एएसओसीओईओ की मीटिंग्स में हिस्सा लिया और नैसकॉम का प्रतिनिधित्व किया।

ये सही और समावेशी होंगे। उन्होंने यह भी कहा कि अगर आरबीआई कोई सिफारिश करना चाहता है तो सीधे नैसकॉम से संपर्क कर सकता है।

हमने हमारे हितधारकों का इस हद तक भरोसा हासिल किया था।

ऐसी बहुत सारी घटनाएं हैं जब नैसकॉम में हमने व्यापक हितों के लिए काम किया। मुझसे अक्सर पूछा जाता था कि हम बिना अंदरूनी झगड़ों या राजनीति के ऐसा कैसे कर पा रहे थे। यह सच है कि राजनीति के बिना समाज की कल्पना नहीं की जा सकती। जब बच्चे क्रिकेट खेलते हैं तब भी कुछ न कुछ राजनीति होती ही है। छोटे व्यक्तिगत हितों से परे जाकर सोचने के लिए हिम्मत की ज़रूरत होती है। नैसकॉम में परिमाण को देखते हुए यह करना और भी मुश्किल होता है। नैसकॉम ऐसा कर पाया क्योंकि इसके सदस्य ईमानदारी, विश्वास और एक दूसरे का आदर करने जैसे मूल्यों में भरोसा करते हैं। व्यापक हित के लिए मिलकर काम करने की सोच रखने वाले सहयोगियों के कारण हमें और भी मज़बूती मिली। हमने संगठन के अंदरूनी संवाद में इन मूल्यों के बारे में सभी को जानकारी दी और सभी सदस्यों को इन मूल्यों पर बने रहने के लिए प्रेरित किया।

हमारी सफलता का एक और राज़ यह था कि हम आंतरिक राजनीति से दूर रहते थे, और इसके लिए हमने संस्कृति और खुले संवाद पर जोर दिया। मैं इन दोनों बातों के महत्व को देख चुका था और मुझे पता था कि सभी को बड़े लक्ष्य के लिए एक साथ जोड़ने में इनकी बड़ी भूमिका है।

मैं संस्कृति और बातचीत की आजादी के महत्व के बारे में बताना चाहता हूं। 70 के दशक में मेरे अमेरिका में काम करने के दौरान वहां की कार्य संस्कृति ने मुझे बहुत प्रभावित किया। भारत में व्यवसायों में पदानुक्रम होता था। जैसे कि 'राजा' और 'प्रजा' होती है। जूनियर अपने सीनियर को 'सर' कहकर संबोधित करते है और उनकी बात पर सवाल खड़े नहीं कर सकते। सीनियर्स कहीं भी लाइन में खड़े नहीं होते। सीनियर अलग रहते हैं और अपने आचरण, अनुपलब्धता और मनमानी के ज़रिए अपनी श्रेष्ठता को बनाए रखने की कोशिश करते हैं। लेकिन अमेरिका में सीईओ और मेरे बीच कोई अंतर नहीं था, जबकि मैं नया-नया इंजीनियर था।

यह कार्यसंस्कृति मेरे जैन धर्म की समझ और बचपन में सीखे एक महत्वपूर्ण मूल्य के समान थी। जैन धर्म की शुरुआत का एक कारण हिंदू धर्म की विशेषाधिकार प्राप्त जातियों के द्वारा थोपी गई असमानताओं का विरोध करना भी था। ज़्यादा समानतावादी

धर्म होने के कारण इसका स्वागत किया गया। अमेरिका में, मैंने देखा कि इस सिद्धांत ने एक विकसित समाज को आकार दिया है।

आज यह संस्कृति आम हो गई है। लेकिन उस समय मेरे लिए यह नई बात थी। और मुझे पता था कि भारत को इसकी ज़रूरत थी।

जब मैं भारत वापस आया। मैंने अपने सभी संगठनों में इसे लागू करने का प्रयास किया। उस समय के कायदों के विपरीत, मैं कंपनी से जुड़े मुद्दों पर खुलकर अपनी टीम के साथ बात करता था।

मेरा मानना है कि जीवन केवल हानि-लाभ का खेल नहीं है; मैं प्रचुरता के सिद्धांत में यकीन करता हूं। आपके घर खरीदने की क्षमता, मेरे घर खरीदने की क्षमता को कम नहीं करती। नैसकॉम में मेरे बहुत सारे सहयोगियों ने इस सिद्धांत को अपनाया। एक बार जब हमें यह बात समझ आ गई तो हम सब नैसकॉम के व्यापक लक्ष्य को पाने के लिए एकजुट हो गए। इस तरह हम निजी एजेंडों से ऊपर उठकर नैसकॉम को उद्योग की सम्मिलित आवाज बनाने में सफल हो पाए।

'को-ऑप्टिशन': सहयोगी प्रतिद्वंदिता के साथ विकास

प्रतिस्पर्धा पूंजीवाद की बुनियाद है। उद्यमी का स्वभाव होता है कि वह अपने प्रतिद्वंदियों को ईर्ष्या और संदेह से देखता है। लेकिन जब कभी नए उद्योग की शुरुआत होती है तो व्यवस्था और वातावरण से जुड़ी ऐसी चुनौतियां भी होती हैं जो सभी उद्यमियों को प्रभावित करती हैं। अगर ऐसे समय में सभी उद्यमी एक साथ नहीं खड़े हुए तो उद्योग के खत्म होने का खतरा होता है। हमारे मामले में, चुनौतियां इतनी थीं कि हम सभी तुरंत आपसी सहयोग के लिए तैयार हो गए।

और यह कैसे हुआ!

मैं आपको एक घटना के बारे में बताता हूं जिससे सहयोग और प्रतिस्पर्धा की हमारी क्षमता का पता चलेगा। प्रधानमंत्री कार्यालय के अनुरोध पर नैसकॉम रूस जा रहे व्यापारिक प्रतिनिधिमंडल का हिस्सा बना। उस प्रतिनिधिमंडल में उद्योग के बड़े-बड़े दिग्गज शामिल थे। जिसमें सोम मित्तल (नैसकॉम के तत्कालीन अध्यक्ष), हर्ष मांगलिक (नैसकॉम के तत्कालीन चेयरपर्सन और उस समय भारत में एक्सेंचर के चेयरपर्सन),

टीसीएस के एन. चंद्रशेखरन (जिन्हें प्यार से चंद्रा कहा जाता था), और दूसरी कई हस्तियां शामिल थीं।

आमतौर पर किसी भी जगह नैसकॉम के अध्यक्ष ही हमारा प्रतिनिधित्व करते थे। हालांकि, सोम को लगा कि संगठन की तरफ से हर्ष को बोलना चाहिए। आखिर हर्ष, नैसकॉम के ही नहीं बल्कि मल्टीनेशनल आईटी सर्विस कंपनी, एक्सेंचर इंडिया के भी चेयरपर्सन थे। हर्ष ने सुझाव दिया कि भारत की सबसे बड़ी आईटी सर्विस कंपनी (टीसीएस) के सीईओ होने के नाते चंद्रा इस काम के लिए ज़्यादा उपयुक्त हैं। आखिरकार प्रतिनिधिमंडल में शामिल प्रत्येक व्यक्ति ने अपने अंहकार को छोड़कर सर्वसम्मति से चंद्रा का नाम प्रस्तावित किया।

मजे की बात यह थी कि इस पर अब केवल चंद्रा ही आपत्ति कर सकते थे, क्योंकि नैसकॉम की प्रेजेंटेशन में चार भारतीय आईटी कंपनियों की केस स्टडी को शामिल किया गया था–जिसमें से एक टीसीएस थी और बाकी तीनों टीसीएस की सीधी प्रतिस्पर्धी कंपनियां थीं।

लेकिन चंद्रा[3] ने तुरंत हां कर दी। उन्होंने कहा कि वह भारत का प्रतिनिधित्व कर रहे हैं, न कि अपनी कंपनी का और यह उनके लिए गर्व की बात है।

हमारे अलावा, फार्मास्यूटिकल्स उद्योग को भी उसी फोरम पर प्रेजेंटेशन देने के लिए चुना गया था। पर वे हमसे बहुत अलग थे। उनके प्रेजेंटेशन में कंपनियों के लोगो और नाम प्रमुखता से दिखाई दिए।

नैसकॉम में ऐसा होने की संभावना नहीं थी। 'सहयोग और प्रतिस्पर्धा' की हमारी संस्कृति के तहत हमने 'एक स्वर' में अपनी बात रखी। पीएमओ ने भी हमारे इस दृष्टिकोण को सराहा और हमारी सराहना करते हुए कहा, 'अपने मूल्यों को कभी मत छोड़ना'।

---

3 जब चंद्रा नैसकॉम के चेयरपर्सन थे तो वह और मैं मुंबई के विलिंगडन क्लब में नियमित कॉफी पर मिला करते थे। उस समय एग्जीक्यूटिव असिस्टेंस इस तरह की मीटिंग की योजना बनाया करते थे। अपने कद के बावजूद, चंद्रा इतने विनम्र थे। इन मीटिंग्स के लिए अपने मेंटर और दोस्तों को खुद फोन किया करते थे। चंद्रा की दूसरी खासियत थी कि वह बहुत सकारात्मक थे। जब भी मैं उन्हें बताता कि टीसीए को दुनिया की बड़ी आईटी कंपनियों से किस तरह की चुनौतियां मिल सकती हैं तो वह बहुत ध्यान से मेरी बातों को सुनते थे और हमेशा आत्मविश्वास से भरा साफ जवाब देते थे। उन कंपनियों के बड़े आकार या पैसे से वह परेशान नहीं होते थे।

दूसरा उदाहरण मेरे जॉइंट वेंचर के पार्टनर, नोवेल का है। 1989 में हमने भारत में नोवेल का प्रतिनिधि बनने के लिए नोवेल के साथ एजेन्सी समझौते पर हस्ताक्षर किए थे। इस कारण मुझे उनके काम करने के तरीके को अंदर से जानने का मौका मिला।

मैंने देखा कि वे बाज़ार पर अपना वर्चस्व रखने के लिए 'सहयोग और प्रतिस्पर्धा' के मॉडल का इस्तेमाल करते थे। नोवेल बहुत सारी प्रतिस्पर्धी कंपनियों से पार्टनरशिप करके दुनिया भर में फैल गई थी। वह किसी एक कंपनी से किसी देश में पार्टनरशिप कर सकती थीं और उसी कंपनी से दूसरे देश में प्रतिस्पर्धा कर सकती थीं। इन्होंने व्यवसायिक समझ और हितों को किसी भी प्रतिस्पर्धा से ऊपर रखा और वे चाहते थे कि उनकी पार्टनर प्रतिद्वंदी कंपनियां भी ऐसा ही करें। इस सोच ने नोवेल को बहुत जल्दी पर्सनल नेटवर्किंग सॉफ्टवेयर में वैश्विक लीडर बना दिया। एक समय तो 63 फीसदी बाज़ार पर उनका कब्जा था।

एक-दूसरे के कड़े प्रतिद्वंदी होने के बावजूद नोवेल और आईबीएम ने साथ मिलकर व्हाइट-लेबल सोल्यूशन के तौर पर नेटवेयर बेचा। इससे आपसी संघर्ष भी हुए। इसलिए नोवेल के सीईओ ने प्रतिद्वंदी कंपनियों के साथ पार्टनरशिप के लिए 'कोपीटीशन (coopetition)' यानी की सह-प्रतिस्पर्धा नाम का शब्द गढ़ा।

'कोपीटीशन' या सह-प्रतिस्पर्धा मॉडल ने नैसकॉम को भी आगे की दिशा दिखाई: हमारे संगठन में प्रतिद्वंदी आईटी कंपनियां थीं जो एक दूसरे का सहयोग कर रही थीं।

'कोपीटीशन' मॉडल हमारे बहुत काम आया। मुझे 90 के दशक का एक वाकया याद है जब मेरे अच्छे दोस्त, न्यूजेन के दिवाकर निगम ने कुछ दूसरे सॉफ्टवेयर प्रोडेक्ट लीडर्स के साथ मिलकर आयात शुल्क हटाने के प्रस्ताव का विरोध किया। उनका बिजनेस प्लान ऊंचे आयात शुल्क पर टिका था, और इसमें अचानक आए बदलाव से उनका सब कुछ अस्त-व्यस्त हो जाता। इसके उलट, हमारे जैसे सॉफ्टवेयर सर्विस वाले लोग चाहते थे कि हमारे प्रस्ताव पर जल्दी अमल हो। ऐसी स्थिति में उद्योग में सर्वसम्मति कैसे बनेगी?

कोपीटीशन से!

उस समय अक्सर हम एग्जीक्यूटिव काउंसिल की मीटिंग से पहली रात रमानी के होटल के कमरे में मिला करते थे। इन अनौपचारिक मुलाकातों में कई विषयों पर बहसें हुआ करती थीं, जिनमें बड़ी कंपनियां बनाम छोटी कंपनियां, सार्वजिनक बनाम निजी, निर्यात बनाम घरेलू बाज़ार, भारतीय बनाम विदेशी, एक वोट बनाम आनुपातिक वोट

जैसे मुद्दे शामिल होते थे। कई मुद्दों पर गरमा-गरम बहसें हुआ करती थीं, लेकिन हम आम सहमति पर ज़रूर पहुंच जाते थे फिर चाहे बहस को खत्म होने में सुबह क्यों न हो जाए।

इस खास मुद्दे पर भी हमने बहुत चर्चाएं और लंबी बातचीत की थी। हमें समझ आया कि शुल्क में बदलाव से ज़्यादा उनकी समस्या अचानक उठाए जा रहे कदम से थी और इस बदलाव के साथ ढलने के लिए समय की ज़रूरत थी। आखिरकार हमें ऐसा समाधान मिल गया, जिससे सबका फायदा हो।

इस तरह हम नीति निर्माताओं के सामने भारत को आगे रखते हुए एक आवाज में उद्योग की बात रख सके। भारत को आगे रखने की सोच किसी रोमांटिक, काल्पनिक देशभक्ति की भावना से नहीं उपजी थी बल्कि सभी का हित इसी में था। स्वयं के हित से प्रतिबद्ध स्वयंसेवकवाद ने जन्म लिया, जहां हर कोई साझा उद्देश्य के लिए एक साथ जुड़ा और अपने प्रयास, समय, संसाधन और सबसे बढ़कर, अपनी बौद्धिक पूंजी देने का वादा किया।

शायद दिवाकर आज भी उस फैसले से सहमत नहीं हों। हालांकि, उस समय किसी बड़े उद्देश्य के लिए काम कर रहे एक वफादार सिपाही की तरह उन्होंने शालीनता से निर्णय स्वीकार किया और कभी भी सार्वजनिक या निजी तौर पर सरकार से शिकायत नहीं की।

यह नैसकॉम से जुड़े लोगों की ताकत थी। हमें हमारे सदस्यों से प्रतिशोध का खतरा नहीं था। हम जानते थे कि हर कोई सबसे पहले बड़े फलक को देख रहा था और उद्योग के विकास के लिए काम करना चाहता था और उसके बाद उद्योग में अपने हिस्से के लिए प्रतिस्पर्धा करना चाहता था।

'सहयोग और प्रतिस्पर्धा' का उलटा होता है 'फूट डालो और राज करो'। ईस्ट इंडिया कंपनी इसका सही उदाहरण है। हम इस राह पर चलते तो कुछ लोगों के फायदे के लिए व्यापक हित पर ध्यान नहीं देते। हालांकि नैसकॉम के मूल्यों ने जीत हासिल की और काम करने का बेहतर रास्ता चुना गया।

विकास की सोच

आईटी उद्योग ने भारत की विदेशी मुद्रा, रोज़गार, ब्रांड इंडिया और जीडीपी जैसी बड़ी समस्याओं को हल करके विकास की दिशा दिखाने में बड़ी भूमिका निभाई थी। अब दांव बड़े ऊंचे थे। साफ दिखाई दे रहा था कि उद्योग प्रगति के रास्ते पर था। अब यहां असफल

होने का कोई रास्ता नहीं था। नैसकॉम की पहचान भी धीरे-धीरे बढ़ रही थी। हम हर हाल में ज़्यादा से ज़्यादा विकास दर हासिल करना चाहते थे। यह हम केवल सदस्यों के लिए नहीं कर रहे थे बल्कि एक ऐसा ईकोसिस्टम बना रहे थे जिससे देश को फायदा हो।

सॉफ्टवयेर सर्विसेज़ का व्यवसाय चलाने के लिए हम सबसे पहले लॉबिंग पर ध्यान देते थे। लेकिन हमें पता था कि इससे ज़्यादा करने की ज़रूरत थी। हमने इस क्षेत्र में प्रतिभाओं को लाने के लिए शिक्षा जगत से जुड़े लोगों के साथ मिलकर काम किया। हमने 'ब्रांड इंडिया इंक' बनाने के लिए काम किया। नैसकॉम ने अपने सदस्यों को मानव संसाधन से जुड़ी वैश्विक प्रक्रियाएं, विश्व स्तरीय क्वालिटी प्रोसेस और मजबूत कॉर्पोरेट गवर्नेंस स्ट्रक्चर्स लागू करने में मदद की।[4] इसमें वित्तीय विश्लेषकों को उद्योग की क्षमता के बारे में सिखाना भी शामिल था। अगर आईटी उद्योग ने आईटी कंपनियों के प्रमोटर्स को पैसा कमाकर दिया था तो इसने इन कंपनियों में निवेश करने वालों को भी बहुत पैसा बनाकर दिया। यह स्टॉक एक्सचेंज में आईटी कंपनियों के मार्केट केपिटलाइजेशन से भी साफ जाहिर है।

इस तरह का विकास हासिल करने के लिए बहुत संघर्ष करना पड़ा। नैसकॉम को न सिर्फ़ प्राथमिक बल्कि दूसरे और तीसरे तरह के व्यापार को भी बढ़ावा देना था। जैसे किसी इलाके में नया होटल खुलने पर टैक्सी कंपनियों, बेडशीट बेचने वालों से लेकर खाना सप्लाई करने वालों तक कई तरह के व्यवसायों को फायदा मिलता है। वैसे ही सॉफ्टवेयर सर्विस इंडस्ट्री के मामले में इससे जुड़ी सर्विसेज थी ही नहीं। हमें उन्हें शुरू करना पड़ा। जब अर्थशास्त्री भारतीय अर्थव्यवस्था पर आईटी उद्योग के प्रभाव की गणना करते हैं तो उन्हें सॉफ्टवेयर सर्विसेज से प्रत्यक्ष और अप्रत्यक्ष तौर से जुड़े सभी व्यवसायों के टर्नओवर की गणना करनी चाहिए। टर्नओवर की गणना करना तो आसान है, लेकिन सांस्कृतिक चुनौती भी विकास के लिए बहुत बड़ी बात थी और उसे मापना भी मुश्किल था।

विकास को लेकर नैसकॉम और उसकी सदस्य कंपनियों के दृष्टिकोण को समझाने के लिए मैं यह दिखाना चाहता था कि हमने कैसे जमीन से आउटसोर्सिंग व्यवसाय खड़ा

---

4 कॉर्पोरेट गर्वेनेंस से जुड़ी पहल को लेकर अजीम प्रेमजी और विप्रो के योगदान की चर्चा करना ज़रूरी है। अजीम ने कभी नैसकॉम के ऑफिस में पद नहीं संभाला लेकिन उनका सक्रिय सहयोग हमेशा बना रहा। वह रेगुलेटर्स को ऑफिसों और बही खातों तक आसान पहुंच की वकालत करने वाले शुरुआती लोगों में से हैं।

किया था। हम अनजानी राहों पर चल रहे थे। हमें पता नहीं था कि आगे क्या होगा। एक पेशेवर सर्फर की तरह हमें भी लगातार बदलती, अनिश्चित और कभी-कभी अशांत लहरों पर संतुलन बनाना पड़ा। हमें मुसीबतों या संभावनाओं की दूर से देखकर पहचान करनी थी कि क्या हम इससे पार पा सकते हैं या इस पर बिना ध्यान दिए भी हमारा काम चल जाएगा।

आउटसोर्सिंग भी ऐसी ही अनजानी लहर थी जिसकी ताकत को हमने समय से पहले पहचान लिया था। आउटसोर्सिंग की बात करते हुए, नैसकॉम खासतौर से 'ग्लोबल डिलिवरी ऑर्डर' की बात करता था। यह आईटी उद्योग का बिजनेस मॉडल था जो आउटसोर्सिंग को तेजी से आगे बढ़ाता है। यह ऑनशोर और ऑफशोर का आदर्श मेल है। हमें पैसे के मामले में तीन तरह के फायदे थे, वेतन (हमारे समकक्ष दूसरे देशों की तुलना में, भारत में वेतन काफी कम था), करेंसी की कीमत (भारतीय रुपया अमेरिकी डॉलर, पाउन्ड या यूरो की तुलना में काफी कमज़ोर था), और प्रतिभाशाली कर्मचारियों का फायदा (हमारे यहां विशाल युवा आबादी है, जिसमें अंग्रेजी बोलने वाले सॉफ्टवेयर इंजीनियर्स की बहुत संख्या है), इनसे ऑफ़शोर आईटी काम करना फायदेमंद हो जाता है।

इसके अलावा दूसरे फायदे भी हैं। जैसे कि हमारे महत्वपूर्ण ग्राहकों और भारत के समय में अंतर। इस अंतर के कारण दिन के चौबीसों घंटे काम चालू रखा जा सकता था, क्योंकि काम ऑनशोर से ऑफ़शोर भेजा जाता था। बेहतर कनेक्टिविटी और इमर्सिव कॉलेबोरेशन टूल्स की मदद से और भी फायदा मिला।

हालांकि उस समय ग्लोबल डिलिवरी मॉडल अपने शुरुआती दौर में ही था, पर 90 के दशक की शुरुआत में आईटी इंडस्ट्री के खुलने के साथ ही इसके फायदे भी दिखाई देना शुरू हो गए। उसके बाद फिलिपीन्स जैसे देशों ने इस मॉडल को अपनाना शुरू किया।

60 के दशक में कनाडा के दार्शनिक मार्शल मैक्लुहान ने 'वैश्विक गांव (ग्लोबल विलेज)' नाम का शब्द गढ़ा। वह उस दुनिया की बात कर रहे थे जो व्यापार, प्रवास और संस्कृति के स्तर पर तेजी से आपस में जुड़ रही थी। हालांकि, भारत इस ग्लोबल विलेज की परिधि से बाहर था। मेरा मानना है कि नैसकॉम के आउटसोर्सिंग पर ज़ोर देने के बाद भारत भी इस ग्लोबल विलेज के दायरे में आ गया। व्यवसाय और समाज को जोड़ने में आउटसोर्सिंग ने बड़ी भूमिका निभाई। इसने पूरी दुनिया के नेतृत्व को आकर्षित किया और पारस्परिक प्रशंसा और सम्मान करना सिखाया। 2007 में डेल्फी के सीईओ रोडनी

ओ'नील ने कहा, 'व्यापारिक समुदाय और समाज को आपस में जोड़ने और बराबरी के स्तर पर लाने में आउटसोर्सिंग बड़ी ताकत साबित हुआ है।'

ग्लोबल डिलिवरी मॉडल में बेहतरीन काम करने के अलावा, हमने समय रहते तकनीकी बदलावों को भी अपनाया: जिसमें वाईटूके (Y2K) से लेकर ओपन-सोर्स, क्लाइंट सर्वर, मोबाइल और डिजिटलीकरण शामिल है। विकास की सोच और सहयोग की भावना के कारण हम इन बदलावों को जल्दी समझ पाए। हम विश्वस्तरीय समाधान देने पर काम करने के साथ ही इस क्षेत्र में उभर रही नई संभावनाओं पर नज़र रख रहे थे।

एक बार चीनी प्रतिनिधिमंडल ने फॉरेस्टर रिसर्च के जॉन मैकार्थी से पूछा कि आईटी में भारत जैसी सफलता हासिल करने के लिए उन्हें क्या करना होगा। जॉन ने कहा कि ऐसा करने के लिए उन्हें नैसकॉम जैसी संस्था बनानी होगी! जॉन ने कहा कि उन्होंने ऐसा कहीं नहीं देखा कि प्रतिस्पर्धी कंपनियां बड़े मुद्दों को हल करने के लिए एक साथ मिलकर काम करें, जैसा कि नैसकॉम में हो रहा था। हमारे काम को इतना सम्मान और मान्यता हासिल हुई थी।

मैं कहूंगा कि हम ऐसे अच्छे लोगों का समूह थे जो अनूठे और प्रभावशाली साझा मूल्यों के मेल से प्रेरित थे (और आज भी हैं)। मेरे लिए यह मेल आज भी महत्व रखता है। इनमें से प्रत्येक मूल्य अपने आप में बेहद शक्तिशाली है और अकेले ही किसी व्यवसाय को महान बनाने की क्षमता रखते हैं। लेकिन मेरा मानना है कि जो विशाल और अभूतपूर्व बदलाव हम लाना चाहते थे उसके लिए सभी मूल्यों का एक साथ मिलकर काम करना ज़रूरी था।

क्या हम वह बदलाव ला पाए?

हमारी पहचान अब सपेरों के देश वाली नहीं रह गई है। हमने टेक्नोलॉजी की बेहतरीन समझ रखने वाले सबसे बड़े प्रतिभाशाली समूहों में से एक तैयार किया, जिसने पूरी दुनिया में बदलाव लाने में अहम भूमिका निभाई। हम प्रतिस्पर्धी, सक्षम और विश्वास से भरे हैं, और सबसे शक्तिशाली ताकतें भी हमसे टकराने से पहले दो बार सोचती हैं।

संस्थान के कर्मठ सदस्य

जब हमने नैसकॉम की शुरुआत की उस वक्त निजी मजबूरियों और समय की कमी के बावजूद, बहुत सारे उद्यमियों ने निस्वार्थ भाव से भारतीय उद्योग की भलाई को सबसे

ऊपर रखा। उनके काम ने नैसकॉम को सॉफ्टवेयर सर्विस में बदलाव लाने के लिए प्रेरित किया। नैसकॉम केवल उद्योग से जुड़ा संगठन नहीं था। यह ऐसा संगठन है जिसे चलाने में इसके सदस्यों के साथ ही मूल्यों की भी उतनी ही बड़ी भूमिका है।

हालांकि मूल्य और लोग अलग-अलग नहीं हो सकते।

अपने व्यक्तिगत एजेंडा को पीछे रखने के लिए उद्यमी को खुद के व्यापार के विकास को प्राथमिकता देने की सोच से बाहर आना होगा। किसी तरह का व्यक्तिगत एजेंडा न होने का यह मतलब भी है कि सदस्य का कोई निजी झुकाव भी नहीं होगा। हमें आंकड़ों और तथ्यों के आधार पर अपने निर्णय लेकर काम करना होगा। सहयोग और प्रतिस्पर्धा के साथ काम करने के लिए ज़रूरी है कि व्यक्ति इस सोच से बाहर आए कि किसी की जीत में हमेशा किसी दूसरे का नुकसान छिपा होता है। विकास की सोच रखने जैसे आसान मूल्यों को भी मानवीय कमज़ोरी का सामना करना पड़ता है। विकास कौन नहीं चाहता? लेकिन कितने लोग हैं, जो बेहतर भविष्य के लिए आज परेशानी उठाने को तैयार हैं?

इसके साथ ही, विकास की अपनी चुनौतियां हैं। अगर हम इसे हासिल करने के तरीके पर नज़र न रखें तो यह उस चीज को खत्म कर सकता है जिसे बनाने में हमने इतनी मेहनत की है। मुझे यह बताने में गर्व है कि हमने विकास की सोच को प्राथमिकता देने के बाद भी संतुलन बनाए रखा। हम केवल विकास के पीछे ही नहीं पड़े रहे। आखिरकार, हम आज जो कदम उठाते हैं उनका असर आने वाले दशकों तक दिखाई देता है। हमारी पूरी कोशिश रही कि हमारे काम का असर देश और देश के सामाजिक ताने-बाने पर भी हो।

इस किताब का मुख्य उद्देश्य बीते समय से सीखना भी है। रियर-व्यू मिरर में देखे बिना गाड़ी चलाना असंभव है। लेकिन जिन मूल्यों के आधार पर नैसकॉम ने पहले इतना अच्छा काम किया है, क्या वे मूल्य भविष्य में भी उतना ही काम आएंगे?

जीन मोनेट ने कहा था, 'मनुष्यों के बिना कुछ भी संभव नहीं, लेकिन संस्थाओं के बिना कुछ भी स्थाई नहीं है।'

नैसकॉम को उन कुछ उद्यमियों ने खड़ा किया था जो उस समय नए बने उद्योग की ज़रूरतों से प्रेरित थे। आज यह संस्थान किसी व्यक्ति या संगठन की तुलना में कहीं ज़्यादा बड़ा हो चुका है। जब हमने नैसकॉम शुरू किया था, उस समय हमने दस गुना बढ़त का

सपना देखा था। जब हम केवल 12 करोड़ डॉलर पर थे, उस समय हमने अरब डॉलर का उद्योग बनने का सपना देखा था। जब हम 500 करोड़ डॉलर पर पहुंचे तो हमने अगले दस वर्षों में असंभव लगने वाला 5000 करोड़ डॉलर का लक्ष्य सामने रखा। हमारी उपलब्धियां हमारी सोच के कहीं आगे रहीं।

तेजी से बदलती दुनिया में भी नैसकॉम की प्रासंगिकता बनी हुई है। सवाल यह है कि क्या यह आने वाली अफरातफरी से बच पाएगा?

7

रोटी, कपड़ा, मकान और बैंडविड्थ

अगर पैसा संपत्ति का पैमाना है, तो मुद्रा पैसे का पैमाना है। जेब में पड़ा पैसा धातु का टुकड़ा होता है या बैंक के खाते में जमा आंकड़ा। लेकिन जब यह एक व्यक्ति से दूसरे के पास जाता है, तब इसका महत्त्व बढ़ जाता है। पैसे को चलते रहना चाहिए। पैसा खुद ही मुद्रा है। सिक्के लुढ़कने पर ही खनकते हैं।

सॉफ्टवेयर और डेटा भी पैसे की तरह ही हैं। सूचना की कीमत तभी है, जब वह एक से दूसरे के पास जाती है। वास्तव में सूचना सिद्धांत के जनक, क्लाउड शेनन ने अपने ऐतिहासिक लेख का शीर्षक, 'ए मैथमैटिकल थ्योरी ऑफ कम्युनिकेशन' रखा था। यह वही 'संचार' का सिद्धांत था जिसने सूचना प्रौद्योगिकी क्रांति की शुरुआत की।

अपने चारों तरफ ध्यान से देखिए: आपका फोन, आपका कंप्यूटर, वारयलेस प्रोटोकॉल, रेडियो सिग्नल, ऑप्टिकल फाइबर, इंटरनेट; ये सभी सूचना को एक जगह से दूसरी जगह पहुंचाते हैं। ऐसा लगता है कि घड़ी की हर टिकटिक के साथ फैलते सूचना के ये लाखों बिट्स ही धरती के घूमने के लिए ज़िम्मेदार हों। आज बैंडविड्थ ही दुनिया को चला रही है।

यह कहानी बताती है कि कैसे बैंडविड्थ ने भारत के भाग्य को बदल दिया। पहले सॉफ्टवेयर उद्योग के माध्यम से किया और उसके बाद बीपीओ उद्योग के ज़रिए। आधुनिक भारत की संस्कृति तथा काम एवं मौजमस्ती को लेकर सोच देश में बैंडविड्थ की पहुंच बढ़ने के साथ विकसित हुई है और इसमें नैसकॉम ने मुख्य भूमिका निभाई है।

इस किताब को लिखते समय भारत में इंटरनेट इस्तेमाल करने वालों की संख्या 50 करोड़ को पार कर चुकी है। अब न्यूनतम वेतन पाने वाले व्यक्ति के पास भी स्मार्ट फोन है। एक न्यूज रिपोर्ट में बताया गया कि भारत में डेटा सबसे सस्ता है। इसकी औसत कीमत 0.20 डॉलर प्रति जीबी है। जो सबसे नजदीकी प्रतिद्वंदी रूस के 0.90 डॉलर प्रति जीबी से चार गुना कम है। मलेशिया में यह 1.1 डॉलर, पाकिस्तान में 1.8 डॉलर, नाइजीरिया 2.2 डॉलर, ब्राजील में 3.5 डॉलर, स्पेन में 3.7 डॉलर, यूके में 6.6 डॉलर, जर्मनी में 6.9 डॉलर, चीन में 9.8 डॉलर, कनाडा में 12 डॉलर, अमेरिका में 12.3 डॉलर, साउथ कोरिया में 15 डॉलर, स्विटजरलैंड में 20.2 डॉलर प्रति जीबी है। यही वजह है कि यूट्यूब, फेसबुक और इंस्टाग्राम को भारत से बहुत ट्रैफिक मिलता है।

आज भारतीय डेटा को ऐसे इस्तेमाल कर रहे हैं जैसे सांस लेते हैं। पर हमेशा ऐसा नहीं था। 80 और 90 के दशक में आईटी उद्योग की सालाना बैंडविड्थ खपत उतनी थी, जितनी आज कोई टीनेजर एक वीकेंड में खर्च कर देता है। आज इस टीनेजर को यह बताना कितना मज़ेदार होगा कि 9.8 केपीबीएस (किलोबाइट्स पर सेकंड) का कनेक्शन कैसा महसूस होता था। कैसे कुछ केबी (किलोबाइट्स) के जिफ (ग्राफिक्स इंटरचेंज फॉर्मेट) को देखने के लिए कई मिनटों तक इंतज़ार करना पड़ता था। इसके लिए सुस्त भी सही शब्द नहीं है। यह बहुत ही खराब था। ऑनलाइन जाना अनुष्ठान करने जैसा था। आप कंप्यूटर से मॉडम को जोड़ते थे, उसके बाद मॉडम को फोनलाइन से जोड़ा जाता था। जब तक आप ऑनलाइन कनेक्ट नहीं हो जाएंगे, मॉडम तरह-तरह की आवाज़ करता रहेगा, कई बार पंद्रह मिनट तो कभी एक घंटे तक। जब आप ऑनलाइन होते थे, तो चाहते थे कि कोई आपके फोन पर फोन न कर दे। क्योंकि ऐसा करने से आपका इंटरनेट कट जाएगा। फिर आपको पूरी प्रक्रिया दोहरानी पड़ेगी। उस समय मॉडम इस्तेमाल करने वालों के दिमाग में आज भी मॉडम की कर्कश आवाज़ खूबसूरत याद की तरह गूंजती है।

80 के दशक में हिंदीट्रॉन के पार्टनर के तौर पर, मैंने डेटा ट्रांसफर को लेकर बहुत परेशानियां देखी हैं। तब भी भरोसा था कि यह टेक्नोलॉजी भविष्य में धूम मचाएगी। 1982 में कंप्यूटर सोसायटी ऑफ इंडिया (CSI) के सालाना कार्यक्रम के लिए मुंबई और पुणे के बीच डेटा लिंक स्थापित करने के लिए हमने दूरसंचार विभाग (DoT) के साथ मिलकर काम किया। इसे रिमोट कंप्यूटिंग का प्रदर्शन करने के लिए प्रयोग के तौर पर लगाया गया था। मैंने एक एप्लिकेशन लिखा था जो सीएसआई के समर्पित डेटा-लिंक का इस्तेमाल

करके पुणे में एक डेस्कटॉप कंप्यूटर को सीएसआई के सदस्यों के डेटाबेस से जोड़ेगा जो कि 160 किलोमीटर दूर बंबई में टाटा इंस्टीट्यूट ऑफ फंडामेंटल रिसर्च (TIFR) के डीईसी कंप्यूटर में चल रहा था। टीआईएफआर से डॉ. सदानंदन इस प्रोजेक्ट में मेरे सहयोगी थे और डॉ. नरसिम्हन, जो कि वहां के निर्देशक थे, वे मेरे मेंटर थे।

प्रदर्शन वाले दिन हर कोई हैरान था। यह जादू जैसा था और लोग इसकी क्षमता से हतप्रभ थे। यदि इसे बड़े स्तर पर किया जाए, तो कोई भी दुनिया के किसी भी हिस्से में अपने ग्राहक को सेवाएं दे सकता था। लेकिन हमारी आशाएं तब धूमिल हो गईं, जब हमने दूरसंचार विभाग से इसे बड़े स्तर पर करने को कहा। उनके पास इसका कोई जवाब ही नहीं था।

हमारे पास पहले से ही अंतरराष्ट्रीय ग्राहक थे। लेकिन हमारे इंजीनियर भारत में रहकर उनको सेवाएं नहीं दे सकते थे क्योंकि डेटा ट्रांसफर करने की कीमत से हमारा फाइनेंसियल मॉडल ही गड़बड़ा जाता। दूसरा रास्ता उनको फ्लॉपी और टेप भेजने का था। वह जटिल, गैर भरोसमंद और खर्चीला तरीका था। इसलिए हमने पूरी दुनिया में हमारे ग्राहकों के पास हमारे इंजीनियर भेजकर काम करना जारी रखा। ग्राहकों के पास नियरशोर सेंटर खोलना भी सपने जैसा था। बहुत से नियम थे जो ऐसा करने से रोकते थे।

सरकारी नीतियां हमें तीसरी दुनिया के देशों से जुड़ी समस्याओं से जुझने पर मजबूर कर रही थीं, हम हमेशा आपात स्थितियों से निपटते रहते थे। अभी भी दिल्ली की निगाह में आईटी उद्योग की अहमियत नहीं बढ़ी थी। हमें केवल नौकरी देने वाला और विदेशी मुद्रा कमाने वाला उद्योग समझा जाता था। पर हमें पता था कि बिना संपर्क के ऑफशोर उद्योग आगे नहीं बढ़ सकता था।

80 के दशक के आखिर में हमने सैम पित्रोदा से संपर्क किया। वह उस समय तत्कालीन प्रधानमंत्री राजीव गांधी के सलाहकार थे। हमने उन्हें बताया कि हमें भारत और अमेरिका के बीच तेज़ गति वाले डेटा लिंक की ज़रूरत थी। उन्होंने कहा कि सरकार अभी ऐसी लाइन लीज पर लेने की स्थिति में नहीं थी क्योंकि भुगतान असंतुलन की वजह से विदेशी मुद्राओं की कमी हो गई थी। हमने फिर भी अपनी बात पर ज़ोर दिया। हमने पूछा कि क्या उन्हें आईटी उद्योग का निर्यात बढ़ने का भरोसा है। उन्होंने कहा, हां। फिर हमने उन्हें पूछा कि उन्हें भारतीय इंजीनियरों की बॉडी शॉपिंग या उनके ऑफशोर वर्क में से क्या पसंद है। तो उन्होंने ऑफशोर वर्क को चुना। एक बार फिर हमने कहा कि बिना

डेटा लिंक के हम ऑफशोर वर्क कैसे कर सकते हैं। लेकिन सैम पित्रोदा ने माफी मांगी और कहा कि उनके पास इसके लिए पैसे नहीं हैं। हमें हमारे दृष्टिकोण पर जो भरोसा था उसे आगे पहुंचाने में हम विफल हो गए थे।

वीएसएनएल से मिला नया जीवन

इसके कुछ पहले 1986 में विदेशों से संचार बेहतर करने के लिए विदेश संचार निगम लिमिटेड (वीएसएनएल) की स्थापना की गई थी। इससे भारत और अमेरिका के बीच पहला एनालॉग लिंक चालू हुआ। इसे इंटरनेट न समझें, इंटरनेट इसके एक दशक बाद आया था।[1] यह लिंक भारत और अमेरिका के बीच डेटा भी भेज सकता था। इससे पहले भारत में डेटा एक भौतिक वस्तु की तरह था, जिसे फ्लॉपी और हार्ड डिस्क से इधर से उधर भेजा जाता था।

आपको लग रहा होगा कि 9.8 केबीपीएस की लाइन से बहुत क्रांतिकारी बदलाव आया होगा। लेकिन ऐसा नहीं था। वह किसी काम की नहीं थी। इस एनालॉग लिंक पर स्पीड उन दिनों के हिसाब से भी बेहद कम थी। इसके साथ ही लाइन में भी गड़बड़ी थी जिसके कारण हर कुछ मिनट के बाद कनेक्शन कट जाता था। जब भी कनेक्शन कटता तो हमें डेटा ट्रांसफर के लिए फिर से शुरुआत करनी पड़ती थी। यहां तक कि कुछ मेगाबाइट का डेटा भेजने के लिए भी कई कोशिशें करनी पड़ती थीं। इससे हम हताश तो होते थे, लेकिन इसने हमें कुछ नया करने के लिए भी उत्साहित किया। अब

---

1 इंटरनेट (INTERNET) के तौर पर भारत में इंटरनेट 1987 से ही उपलब्ध था। इरनेट को 1986 में डिपार्टमेंट ऑफ इलेक्ट्रॉनिक्स (DoE) ने शुरू किया था। इसके लिए भारत सरकार के साथ ही संयुक्त राष्ट्र विकास कार्यक्रम (यूएनडीपी) ने भी आर्थिक मदद दी थी। इसमें हिस्सा लेने वाली एजेंसियों में आठ प्रमुख संस्थान–बंबई का एनसीएसटी (नेशनल सेंटर फॉर सॉफ्टवेयर टेक्नोलॉजी), बैंगलोर का इंडियन इंस्टीट्यूट ऑफ साइंस (IISC), दिल्ली, बंबई, कानुपर, खड़कपुर और मद्रास के पांच भारतीय प्रौद्योगिकी संस्थान (आईआईटी) और डिपार्टमेंट ऑफ इलेक्ट्रॉनिक्स (DoE) शामिल थे।

जैसा कि हम सब जानते हैं भारत में इंटरनेट की शुरुआत 1995 में VSNL ने की थी। इसके बाद 1998 में आईएसपी नीति बनी, इससे भारत में निजी क्षेत्र को भी इंटरनेट सेवाएं देने की अनुमति मिली।

अगर हमें 10 एमबी की फाइल भेजनी होती थी तो हम उसे तीन छोटी फाइलों में बांट देते थे। अगर किसी वजह से कनेक्शन फेल होता, तो हमें पूरे 10 एमबी को फिर से भेजने की ज़रूरत नहीं थी।

फिर भी, डेटा लिंक से आशा जगी और 80 के दशक की शुरुआत में हमने हिंदीट्रॉन में एक नए अमेरिकी क्लाइंट एमकॉर के लिए ऑफशोर प्रोजेक्ट का प्रस्ताव रखा। एमकोर के सीईओ का डॉक्टर भारतीय था और इस वजह से वह भारतीयों की बड़ी इज्जत करता था। लेकिन ख़राब कनेक्टिविटी के कारण यह प्रोजेक्ट हमारे हाथ से निकल गया। एमकोर ऐसा अकेला मामला नहीं था। ऑफशोर प्रोजेक्ट को हासिल करने की हमारी दर बेहद कम थी। और जो ग्राहक हमारे पास आते, उन्हें बनाए रखना बहुत मुश्किल था। डेटा लिंक न केवल ख़राब थे, बल्कि बहुत मंहगा भी थे। आज प्रोजेक्ट मैनेजर को डेटा ट्रांसफर की कीमत के बारे में सोचना नहीं पड़ता, लेकिन उस समय हम अपनी आय का 7-10 प्रतिशत हिस्सा इसके लिए अलग रखते थे। 1990 में 64 केबीपीएस लिंक का एक साल का खर्च 20 लाख रुपये होता था। इतने भारी खर्च के कारण लोग सॉफ्टवेयर सर्विस के व्यावसाय में आने से डरते थे।

यही समय था जब उद्योग को एक संगठन की ज़रूरत थी। संगठन शुरू करने के सारे कारण मौजूद थे।

1991 में बी.के. सेंगल साल वीएसएनएल के नए चेयरपर्सन बने। वे भी ऐसे नौकरशाह थे जिन्होंने साल दर डेटा लिंक मुहैया करवाकर उद्योग को बहुत फायदा पहुंचाया। वीएसएनएल में पद संभालते ही सेंगल ने नैसकॉम से मीटिंग की इच्छा जाहिर की। हमें इसकी उम्मीद नहीं थी। हम मुंबई के फोर्ट इलाके में उनके ऑफिस में मिले। हमने मिलते ही उनसे 64 केबीपीएस लाइन के लिए कहा। उन्होंने जानना चाहा कि हम इतनी तेज़ स्पीड वाली लाइन क्यों चाहते थे जबकि हम 9.8 केबीपीएस लाइन का भी लगभग 90 फीसदी इस्तेमाल नहीं कर रहे थे। असल में हम इसका इस्तेमाल कर ही नहीं सकते थे। क्योंकि वह लाइन हमारी ज़रूरतें पूरी नहीं करती थी। हमने समझाने की कोशिश की और बताया कि अगर किसी ग्राहक को कुछ बहुत ज़रूरी काम चाहिए तो डेटा को एक घंटे में उसके पास पहुंचाना होगा। हमें उस डेटा को भेजने के लिए पंद्रह बार कोशिश करनी पड़े और 7 घंटे लगें तो वह हमारे किसी काम का नहीं था। हमारे बेहतरीन इंजीनियर्स को डेटा ट्रांसफर के इंतजार में बैठाए रखना बेतुका था।

सेंगल ने हमें चुनौती देते हुए पंद्रह 64 केबीपीएस लिंक लेने की बात कही। उन्हें डर था कि हमारा उद्योग इनका इस्तेमाल नहीं कर पाएगा। लेकिन उनका डर गलत साबित हुआ और हमारे उद्योग की अग्रणी कंपनी टीसीएस ने आसानी से कहा कि वे सभी पंद्रह लाइनें ले लेंगे। सेंगल हैरान रह गए। उन्होंने हमें आश्वस्त किया कि वीएसएनएल वैश्विक टेलिकॉम प्रोवाइडर्स से बात करके छह महीने में लिंक देना शुरू करवा देंगे। उन्होंने चेताया कि ये लाइन काफी मंहगी होगीं और वे हमें कुछ कम कीमतों पर इन्हें देने की कोशिश करेंगे।

यह सुनकर हम बहुत खुश हुए। अभी जिस डेटा को भेजने में कई दिन लग जाते थे अब उसे कुछ घंटों में भेजा जा सकेगा। यह उस समय की सबसे तेज़ गति थी। ऐसा लगा जैसे हम अचानक भविष्य में पहुंच गए थे। इस गति से हम बहुत ज़्यादा काम कर सकते थे। अब हम फार्च्यून 500 कंपनियों के लिए काम कर सकते थे और अपने बाज़ार को रातों-रात दस गुना बड़ा बना सकते थे।

हमने कीमतों को लेकर नैसकॉम की चिंता के बारे में भी सेंगल को बताया। उस समय, बैंगलोर में केवल एक ऐसा लिंक था, जो एक अर्थ स्टेशन के माध्यम से टेक्सास इंस्ट्रूमेंट्स को समर्पित था। इसकी पांच साल की कीमत 45 लाख रुपये थी और टेक्सास इंस्ट्रूमेंट्स ने इस रकम का अग्रिम भुगतान किया था। बाद में एटीएंडटी और दूसरे लिंक प्रोवाइडर्स के साथ ती करके इस कीमत को 18 लाख रुपये पर लाने में सेंगल की महत्वपूर्ण भूमिका रही। ये लिंक टीसीएस, इंफोसिस और सत्यम को दिए गए। वास्तव में नैसकॉम से बात करने के बाद सेंगल को इसमें वीएसएनएल के लिए कमाई का ज़रिया नजर आया और जल्दी ही कुछ और अर्थ स्टेशन भी स्थापित किए गए। अर्थ स्टेशन बनाने के बाद भी भारतीय कंपनियों और उनके अमेरिकी ग्राहक कंपनियों के बीच लिंक भरोसेमंद नहीं थे। ऑफशोर क्रांति अभी भी संभव नहीं हो पाई थी।

1991 से पहले कनेक्टिविटी के लिए दो छोटे एनालॉग केबल्स का ही इस्तेमाल होता था, जिनकी क्षमता भी सीमित थी। यहां तक कि नए अर्थ स्टेशन के जरिए उपलब्ध कराए गए सैटेलाइट लिंक भी हमारी जरूरतों को पूरा नहीं करते थे। हमने सिंगल-हॉप ट्रांसमिशन की बात की थी। इसमें सिग्नल को केवल एक बार सैटेलाइट तक बाउन्स करने की ज़रूरत पड़ती थी। लेकिन हमें मल्टीपल हॉप ट्रांसमिशन दिया गया, इसमें डेटा ड्रॉप होता था, जिससे काम में देरी होती थी, खासतौर से ऊंचे वॉल्यूम और स्पीड पर।

क्या ख़राब इंफ्रास्ट्रक्चर के कारण भारत ऑफशोर डेस्टिनेशन बनने की क्षमता हासिल नहीं कर पाएगा? सैम पित्रोदा के बाद, सेंगल को भी इसका जवाब देने में परेशानी हो रही थी। सही डिलिवरी सिस्टम न होने की वजह से कॉन्ट्रैक्ट हाथ से जा रहे थे, निराशा का माहौल था। आईटी उद्योग संकट में था।

हमें पश्चिम देशों तक पहुंचने के लिए एक भौतिक रास्ते की ज़रूरत थी। ऐसा एक रास्ता समुद्र के अंदर डाली गई केबल के ज़रिए बनाया गया था, जिसे देशों के समूह ने डाला था। इसे SEA-ME-WE (साउथ ईस्ट एशिया, मिडिल ईस्ट, वेस्टर्न यूरोप केबल) कहा जाता था। जब 1985 में इसकी शुरुआत हुई थी, उस समय भारत डेटा के बारे में सोच भी नहीं रहा था। इसलिए यह मौका हाथ से जा चुका था। लेकिन भाग्य ने एक बार फिर से दस्तक दी।

इस बार भारत को समुद्र के अंदर बिछाई जा रही SEA-ME-WE 2 केबल का हिस्सा बनना था। हमें इस अंतरराष्ट्रीय पाइपलाइन में हिस्सेदारी खरीदनी थी। सवाल था कि कितना हिस्सा लिया जाए? अगर पुरानी क्षमता के हिसाब से देखें, तो 15 प्रतिशत चक्रवृद्धि वार्षिक वृद्धि दर (सीएजीआर) हासिल करने के हिसाब से इसका बजट रखा जाता। लेकिन दो कारणों से यह बहुत कम होता: पहला, मांग अक्सर एक तरह की बढ़ोत्तरी नहीं होती, खासतौर से जब पहले भी सप्लाई से जुड़ी परेशानी रही हो; दूसरा, भारत सॉफ्टवेयर और नोलेज इंडस्ट्री में क्रांति के मुहाने पर था। इनकी क्षमता का अभी अनुमान भी नहीं लगाया गया था।

हालांकि, सरकार में से किसी अधिकारी ने केबल क्षमता का 10 प्रतिशत हिस्सा खरीदने की बात भी कही। इतनी क्षमता खरीदने के लिए 1100 करोड़ डॉलर की बड़ी राशि का भुगतान करना पड़ता। इसकी फाइल सरकारी विभागों के बीच झूल रही थी, कहा जा रहा था कि भारत आर्थिक और विदेशी मुद्रा के संकट से गुजर रहा था।

इस बार सेंगल ने दूरसंचार आयोग से बात की। उन्हें कहा गया कि भारत के पास उस समय केवल चार सप्ताह की ज़रूरत का ही विदेशी मुद्रा भंडार बचा था, इसलिए 1100 करोड़ डॉलर खर्च करने का सवाल ही नहीं था। इसके बजाय, उन्हें गेटवे के लिए सी-डॉट और आईटीआई के बनाए भारतीय उपकरण खरीदने के लिए कहा गया, ताकि सॉफ्टवेयर निर्यात को बढ़ाया जा सके। सेंगल ने इस बात का विरोध करते हुए कहा कि सी-डॉट और आईटीआई के उत्पाद तैयार नहीं थे। उन्होंने समझाया कि सॉफ्टवेयर

निर्यात के लिए अर्थ स्टेशन और कमीशन लिंक ही काफी नहीं थे। काम में देरी करने वाले सैटेलाइट हॉप्स से बचने के लिए समुद्र के अंदर बिछाई गई SEA-ME-WE 2 केबल की भी ज़रूरत पड़ेगी।

आखिरकार, सेंगल को चार हफ्ते में फिर से अगली पिच के साथ आने के लिए कहा गया। सेंगल और उनकी टीम ने सबकुछ झोंककर एक बहुत प्रभावी प्रजेंटेशन तैयार किया। प्रजेंटेशन की आखिरी स्लाइड में लिखा गया: 'अगर आज हम ये मौका चूक गए तो इसे हमेशा के लिए खो देंगे।' जब वे प्रजेंटेशन के लिए दिल्ली पहुंचे तो पता चला कि दूरसंचार आयोग के चेयरपर्सन एक दिन पहले ही अमेरिका के लिए रवाना हो चुके हैं। यह अच्छा ही हुआ। फिर भी एक नौकरशाह ने पूरी प्रेजेंटेशन देखी। उन्हें बात समझ आई और केबल के लिए पैसा खर्च करने की अनुमति मिल गई।

लेकिन अभी मुश्किलें खत्म नहीं हुई थीं। विदेशी मुद्रा की तो बात ही छोड़ो, केबल पर निवेश करने तक के लिए पैसा नहीं था। सेंगल ने वादा किया कि वे किसी तरह इसके लिए पैसा जुटा लेगें, लेकिन केबल से हुई कमाई को सरकार को रुपये में वापस देना होगा, डॉलर में नहीं। फिर उन्होंने योजना आयोग और वित्त मंत्रालय के विदेशी मुद्रा मामलों के विभाग में भी बात की, लेकिन पैसे का इंतजाम नहीं हुआ। आखिरकार सेंगल फिर से केबल कंसोर्टियम के पास गए और उनसे सहयोग मांगा। कंसोर्टियम भारत को अपने साथ जोड़ना चाहता था। भारत के सामरिक महत्व, अतृप्त मांग और सॉफ्टवेयर क्षमता के चलते कोई भारत को अनदेखा नहीं कर सकता था।

आखिरकार, उस समय के दूरसंचार और सूचना प्रौद्योगिकी मंत्री पंडित सुख राम ने सहयोग किया और सेंगल योजना को आगे बढ़ा पाए। पर इसका पूरा श्रेय सेंगल को जाता है, जो इस योजना को लेकर अड़े रहे। उनकी सलाह और उनके कार्यों से सॉफ्टवेयर उद्योग को बहुत आत्मविश्वास मिला। पंडित सुख राम ने भी कई कदमों को आगे बढ़ाने में महत्वपूर्ण भूमिका निभाई, आप आने वाले अध्यायों में उनके बारे में पढ़ेंगे।

कंसोर्टियम धीरे-धीरे पैसे का भुगतान लेने, बढ़ी हुई क्षमता (जिससे वीएसएनएल की आय में बढ़ोतरी हुई) और विदेशी मुद्रा लोन देने के लिए तैयार हो गया। अंततः SEA-ME-WE 2 केबल सौदे पर अक्टूबर 1991 में हस्ताक्षर किए गए, और अक्टूबर 1994 में कनेक्टिविटी शुरू की गई।

हालांकि हमने बड़ी समस्या सुलझा ली थी लेकिन हमारी समस्याओं का अंत नहीं हुआ था। 64 केबीपीएस लाइन की ऊंची कीमतों के कारण नई कंपनियां इसको नहीं ले रही थीं। पारंपरिक तरीकों से पैसा मिलना मुश्किल था। बैंक सॉफ्टवेयर सर्विस व्यवसाय को लोन देने के लिए तैयार नहीं थे क्योंकि इन कंपनियों के पास गिरवी रखने के लिए कुछ नहीं था। छोटी कंपनियों को शामिल किए बिना भारत का सॉफ्टवेयर ताकत बनने का सपना पूरा नहीं हो सकता था। हमें बहुत काम करना था।

सॉफ्टवेयर टेक्नोलॉजी पार्कों का उदय

1991 में सरकार ने वर्ल्ड बैंक को भारत के सॉफ्टवेयर उद्योग की क्षमता पता करने का काम दिया। नैसकॉम भी इसका हिस्सा था। इस अध्ययन की रिपोर्ट और सिफारिशें भारत के आईटी उद्योग के इतिहास में अहम मोड़ साबित हुईं। इस रिपोर्ट में वैश्विक सॉफ्टवेयर बाज़ार में अपना हिस्सा पाने की कोशिश में लगे देशों की क्षमता की तुलना भी की गई थी। एक मापदंड उन देशों की संचार क्षमता को आंकने का था। भारत को इसमें -2 का स्कोर हासिल हुआ। जबकि हमसे कहीं छोटे देश आयरलैंड को +8 अंक हासिल हुए। सरकार तक संदेश पहुंच गया था।

कनेक्टिविटी के अलावा आईटी उद्योग हमेशा से शहरों, राज्यों और केन्द्र सरकार के बनाए नियमों के जाल में उलझा रहता था। अक्सर हम विट्ठल से मिलने डीओई जाते रहते थे। उन्होंने हमारे मुद्दों को समझने की पूरी कोशिश की और उन्हें पूरी तरह हल भी करना चाहते थे।

जब मैं नैसकॉम का चेयरपर्सन था तो विट्ठल से हुई एक मीटिंग के दौरान उन्होंने हमें बताया कि यहां से पहले गुजरात में कांदला बंदरगाह पर काम करने के दौरान उन्होंने क्या किया था।

ये एक सुमद्री बंदरगाह था और तमाम तरह के नियमों से बंधा हुआ था। इसमें से ज़्यादातर नियम स्थानीय निकायों ने लगाए थे। वहां से व्यापार के लिए चीज़ें आसान बनाने के लिए उन्होंने कुछ मंत्रियों से मिलना शुरू किया। लेकिन उनकी सबसे बड़ी चाल बंदरगाह को 'विशेष आर्थिक क्षेत्र (स्पेशल इकोनोमिक ज़ोन)' घोषित कराने की दिशा में काम करना था। वह भी तब जब ये विचार भारत में आया तक नहीं था।

बहुत से उद्योगों में शहरों और राज्यों के नियम उद्योग को पनपने नहीं देते थे। ज़्यादातर सॉफ्टवेयर उद्यमियों के लिए शॉप्स एंड एस्टेब्लिशमेंट एक्ट और आवश्यक वस्तु अधिनियम जैसे कानून बहुत नुकसानदायक थे। बंदरगाह के कांदला का विशेष आर्थिक क्षेत्र में आने का मतलब था कि उस पर लागू किए जा रहे नियम सरल होंगे। इससे उद्यमियों को गुजरात राज्य के नियमों और केंन्द्र सरकार के अनगिनत नियमों से बचने का रास्ता मिला।

अपनी कहानी सुनाने के बाद, उन्होंने हमसे पूछा, 'अगर मैं ऐसा ही कुछ आपके उद्योग के लिए करूं तो कैसा रहेगा?' हम यह सुनकर बहुत उत्साहित हुए।

हम जानते थे कि सरकार और नीति निर्माताओं से बात करने में महीनों निकल जाएंगे। इसलिए, अधिकारियों में भरोसा जगाने के लिए (नैसकॉम में यह हमारा मूल सिद्धांत था), यह पहले दिन से ही साफ था कि संस्थान की नीति ऐसी होनी चाहिए कि सरकार की तरफ से कोई भी बिना पूर्व सूचना दिए भी हमारी एग्जीक्यूटिव काउंसिल की मीटिंग में हिस्सा ले सके। हमने इसे लागू किया। इससे सरकार और उद्योग के बीच खुली बातचीत शुरू हुई, जहां किसी योजना को अंतिम रूप देने से पहले इस पर काफी चर्चा की जाती थी।

विट्ठल दिल्ली के पावर स्ट्रक्चर को अच्छे से समझते थे और उन्हें योजना को प्रभावशाली तरीके से पेश करने की ज़रूरत थी। यहां नैसकॉम काम आया, नैसकॉम ने विट्ठल को सभी ज़रूरी आंकड़े और रिसर्च पेपर दिए। उस समय उद्योग का टर्नओवर केवल 1500 करोड़ डॉलर था। लेकिन हम 5000 करोड़ डॉलर के सॉफ्टवेयर निर्यात के बड़े लक्ष्य को हासिल करने की तरफ देख रहे थे। निश्चित रूप से हमारा अनुमान काफी कम था। कुछ ही साल में हम वास्तव में अपनी कल्पना से कहीं अधिक बड़े हो गए।

आखिरकार, विट्ठल ने 'सॉफ्टवेयर टेक्नोलॉजी पार्क ऑफ इंडिया' (STPI) का नया शब्द गढ़ा और केबिनेट ने भी इस पर अपनी मुहर लगा दी। परंपरागत तौर से, भारत में मैन्युफैक्चरिंग यूनिट्स शहर के थोड़ा बाहर लगाई जाती थीं, जहां पर्याप्त जगहें होती है और पर्यावरण से जुड़े नियम भी सरल होते हैं। सरकार ने एसटीपीआई के लिए भी यही तरीका चुना। असल में उन्होंने इस बात पर ध्यान नहीं दिया कि सॉफ्टवेयर उद्योग में काम करने वाले लोग शहरों में रहते हैं और इससे प्रदूषण भी नहीं होता! बैंगलोर के दूरदराज के किओनिक्स या पुणे के तलवाडे जैसे इलाके में एसटीपीआई खोलने का कोई मतलब नहीं था।

पर शुरुआत में अगर हम एसटीपीआई से जुड़े फायदे लेना चाहते थे तो हमें इन्हीं दूर बसे इलाकों से काम करना था। जैसा कि मैंने पहले भी बताया था, हमने सरकार को शहर के बीच बनी किसी भी इमारत को एसटीपीआई योजना में लाने के लिए तैयार कर लिया था। बाद में राज्य सरकारों को भी इस योजना में पार्क स्थापित करने की अनुमति मिल गई।

हालांकि शुरुआत में कुछ समस्याएं आईं लेकिन एसटीपीआई की स्थापना से संदेश गया कि सरकार उद्योग की सहायता करना चाहती थी। एसटीपीआई वाली जगहों से निर्यात करने वालों को टैक्स देने से भी छूट मिल गई। भारत को विदेशी मुद्रा की बेहद ज़रूरत थी और सरकार इसे कमाने में हमारी मदद करने के लिए तैयार थी। आईटी कंपनियों को बिक्री, मार्केटिंग और देश के बाहर ऑफिस खोलने के लिए डॉलर में पैसा खर्च करना पड़ता था। टैक्स में छूट से उद्यमियों को अपना मुनाफा फिर से उद्योग में लगाने का मौका मिला, जिससे उद्योग के विकास में गति आई। इससे सॉफ्टवेयर सर्विसेज से जुड़े कई तरह के बिजनेस भी शुरू हुए। सरकार की केवल एक पहल ने इतने बदलाव ला दिए।

एसटीपीआई शुरू होने के दो साल के भीतर इससे जुड़े ज़रूरी मुद्दे हल हो गए। पार्क स्थापित होने से हमें कागजी काम निपटाने में आसानी हो गई। इससे बहुत सारी प्रक्रियाओं के लिए सिंगल-विंडो क्लियरेंस मिलने लगा, जिससे आईटी बिजनेस को व्यवस्थित करने में मदद मिली। सरकार के हितों पर नज़र रखने के लिए हर ऑफिस में एक एसटीपीआई अधिकारी नियुक्त किया गया, जो पक्का करता था कि हम किसी तरह से नियमों का उल्लंघन न करें। इस अधिकारी को ज़्यादतर दस्तावेज़ों को क्लियर करने की अनुमित थी। अब हमें दस्तावेज़ लेकर कस्टम ऑफिस जाने की ज़रूरत नहीं होती थी, ये काम हमारे ऑफिस में ही हो जाते थे। हम कौन-सा डेटा निर्यात कर रहे थे और क्या हमारे पास आ रहा था, अधिकारी को इस बारे में जानने का अधिकार था। आयात शुल्क में भी छूट दी गई और कंप्यूटर्स व इलेक्ट्रॉनिक्स के सामान को लाना ले जाना आसान बनाया गया। सरकार ने भी कई तरह के खर्च उठाए। समय के साथ ये लागत बेहद कम हो गई।

एसटीपीआई की सबसे बड़ी सफलता छोटे बिजनेस को लेकर थी।[2] इन जगहों पर सॉफ्टवेयर से जुड़े सैंकड़ों स्टार्ट-अप शुरू हुए। इसके पीछे टैक्स छूट ही एक वजह

2 यह उस समय की नई योजना थी, इसलिए इससे जुड़े घोटाले भी बहुत हुए। इन घोटालों में आउटसोर्सिंग कॉन्ट्रैक्ट हासिल करने करने के बहाने लोगों को धोखा दिया गया। इसकी ज़्यादा जानकारी इस किताब की बेवसाइट www.themaverickeffectbook.com पर दी गई है।

नहीं थी, बल्कि यहां होने से उन्हें अंतरराष्ट्रीय जगत से जुड़ने का भी मौका मिल रहा था। हर पार्क के लिए खासतौर से एक 64 केबीपीएस की लाइन डाली गई थी और इसे कोई भी इस्तेमाल कर सकता था। उसी दौरान, वीएसएनएल के अर्थ स्टेशन और SEA-ME-WE 2 डील से भी डेटा लाइनें बढ़ने लगीं थी। सही कहें तो, वीएसएनएल और एसटीपीआई एक-दूसरे से होड़ कर रहे थे। इससे लागत में कमी आई और गुणवत्ता में सुधार हुआ। बुनियादी ढ़ांचे में कई सुधारों के बाद, अब डेटा ट्रांसफर करने में कोई परेशानी नहीं रह गई थी। सेंगल ने वीएसएनएल को नई ज़िंदगी दी थी। पहले के महीनों तक इंतजार करने की जगह अब वह तुरंत 64 केबीपीएस की लाइन दे सकते थे। कभी-कभी तो 72 घंटे के भीतर लाइन मिल जाती थी। सभी कंपनियां चाहे छोटी हों या बड़ी, सभी अपने विदेशी क्लाइंट से जुड़ी हुई थीं। हमें पास कई लाइनें थीं, जिससे हम बिना कनेक्टिविटी की चिंता किए बड़े प्रोजेक्ट के लिए आत्मविश्वास से बोली लगा सकते थे। पर भी काम कर सकते थे! ऑफशोरिंग क्रांति की शुरुआत हो चुकी थी।

नैसकॉम ने बहुत पहले ही सरकार के नेक इरादों को भांप लिया था, और यह भी कि उन्हें हाथ पकड़कर आगे ले जाने की ज़रूरत थी। सौभाग्य से, सरकार हमारी बात सुनने के लिए तैयार थी। नीतियों और एसटीपीआई योजना को बेहतर बनाने का काम कई वर्षों तक चलता रहा। हमने भी इसमें साथ मिलकर काम किया और सॉफ्टवेयर व्यवसाय के बदलते माहौल के हिसाब से योजना बनाई। चार से छह वर्षों के भीतर एसटीपीआई बड़ी ताकत बन गया और यह सरकार की सबसे प्रभावी योजना में से एक थी।

नैसकॉम ने एसटीपीआई के बारे में पूरी दुनिया में जानकारी फैलाई। अपने ग्राहकों को बताया कि कैसे भारत सरकार इसमें स्टेकहोल्डर है। हमने अपना परिचय देने वाली स्लाइड्स में एसटीपीआई को शामिल किया और हर मौक पर इसके बारे में बात की।[3]

---

3 2001 में सरकार ने एसटीपीआई में काम कर रही कंपनियों के अलावा सभी सॉफ्टवेयर कंपनियों को दिए गए निर्यात लाभ वापस ले लिए। हालांकि, मेरा आज भी मानना है कि सरकार को छोटी सॉफ्टवेयर कंपनियों (500 मिलियन डॉलर के कम टर्नओवर वाली) को निर्यात लाभ और दूसरे लाभ देने चाहिएं। छोटी कंपनियों के तेज़ विकास के लिए ये लाभ बहुत ज़रूरी हैं। मेरा समझता हूं कि नीति निर्माताओं को आय में बढ़ोतरी (टैक्स और विदेशी करेंसी के ज़रिए) और रोज़गार पैदा करने (टैक्स में छूट जैसे लाभ देकर) के बीच की महीन सीमा रेखा का ध्यान रखना पड़ता है। ये ऐसे क्षेत्र हैं जहां सरकार को संवेदनशील होना चाहिए।

STPI योजना के गैर-राजस्व नीति निर्णय ने निजी और सरकारी पार्कों को सक्षम बनाया, जिसने सैकड़ों छोटी सॉफ्टवेयर कंपनियों को मदद दी और लाखों लोगों को रोजगार प्रदान किया। आईटी कंपनियां भारत के टियर-2 और टियर-3 शहरों में भी फैलने लगीं। X.25 पॉइन्ट-टू-पॉइन्ट (P2P) कम्युनिकेशन लिंक ने ऑफशोर डेवलपमेंट सेंटर (ODC) के बाज़ार को बढ़ने में मदद की। अब कंपनियां दुनिया भर में फैले अपने ऑफिसों से सुरक्षित तरीके से डेटा को भारत के अपने बैकएंड सेंटर्स में भेज सकती थीं।

भारत से निकला डेटा सभी महाद्वीपों में फैलने लगा। इससे संभावनाओं के नए द्वार खुले। अचानक दुनिया को समझ आया कि दो लोगों के साथ काम करने के लिए उनका एक ही इमारत, शहर या देश में रहना ज़रूरी नहीं था। अंतरराष्ट्रीय कंपनियों को समझ आया कि वे अपने काम का बड़ा हिस्सा कम खर्च वाले देशों में करवा सकती थीं। इससे बिजनेस प्रोसेस आउटसोर्सिंग (BPO) उद्योग का जन्म हुआ। आईटी उद्योग से विकसित हुए बीपीओ उद्योग की अपनी अलग कहानी है जिसके बारे में आगे विस्तार से बात करूंगा।

बैंडविड्‌थ की मेरी कहानी भारत में कंज्यूमर इंटरनेट की बात किए बिना पूरी नहीं हो सकती।

वैश्विक क्रांति

बाजार के अनुकूल माहौल और आईटी व आईटी आधारित सेवाओं के दुनिया भर में फैलने के कारण 90 के दशक में भारत में बहुत सारी आईटी कंपनियां शुरू हुईं। कई कंपनियां अपने आईपीओ (IPO) लेकर आईं और जो जरूरत से ज्यादा सब्सक्राइब हुए। हमारी कंपनी, ऑनवर्ड टेक्नोलॉजीज़ भी ऐसी ही स्टार्ट-अप कंपनी थी। इसी दौरान 1993 में नोवेल इंकॉर्पोरेशन के साथ मिलकर मैंने ऑनवर्ड-नोवेल की शुरुआत की। इसमें दोनों की 50-50 फीसदी हिस्सेदारी थी। मैं बताता हूं कि इसकी शुरुआत कैसे हुई।

नोवेल के सीईओ और चेयरपर्सन रे नोर्डा पूरी दुनिया में अपना व्यापार फैलाना चाहते थे। वह पार्टनर्स की तलाश में थे और दुनिया में लोकप्रिय हो चुकी उनकी 'कोपीटीशन' के विचार को इस्तेमाल करना चाहते थे। भारत में भी उनकी कई कंपनियों से बात चल रही थी। मेरा हाल में शुरू हुआ ऑनवर्ड स्टार्ट-अप भी उनमें से एक था। जब उनकी टीम

मुझसे मिली तो मुझे इस पार्टनरशिप के होने में संदेह था। मुझमें आत्मविश्वास की कमी नहीं थी, लेकिन मेरी कंपनी गैराज से चलती थी, जो दूसरों की तुलना में बहुत छोटी थी। हालांकि, मुझे दूसरों की तुलना में दो फायदे थे।

पहला, और यह ज़्यादा तार्किक भी था कि मेरा किसी हार्डवेयर मैन्युफैक्चरर से कोई सीधा रिश्ता नहीं था। बाकी सभी ने किसी न किसी हार्डवेयर कंपनी से पार्टनरशिप कर रखी थी और वे उस पार्टनरशिप को छोड़ना नहीं चाहते थे। नोवेल के उत्पाद हार्डवेयर से स्वतंत्र थे, और वे ऐसा पार्टनर चाहते थे जो इन्हें सभी हार्डवेयर प्लेटफॉर्म्स पर बेच सकें। इसके साथ ही, दूसरों ने नोवेल के साथ जुड़ने पर मिलने वाले बड़े अवसर पर ध्यान नहीं दिया और अपने पुराने पार्टनर्स के साथ जुड़े रहे।

दूसरा, और ज़्यादा भावनात्मक फायदा यह था कि वे सोच समझकर बड़े दांव लगाने की मेरी क्षमता को देख सकते थे। आखिर मैं गैराज से अपनी कंपनी चला रहा था और दुनिया की दूसरी सबसे बड़ी सॉफ्टवेयर कंपनी के साथ 50-50 पार्टनरशिप के लिए पिच कर रहा था!

मुझे लगता कि दूसरे कारण ने पलड़ा मेरे पक्ष में झुकाया। वैसे, मुझे पता चला कि जिस समय नोवेल भारत में पार्टनर की तलाश कर रही थी, उस दौरान यूटा के प्रोवो में कंपनी के ऑफिस की पार्किंग में नोर्डा की मुलाकात इंटरनेशनल बिजनेस डेवलपमेंट के डायरेक्टर, रॉयडन ओल्सेन से हुई। नोर्डा ने भारत के जॉइंट वेंचर के बारे में पूछा। उस समय तक ओल्सेन मेरे साथ काम करने का तय कर चुके थे। ओल्सेन ने गैराज से चल रही मेरी कंपनी देखी थी और कहा था कि पंद्रह साल पहले नोवेल भी गैराज से ही शुरू हुई थी। उन्होंने रे को कहा, 'मैं भारत में नोवेल के प्रतिनिधि के तौर पर पिछले तीन वर्ष से हरीश को जानता हूं। मुझे उस पर भरोसा है और मुझे लगता है कि नोवेल को ऑनवर्ड के साथ ही जुड़ना चाहिए।'

मुझे लगता है इसके पीछे तीसरी वजह भी थी। और वह वजह थी ओल्सेन के साथ बना मेरा रिश्ता।

जॉइंट वेंचर के साथ कंवल रेखी आए। वे नोवेल के बोर्ड में थे और ऑनवर्ड-नोवेल के बोर्ड में भी शामिल हुए। एक साल पहले सिलिकॉन वैली में द इंडस इंटरप्रेन्योर्स (TiE) की स्थापना हुई थी और इसका नेतृत्व कंवल ही कर रहे थे। यह नेटवर्किंग, मेंटरिंग, फंडिग और शिक्षा के ज़रिए उद्यमिता को बढ़ावा देने का काम करने वाली गैर-लाभकारी

संस्था थी। मैं सिलिकॉन वैली काफी जाता रहता था। वहीं कंवल और नोवेल के उनके सहयोगियों ने मुझे इंटरनेट की ताकत के बारे में बताया। मैं मानने लगा था कि दुनिया पर इंटरनेट का असर भी ऐसा ही होगा जैसा बिजली के अविष्कार से हुआ था।

आईपी आधारित व्यवसायों के मामले में सिलिकॉन वैली के उद्यम मेरा आदर्श थे। मेलजोल बढ़ाने के लिए हमने वैली के उद्यमियों को नैसकॉम के सम्मेलनों में बुलाना शुरू किया। उनमें वेंचर कैपिटलिस्ट और सन माइक्रोसिस्टम्स के सह-संस्थापक विनोद खोसला; क्लाइंट सर्वर कंप्यूटिंग के प्रणेता उमंग गुप्ता; मैसाचुसेट्स इंस्टीट्यूट ऑफ टेक्नोलॉजी (एमआईटी) के पूर्व प्रोफेसर, सिरस लॉजिक के संस्थापक और टीआईई के सह-संस्थापक सुहास पाटिल; और स्टैनफोर्ड विश्वविद्यालय के अर्थशास्त्री रफीक दोसानी जैस लोग शामिल थे।

देवांग भी वैली जाते रहते थे और वह भी इंटरनेट की क्षमता से आश्वस्त थे। हम सहमत थे कि नैसकॉम को भारत में इंटरनेट को लोकप्रिय बनाने का काम करना चाहिए, हालांकि निकट भविष्य में यह नैसकॉम के सदस्यों के उपयुक्त नहीं था। एक दिन देवांग ने मुझे फोन किया और कहा, 'रोटी, कपड़ा, मकान और हर नागरिक के लिए 3 एमबी बैंडविड्‌थ।' भारत में लोकप्रिय यह कहावत आम लोगों की ज़रूरतों के बारे में बताता थी और देवांग में उसनें थोड़ा बदलाव करके उसे नैसकॉम के कैंपेन का हिस्सा बना दिया। देवांग को भविष्य की समझ थी। जब सवाल पूछा गया तो हमने ज़ोर देकर कहा कि इंटरनेट भी पानी और बिजली की तरह की ज़रूरी बन जाएगा। इसे सच्चाई बनने में बीस साल लग गए, लेकिन हमने जो कहा सच साबित हुआ।

उस समय हमने सामने आने वाली चुनौतियों का वास्तविक आंकलन नहीं किया था। इसका पता हमें तब चला जब एक दूरसंचार मंत्री ने हमसे पूछा, 'ये बैंडविड्‌थ क्या चीज है?' उन्होंने हमारा स्लोगन सुना था और उन्हें लगा कि रोटी, कपड़ा और मकान की तरह बैंडविड्‌थ भी कोई भौतिक वस्तु है। हमें समझ आ गया कि इंटरनेट को लोकप्रिय बनाना कितना ज़रूरी था।

1994 में, प्रचार की हमारी योजनाएं उस दिन सफल हुईं जब विजय मुखी ने हमें फोन करके कहा कि हम मशहूर हिंदी स्टार शम्मी कपूर के साथ चाय पीने जा रहे थे। मैं बॉलीवुड के इस लेजेंड कलाकार से मिलने को लेकर उत्सुक था। उनके घर पर मैंने उन्हें एप्पल के ई-वर्ल्ड के साथ जुड़े देखा। यह भारत में वास्तविक 'इंटरनेट' आने से एक

साल पहले की बात थी! वह उस पर दुनिया की ख़बरें और मौसम से जुड़ी बातें देखते थे। यह ज़बरदस्त था। उस समय शम्मी जी सत्तर वर्ष के हो चुके थे और पुराने ज़माने की फिल्मी दुनिया के बड़े सितारे रह चुके थे। फिर भी इंटरनेट को लेकर उनका उत्साह और जिज्ञासा देखते ही बनता था। पानी और मछली का के बीच जो रिश्ता है, वैसे ही तकनीक का रिश्ता उनका रिश्ता था।

मैं सोचने लगा कि क्या शम्मी जी की लोकप्रियता इंटरनेट को लोकप्रिय बनाने में काम आ सकती थी। फिर मैंने पानी बचाने के कैंपेन में एक फिल्मी हस्ती को देखा। मेरे दिमाग में विचार आया: क्यों न बॉलीवुड स्टार शम्मी कपूर इंटरनेट का प्रचार करें? हमने शम्मी जी से बात की। वह बिना पैसे लिए यह करने को तैयार हो गए। विजय और देवांग ने इस विचार को अमली जामा पहनाया।

हमने मुंबई के नेहरू सेंटर में पहला कार्यक्रम आयोजित किया और ज़बरदस्त प्रचार किया। कार्यक्रम के दिन सेंटर खचाखच भरा था। उस कार्यक्रम में 700 लोगों ने हिस्सा लिया और शम्मी कपूर पैंतालिस मिनट स्टेज पर रहे और लोगों को इंटरनेट इस्तेमाल करने के बारे में बताया। उन्होंने बड़े उत्साह से इंटरनेट से जुड़े खुद के अनुभव सुनाए। वहां आए लोग यह जानकर आश्चर्च में पड़ गए कि कैसे शम्मी कपूर इंटरनेट के ज़रिए विदेश में रह रहे अपने बच्चों से जुड़े रहते थे। शम्मी जी ने दर्शकों का दिल जीत लिया। हम वहां आए लोगों की प्रतिक्रिया से उत्साहित थे।

शम्मी जी ने हमारे अभियान को नई ऊंचाई पर पहुंचा दिया। उन्होंने हमारे साथ पूरे देश का सफर किया। उनके व्यक्तित्व और अपनी बात कहने के कौशल की सहायता से हम सरकारी अधिकारियों को भी इंटरनेट की क्षमता के बारे में समझा पाए। हमने उनके साथ वीएसएनएल, दूरसंचार विभाग और डीओई में कई बैठकें की। उन्होंने आम लोगों के बीच इसकी मांग बढ़ाने में भी बहुत मदद की क्योंकि जनता तब तक कंप्यूटर के जादू से अनजान थी।

इसी दौरान कहानी कहने में माहिर देवांग ने गुजरात के कच्छ के दूरदराज के गांव में रहने वाली महिला मांछाबेन का काल्पनिक किरदार गढ़ा। वह गरीब महिला थी जो अपने हस्तशिल्प को ऑनलाइन बेचना चाहती थी। कड़ी मेहनत और इंटरनेट की मदद से उसने पूरी दुनिया में अपना सामान बेचना शुरू किया और सफल व्यापारी बनी। इस

कहानी का जनता पर बहुत असर हुआ। अब लोगों को भरोसा होने लगा कि इंटरनेट की मदद से उनकी ज़िंदगी में भी बदलाव आ सकता था।

हमने 90 के दशक के आखिर में भारत की पहली इंटरनेट नीति का शुरुआती ड्रॉफ्ट तैयार करने में मदद की। इससे ही नई टेलीकॉम नीति की राह खुली और भारत में इंटरनेट सर्विस प्रोवाइडर्स के निजीकरण का रास्ता खुला। इसी तरह, राष्ट्रीय दूरसंचार नीति 1999 ने आईटीईएस (ITES) और बीपीओ (BPO) के विकास में बहुत बड़ा योगदान किया।[4]

इंटरनेट को लेकर उत्साह के बीच, दूरसंचार उद्योग में भी तेजी से बदलाव आ रहा था। हर दशक में टेलीफोन की तकनीक में क्रमिक विकास होता रहा था, लेकिन पेजर नाम के नए उपकरण ने लोगों को चौंका दिया था। 1992 में शेयर बाज़ार पर नज़र रखने के लिए मैंने भी एक पेजर लिया था।

कुछ वर्ष बाद मैंने सेलफोन लिया। मुझे याद है कि उस समय विदेश में फोन करने के लिए 110 रुपये प्रति मिनट की भारी रकम चुकनी पड़ती थी। इस उद्योग में विकास के साथ ही कीमतों में भारी गिरावट आई और आज स्थिति है कि डेटा प्रोवाइडर्स मुफ्त वॉयस कॉल दे रहे हैं। मोबाइल फोन के कारण सस्ता और तेज़ बैंडविड्थ हर भारतीय की पहुंच में आ गया है।

पीछे मुड़कर देखने पर, मुझे एक चीनी श्राप याद आ रहा है: 'आपका समय दिलचस्प बना रहे।' शांति के दिनों में सबकुछ अच्छा और नीरस होता है। इसलिए, चीनी लोग जिनसे घृणा करते थे, उनके लिए युद्ध और विनाश भरे 'दिलचस्प दिनों' की कामना करते थे।

हम कैसे रहते थे?

हमने 80 के दशक की खराब एनालॉग लाइनों का सामना करके उनके ज़रिए 9.8 केबीपीएस का कुछ एमबी डेटा ले जाने में सफलता हासिल की। धीमी और खराब 64 केबीपीएस की लाइनों के बावजूद हमने ग्राहकों को बनाए रखा। हमने सैंकड़ों कंपनियों में काम कर रहे लाखों प्रोग्रामर्स को किफायती STPI बैंडविड्थ मुहैया करवाया। हमने

4 इंटरनेट नीति और राष्ट्रीय दूरसंचार नीति ने भारत में इंटरनेट और दूरसंचार को नियंत्रण से मुक्त किया। इससे इस क्षेत्र में देशी और विदेशी कंपनियों को बढ़ने का मौका मिला। अब उद्योग बड़े पैमाने पर इंटरनेट और दूरसंचार कनेक्टिविटी का फायदा उठा सकता था। इससे भारत में आईटीईएस/बीपीओ क्षेत्र के विकास में तेजी आई।

खुद के लिए चुनौती पेश की और ऐसी नीति तैयार की जिसने हर भारतीय को 3 एमबी डेटा देने का वादा पूरा करने में अहम भूमिका निभाई। हमने कीमत में भारी गिरावट लाने को मजबूर किया और 64 केबीपीएस के लिए लाखों रुपये की जगह पर अब यह काम चंद रुपयों में होने लगा। लड़ाई लगातार जारी थी। हर लड़ाई में ख़ून बहे यह ज़रूरी नहीं होता। कुछ लड़ाईयां बिना ख़ून बहाए भी सभ्यताओं का निर्माण करती हैं।

ओह, हां, हम दिलचस्प समय में जी रहे हैं।

8

भारतीय होने पर गर्व!

ब्रह्माण्ड कहानियों से बना है, परमाणुओं से नहीं।

—म्यूरियल रुकेसर, द *स्पीड ऑफ़ डार्कनेस*

मुझे कहानियों की ताकत में विश्वास है। ज़रूरी नहीं कि हम जो कहानियाँ सुनाएं, वे सच्ची या बिल्कुल सही हों। यह सुनने वाले पर निर्भर करता है कि वह किस पर भरोसा करना चाहता है। पुरानी शराब को नई बोतल में भरकर नई कीमत पर बेचने पर लोगों को भरोसा होता है कि मंहगी शराब स्वाद में बेहतर है।

भारत को विश्व के नक्शे पर स्थापित करने के लिए हमें ऐसी कहानी कहनी थी जिस पर दुनिया भर के व्यवसाय विश्वास करें। हमें भारत की सपेरों वाली छवि को हटाकर उसकी जगह कांच और स्टील की ऊंची इमारतों में बैठकर कीबोर्ड पर काम करते प्रोग्रामर्स की छवि तैयार करनी थी।

80 के दशक में भारतीय सॉफ्टवेयर उद्योग ने अपनी चमक दिखानी शुरू कर दी थी। यह वह समय था जब अमीर देशों के लोग भारत के बारे में बहुत कम जानते थे। उस समय पश्चिमी मीडिया भारत की सड़कों पर घूमती गायों की तस्वीरें दिखाकर हास्य पैदा करता था। गरीबी और अज्ञानता इस देश की पहचान थी। एक ऐसी प्राचीन जगह जहां बुनियादी ढांचा है ही नहीं। दुख की बात है कि ये बातें सच थीं।

पौराणिक कहानियों में तो भारत समृद्ध देश था लेकिन वर्तमान ऐसा नहीं था। एक समय यह ज्ञान और समृद्धि का देश था। लेकिन सभ्यताएं समुद्री लहरों की तरह होती हैं, जो ऊपर उठती और गिरती हैं। सैंकड़ों वर्षों के युद्धों, आक्रमण, और औपनिवेशिक कब्जे ने हमारे देश को गरीबी में धकेल दिया। ब्रिटिश राज से आज़ादी के बाद भारत ने समाजवादी व्यवस्था को चुना। उस समय की द्विध्रुवीय व्यवस्था में भारत गुट निरपेक्ष रहने की कोशिश कर रहा था, लेकिन वह सोवियत रूस (USSR) के करीब रहा। 80 के दशक के आखिर में भारतीय अर्थव्यवस्था की जड़ें हिलने लगीं। तब तक रूस जैसा भरोसेमंद मित्र देश भी टूट रहा था। दुनिया में भारत का कोई मित्र देश नहीं बचा था।

जब भी भारत अपनी परेशानियों से उबरकर बाहर आया, तो दुनिया की मीडिया ने उसे नज़रअंदाज़ किया। पर जब भी ट्रेन दुर्घटना या बाढ़ जैसी विभिषिका आई तो भारत दुनिया में अखबारों के पहले पन्ने पर होता था। दुनिया की मीडिया को भारत की परेशानियों से घिरी छवि ही पसंद आती थी।

देश की ब्रांडिग गलत तरह से हो रही थी और इस पर किसी का ध्यान नहीं था।

80 और 90 के दशक में भारत की यह बुरी छवि भारत के पहले वैश्विक उद्योग, सॉफ्टवेयर के लिए दु:स्वप्न साबित हुई।

एक गरीब और संकटग्रस्त देश की पृष्ठभूमि में भारतीय अमेरिकी बोर्डरूम्स में खड़े होकर यह वादे कर रहे थे कि वे उनकी सबसे जटिल तकनीकी चुनौतियों से निपटने में मदद उनकी मदद कर सकते हैं। यह दु:साहस भले ही न हो, लेकिन अवास्तविक ज़रूर लग रहा था। भारतीय सॉफ्टवेयर उद्यमी लगातार मेहनत कर रहे थे। उनकी पूरी कोशिशों के बावजूद भी उन्हें मनचाहे परिणाम नहीं मिल रहे थे। भारत ऐसा देश नहीं था जिसके साथ व्यापार किया जाता। बात बस यही थी।

तो, भारत ने इस चुनौती का सामना कैसे किया?

ब्रांड अमूर्त और जटिल वस्तु है। इसमें दर्जनों विशेषताएं शामिल हैं। इस काम की जटलिता को समझने के लिए, हम भरोसे जैसी चीज के साथ शुरुआत करते हैं। कोई अमेरिकी कंपनी किसी ऐसी भारतीय कंपनी पर भरोसा कैसे कर सकती थी, जिसके पास समय पर क्वालिटी डिलीवर करने का कोई ट्रेक रिकॉर्ड नहीं हो? उपभोक्ता वस्तुओं में वस्तु को खरीदने से पहले गुणवत्ता की पहचान की जा सकती थी, लेकिन सर्विस उद्योग में

सर्विस का भुगतान करने के बाद ही इसकी गुणवत्ता को परखा जा सकता था। यही वजह है कि सर्विस उद्योग में आपकी सर्विस से संतुष्ट ग्राहकों की सिफारिश बहुत मायने रखता है। कोई इक्का-दुक्की कंपनी स्टार्ट-अप से जुड़े मुद्दों से पार पाने की कोशिश कर सकती है। लेकिन भारतीय कंपनियों के साथ काम करने की पश्चिमी कंपनियों की अनिच्छा जो 'भारत' और 'कम्प्यूटर' को एक ही वाक्य में जोड़ने से हिचकिचाते हैं, से पूरे देश की कपंनियों की सहायता कैसे की जाए?

भारत दुनिया के साथ व्यापार करने के लिए तैयार नहीं था। 90 की शुरुआत तक देश में व्यापार को आसान बनाने वाले कानूनों का अभाव था। नेता, लाला (व्यापारी) और नौकरशाहों का घटिया गठबंधन कुछ लोगों के फायदे के लिए नीतियों में मनचाहा बदलाव करता था, जिससे देश की आर्थिक रणनीति को चोट पहुंचती थी। इन लोगों को झोला (मीडिया), बाबा (धार्मिक गुरु) और न्यायधीशों का समर्थन हासिल था। गुंडे तय करते थे कि कोई विरोध न हो। 'सेंटिग हो गया'[1] यह लाइन व्यापार करने का तरीका थी। मामला और भी खराब हो जाता था, जब इन्हीं नीतियों के कारण दुनिया में भारत की छवि खराब गुणवत्ता के उत्पाद निर्यात करने वाले देश के तौर पर बनती थी। ब्रांडिंग के लिहाज से यह बड़ा नुकसान था।

'लाइसेंस राज' के कारण दुनिया की कंपनियों के लिए भारत के दरवाजे बंद थे। समाजवादी भारत किसी भी मामले में गुणवत्ता के पैमाने पर नहीं टिकता था।

80 के दशक में दुनिया में पैसेंजर कार के क्षेत्र में विकास हो रहा था, हर साल कार के मॉडलों में नई सुविधाएं जोड़ी जा रही थीं। लेकिन भारत दूसरी दुनिया में ही था, देश न बदलने वाली पुरानी, और भारी-भरकम एम्बेस्डर कार से ही खुश था। मजाक बनाया जाता था कि एम्बेस्डर में हॉर्न को छोड़कर सब कुछ बजता है।

उस दौर का एक और उदाहरण है कलाई घड़ियाँ। दुनिया में तरह-तरह का घड़ियाँ बन रही थीं–कुछ गहनों जैसी कीमती और कुछ सस्ती लेकिन फैशनेबल। वहीं भारत ने अपनी नियंत्रित अर्थव्यवस्था वाली सोच को फिर से दिखाया, जब उसने एचएमटी जैसी मशीन टूल्स बनाने वाली कंपनी से साधारण और कामचलाऊ डिज़ाइन वाली घड़ियां

---

1 'हमने व्यवस्था कर ली है।' ज़ोर-ज़बरदस्ती या रिश्वत के ज़रिए बनाई व्यवस्था के लिए यह लाइन इस्तेमाल की जाती थी।

बनवाई। कार और घड़ियों से लेकर सरकार के संरक्षण में आने वाले हर उद्योग के कारण विकास और इनोवेशन को चोट पहुंच रही थी।

व्यवसायों को प्रभावित करने वाले सरकार के मनमाने नियमों से भी भारत की छवि को गहरा धक्का लगा। भुगतान संतुलन के संकट का सामना कर रही सरकार ने विदेशी करेंसी के खर्च पर पाबंदी लगा दी। नतीजतन, आयात लाइसेंस 700 प्रतिशत ऊंचे प्रीमियम पर बेचे गए। लेकिन इसमें एक शर्त थी। आपको आयात का लाइसेंस हासिल करने के लिए पहले निर्यात करना ज़रूरी था। इस नियम को पूरा करने के लिए भारतीय कंपनियों ने खराब गुणवत्ता का सामान निर्यात करना शुरू कर दिया। उन्हें आयात लाइसेंस मिलने से मतलब था, उन्हें अपनी प्रतिष्ठा की परवाह नहीं थी। इस लाइसेंस को वे ज़्यादा फायदे में बेच सकते थे। इस वजह से भारत की छवि खराब गुणवत्ता के सामान भेजने वाले देश की बनी। अर्थव्यवस्था में उदारीकरण के बाद भी यह दाग बना रहा और इस वजह से सॉफ्टवेयर कंपनियां भी परेशान रहीं।

मेरा मानना है कि इसके पीछे जितना भारतीय उद्यमियों का हाथ है, उतना ही हाथ नीति निर्माताओं का भी है। सरकार स्व-नियंत्रण में यकीन नहीं रखती थी और ऐसे निर्णय लिए जाते थे, जिनसे कुछ देर के लिए स्थिति नियंत्रित होती दिखाई देती लेकिन दीर्घकालीन फायदों पर ध्यान नहीं दिया जाता था।

नैसकॉम ने बहुत पहले ही समझ लिया था कि ब्रांड इंडिया असली समस्या थी। हमने हर हाल में भारत की कहानी को बदलने का निर्णय लिया। उद्योग से जुड़े उद्यमियों और नैसकॉम ने पश्चिम के हमारे ग्राहकों की सोच को बदलने के लिए धीरे-धीरे काम किया। हम उस बड़े मौके की तलाश में थे, जब भारत का नाम 'टेक्नोलॉजी डेस्टिनेशन' का पर्याय बन जाए।

आखिरकार वह घड़ी आ गई और इतिहास में उसकी जगह पक्की है। आज पीछे मुड़कर देखें तो समझ आता है कि हमने इसे कैसे हासिल किया। उस समय तो हम बस अपने काम में लगे थे।

आज एक भारतीय इंजीनियर को पश्चिम के इंजीनियर की तुलना में ज़्यादा सम्मान दिया जाता है। हो सकता है हममें से कुछ लोग इस गौरव पर ध्यान नहीं देंगे। लेकिन यह सब अचानक नहीं हुआ।

खुद से पूछें कि आप क्या कर सकते हैं

ब्रांड के तौर पर भारत की स्थिति में सुधार लाने में सरकार के कदमों का इंतजार किए बिना हमने खुद इसके लिए कदम उठाने का निर्णय लिया। यह कठिन काम था, जिसमें काफी समय लगना था और हमारे पास समय नहीं था। शुरू से ही हमने साथ मिलकर काम किया। हमने हर व्यक्ति के लिए काम तय किया- नैसकॉम बतौर एक संगठन, इसकी सदस्य कंपनियां और यहां तक कि व्यक्तिगत स्तर पर भी।

हम अपने बारे में कहने के लिए अच्छी बातों की तलाश करने लगे। और हमारे पास ऐसी बातों की कमी नहीं थी।

सॉफ्टवेयर का विकास करने में भारतीय इंजीनियरों को महारथ हासिल थी। भारतीयों की गणित को लेकर बेहतर समझ इसकी बड़ी वजह थी, वे इसे ऐसे पढ़ते हैं जैसे कोई कविता पढ़ रहे हों। उस समय इंफोसिस के सीएफओ, मोहनदास पई इसका साक्षात उदाहरण हैं। वह अपने दिमाग में बड़ी-बड़ी गणनाएं कर सकते हैं। दिमाग में ही आंकड़ों की छान-बीन कर सकते हैं। वह किसी भी समय माइक्रो और मैक्रो संकेतों के बारे में बात कर सकते हैं। मुझे याद है कि टीआईई (TiE) मुंबई के सम्मेलन में 1000 से ज़्यादा डेलिगेट्स से खचाखच भरे हॉल में सभी ने उनके शानदार भाषण के लिए खड़े होकर उनका अभिवादन किया। मैंने पहली बार देखा कि श्रोता उनके जैसे किसी वक्ता को कैसे शाबासी दे रहे थे।

सांस्कृतिक तौर से भारत में काफी विविधता है। इसलिए भारतीयों में बहुत जल्दी अलग-अलग पृष्ठभूमि से आने वाले लोगों के साथ मिलकर काम करने की सोच विकसित हो जाती है। आप बहुत जल्दी ऐसे भारतीयों की बातों को समझना और उन पर प्रतिक्रिया देना सीख लेते हैं, जिनकी मातृभाषा आपसे अलग है। जब 'ग्लोबल डिलीवरी मॉडल' क्रियान्वित करने की बात आई, तो यह अमूर्त गुण भारतीयों की सबसे बड़ी ताकत बना।

मध्यमवर्गीय मूल्य और उससे जुड़ा व्यवहार भारतीय इंजीनियरों की पहचान थे। लगभग हर कोई जीवन में किसी न किसी चीज की कमी का सामना करते हुए बड़ा हुआ था। इस वजह से उनमें समस्या का हल निकालने की अद्भुत कला विकसित हो गई थी। भारतीय इंजीनियरों में असमंजस की स्थिति से निपटने और लक्ष्य में लगातार हो रहे बदलावों से सामंजस्य बैठाने की क्षमता थी।

इस तरह हम बदलती मैनेजमेंट प्रक्रिया के अभयस्त हो चुके हैं, जो सर्विस बिजनेस[2] और ग्लोबल डिलिवरी मॉडल के लिए बहुत ज़रूरी है।

हम भारतीयों को दूसरा फायदा यह था कि हम अंग्रेजी बोलने और समझने में माहिर थे। इससे दुनिया भर में व्यापार की भाषा बन चुकी अंग्रेजी भाषा में सर्विस देने की हमारी क्षमता में इजाफा हुआ।

इसके अलावा भारत में एंटी-पाइरेसी नियमों को कठोर बनाया जा रहा था। भारतीय अर्थव्यवस्था में खुलापन आ रहा था, और भारतीय प्रतिभा तेजी से होशियार होती जा रही थी। भारतीय उद्यमियों ने भी अंग्रेजी बोलने वाली दुनिया में पहुंच बनानी शुरू कर दी थी।

प्रतिभाओं की कोई कमी नहीं थी। ज़रूरत इस बात की थी कि इस प्रतिभा को एक साथ दुनिया के सामने रखा जाए। यह करने की ज़िम्मेदारी नैसकॉम ने उठाई।

पूरे देश की छवि को सुधारना बहुत बड़ा काम है, भले ही यह कुछ लोगों के दिमाग में हो।[3] संसाधनों की कमी के कारण, ब्रांड बनाने का काम बहुत कम पैसे में करना था। हमने पहले दृष्टिकोण पर काम किया। जैसा कि मैंने पहले ही बताया, हमने हर सदस्य कंपनी के पिच प्रजेंटेशन से पहले पांच स्लाइड चलाने का निर्णय लिया। उन स्लाइड में हमने ज़ोर देकर कहा कि भारत दुनिया का सबसे बड़ा लोकतंत्र है। हमने भारत की समृद्ध विरासत और ज्ञान केन्द्रों के बारे में बात की। हमने बताया कि ज़ीरो की खोज करने वाला आर्यभट्ट भारतीय था। हमने भारत में इंजीनियरिंग से जुड़े संसाधनों और 1 अरब लोगों के बड़े बाज़ार के बारे में बात की। ये स्लाइड इतनी महत्वपूर्ण थीं कि हमने हर भारतीय सॉफ्टवेयर कंपनी को ये स्लाइड दीं, यहां तक कि उन कंपनियों को भी जो नैसकॉम की सदस्य नहीं थीं। सबने हमारे सुझावों को माना और अपने प्रजेंटेशन में स्लाइड्स का इस्तेमाल किया।

---

2 अक्सर, सर्विस बिजनेस में वादे पर आपको बिजनेस मिल जाता है। इससे जुड़ी आवश्यकताओं को सटीकता से परिभाषित नहीं किया गया है और इनमें बदलाव होता रहता है। इसलिए, समय और कीमत से जुड़े अनुमान, संसाधनों के आवंटन और यहां तक कि दी जाने वाली सर्विस के दायरे में परिवर्तन होना सामान्य है।

3 नैसकॉम में हमने हमारे ब्रांडिंग प्रयासों को 5,000-10,000 वैश्विक कंपनियों और उनकी लीडरशिप पर लक्षित किया। ये भारतीय आईटी कंपनियों के संभावित ग्राहक थे।

हमने सदस्य कंपनियों को कहा कि अपने इंजीनियरों को भी ब्रांड संदेश देने के लिए प्रशिक्षित करें, जिसे हमने तैयार किया था। इस तरह हज़ारों इंजीनियरों ने बिना किसी शोर-शराबे के ब्रांड इंडिया का प्रचार शुरू किया।

भारत का विदेश मंत्रालय भी इस काम में साथ आया। और उन्होंने नैसकॉम की स्लाइड्स को दुनिया के हर भारतीय राजदूत के पास भेजा। टीआईई (TiE) की मदद से हमने सिलिकॉन वैली में काम कर रहे भारतीयों तक भी अपनी ब्रांडिंग स्टोरी को पहुंचाया और उन्होंने इसे आगे बढ़ाने का काम किया।

विदेशों में रहने वाले भारतीयों को परंपरागत तौर से एनआरआई (NRI) कहा जाता था। दुर्भाग्य से, 'नॉन रिलाएबल इंडियन' कहकर उनका मजाक उड़ाया जाता था। इसे बदलना था। इसलिए अमेरिका में हमने सोच समझकर 'इंडियन अमेरिकन' शब्द का इस्तेमाल शुरू किया। ये इंडियन अमेरिकन बाद में हमारे अंबेसडर बने। ये लोग अपने व्यवहार, कड़ी मेहनत और उपलब्धियों से भारत का गौरव बढ़ा रहे थे। उनमें रिसर्च साइंटिस्ट, इंजीनियर, डॉक्टर, नासा में काम कर रहे वैज्ञानिक, नोबेल पुरस्कार विजेता, स्पेलिंग बी विजेता और बेहद सफल उद्यमी (दुनिया के सबसे प्रतिस्पर्धा से भरी सिलिकॉन वैली में) थे। हमने उन्हें भारत की प्रतिष्ठा को बढ़ाने से जुड़ी सामग्री दी।

नैसकॉम ने टेक्नोलॉजी और सॉफ्टवेयर उद्योग के जाने-माने इन्फ़्लुएन्सर्स, जो कि भारतीय आईटी कंपनियों के साथ अपने व्यापार के कारण भारत की यात्रा कर रहे थे, के बीच इस संदेश को फैलाने का निर्णय लिया। नैसकॉम ने उनसे भारतीय आईटी उद्योग के बारे में सकारात्मक टिप्पणी करने की अपील की। उसके बाद नैसकॉम ने इन लोगों की प्रतिक्रिया को देशी-विदेशी मीडिया तक पहुंचाया।

इन लोगों में नोवेल[4] के एरिक श्मिट, माइक्रोसॉफ्ट के बिल गेट्स, सिस्को के जॉन चेंबर्स और एमआईटी के मीडिया लैब के संस्थापक और मानद अध्यक्ष निकोलस नेग्रोपोंटे[5] जैसे दिग्गज शामिल थे।

---

4 एरिक पहले सन में थे, उसके बाद गूगल गए और इस किताब को लिखते समय वह श्मिट फ्यूचर्स के सह-संस्थापक थे।

5 निकोलस भविष्यवादी हैं। उन्होंने 1984 में ही ई-रिडर्स, फेस-टू-फेस टेलिकांफ्रेंसिंग और टचस्क्रीन फोन जैसी टेक्नोलॉजी की भविष्यवाणी कर दी थी, जो आज आम हो चुकी है।

मुझे याद है कि एक बार मैंने उस समय ऑनवर्ड-नोवेल के चेयरपर्सन एरिक शिमट को पार्टनरशिप के बारे में बात करने के लिए भारत बुलाया। मैंने मुंबई के ओबरॉय होटल में जिस बॉलरूम को बुक किया उसमें 300 लोग आ सकते थे। वहां 1500 से ज़्यादा लोग उन्हें सुनने का इंतज़ार कर रहे थे। उन्हें सुनने के लिए लोगों ने होटल के बाहर लाइन लगा रखी थी। नैसकॉम के फोरम पर आने वाले जाने-माने इंफ्लूएंसर्स का ऐसा असर था।

मैं आपको एक घटना के बारे में बताता हूं जब एरिक भारतीय प्रतिभा से प्रभावित हो गए थे। वर्ष 1997 में एरिक भारत में थे। उन्हें भारत के बाज़ार पर भरोसा नहीं था क्योंकि भारत में इंटरनेट मौजूद नहीं था और नोवेल का ज़्यादातर काम नेटवर्क सोल्यूशंस से ही जुड़ा था। नोवेल डायरेक्टरी उनका फ्लैगशिप उत्पाद था, उसे इस्तेमाल करने के लिए इंटरनेट की ज़रूरत पड़ती थी। उन्होंने भविष्यवाणी की थी कि ऑनवर्ड-नोवेल की पार्टनरशिप एक वर्ष में खत्म हो जाएगी क्योंकि भारत में उस समय इंटरनेट उपलब्ध नहीं था। जब वह भारत पहुंचे तो ऑनवर्ड-नोवेल की टीम ने उनके सामने एक केस स्टडी पेश की, इसमें बताया गया था कि कैसे भारत का सबसे बड़ा बैंक, भारतीय स्टेट बैंक (SBI), अपने ब्रांच ऑटोमेशन के लिए नोवेल नेटवेयर का इस्तेमाल बेस ऑपरेटिंग सिस्टम के तौर पर कर रहा था। हमने बेसिक (BASIC) में यह सॉफ्टवेयर तैयार करने में एसबीआई की मदद की थी। यह एकमात्र विकल्प नहीं था, पर उस समय की मुश्किलों को देखते हुए यह बहुत बढ़िया था। मुझे गर्व है कि भारतीय प्रतिभाओं ने इसे भारत में तैयार किया था। बाद में इसे भारत की 15,000 शाखाओं में इस्तेमाल किया गया। इसकी तुलना में, अमेरिका में ब्रांच ऑटोमेशन जैसा जटिल सॉफ्टवेयर तैयार करने के लिए वे ऊंचे स्तर वाली कोबोल (COBOL) या आरपीजी (RPG) जैसी लैंग्वेज इस्तेमाल करते जो कि अंग्रेजी के भी करीब होती। इससे एरिक को पता चला कि भारतीय प्रतिभा कमजोर कनेक्टिविटी और कम बजट जैसी समस्याओं से पार पाकर सही समाधान तलाश कर सकती है। आखिरकार उन्होंने ग्लोबल कंपनी-वाइड ईमेल लिखा, जिसमें कहा कि ऑनवर्ड-नोवेल बिल्कुल सही जॉइंट वेंचर है और

जब वह भारत आए तो वह यहां अवसरों को लेकर इतना आश्वस्त थे कि उन्होंने मुंबई में एमआईटी मीडिया लैब की स्थापना की।

मेरे परिवार की शुरुआती तस्वीरों में से एक, वर्ष 1959. इसमें मेरे माता-पिता, रेवाबेन और शांतिलाल मेहता के साथ मेरे भाई-बहन (दाएं से बाएं: नीला, रीता, रंजन और हितेन) हैं। मै हितेन के बगल में सबसे बाईं ओर खड़ा हूं। मेरे माता-पिता के व्यक्तित्व का अंतर भी तस्वीर में साफ नज़र आ रहा है। इस अंतर ने दुनिया के प्रति मेरी सोच और दृष्टिकोण को आकार देने में बड़ी भूमिका निभाई है।

1970 के दशक की शुरुआत में अमेरिका पहुंचने के बाद, मैंने खुद को अमेरिकी संस्कृति में ढालने और 'उनमें से एक' बनने की पूरी कोशिश की। हालाँकि, मैं ऐसा नहीं कर पाया। ट्रैवलर्स इंश्योरेंस कंपनी के अपने सहकर्मियों के साथ लंच की तस्वीर, वर्ष 1973

शैला और चिरंत, वर्ष 1976

Highlights of 1978

Computer softwear export to bloom

Rural orientation to 1981 census sought

General price level remains static in November

1979 में, एक लोकप्रिय पब्लिकेशन ने कंप्यूटर सॉफ़्टवेयर पर लिखे लेख में मेरे विचारों को शामिल किया। लेख में इस उद्योग के विकास की संभावनाओं पर बात की गई थी। क्या आप शीर्षक में छिपे व्यंग को समझ रहे हैं?

इरोज सिनेमा बिल्डिंग में मेरा ऑफिस, वर्ष 1989. जिगर ने कम उम्र में ही सीखना शुरु कर दिया था। तीस साल बाद भी ऑफिस में हम ऐसे ही बैठते हैं। अंतर इतना है कि मैं अब मेज के दूसरी तरफ बैठता हूं और जिगर काम संभालता है।

हालाँकि विट्ठल सरकारी अधिकारी थे, लेकिन उन्होंने नैसकॉम के साथ मिलकर काम किया। वह खुद को उस समूह का अगुआ मानते थे जो नैसकॉम (NASSCOM) को N का मतलब Nuts, A का मतलब ass, S का मतलब stupid, S का मतलब screwbal, C का मतलब crazy, O का मतलब oddball, M का मतलब mad के तौर पर परिभाषित करता था। तस्वीर वर्ष 1992 की है।

यह तस्वीर हार्डवेयर आधारित परिवेश में नए उभर रहे सॉफ्टवेयर उद्योग को मिल रही शुरुआती पहचान को दिखा रही है। तस्वीर 1992 की है, उस दौरान मैं नैसकॉम का अध्यक्ष था।

मैंने 1990 के दशक में भारत में TPATI, या Trust to Promote Advanced Technologies की शुरुआत की थी। हमने विज़ुअल कंप्यूटिंग, आर्टिफिशियल इंटेलिजेंस, कंप्यूटर और कम्यूनिकेशन के विषय पर अंतर्राष्ट्रीय सम्मेलन आयोजित किए। ये इंटरनेट के लोकप्रिय होने से बहुत पहले की बात है। इस तस्वीर में आईआईटी बॉम्बे के डॉ. पाठक (मेरे बाई ओर) के साथ दुनिया के अग्रणी VLDB (very large data base) रिसर्चर्स के साथ भारतीय डेटाबेस रिसर्चर्स दिखाई दे रहे हैं, वर्ष 1996

1997 में ऑनवर्ड-नोवेल के चेयरपर्सन, एरिक शिमट एक कार्यक्रम के लिए भारत आए थे। उन्होंने मुझे बताया कि जब वह कम समय के लिए विदेश यात्रा पर आते हैं, तो अपने कैलिफ़ोर्निया के बायो-रिदम में कोई बदलाव नहीं करते। इस तरह उनके खाने और आराम करने का समय अमेरिकी समय के हिसाब से ही रहता था। मैं उनकी दृढ़ इच्छाशक्ति, दृढ़ता और अनुशासन पर केवल मुस्कुरा ही सकता था। मैं उन्हें भरोसा दिलाना चाहता था कि भारत नोवेल के लिए एक प्रमुख बाजार के तौर पर उभर सकता था।

एन. चंद्रबाबू नायडू उन कुछ असाधारण नेताओं में से एक हैं जिन्होंने रोजगार पैदा करने में आईटी उद्योग की भूमिका को बहुत पहले समझ लिया था। मैं इस तस्वीर में श्री नायडू, (आंध्र प्रदेश के तत्कालीन मुख्यमंत्री) के दाईं तरफ और देवांग व के.वी. रमानी उनके बांई ओर खड़े हैं।

इनोवेशन को आगे बढ़ाने के लिए संरक्षण की ज़रूरत होती है। ऐसे समय में जब भारत में सॉफ्टवेयर चोरी बड़े पैमाने पर हो रही थी, हमने अपने कॉपीराइट कानूनों को मजबूत बनाने का फैसला किया। 1998 में, देवांग ने कॉपीराइट कानूनों के विषय पर उद्योग के रुख को दिखाने का शानदार तरीका खोजा। इस हाथी ने अपने पैर से पायरेटेड सीडी के ढेर का चूरा बना दिया। इस घटना का बहुत प्रभाव पड़ा। इतने बड़े पैमाने पर जागरूकता पैदा करने के लिए पूरी दुनिया ने हमारी सराहना की। इससे वैश्विक स्तर पर इंडिया इंक. ब्रांड को भी मजबूती मिली।

भारत में इंटरनेट लाने में योगदान देने वाले कुछ असाधारण लोग, वर्ष 1998। कई दूसरी पहलों की तरह इसकी शुरुआत भी बॉम्बे कंप्यूटर क्लब में की गई थी। तस्वीर में, बाएं से दाएं: मैं, राज सराफ, देवांग मेहता, ए.वी. गोकक (दूरसंचार आयोग के तत्कालीन चेयरमैन), शम्मी कपूर, बी.के. सिंघल (वीएसएनएल के तत्कालीन चेयरमैन) और विजय मुखी।

भारत में टीआईई (TiE) के लॉन्च को कई पब्लिकेशन्स ने कवर किया था। *आउटलुक* पत्रिका ने दिसंबर 1999 में सॉफ्टवेयर उद्योग कवर स्टोरी की। आउटलुक के कवर पर नीचे से घड़ी की उलटी दिशा में: कंवल रेखी, बी.वी. जगदीश, देवांग, नंदन नीलेकणि, विजय मुखी, राहुल सिंह, मैं, सुहास पाटिल, आर.के. सिंह और हेमंत कनकिया।

देवांग मेहता के असामयिक निधन के बाद प्रार्थना सभा, वर्ष 2001. प्रार्थना सभा में उपस्थित लोगों में, बाएं से दाएं: विजय मुखी, शम्मी कपूर, मैं, प्रमोद महाजन, विलासराव देशमुख, मुरली देवड़ा और एफ.सी. कोहली। देवांग के जाने के बीस वर्ष बाद भी हम उनसे प्रेरणा लेते हैं।

कंपनी के दस वर्ष पूरे होने के मौके पर ऑनवर्ड टेक्नोलॉजीज की टीम, वर्ष 2001

नैसकॉम की एग्जीक्यूटिव कमेटी की बैठक के बाद, डिनर की तस्वीर, वर्ष 2003, बाएं से दाएं (खड़े हुए): नारायण मूर्ति, के.वी. रमानी और अशांक देसाई। बाएं से दाएं (बैठे): फिरोज वंद्रेवाला, अरुण कुमार, किरण कार्णिक, सोम मित्तल, मैं और सौरभ श्रीवास्तव।

नैसकॉम का इंडो-यूके कांफ्रेंस, वर्ष 2003. प्रिंस चार्ल्स ने इस दौरे पर सॉफ्टवेयर इंजीनियरों के साथ उनकी बाचतीत के अनुभव के बारे में बताया। वे हमारे देश में मौजूद प्रतिभाओं से प्रभावित लगे।

नैसकॉम फैशन शो, वर्ष 2004. मैं स्वामी विवेकानंद की वेषभूषा में हूं। स्वामी जी पहले 'ग्लोबल इंडियन' थे। इस कार्यक्रम की थीम 'वसुधैव कुटुम्बकम' रखी गई थी, क्योंकि हम पूरी दुनिया के कारोबारियों को संदेश देना चाहते थे कि भारतीय आईटी कंपनियों के साथ साझेदारी करना सभी के लिए फायदेमंद है।

हम काम के बाहर भी अपनी दोस्ती निभाते हैं। हमारे परिवार अक्सर एक-दूसरे से मिलते हैं। इन मुलाकातों में हम पुरानी यादें ताज़ा करते हैं और भविष्य की योजनाएं बनाते हैं। 2010 में मैसूर यात्रा की तस्वीर। बाएं से दाएं: के.वी. रमानी, शैला, नारायण मूर्ति, सुधा मूर्ति, पद्मा देसाई, अशांक देसाई और मैं।

2011 में शैला के जन्मदिन पार्टी की तस्वीर

ये मुस्कुराते चेहरे आपस में कड़े व्यवसायिक प्रतिस्पर्धी हैं, लेकिन उद्योग को आगे बढ़ाने के लिए सब मिलकर काम करने को तैयार रहते हैं जब नैसकॉम में हमारी मुलाकात होती है, तो हमारी रचनात्मकता खुलकर सामने आती है और हम साथ मिलकर उद्योग को आगे बढ़ाने की योजना बनाते हैं। यह तस्वीर वर्ष 2012 में बेंगलुरु में इंफोसिस कैंपस में ली गई थी। बाएं से दाएं: क्रिस गोपालकृष्णन, नारायण मूर्ति, एन. चंद्रा और मैं। किताब में आपको इस मीटिंग के बारे में ज़्यादा जानने को मिलेगा।

उद्योग के तौर पर साइबर सुरक्षा हमारे लिए सबसे महत्वपूर्ण विषयों में से एक है। जबसे हमने इस विषय में हस्तक्षेप करने की आवश्यकता को महसूस किया है, उसके बाद हमने कई कदम उठाए हैं। वर्ष 2013 में, मुंबई पुलिस और बॉम्बे कंप्यूटर क्लब ने इस विषय पर जागरुकता पैदा करने के लिए साइबर सुरक्षा माह का आयोजन किया।

2013 में एक पारिवारिक कार्यक्रम की तस्वीर। यह शैला के साथ हम सभी की आखिरी तस्वीरों में से एक है।

एफ.सी. कोहली के 90वें जन्मदिन का जश्न, वर्ष 2014. देश को लेकर उनके उत्साह या अभिलाषा में उनकी उम्र कभी बाधा नहीं बनी। जश्न के समय भी, उन्होंने देश और आईटी उद्योग से जुड़े मुद्दों पर पूरी गर्मजोशी से बात की। बाएं से दाएं: कोहली, मैं और एस. रामादुरई।

वर्ष 2017 में ओडिशा में नैसकॉम रिट्रीट की तस्वीर। ये रिट्रीट नैसकॉम की संस्कृति का महत्वपूर्ण हिस्सा हैं। इससे सदस्यों के बीच सौहार्द को बढ़ावा देने में मदद मिलती है। ये रिट्रीट आपसी भरोसे का माहौल बनाने में मदद करते हैं। इन अनौपचारिक मुलाकातों में हम एक-दूसरे के साथ खुलकर मिलते और हंसते-मुस्कुराते हैं। यहां आपसी बातचीत में मुश्किल समस्याओं के समाधानों पर भी बात होती है। बाएं से दाएं (खड़े हुए): देबजानी घोष, ऋषद प्रेमजी, आशुतोष वैद्य, सुषमा राजगोपालन, राजेश नांबियार, चंद्रशेखर, केशव मुरुगेश, कमल अग्रवाल, सी.पी. गुरनानी, रमन रॉय, मोहित ठकुराल, प्रवीण राव, समीर याजनिक, निरुपम चौधरी, जैमिन शाह, अरविंद ठाकुर। बाएं से दाएं, (बैठे हुए): किरण कार्णिक, हर्ष मांगलिक, कृष्ण कुमार, राजेंद्र पवार, मोहन रेड्डी, मैं, आर. चंद्रा, गणेश नटराजन, अशांक देसाई, अतुल निसार, सौरभ श्रीवास्तव।

नैसकॉम के 25 वर्ष पूरा होने के अवसर पर प्रधानमंत्री ने इसके योगदान की सराहना करते हुए कहा कि नैसकॉम केवल एक सशक्त संगठन नहीं बल्कि अपने आपमें 'क्रांति' है। इस कार्यक्रम में ऐसे कुछ असाधारण व्यक्तियों को सम्मानित किया गया जिन्होंने नैसकॉम को संभव बनाने में मदद की। बाएं से दाएं: जयंत सिन्हा, रविशंकर प्रसाद, मैं, प्रधानमंत्री नरेंद्र मोदी, आर.चंद्रशेखर और एन.चंद्रशेखरन।

मेहता परविार को घूमना बहुत पसंद है। 2019 में रोम यात्रा की तस्वीर।

2019 में एन. चंद्रा के ऑफिस में उनकी किताब *ब्रिजिटल नेशन* की पहली प्रतियों के साथ। तस्वीर में एन.चंद्रा (बीच में) और केशव मुरुगेश (बाएं)। किताब में, चंद्रा और उनके साथी लेखक ने बताया है कि भारत अनोखा देश है, जिसकी चुनौतियाँ (नागरिक सेवाओं तक पहुँच और रोजगार सृजन) भी सबसे अलग हैं। इस किताब ने मेरे विचारों को आकार देने में महत्वपूर्ण भूमिका निभाई है।

2019 की नैसकॉम रिट्रीट, वाराणसी, उत्तर प्रदेश

जब कंवल 2019 में भारत आए, तो उद्योग से जुड़े सहकर्मी और दोस्त मेरे घर पर इकट्ठा हुए। संख्याओं और एल्गोरिदम के ज्ञान के कारण कंवल को फंडा सिंह के नाम से भी जाना जाता है, उनके साथ किसी विषय पर बहस करना हमेशा दिलचस्प होता है। बाएं से दाएं: प्रदीप उधास, कंवल रेखी, केशव मुरुगेश, अतुल निसार और मैं।

भारत और विदेश के युवा टेक्नोप्रिन्योर्स, टीआईईकॉन 2020 (TiECon 2020) में हिस्सा लेते हुए। मैं मानता हूं कि यह भारत के स्टार्ट-अप देश के तौर पर अपनी पहचान बनाने और दुनिया का टैलेंट कैपिटल बनने की शुरुआत है।

सभी साझेदारों को इसी तरह स्थानीय बाज़ार को ध्यान में रखते हुए स्थानीय समाधान तलाश करने पर ध्यान देना चाहिए।

फिर से अपनी बात पर आते हैं, हम सिलिकॉन वैली के इन जाने-माने चेहरों की अपील का इस्तेमाल अपने फायदे और ब्रांड इंडिया की छवि को बेहतर बनाने के लिए करेंगे।

मिशन इम्पॉसिबल: असंभव को संभव बनाने की कोशिश

80 के दशक के मध्य में, मैं पहली बार औपचारिक तौर से भारतीय सॉफ्टवेयर उद्योग के प्रचार के लिए विदेश गया। मैं इलेक्ट्रॉनिक्स विभाग[6] के प्रतिनिधिमंडल का हिस्सा था। हम बड़ी उम्मीदों के साथ अमेरिका पहुंचे। हमारा आत्मविश्वास बहुत ऊंचा था। हम अमेरिका का दिल जीत लेना चाहते थे। हमें विश्वास था कि हमारे कार्यक्रम भारतीय इतिहास की दिशा को बदल देंगे।

लेकिन फिर, हम वेन्यू पर पहुंचे।

कार्यक्रम की जगह नॉन-रेजिडेंट भारतीयों से खचाखच भरी थी। कोई बड़ा अमेरिकी नाम हमसे मिलने नहीं आया था। यह हमारे प्रतिनिधिमंडल की विफलता थी, जिसका प्राथमिक लक्ष्य अमेरिकी कंपनियों से मेलजोल बढ़ाना था। हमसे क्या गलती हुई, इस बारे में मैंने वहां आए भारतीय अतिथि से पूछा, जो हार्टफोर्ड, कनेक्टिकट के दिनों में मेरा सहकर्मी रहा था। उसने बताया कि वह तो असली भारतीय खाना खाने वहां आया था क्योंकि यह कार्यक्रम भारतीय दूतावास ने आयोजित किया था। हम निराश और विनम्रता से झुके हुए वापस आए। हमें ब्रांड इंडिया को बनाने के बारे में बहुत कुछ सीखना बाकी था।

एक बार 1991 में वाणिज्य मंत्रालय ने फ्रांस में बिजनेस प्रतिनिधिमंडल भेजने की योजना बनाई। मैं उस समय नैसकॉम का चेयरपर्सन था। उसका एक उद्देश्य सॉफ्टवेयर बिजनेस का प्रचार करना था। यह ज़रूरी था कि उद्योग से जुड़े संगठन का चेयरपर्सन भी प्रतिनिधिमंडल में शामिल हो। हालांकि, हाल में स्थापित ऑनवर्ड के संस्थापक के तौर पर मैं जानता था कि मेरी कंपनी को फ्रांस में कोई रुचि नहीं थी। मैं ज्यादा से ज़्यादा

---

6 यह ब्रांड इंडिया इंक. पर हमारे ध्यान देने से पहले की बात है।

ऑनवर्ड के ब्रांड का प्रचार कर सकता था। प्रतिनिधिमंडल के साथ जाने का मतलब था कि पैसे की कमी से जूझ रही मेरी कपंनी को ₹1,00,000[7] का खर्च उठाना पड़ता। मेरा जाना लगभग रद्द ही हो गया था।

विडंबना यह थी कि मैंने ही नैसकॉम द्वारा किसी के यात्रा खर्च को स्पोंसर नहीं किए जाने की सख्त नीति का समर्थन किया था, भले ही वे नैसकॉम के काम से क्यों न जा रहे हों। मैं दिखाना चाहता था कि यह संगठन सोशल क्लब नहीं था, जहां ऑफिस पदाधिकारियों को मुफ्त यात्रा, पीआर के मौके और दूसरी सुविधाएं दी जाती थीं।

उस समय ऑनवर्ड के सीईओ, नंदू प्रधान ने जोर दिया कि मुझे जाना चाहिए, मेरे दूसरे सहयोगियों ने भी इस निर्णय का समर्थन किया। तो अनिच्छा से मैंने यात्रा के लिए साहस और पैसा जमा किया।

वाणिज्य मंत्री पी. चिदम्बरम इस प्रतिनिधिमंडल का नेतृत्व कर रहे थे। हमें इस यात्रा से काफी उम्मीद थी क्योंकि फ्रांस नया मौका था। फ्रांस में हमारा बढ़िया स्वागत किया गया। अच्छा खाना खिलाया गया, बातचीत भी बढ़िया रही। मीटिंग खत्म होने के बाद, हम जानना चाहते थे कि फ्रांस के लोग आपसी बातचीत में मीटिंग को लेकर क्या बात कर रहे थे। हमें उम्मीद थी कि वे लोग संभावित प्रोजेक्ट और उन्हें पूरा करने को लेकर बातें कर रहे होंगे। जब हमने फ्रांस के प्रतिनिधिमंडल के एक सदस्य से पूछा, जो मुझे लगता है कि भारतीय मूल का ही था, तो उसने अनिच्छा से बताया कि उनके बीच आम भावना यह थी कि, 'ये भिखारी आ गए हैं। अब इनके साथ क्या किया जाए?'

चिंदम्बरम के आकर्षण और उनकी बातचीत करने की क्षमता का कोई प्रभाव नहीं पड़ा। फ्रांस में नैसकॉम की समकक्ष संस्था बहुत संरक्षणवादी थी। फ्रांस किसी भी अंतरराष्ट्रीय सहयोगी के लिए तैयार नहीं था। उनका शिष्टाचार केवल दिखावा था और कार्यक्रम अपमानजनक था। शानदार फाइव कोर्स मील के बाद, जिसमें महँगी वाइन परोसी गई, हम निराश होकर उस जगह से बाहर निकले।

ब्रांड इंडिया को पुनः स्थापित करने, अपना सम्मान अर्जित करने और खोई हुई गरिमा वापस पाने के लिए एक बेहतर तरीका होना चाहिए।

---

7 आज के मूल्य में करीब 800,000 रुपये

संस्कृति परिवर्तन – ग्लोबल बिजनेस कल्चर

भारतीय सॉफ्टवेयर सर्विस उद्योग को वैश्विक संस्कृति अपनाने की ज़रूरत थी। भारत की सांस्कृतिक विविधता का मतलब था कि देश का हर क्षेत्र हमारे उद्योग में हिस्सा लेने के लिए समान स्थिति में नहीं था।

उदाहरण के लिए जैसे गुजरात को लें। यह भारत के सबसे उद्यमशील इलाकों में से है, लेकिन यह भारत की सॉफ्टवेयर क्रांति का हिस्सा बनने में नाकाम रहा। मेरा मानना है कि गुजरातियों के व्यापार करने की संस्कृति में समस्या थी। पारंपरिक गुजराती व्यापारी सोच से ट्रेडर मानसिकता वाला होता है। वह जितना हो सके खुद के हाथ में नियंत्रण रखना चाहता है। गुजराती व्यपारी ज़्यादा लोगों को नौकरी पर भी नहीं रखते। अगर उन्हें नौकरी पर रखना भी पड़े तो वे अपने परिवार के लोगों को ही रखना पसंद करते हैं। हालांकि गुजराती व्यापारियों की नई पीढ़ी नई दिशा में सोच रही थी, लेकिन ज़्यादातर का ध्यान एसेट आधारित या पूंजी आधारित व्यापार पर ही था।

लेकिन सॉफ्टवेयर में बिल्कुल इसके उलट सोच की ज़रूरत थी। सॉफ्टवेयर उद्यमी को संस्थान में बड़ी संख्या में काम कर रहे लोगों पर भरोसा करना होगा, व्यवस्था बनानी होगी और नियंत्रण दूसरों के साथ बांटना होगा। कर्मचारी के तौर पर भी ज़्यादातर गुजराती बड़ी कंपनियों में काम नहीं करना चाहते। वे, छोटी-सी पहचान ही सही, पर अपना स्वतंत्र काम करना चाहते हैं।

गुजरात में उद्यमिता के ढांचे का अभाव है। व्यापारियों के लिए श्रमिक कानून हमेशा से चिंता का विषय रहे हैं और मैन्युफैक्चरिंग उद्योग में तो आज भी ऐसा ही है। कर्मचारी यूनियन अपनी बातों को मनवाती हैं।[8]

इस संस्कृति के बीच सर्विस व्यवसाय खड़ा करना चुनौती था। मैन्युफैक्चिरिंग के उलट सर्विस कंपनियों के पास सेल्स की गारंटी भी नहीं होती और गुजराती ऐसा व्यवसाय करना पसंद नहीं करते।

---

8 समाधान आसान है और हमेशा आसान रहेगा। इसके तीन स्तर हैं। पहला, गुजरात में लचीले और निष्पक्ष श्रम कानूनों की ज़रूरत है। दूसरा, आईटी व्यवसाय शुरू करने के लिए बड़ी कंपनियों को आमंत्रित करना होगा, ताकि दूसरी कंपनियां यहां आने के लिए उत्साहित हों। तीसरा–सबसे ज़रूरी–सॉफ्टवेयर उद्यमियों का विकास और उन्हें बढ़ावा देना।

90 के दशक के आखिर में गुजरात के मुख्यमंत्री दिलीप पारेख ने हमें 'अर्जेंट मीटिंग' के लिए बुलाया। हम तुरंत गांधीनगर पहुंचे। वह अमेरिका में ओरेकल का कैंपस देखकर आए थे और ऐसा ही गुजरात में करना चाहते थे। वह गुजरात को आईटी डेस्टिनेशन बनाना चाहते थे। उन्होंने हमारे सामने ब्लैंक चेक रखा, और कहा, 'आपको कितनी जगह की ज़रूरत है?' उन्हें लग रहा था कि गुजरात में ओरेकल जैसा कुछ खड़ा करने के लिए केवल बुनियादी ढांचे की ज़रूरत थी। हमने उन्हें समझाया कि किसी इमारत को खड़ा करने और सफल सॉफ्टवेयर बिजनेस खड़ा करने में अंतर है। हमने उन्हें अपनी सुझावों की सूची दी, जिसमें गुजरात में पढ़ रहे इंजीनियरों की अंग्रेजी पर पकड़ को बेहतर बनाना भी शामिल था।

गुजरात के विपरीत, हमारे पास दूसरे राज्यों और उद्योगों के बहुत उदाहरण थे, जहां बिल्कुल शून्य से विशाल उद्योग खड़े किए गए। जैसे, गुडगांव और मानेसर[9] जैसी जगह पर ऑटोमोबाइल उद्योग का विकसित होना। यहां तक कि हैदराबाद को 'आईटी हब के रूप में खड़ा करने' के पीछे चंद्रबाबू नायडू[10] की दूरदृष्टि का हाथ था।

---

9 भौगोलिक रूप से, दिल्ली की सैटेलाइट सिटी किसी भी समुद्री कॉरिडोर या किसी भी कच्चे माल की उपलब्धता से दूर हैं–भारी उद्योग की सफलता के लिए इन दो चीज़ों की सबसे ज़्यादा ज़रूरत है। मैंने कहीं पढ़ा था, 'बैंगलोर हो चुका है; हैदराबाद बनने वाला है।'

10 मैं इससे पूरी तरह सहमत हूं। हैदराबाद पूरी तरह आगे की सोच और उस समय आंध्र प्रदेश के मुख्यमंत्री एन. चंद्रबाबू नायडू की नेतृत्व क्षमता के कारण संभव हुआ। नायडू को पता था कि चार में से एक सॉफ्टवेयर इंजीनियर आंध्रप्रदेश से है। उन्हें ताज्जुब हुआ कि फिर राज्य को आईटी हब के तौर पर क्यों नहीं विकसित किया जा सकता। उन्हें बताया गया कि इसके लिए काफी कुछ करना होगा। इसके लिए ज़मीन पर काफी कुछ करने की ज़रूरत पड़ेगी। नायडू लोगों के भविष्य पर आईटी उद्योग के प्रभाव को समझ पा रहे थे। उन्होंने ऐसे कदम उठाए जो उस समय तक सुने भी नहीं गए थे। उन्होंने आर. चंद्रशेखर (शेखर) की अगुवाई में टीम बनाई। शेखर समझते थे कि क्या करना था। शेखर बाद में 2014 से 2018 तक नैसकॉम के अध्यक्ष भी रहे। नायडू ने जमीन आवंटित की और लार्सन एंड टूब्रो जैसी कंपनियों के साथ पार्टनरशिप करके विशाल कैंपस बनवाए जहां आईटी कंपनियां अपना काम शुरू कर सकें। उन्हें पता था कि अगर अच्छे बुनियादी ढांचे, सहायक नीतियों और मजबूत राजनीतिक इच्छाशक्ति का साथ हो, तो नया हैदराबाद खड़ा किया जा सकता था। ऐसा होने पर शहर में अपने आप व्यापार आएगा और ऐसा हुआ तो उससे जुड़ी दूसरी चीजें भी अपने आप विकसित होने

सवाल यह था कि: क्या हम इन अनुभवों से सबक सीख सकते हैं, सांस्कृतिक बंधन को सुलझा सकते हैं और ब्रांड इंडिया को बना सकते हैं?

आईटी: नए भारत की नई पहचान

जब आप जर्मनी की बात करते हैं तो दिमाग में आता है इंजीनियरिंग। जब हम इटली की बात करते हैं तो स्टाइल और डिज़ाइन दिमाग में आता है। फ्रांस को बेहतरीन कला से जोड़ा जाता है। भारत का नाम आने पर क्या दिमाग में आता है? इसका पता लगाने के लिए नैसकॉम ने अनौपचारिक सर्वे किया।

इससे पता चला कि एक भी रिस्पांस ऐसा नहीं मिला जिससे भारत को परिभाषित किया जा सके। हमारे पास कुछ खास था ही नहीं, जो हमें दूसरों से अलग करता हो।

लेकिन मेरे भीतर का आशावादी इंसान इतनी जल्दी हार मानने के लिए तैयार नहीं था। यह संभव था। हमें बस तलाश करना होगा। मैंने और मेरे सहकर्मी ने जापान की कहानी से प्रेरणा ली। जापान के बारे में धारणा थी कि वहां बड़े पैमाने पर सस्ते और खराब गुणवत्ता के उत्पाद बनाए जाते थे? जापान ने इससे धारणा से कैसे छुटकारा पाया? कैसे वह अत्याधुनिक टेक्नोलॉजी का पर्याय बन गया? सोनी और टोयटा जैसी कंपनियां कैसे खड़ी हुईं?

कास्टिंग इंडिया: भारत की धरोहर

तभी 1994 में कुछ ऐसा हुआ जिसके बारे में किसी ने सोचा भी नहीं था। भारत की दो ख़बूसूरत महिलाओं, ऐश्वर्या राय और सुष्मिता सेन ने, मिस वर्ल्ड और मिस यूनिवर्स का खिताब जीता। वैश्विक मंच पर भारत को नई पहचान मिली। दोनों महिलाओं ने

लगेंगी। उन्होंने अपना निजी समय और पूरा ध्यान इस योजना पर लगाया। मुझे याद है कि हैदराबाद की एक यात्रा के दौरान कंवल रेखी के पास बिल्कुल समय नहीं था और कुछ लोग चाहते थे कि वह नायडू से मिलें। आमतौर से मुख्यमंत्री से मिलने के लिए लंबा इंतजार करना पड़ता था और कंवल के पास उतना समय नहीं था। जब नायडू को पता चला तो उन्होंने कंवल के हैदराबाद पहुंचते ही उन्हें मिलने के लिए बुलाया और उन्हें अपने घर ब्रेकफ़ास्ट के लिए आमंत्रित किया। नायडू जैसे राजनेता मुश्किल से मिलते हैं।

संयम और धैर्य के साथ अपनी बात रखी और आधुनिक भारत के चेहरे को दुनिया के सामने रखा।

उस समय तक भारत के आईटी उद्योग की गुणवत्ता के बारे में बात करने वाला कोई नहीं था। हमने महसूस किया कि अचानक मिली इस लोकप्रियता का इस्तेमाल विदेशों में बसे भारतीय इंजीनियरों की प्रतिष्ठा को बढ़ाने में किया जा सकता था।

देवांग ने प्रस्ताव दिया कि नैसकॉम को भारतीय विरासत की थीम पर फैशन शो आयोजित करना चाहिए। उस समय फैशन शो आज की तरह आम नहीं थे। सुनने में बेतुका लगे, पर देवांग ने कहा कि सुपरमॉडल्स के साथ ही आईटी सीईओ और उनकी पत्नियां भी रैंप पर चलेंगे!

पहली नज़र में मुझे लगा कि वह पागल हो गया था। नैसकॉम उद्योग से जुड़ा गंभीर संस्थान था, जो सरकार और दुनिया भर के बिजनेस लीडर्स से ऊंचे स्तर पर बात करता था। इस तरह के फैशन शो से हम दुनिया को क्या संदेश देंगे?

लंबे वाद-विवाद के बाद, आखिरकार हम लोग इसे करने के लिए तैयार हो गए। इससे न केवल हमारी ब्रांडिंग बेहतर होगी, हम दुनिया भर से भारतीय उद्यमियों को भी आकर्षित कर पाएंगे और नैसकॉम के लिए बड़े स्पांसर भी मिल सकेंगे।

देवांग ने 15 मॉडल्स के साथ फैशन शो करने के लिए नेशनल इंस्टीट्यूट ऑफ फैशन टेक्नोलॉली (NIFT), दिल्ली से संपर्क किया।

1997 में अगले एडिशन में इस फैशन शो को मुंबई के पास एलिफेंटा गुफाओं की यूनेस्को वर्ल्ड हेरिटेज साइट पर करवाने का सुझाव मिला। यह अजीब विचार था, लेकिन हमने इसे महाराष्ट्र औद्योगिक विकास निगम (MICC) के सीईओ, जयंत कांवले के सामने रखा। हमें ताज्जुब हुआ कि वह भी इसे लेकर उत्साहित दिखाई दिए।

दूरदराज की जगह पर फैशन शो आयोजित करना आसान नहीं था। एलिफेंटा द्वीप पर बिजली नहीं थी और बिजली के लिए कई डीजल जनरेटर वहां पहुंचाने थे। हमें सब कुछ तैयार करना था। हमें अपनी कुर्सियां भी वहां नाव से ले जानी पड़ीं और अपना खाना भी वहीं तैयार करवाना पड़ा। यह काम बहुत मुश्किल लग रहा था, लेकिन हम इसे पूरा करने में लगे रहे। हमने वन विभाग, तटरक्षक बल और भारतीय नौ सेना जैसे संस्थानों से 18 तरह की अनुमतियां लीं।

आखिरकार, कई विदेशियों सहित 400 प्रतिनिधियों को कार्यक्रम स्थल पर ले जाया गया। पूरी दुनिया से वक्ता यहां पहुंचे और मीडिया भी बड़ी संख्या में था।

कार्यक्रम की चमक-दमक के बीच मैं कुछ देर के लिए शांत जगह पर खड़े होकर पुराने दिनों के बारे में सोचने लगा। मैंने कुछ वर्ष पहले अपने पहले कार्यक्रम को याद किया, जिसे अमेरिका में आयोजित किया गया था, फिर भी उसमें एक भी अमेरिकी नहीं आया था।

देवांग की मृत्यु के बाद, हमने यह परंपरा जारी रखने का निर्णय लिया। 2003 के अगले एडिशन में हमने 'वसुधैव कुटुम्बकम' (पूरी दुनिया एक परिवार है) की थीम को अपनाया। अभिनेता नितिश भारद्वाज हमारे कार्यक्रम के मास्टर ऑफ सेरेमनी थे। टीवी धारावाहिक महाभारत में निभाए भगवान कृष्ण के पात्र के कारण नितिश बहुत लोकप्रिय थे। हम कहना चाहते थे कि भारत पश्चिम की नौकरियां नहीं चुरा रहा था। बल्कि भारत एक सांस्कृतिक ताकत है, जो पूरी दुनिया को परिवार की तरह रखना जानती है।

फैशन शो को मिल रही कवरेज के बावजूद, हमारे आधे से ज़्यादा सदस्यों का मानना था कि हमने नैसकॉम को फैंसी ड्रेस शो में बदल दिया था। एमफैसिस के जेरी राव[11] को मंच पर धार्मिक चिन्हों और शब्दों के इस्तेमाल पर आपत्ति थी, और उनका मानना था कि इससे आयोजन धार्मिक प्रचार जैसा लगेगा।

रिहर्सल के दौरान एक और लीडर मेरे पास आए और शिकायती की, 'ये क्या तमाशा चल रहा है?' मैं उनकी तरफ मुड़ा और उन्हें रैंप पर वॉक के लिए ले गया और वह तैयार भी हो गए! बैनर तैयार किए गए, कॉस्टूयम बनाई गईं, उसके बाद भी विरोध के स्वर इतने थे कि मुझे लग रहा था कि फैशन शो की बात छोड़ो, कार्यक्रम करना ही अनिश्चित था। कार्यक्रम के आयोजकों और विरोधियों के बीच समन्वय करवाने के लिए मुझे भेजा गया। मैंने जेरी को समझाया और सभी को कहा इतना गंभीर होने की ज़रूरत नहीं थी। हमने आसान रास्ता खोज लिया। जो पोस्टर लोगों को आपत्तिजनक लग रहे थे, हमने उनके ऊपर नैसकॉम के पोस्टर लगा दिए।

---

11 जेरी खुद की मेहनत से बने उद्यमी थे। वह बीपीओ उद्योग का प्रमुख चेहरा थे और उन्हें उनके सिद्धांतों के लिए जाना जाता था। मैं जिन्हें भी जानता था वे लोग जेरी का बहुत सम्मान करते थे और जब वह बोलते थे तो लोग उन्हें गंभीरता से लेते थे।

उसके बाद मैं स्वामी विवेकानंद के रूप में तरह तैयार किया। जेनसार के गणेश नटराजन, छत्रपति शिवाजी महाराज बने, और उनकी पत्नी उमा ने नौ गज वाली नौवारी साड़ी पहनी। नैसकॉम के पूर्व चेयरपर्सन अतुल निशार और उनकी पत्नी अल्का, भगवान शंकर और पार्वती की तरह तैयार हुए। दूसरे कई लोग पौराणिक और धार्मिक चरित्रों की तरह तैयार हुए।

आशंकाओं के बावजूद कार्यक्रम बहुत सफल रहा। मीडिया ने इसकी कहानी सुनाई। हममें से कई लोग जो रैंप पर चले थे, वे रातों-रात आईटी बॉस से पेज 3 शख्सियत बन गए।

बैंगलोर के चोर

हमें लगा था कि ब्रांडिग की समस्या एक बार हल हो जाने के बाद फिर हमें परेशान नहीं करेगी। लेकिन ब्रांड इंडिया को तैयार करना कभी न खत्म होने वाला काम बन गया। जब हमने पहली बार अमेरिकी शब्द 'बैंगलोर्ड' सुना तो हमें समस्या की गंभीरता का अहसास हुआ। यह शब्द उन लोगों के लिए इस्तेमाल किया जा रहा था, जो भारतीयों के कारण अपनी नौकरी खो रहे थे।

Y2K हीरो से हम नौकरी चुराने वाले बन गए थे। मैं कभी सोच भी नहीं सकता था कि हमारी ब्रांडिग की सफलता खुद एक समस्या बन जाएगी। यह इतनी बड़ी घटना थी कि पूरी दुनिया में फैल गई! अमेरिका में उन्होंने सिलिकॉन वैली (यह छह सीजन तक चला) और आउटसोर्स्ड (एक सीजन चला) नाम से सिटकॉम बनाए। यूके में उन्होंने द आईटी क्राउड (पांच सीजन चला) बनाया।

भारतीय इंजीनियरों को प्रोजेक्ट पर विदेश जाने का विचार पंसद आने लगा था। उनके कारण अलग-अलग थे।

अक्सर, ज़्यादा तनख्वाह और नई संस्कृति को जानना बड़ी वजह होती थी। कुछ ऐसे भारतीय भी थे जो कुछ साल कड़ी मेहनत करके पैसे बचाना चाहते थे। कुछ ऐसे भी थे जो ज़िंदगी में जिम्मेदारियां लेने से पहले थोड़ा मजे की ज़िंदगी जीना चाहते थे। कुछ लोगों ने अमेरिका में ही बसने का निर्णय लिया।

नैसकॉम के शुरुआती वर्षों में एच-1बी यूएस वीजा एजेंडा में काफी ऊपर था। एग्जीक्यूटिव काउंसिल की मीटिंग्स में ज्यादातर समय उस पर ही जाता था। उन दिनों, भारतीय सॉफ्टवेयर सर्विसेज केवल ऑन-साइट प्रोजेक्ट्स ही करती थीं, जिसे 'बॉडी शॉपिंग' कहा जाता था। अंतरराष्ट्रीय व्यवसायों को सर्विस देने के लिए उच्च शिक्षा पाए योग्य भारतीय इंजीनियरों को क्लाइंट प्रशिक्षण देते थे और उसके बाद उन्हें क्लाइंट के ऑफिसों में भेजा जाता था। इसका मतलब था कि कंपनी की आय उसके द्वारा हासिल एच-1बी वीजा के अनुपात में होती थी। शुरुआत में भारतीय इंजीनियर केवल कोबोल, फोरट्रान, आरपीजी या डेटा माइग्रेशन जैसी सर्विसेज देते थे। लेकिन एक बार प्रशिक्षण लेने के बाद वे अपने अमेरिकी सहकर्मियों की तुलना में तीन गुना बेहतर काम करते थे।

हमने बिजनेस वीजा का इस्तेमाल शुरू किया। इससे इंजीनियर थोड़े समय के लिए अमेरिका जा सकते थे। हालांकि, लंबे प्रोजेक्ट पर यह वीजा काम नहीं करता था। बिजनेस और भारतीय इंजीनियरों का प्रभाव बढ़ने पर भारतीय कंपनियां और उनके अमेरिकी ग्राहक दोनों ऐसा व्यावहारिक समाधान चाहते थे, जिससे भारतीय इंजीनियर अमेरिका में लंबे समय तक रुककर काम कर सकें।

इस वजह से अमेरिकी आव्रजन कानूनों के तहत वर्ष 1990 में एच-1बी वीजा की शुरुआत हुई। एक साल में 65,000 एच-1बी वीजा उपलब्ध करवाए गए। ये वीजा कुछ खास मानदंडों को पूरा करने के बाद उच्च कुशलता वाले पेशेवरों को दिए जाते थे। उस समय माइक्रोसॉफ्ट और आईबीएम एच-1बी वीजा का इस्तेमाल करने वाली सबसे बड़ी कंपनियों में से थे।

एच-1बी ने भारत के आने वाले 'ग्लोबल डिलीवरी मॉडल' के लिए आधार का काम किया। ज़्यादातर भारतीय सॉफ्टवेयर सर्विस कंपनियों की 80 प्रतिशत से ज़्यादा आय ऑन-साइट वर्क से आ रही थी।

विडंबना यह हुई थी कि इस वीजा के कारण अमेरिका में ऑउटसोर्सिंग पर बहस छिड़ गई। नेता काल्पनिक चुनौतियां दिखाकर खुद को आगे बढ़ाते रहे, और अमेरिका में हर चुनाव के समय भारत निशाने पर होता था। आज भी भारत पर अमेरिकी नौकरियों को चुराने का आरोप लगाया जाता है और देश आज भी नफरती अभियानों का सामना कर रहा है।

अगर नैसकॉम को एच-1बी वीजा विवाद में कुछ करना था, तो उसे सबसे पहले ब्रांडिंग की समस्या को सुलझाना था। हमने 'आउटसोर्सिंग' शब्द का इस्तेमाल बंद कर दिया और भारत को भरोसेमंद व्यापारिक पार्टनर के तौर पर पेश किया। हमने 'बिजनेस प्रोसेस आउटसोर्सिंग (BPO)' को 'बिजनेस प्रोसेस मैनेजमेंट (BPM)' के तौर परिभाषित किया। हमने अमेरिकियों को समझाया कि उनके उद्योंगों में दक्षता लाकर, हम उनकी अर्थव्यवस्था को आगे बढ़ा रहे थे, विकास को गति दे रहे थे और उनके कारोबारी माहौल को बेहतर बना रहे थे। नतीजतन, हम जितनी नौकरियां ले रहे थे, उससे ज़्यादा नौकरियां वहां पैदा कर रहे थे। मैकिन्से की एक ग्लोबल स्टडी में बताया गया कि अमेरिका आउटसोर्सिंग पर खर्च किए जा रहे 1 डॉलर के बदले 1.4 डॉलर कमा रहा था।

इस सोच को बदलने में कई वर्ष लगे, लेकिन हम इस काम में लगे रहे। समय के साथ अमेरिका में राजनीतिक विरोध के बावजूद भारतीयों द्वारा इस्तेमाल किए जा रहे एच-1बी वीजा की संख्या लगातार बढ़ रही है।

आज भी आउटसोर्सिंग को लेकर बहस जारी है, लेकिन अमेरिकियों का भारतीयों से बातचीत करने का तरीका पूरी तरह बदल गया है।

बैकऑफिस से बोर्डरूम तक का सफ़र

> *'कुछ लोग महान पैदा होते हैं, कुछ महानता हासिल करते हैं, और कुछ लोगों पर महानता थोप दी जाती है।'*
>
> —विलियम शेक्सपियर

भारत जैसे विकासशील देश के पास ऐसा कोई उद्योग नहीं था जिसे महानता की तीसरी श्रेणी में रखा जा सके। लेकिन आईटी उद्योग और खासतौर से बीपीओ उद्योग निश्चित तौर से दूसरी श्रेणी से आते थे। सही बात तो यह है कि महानता की बात तो छोड़िए, अपना हक पाने के लिए भी इस उद्योग को बहुत मेहनत करनी पड़ी। वैध उद्योग के तौर पर पहचान स्थापित करने से पहले का सफर मुश्किलों भरा था। 'हम कम खर्च में आपका काम पूरा करते हैं' से लेकर 'स्ट्रेटजिक बिजनेस प्रोसेस मैनेजमेंट पार्टनर' का सफर चुनौतियां से भरा होने के साथ ही संतोषजनक भी रहा।

यह 1990 में कैप्टिव ऑउटसोर्सिंग सेंटर्स बिजनेस के तौर पर शुरू हुआ था, जहां बड़ी बहुराष्ट्रीय कंपनियां अपने गैर-रणनीतिक प्रक्रियाओं को पूरा करने के लिए ऑफशोर करती थीं। जल्दी ही इस काम को लेकर खास तरह की धारणा बन गई जैसे–स्टील और कांच की बड़ी इमारतों में रात की शिफ्ट में होने वाला काम, टेलिकॉलर्स जिनके नाम और बोलने का लहजा नकली लगता था, शहर में दिन-रात घूमने वाली कैब्स जो कर्मचारियों को लाती और ले जाती थीं; और सबसे बुरा, अमेरिका और यूके के नाराज ग्राहक। जो काम ग्लोबल ऑपरेशन्स के बैक ऑफिस के तौर पर शुरू हुआ था उसने समय के साथ अपना विस्तार किया और आखिरकार दुनिया भर के बोर्डरूम में ऊंचे स्तर की नीतिगत चर्चा का हिस्सा बन गया।

आंकड़ों से भी इस बदलाव की पुष्टि होती है। भारत का बीपीओ उद्योग आज 38 बिलियन डॉलर की आय पैदा करता है, 78 देशों के साथ काम करता है, 1.3 मिलियन लोगों को प्रत्यक्ष रोजगार दे रहा है और अनगिनत लोगों को अप्रत्यक्ष रोजगार दे रहा है। हम इस मामले में वैश्विक लीडर हैं–हमारे पास 36 प्रतिशत वैश्विक बाज़ार है! हम न केवल मात्रा बल्कि गुणवत्ता में भी सबसे आगे हैं, हम आज अलग-अलग उद्योगों को विश्व-स्तरीय, डीपडोमेन आधारित विशेषज्ञ इनोवेटिव सर्विस दे रहे हैं।

क्या यह केवल लागत के बारे में है? बिल्कुल नहीं।

प्रोसेस विशेषज्ञता, इनोवेशन, लागत की योजना और क्षमता विस्तार के मामले में भारतीय बीपीएम उद्योग लागत दक्षता से कहीं आगे निकल गया है।

बीपीओ से बीपीएम में बदलाव केवल नाम का ही बदलाव नहीं है। और न ही यह संयोग से हुआ था।

इसकी योजना बहुत सोच-समझकर बनाई गई और सावधानी से उस पर अमल किया गया। यह भारतीय आईटी उद्योग और क्लाइंट उद्योग के लिए बढ़िया रहा। 'आउटसोर्सिंग' और उससे जुड़ी नकारात्मक धारणाओं ने भी इस बदलाव को प्रेरणा दी।

हमें पता था कि हमें बीपीओ से बीपीएम में नाम बदलने के अलावा भी काफी कुछ करना होगा। यह सफर चार अलग स्तर पर पूरा हुआ। पहला, जब अमेरिका की जीई और अमेरिकन एक्सप्रेस जैसी दिग्गज कंपनियों ने भारत में कैप्टिव ऑउटसोर्सिंग सेंटर्स शुरू किए। दूसरा स्तर थर्ड-पार्टी बीपीओ कंपनियां लेकर आईं, इन कंपनियों के पास पैसे वाले वेंचर कैपिटलिस्ट का साथ था। इससे वैश्विक ग्राहकों का प्रभावी पोर्टफोलियो

तैयार हुआ। तीसरा स्तर, जब आईटी सर्विस कंपनियों ने सहयोग का लाभ उठाकर अपने बीपीओ शुरू किए। चौथे और आखिरी स्तर में, हमने वर्टिकल (उद्योग) और हॉरिज़ॉन्टल (बिजनेस) प्रोसेसस पर केंद्रित कंपनियों को उभरते देखा।

नैसकॉम में हमें हितधारकों, उद्यमियों, नियामकों और यहां तक कि देश के कानूनी बुनियादी ढांचे के साथ मिलकर काम करना पड़ा ताकि उद्योग की ताकत बढ़ती रहे।

सर्विसेज व्यवसाय के शुरुआती दिनों की तरह ही, बीपीएम व्यवसाय में भी बेवजह की समस्या आई। एक बार तो डीओई बीपीएम में काम करने वाले सभी कर्मचारियों की तनख्वाह पर 100 प्रतिशत निर्यात शुल्क लगाना चाहता था। इससे न केवल उद्यमियों बल्कि बीपीएम में काम कर रहे लाखों लोगों पर भी ज़बरदस्त नकारात्मक असर पड़ता। सबसे बुरा यह होता कि इससे उद्यमिता की भावना ही खत्म हो जाती। इसका एक प्रभाव यह होता कि भारत अपने कौशल का फायदा लेने से चूक जाता। ब्रांड इंडिया को संभवत बहुत बड़ा झटका लगता।

शुक्र है कि इस नियम को लागू नहीं किया गया।

आज, आईटी और बीपीएम सर्विस दोनों ने दूरगामी प्रभाव डालने वाले प्रोजेक्ट्स के बारे में सोचने और उन्हें फिर से डिजाइन करने की क्षमता हासिल कर ली है। इसका सीधा उदाहरण है हमारी सदस्य कंपनियों ने सरकारी प्रोसेसेज पर काम किया है जिससे नागरिकों को मिलने वाली सेवा की गुणवत्ता बहुत बेहतर हुई है।

नैसकॉम में, हम बीपीओ और बीपीएम व्यवसायों को महज शोर समझकर और उनके उभरते ट्रेंड खारिज कर सकते थे। लेकिन ये समय पर उठाए कदमों और दूरदृष्टि का नतीजा था, जिसने बीपीओ और बीपीएम व्यवसायों को बढ़ने में मदद की। नैसकॉम ने, उद्यमियों और इन कंपनियों के नेतृत्व के बीच मज़बूत पार्टनरशिप उत्प्रेरक का काम किया।

Y2K बग का असर

धीरे-धीरे देश के सॉफ्टवेयर उद्योग ने अपनी खुद की वैश्विक संस्कृति विकसित कर ली और इस बात से कोई फर्क नहीं पड़ता था कि इंजीनियर भारत के किस इलाके से है। यह दुनिया के बड़े शहरों में ऑन-साइट वर्क से संभव हुआ। Y2K बग के कारण भारत के छोटे कस्बों के युवा काम करने के लिए दुनिया के कोने-कोने में गए।

Y2K बग कितना वास्तविक था? उस समय तक बहुत से कंप्यूटर कोड्स में वर्ष को दर्शाने के लिए दो अंक का ही इस्तेमाल होता था। बहुत से लोगों को लगा कि वर्ष 2000 आने पर कंप्यूटर्स भ्रमित हो जाएंगे। कोई भी कंप्यूटर वर्ष 2000, वर्ष 1000 या 0000 के बीच अंतर नहीं कर पाएगा। अगर ऐसा हुआ तो कंप्यूटर्स पर कोई भरोसा नहीं करेगा। समस्या और भी जटिल हो गई क्योंकि ये बग हार्डवेयर, सॉफ्टवेयर या दोनों ही स्तर पर हो सकता था।

90 के दशक के मध्य तक दुनिया के ज़्यादातर उद्योग कंप्यूटर पर निर्भर हो गए थे। Y2K समस्या को लेकर मीडिया में डरावनी संभावनाओं का वर्णन होने लगा। सामुहिक भय ने लोगों को अपनी पकड़ में ले लिया। लोगों को लगा कि इलेक्ट्रॉनिक बैंक खाते में रखा उनका जीवन भर का पैसा गायब हो जाएगा, जहाज डूब जाएंगे, सैटेलाइट नियत्रंण से बाहर हो जाएंगे, हवाई जहाज आसमान से गिर पड़ेंगे, और परमाणु ऊर्जा संयत्रों में चेर्नोबिल जैसी घटना हो जाएगी।

इस समस्या की गंभीरता अलग-अलग स्तर की थी। ज़्यादातर मामलों में कोई नुकसान नहीं होने वाला था, पर कुछ मामलों में तेजी से पास आ रही डेडलाइन पर ध्यान देना ज़रूरी था।

फोर्च्यून 500 कंपनियां भी सतर्क थीं। उन्हें बहुत जल्द पक्के समाधान की ज़रूरत थी। इस बग का समाधान निकालने के लिए लाखों घंटों के मानवीय प्रयास की ज़रूरत थी और भारतीय प्रोग्रामर्स ने इसे पूरा करने में योगदान दिया। प्रोसेसर्स और चिप्स में इसी तरह की समस्या के लिए ज़्यादा गहन काम करने की ज़रूरत थी, क्योंकि इसे करने के लिए चिप के स्तर तक जाने और दूसरा 'तलाश करो और खत्म करो' अभियान शुरू करने की ज़रूरत थी।

भारत में सॉफ्टवेयर उद्योग अपने शुरुआती दौर में ही था। इसने फौरन ही युवाओं को शिक्षित करने, प्रशिक्षित करने और Y2K समस्या का समाधान निकालने के लिए तैयार करने में अपन ऊर्जा को झोंक दिया। वे युवा जो कभी अपने छोटे कस्बों से बाहर नहीं गए थे, अब दुनिया के कोने-कोने में काम कर रहे थे। बहुत से अपनी पहली नौकरी में विदेशी करेंसी कमा रहे थे और अक्सर ये उनके माता-पिता की कमाई से कई गुना ज़्यादा हुआ करती थी।

Y2K बग का सबसे बड़ा फायदा वह पैसा नहीं था, जो भारतीय कंपनियां कमा रही थीं, बल्कि इसका ब्रांड इंडिया पर पड़ा सकारात्मक प्रभाव था। अब फॉर्च्यून 500 कंपनियां हमारी ग्राहक थीं। किसी बाहरी को यह भाग्य का मामला लग सकता है। लेकिन हम लोगों के लिए यह तैयारी और अवसर के मेल का बेहतरीन उदाहरण था।

Y2K ने भारतीय सॉफ्टवेयर सर्विसेज के महत्व को उजागर किया। अमेरिकी बाज़ार में सूचीबद्ध अमेरिकी और भारतीय सॉफ्टवेयर सलाहकार और सर्विस कंपनियों का मार्केट कैपिटलाइजेशन बढ़ गया था। कुछ ही वर्षों में वे 0.7 गुना टॉप लाइन से बढ़कर 1.4 गुना हो गए। इंफोसिस नैसडेक (NASDAQ) में सूचीबद्ध (मार्च 1999) होने वाली पहली भारतीय आईटी कंपनी बनी। सिंटेल और मास्टेक डिजिटल ने भी अमेरिकी स्टॉक बाज़ार में इतिहास बनाया।

इससे साफ हो गया कि भारतीय इंजीनियर्स सीखने से डरते नहीं हैं और लिगेसी प्रोग्रामिंग लैंग्वेज में लिखे अनडॉक्यूमेंटेड प्रोग्राम्स में बदलाव कर सकते हैं। इसने नई चुनौतियों का सामना करने के लिए कस्टमर सिस्टम्स की री-इंजीनियरिंग करना सक्षम बनाया। फॉर्च्यून 500 ग्राहकों को भारत के उच्च गुणवत्ता और कम खर्च वाले डेवलपर्स का इस्तेमाल करना पसंद आया।

साथ ही, भारत की ओपन-सोर्स टेक्नोलॉजीज़, क्लाइट-सर्वर मॉडल और जावा लैग्वेज में तेजी से दक्षता हासिल करने की क्षमता ने ब्रांड इंडिया की छवि को बेहतर बनाया।

बहुत से लोग तर्क देंगे कि 1991 के सुधारों की तरह ही Y2K बग भी अप्रत्याशित घटना थी। सही बात है। कभी-कभी मेहनत की बजाए अच्छी किस्मत से ज़्यादा हासिल हो जाता है। लेकिन आपको इसके लिए तैयार रहना था। आखिरकार, भाग्य भी दिलेर और साहसी लोगों का ही साथ देता है। भारतीय सॉफ्टवेयर उद्यमियों के पास दोनों ही गुण थे।

कम कीमत में बेहतर गुणवत्ता

हम यह बात समझ चुके थे कि ब्रांड इंडिया को कम कीमत के श्रम के अलावा भी कुछ दिखाना होगा।[12] भारत को विश्व-स्तरीय गुणवत्ता का केन्द्र बनाकर ही सॉफ्टवेयर उद्योग को सम्मान हासिल हो सकता था।

---

12 हालांकि, भारतीय उद्योग ने भारतीयों के वेतन में भारी बढ़ोतरी के बाद भी लेबर आर्बिट्राज के फायदे को बना रखा है। ₹7,00,000 सालाना वेतन लेने वाला भारतीय इंजीनियर 15

गुणवत्ता हमेशा से बहस का विषय रही है। दुनियाभर में सॉफ्टवेयर सर्विसेज और ग्राहकों की परेशानी की मूल वजह प्रोजेक्ट की परिभाषा या कार्य के दायरे को लेकर अस्पष्टता है। अक्सर पर्याप्त जानकारी के बिना अनुबंध पर हस्ताक्षर किए जाते थे। सबसे ज़रूरी सूचनाओं का कभी विवरण ही नहीं दिया जाता था, जिससे भ्रम की स्थिति पैदा होती थी। मैं सरल उदाहरण से ये समझाता हूं: ग्राहक जब 'लोकेशन' कहता है तो इसका क्या मतलब है? क्या इसका मतलब कंपनी मुख्यालय है या सभी लोकेशन? क्या 'सभी लोकेशन' में सहायक कंपनियों और कॉन्ट्रेक्टर्स की लोकेशन भी शामिल है? आप सहायक कंपनियों और कॉन्ट्रेक्ट को कैसे परिभाषित करोगे?

ये समस्याएं न तो भारत के लिए नई थीं और न ही स्थानीय थीं। यहां तक कि 1972 में, जब मैं हार्टफोर्ड, कनेक्टिकट में ट्रेवलर्स कंपनियों में काम कर रहा था, तब ऑफिस में कहा जाता था: 95 फीसदी प्रोजेक्ट्स में 95 फीसदी काम होना बाकी था। ऐसा डोमेन की कम समझ से होता था और अंग्रेजी में संवाद करने में समस्या से यह और बढ़ जाती थी, जिससे प्रोजेक्ट अधूरा रह जाता था। अक्सर काफी देर से सुधार किया जाता था, जिससे रीराइट का काफी काम करना पड़ता था और सिस्टम में समस्या आती थी।

आखिरकार, अमेरिका के रक्षा विभाग ने सही समय पर, सही कीमत में विश्व स्तर की गुणवत्ता के साथ प्रोजेक्ट पूरा करने के तरीके की खोज करने से जुड़ी रिसर्च के लिए पैसा दिया। बाद में, कार्नेगी मेलन विश्वविद्यालय के सॉफ्टवेयर इंजीनियरिंग इंस्टीट्यूट (एसईआई) ने शुरुआती काम में सुधार किया और पेपर प्रकाशित किया जिसमें ग्राहक और डेवलपर सही तरह के लिखे गए स्कोप ऑफ वर्क पर हस्ताक्षर करते हैं। विश्वविद्यालय ने कंपनियों पर अध्ययन किया और उनके प्रोसेस परिपक्वता के स्तर के आधार पर उनको वर्गीकृत किया। इसे क्षमता परिपक्वता मॉडल इंटीग्रेशन (SEI CMMI) कहा गया, और इसमें लेवल 5 सबसे ऊंचा स्तर था, जिसे कोई कंपनी हासिल कर सकती थी।

फीसदी की सालाना वेतन बढ़ोतरी के बाद भी $100,000 का सालाना वेतन और 3 फीसदी सालाना बढ़ोतरी लेने वाले अमेरिकी इंजीनियर की तुलना में सस्ता पड़ेगा। श्रम की कीमत में इस अंतर का फायदा आने वाले लंबे समय तक भारत को मिलता रहेगा।

क्या यह ब्रांड इंडिया इंक. की पहचान बन सकता था? नैसकॉम ने सॉफ्टवेयर कंपनियों की गुणवत्ता को लेकर जागरूक करने का सोचा और सॉफ्टवेयर इंजीनियरों को प्रशिक्षित करने के लिए पूरे देश में सेमिनार और वर्कशॉप्स आयोजित किए।

नैसकॉम ने 100 सॉफ्टवेयर इंजीनियरों से ज़्यादा को नौकरी पर रखने वाली हर सॉफ्टवेयर कंपनी से एसईआई सीएमएमआई लेवल 5 सर्टिफिकेशन लेने की अपील की। आनंद खांडेकर द्वारा चलाई जा रही बैंगलोर की मोटोरोला सॉफ्टवेर डिज़ाइन सेंटर ये लेवल लेने वाली पहली कंपनी थी। इसके बाद कई भारतीय कंपनियों ने लेवल 5 सर्टिफिकेशन हासिल किया। यह एक तरह ही क्रांति जैसा था। इससे ब्रांड भारत इंक. के काम की गुणवत्ता को पहचान मिलना शुरू हुई।

नैसकॉम के सदस्यों को इन सर्टिफिकेशन के महत्व का पता चला और एक के बाद एक भारतीय कंपनियों ने एसईआई सर्टिफिकेशन लेना शुरू किया। हम दुनिया में सबसे ज़्यादा क्वालिटी सर्टिफिकेशन लेने वाले देश बने। प्रोफेसर वी. राजारमन की वर्ष 1999 में की गई रिसर्च से पता चला कि दुनिया में सीएमएमआई लेवल 5 सर्टिफिकेशन लेने वाली हर 12 कंपनियों में से 6 भारतीय थीं। यह इस स्तर पर पहुंच गया कि जब रिक्वेस्ट फॉर प्रपोजल (आरएफपी) के समय पूर्व शर्त के तौर पर सीएमएमआई लेवल 5 सर्टिफिकेशन की बात कही गई तो हर आरएफपी (RFP) के लिए आने वाले पांच में से चार प्रपोजल भारतीय कंपनियों के होते थे। उसी रिपोर्ट में प्रोफेसर राजारमन ने कहा कि वर्ष 2010 तक अपने प्रदर्शन के आधार पर भारतीय आईटी कंपनियों की पहचान विश्व स्तरीय कंपनियों के तौर पर होगी। बहुत सारी कंपनियां निम्न-स्तरीय गुणवत्ता जांच (QA) और परीक्षण परियोजनाएँ से शुरू करके आज एंड-टू-एंड एप्लिकेशन विकसित करने पर पहुंच गईं थीं। इनपुट लागत और खर्चों के आधार पर अपने प्रोजेक्ट्स की लागत तय करने के बजाए अब भारतीय कंपनियां निश्चित समय में निश्चित गुणवत्ता के एप्लिकेशन सॉफ्टवेयर डिलिवर करने के लिए निश्चित मूल्य के अनुबंधों के लिए प्रतिस्पर्धा कर रही थीं। प्रोजेक्ट की योजना बनाने का अनुभव और प्रोसेस परिपक्वता भारतीय कंपनियों का सबसे बड़ा फायदा था, उनके द्वारा हासिल एसईआई सीएमएमआई लेवल 5 सर्टिफिकेशन से भी यह जाहिर था।

बेहतरीन गुणवत्ता के उत्पाद डिलिवर करने के कारण ब्रांड इंडिया की छवि में जबरदस्त मजबूती आई। ग्राहकों को भरोसा था कि भारत न केवल कम कीमत पर सेवाएं प्रदान करता है बल्कि उच्च गुणवत्ता भी सुनिश्चित करता है।

लेकिन हमारे सामने प्रोसेसेज या गुणवत्ता का समाधान निकालने से बड़ी समस्या थी। संस्कृति से जुड़े मुद्दे बड़ी चुनौती बन रहे थे। भारतीयों को अच्छा टीम प्लेयर नहीं माना जाता था। हमें प्रतिस्पर्धी माना जाता था, लेकिन रचनात्मक तरीके से नहीं। यह मजाक बहुत प्रचलित था कि एक भारतीय एक अमेरिकी से बेहतर है, लेकिन तीन भारतीय तीन अमेरिकियों से कम पड़ेंगे।

रीब्रांडिंग के लिए अभी भी काफी काम बाकी था।

फिर भी, भारतीय सॉफ्टवेयर उद्यमियों ने 100 से ज़्यादा देशों की कंपनियों की समस्या सुलझाने का काम किया। एक समय पर टीसीएस किसी एयरलाइंस की तुलना में ज़्यादा देशों में काम कर रही थी। दूसरी चीजों के अलावा मानवीय पूंजी को मज़बूत बनाने के ज़बरदस्त प्रयासों के कारण यह संभव हुआ।

मैंने ज़बरदस्त प्रयास शब्द का इस्तेमाल किया क्योंकि भारतीय कंपनियों ने अपने कैंपस के प्रशिक्षण केन्द्रों में सिक्का डालकर कपड़ों की धुलाई करने वाली मशीनें भी लगा दी थीं। हम इंजीनियरों को उन देशों की जीवनशैली के हिसाब से तैयार कर रहे थे, जहां उन्हें काम के लिए जाना पड़ सकता था। इन इंजीनियरों को बेहतर संवाद करने का प्रशिक्षण भी दिया गया, जिसमें आवाज़ और उच्चारण को न्यूट्रल बनाने का प्रशिक्षण भी शामिल था।

आखिरकार, दुनियाभर में कई तरह के जटिल प्रोजेक्ट्स को पूरा किया गया। भारतीय आईटी उद्योग ये सब काम पूरा कर रहा था। आउटसोर्सिंग से लेकर राइट-सोर्सिंग तक हर तरह का डिलीवरी मॉडल अपनाया गया। देश गुणवत्तापूर्ण सर्विस देने वाले से भरोसेमंद सोर्सिंग देश बना। डेटा माइग्रेशन से लेकर लंदन अंडरग्राउंड के सिग्नलिंग सिस्टम को आधुनिक बनाने जैसे जटिल प्रोजेक्ट भी पूरे किए गए। बिजनेस ट्रांसफॉर्मेशन प्रोजेक्ट्स भी पूरे किए गए। ये सब काम पूरी दुनिया में किए गए।

हम हमारे ग्राहकों को कम खर्च में सर्विस दे रहे थे, उसके बाद भी हम काफी बढ़िया मुनाफा कमा रहे थे। इसके साथ ही, यह केवल प्रदर्शन के बारे में नहीं था यह निरंतरता

के बारे में था–प्रतिस्पर्धात्मक फायदे का स्थायी स्रोत। इन सबसे ब्रांड इंडिया इंक. मज़बूत बन रहा था।

घरेलू चुनौतियां

जब हम दुनिया में भारत की पहचान टेक्नोलॉजी डेस्टिनेशन के तौर पर पुख्ता करने की कोशिश कर रहे थे, उसी समय हमें समझ आया कि देश में ही इस विचार को कड़ी चुनौती दी जा रही थी।

वर्ष 2004 में, विलासराव देशमुख दूसरी बार महाराष्ट्र के मुख्यमंत्री बने। अपनी पहली पारी में वह हमारे सबसे बड़े समर्थक और सहयोगी थे। लेकिन, अब वह हमें लेकर उदासीन दिखाई दे रहे थे।

हमें उनके इस व्यवहार का कारण समझ आया। हाल में कई घटनाएं हुई थीं जिसके बाद राजनेता सॉफ्टवेयर और आईटी उद्योग के साथ खड़े होने में एहतियात बरतने लगे थे। इसका एक बड़ा कारण 2004 के लोकसभा चुनावों में भारतीय जनता पार्टी की हार थी। इन चुनावों में भाजपा ने 'इंडिया शाइनिंग' को अपना मुख्य प्रचार स्लोगन बनाया था।[13] उम्मीद थी कि यह स्लोगन सबको देश के आर्थिक विकास से जोड़ेगा और सॉफ्टवेयर उद्योग इस विकास का बड़ा कारण था।

फिर भी यह कैंपेन नहीं चला और भाजपा चुनाव हार गई। भारतीय राष्ट्रीय कांग्रेस ने उन 60 करोड़ भारतीयों को ध्यान में रखा जो अंग्रेजी नहीं बोल सकते थे और चुनाव जीत गई। ये लोग गरीब थे और आर्थिक समृद्धि का असर इन तक नहीं पहुंचा था। कांग्रेस ने खुद को आम आदमी की पार्टी बताया और भाजपा पर समाज के उच्च वर्ग के लिए काम करने का आरोप लगाया। उन्होंने इस तरह के प्रश्न उठाए, जैसे 'आम आदमी को क्या मिला? जिनके घर पहले से शाइनिंग हैं, उनके घरों में और शाइन आ रही है। आपका कुछ नहीं हो रहा।'[14]

---

13 ज़्यादा जानकारी https://en.wikipedia.org/wiki/India_Shining. पर

14 भारत के आम आदमी को क्या मिला? 'इंडिया शाइनिंग से उन्हीं लोगों को फायदा हो रहा था जो पहले से ही समाज में ऊंचाई पर थे। आपको पूरी तरह छोड़ दिया गया था।' कहने का

इस साल दूसरा झटका लगा जब कर्नाटक के मुख्यमंत्री एस.एम. कृष्णा भी चुनाव हार गए। वे कांग्रेस सरकार के मुख्यमंत्री थे और उन्होंने अपने चुनावी अभियान में आईटी उद्योग से होने वाले सकारात्मक प्रभाव पर काफी जोर दिया था और वादा किया था कि इस उद्योग को आगे बढ़ाने में सहायता करेंगे। उनका चुनावी अभियान भी सफल नहीं रहा। हालांकि बैंगलोर शहर में बदलाव साफ नज़र आता था लेकिन कर्नाटक की जनता ने उनके दृष्टिकोण को नकार दिया। एक बार फिर, आम जनता ने आईटी के योगदान को नकार दिया था। मिस्टर कृष्णा चुनाव हार गए और हार के बाद उन्हें महाराष्ट्र का राज्यपाल बनाया गया। ऐसा कहा गया कि हार के बाद उन्हें सांत्वना देने के लिए यह पद दिया गया था।

यह साफ था कि राजनैतिक माहौल ऐसा नहीं था कि कोई नेता आईटी उद्योग के साथ खड़ा दिखाई दे।

हम जब मिस्टर देशमुख से मिले तो उनके टालमटोल करने वाले व्यवहार के बारे में पूछा, उन्होंने हमें बताया, 'मुझे गवर्नर बनने की कोई जल्दी नहीं है।'[15]

हमें जल्द इस समस्या का समाधान तलाश करना था क्योंकि अगर हम राजनेताओं का सहयोग और संरक्षण खो देते, तो हमारे लिए काम करना मुश्किल हो जाता।

2009 के आसपास हम भारत के वित्त मंत्री श्री प्रणब मुखर्जी से मिले और उनसे एसटीपीआई में काम कर रही कंपनियों के लिए सॉफ्टवेयर टैक्स छूट को जारी रखने की अपील की। उन्होंने विनम्रता से मना कर दिया, लेकिन उनका मत था कि एक उद्योग के तौर पर हमने केवल इंडिया पर ध्यान दिया और निचले पायदान पर खड़े 30 करोड़, अंग्रेजी न बोलने वाले भारत के बारे में नहीं सोचा। मैं उनकी सोच से सहमत नहीं था। उन्होंने यह नहीं देखा कि छोटी कंपनियां जब बड़ी बनती हैं तो उनका कैसा प्रभाव पड़ता था। उन्होंने आईटी उद्योग के द्वारा लाए जा रहे सांस्कृतिक बदलाव पर भी ध्यान नहीं दिया, और न ही उद्योग से प्रत्यक्ष और अप्रत्यक्ष लाभ उठाने वालों पर ध्यान दिया। यहां तक कि एक छोटा सा पत्थर भी शांत दिखाई दे रहे तालाब के पानी में कभी न मिटने

मतलब था कि देश के विकास का लाभ अंग्रेजी बोलने वाले या इन लोगों के लिए काम करने वाले कुछ खास लोगों को ही मिल रहा था।

15 श्री देशमुख, कर्नाटक के मुख्यमंत्री श्री कृष्णा का संदर्भ दे रहे थे, जिन्हें चुनाव हार जाने के बाद गवर्नर बना दिया गया था।

वाली लहरें बनाने की क्षमता रखता है। और हमारे भीतर छोटे पत्थर की तुलना में बहुत ज़्यादा क्षमता थी।

जैसे यह सब पर्याप्त नहीं था कि एक दूसरे जाने-माने अर्थशास्त्री ने सॉफ्टवेयर उद्योग के विकास में नैसकॉम के योगदान पर सवाल उठाया। उन्होंने कहा कि हमें ब्रिटिश साम्राज्य से अंग्रेजी मिली। पंडित जवाहर लाल नेहरू ने भारतीय प्रौद्योगिकी संस्थान का निर्माण किया और राजीव गांधी ने कंप्यूटर को लोकप्रिय बनाया। उनके हिसाब से भारत के विशाल आईटी उद्योग को खड़ा करने के लिए इतना ही करने की ज़रूरत थी। हालांकि मैं किसी का पक्ष नहीं ले रहा, लेकिन मुझे उन अर्थशास्त्री की बात का जबाव देना ही था। मैंने उन्हें कहा, 'मैं आपसे सहमत हूं, क्योंकि आपकी पार्टी के सत्ता में रहे बिना यह संभव नहीं था कि भारत में औसत वेतन अभी भी इतना कम रहता कि सस्ते श्रम के आधार पर पूरा सॉफ्टवेयर उद्योग खड़ा हो पाता।'

अंत भला तो सब भला

आखिर में भारत को एक पर्यायवाची शब्द मिला: सॉफ्टवेयर। 1990 के दशक ने भारत को दुनिया के मानचित्र में स्थापित कर दिया। उस दशक के दौरान, किसी तरह एक साथ कई विकास संभव हुए, जिन्होंने देश को विश्व मंच पर भूमिका निभाने के लिए तैयार किया। अभी भी एक कहानी की ज़रूरत थी जो यह बताए कि भारत का समय आ चुका था। आईटी उद्योग का बढ़ना ऐसी ही कहानी थी। नैसकॉम की एक टैगलाइन थी *'लागत की वजह से आओ, गुणवत्ता की वजह से यहां रहो।'* मुझे यह बताते हुए खुशी हो रही है कि ग्राहक हमारे पास कम लागत की वजह से आए और सचमुच हमारे काम की गुणवत्ता के कारण वे हमारे साथ जुड़ गए।

2000 से 2010 के बीच का समय उस नींव पर इमारत तैयार करने का था, जिसे 1990 में रखा गया था। आज कोई भी ग्लोबल बिजनेस प्लान भारत में ऑफशोर फैसिलिटी खोले बिना पूरा नहीं हो सकता।

लेकिन ऐसा भी समय था जब भारत दुनिया के मानचित्र पर कहीं नहीं था और हमें छोटे टेक्नोलॉजी कॉन्ट्रेक्ट भी नहीं मिलते थे। हममें से कोई सोच भी नहीं सकता था कि वालमार्ट फ्लिपकार्ट को खरीदने के लिए 16 बिलियन डॉलर खर्च करेगा, अमेजॉन और

नेटफ्लिक्स भारत से मिल रहे विकास से आस लगाएंगे और रिलायंस जियो 21 बिलियन डॉलर की विशाल रकम जुटा लेगा।

अब मैं आपको एक बताता हूं कि सिलिकॉन वैली के निवेशक किसी भारतीय का नाम कंपनी के संस्थापकों में देखकर तसल्ली महसूस करते हैं। जो कृष्णमूर्ति कभी क्रिस बन गया था वह अब फिर से कृष्णमूर्ति बन गया है।

तो, अब हमारे लिए यहां से आगे क्या है?

मुझे इस बारे में ज़्यादा सोचना नहीं पड़ा। आगे का रास्ता बिल्कुल साफ है: उद्यमिता के मामले में क्रांति।

1990 में ऑनवर्ड-नोवेल के अपने दिनों में, मैंने पहली बार वैली की उद्यमिता की संस्कृति का अनुभव लिया। उस समय भी वह ईकोसिस्टम दुनिया की ऐसी किसी भी व्यवस्था से बहुत आगे था। सही कहें तो वह अनोखा था। ज़्यादातर लोग एक-दूसरे से जुड़े थे। लोग आने वाले उद्यमों का मार्गदर्शन करने के इच्छुक थे। हर कोई खुलकर अपने अनुभव साझा करता था। सौदे बहुत तेजी से होते थे क्योंकि हर कोई जानता था कि उसे क्या चाहिए। वहां काम के लिए भरोसा बहुत बड़ी चीज थी। टर्मशीट और कॉन्ट्रेक्ट बहुत छोटे होते थे क्योंकि स्टार्ट-अप मॉडल की स्फूर्ति ने बिजनेस को आगे बढ़ाया, न कि कागजी कार्यवाही ने। समझौते बोर्डरूम में नहीं बल्कि ड्रिंक्स पर बात करते हुए साइन किए जाते थे। कंपनियों में आसानी से विलय हो जाता था। रिश्ते आधिकारिक से ज़्यादा व्यक्तिगत थे और लोग एक-दूसरे का सहयोग करते हुए सबको आगे बढ़ाते थे।

अगर भारत को आगे बढ़ना था तो इसी उत्साह की ज़रूरत थी। यह उत्साह कंवल रेखी से मिला। कंवल मेरे मित्र, जाने-माने उद्यमी, और एजेंल इंवेस्टर हैं। वह ऑनवर्ड-नोवेल के बोर्ड में भी थे। उनसे मुझे पश्चिमी देशों के व्यापारिक माहौल के बारे में काफी कुछ सीखने को मिला। कंवल ने अपनी कंपनी एक्सेलेन को नोवेल को बेच दिया था और किसी बिलियन डॉलर कंपनी के बोर्ड में शामिल होने वाले पहले भारतीय में से एक बने। अपने समय के दूसरे अमीर उद्यमियों के उलट कंवल भविष्य के प्रोजेक्ट्स में निवेश करना चाहते थे और निचले स्तर पर क्षमता निर्माण करना चाहते थे। उनके भलाई के कामों का सबसे बड़ा फायदा आईआईटी बॉम्बे को मिला।[16]

---

16 मुझे याद है कि एक बार कंवल ने भारतीय शेयर बाज़ार में करीब 3 मिलियन डॉलर का मुनाफा बनाया। भारतीय रिजर्व बैंक के प्रतिबंधों के कारण वह यह पैसा भारत से बाहर नहीं

मैंने कंवल को नैसकॉम के बारे में बताया और भारत को ब्रांड बनाने से जुड़ी चुनौतियों की जानकारी दी। मैंने उन्हें बताया कि हम टेक्नो-कुली का टैग अपने ऊपर से उतारने के लिए प्रतिबद्ध हैं। उन्हें शुरुआत में हम पर भरोसा नहीं था। उन्होंने भारत को बुरे दौर में देखा था इसलिए वह भारत को लेकर निराशावादी हो गए थे। मैं कह सकता हूं कि देश के हालात को देखकर वह भीतर से टूट गए थे। हालांकि नैसकॉम और मैंने अपने प्रयास जारी रखे।

धीरे-धीरे उन्होंने नैसकॉम में नए भारत को उभरते देखा और हमारे मिशन को लेकर उत्साह दिखाया। कंवल[17] ने अमेरिका की सिलिकॉन वैली के कुछ बेहद सफल भारतीयों

ले जा सकते थे। उन्होंने मुझे इस पैसे का संरक्षक बनाया ताकि बाद में इस पैसे का इस्तेमाल भलाई के कार्यों के लिए किया जा सके। एक बार मेरी सलाह पर वह मेरे साथ आईआईटी बॉम्बे के डॉ. दीपक पाठक से मिलने गए। कंवल खुद भी आईआईटी के पूर्व छात्र थे और उनकी सुनहरी यादें संस्थान से जुड़ी थीं। जब हम कैंपस में गए तो हमने देखा कि जिस हॉस्टल में कंवल रहा करते थे उसकी इमारत बहुत बुरी हालत में थी। कंवल ने तुरंत इमारत को ठीक करने के लिए योगदान करने का निर्णय लिया। हालांकि उस समय डॉ. पाठक को आईआईटी बॉम्बे के नियमों में ऐसा कोई नियम नहीं मिला, जिससे वह बाहर से दान ले पाते। नौकरशाही के नियमों का जाल कुछ ऐसा था! उसके बाद डॉ. पाठक ने दिल्ली में नियामकों के साथ मिलकर कई महीनों तक काम किया और बाहर से दान स्वीकार करने की प्रक्रिया तैयार की। डॉ. पाठक के प्रयासों के कारण कंवल के पैसे का सही इस्तेमाल संभव हो सका और छात्रों को बेहतर सुविधा मिली। इससे मुझे भी अनचाहा 'फायदा' हुआ। आज तक डॉ. पाठक मुझे आईआईटियन कहकर संबोधित करते हैं, जबकि मैंने सीओईपी से अपनी इंजीनियरिंग पूरी की थी और मुझे इस बात का गर्व है।

17 कंवल शायद पहले एनआरआई थे, जिन्होंने सीधे आईआईटी को दान दिया था। इससे भारत के दूसरे शैक्षिक संस्थानों में भी एनआरआई लोगों के द्वारा दान देने का सिलसिला शुरू हुआ। दूसरी बड़ी घटना का उल्लेख करना भी ज़रूरी है कि कैसे आईआईटी बंबई में कंवल रेखी स्कूल ऑफ इंफोर्मेशन टेक्नोलॉजी की शुरुआत हुई। डॉ. पाठक एक बार सिलिकॉन वैली की यात्रा पर गए थे, वहां कंवल के साथ मुलाकात में उन्होंने कंवल के नाम पर स्कूल ऑफ इंफोर्मेशन टेक्नोलॉजी खोलने की बात कही। कंवल ने इस काम के लिए डॉ. पाठक को 1 मिलियन डॉलर का दान देने की बात कही लेकिन साथ ही एक शर्त भी रखी कि डॉ. पाठक को कंवल के दान के बराबर एक मिलियन डॉलर दूसरी लोगों से भी जुटाने होंगे। डॉ. पाठक भारत वापस आने के बाद इस बात को लेकर नंदन नीलेकणि से मिले। नंदन को इस तरह के

को नैसकॉम के कार्यक्रम में बुलाने में हमारी मदद की और उन लोगों को भारतीय आईटी उद्यमियों के साथ मंच साझा करने के लिए तैयार किया। इस कार्यक्रम का मकसद यह संदेश देना था कि भारतीय उद्यमी दुनिया के किसी भी बड़े से बड़े उद्यमी से कम नहीं थे। साथ ही इससे दुनिया को पता चला कि भारत का समय आ चुका था।

जिस बात का पता मैं दशकों पहले लगा चुका था, अमेरिका में रहने वाले भारतीय अब उसको महसूस कर रहे थे कि अगर आप वास्प (WASP) समुदाय से नहीं हैं तो आप एक सीमा तक ही तरक्की कर सकते थे। ये पेशेवर जानते थे कि इनमें सीईओ बनने की क्षमता थी लेकिन वह उस स्तर पर जा नहीं सकते थे। उसके बाद उन्होंने उद्यमी बनने का साहसी कदम उठाया। इसके अलावा, उन्होंने सिलिकॉन वैली की गलाकाट प्रतिस्पर्धा में भी सफलता हासिल की।

कंवल अक्सर मुझे ताना मारते थे कि सर्विसेज पर ध्यान देने से हमें केवल हमारी मेहनत का पैसा मिल रहा था, हमें उस दिमाग के लिए पैसा नहीं मिल रहा था, जिसके लिए हम जाने जाते थे। उन्होंने भारत में आईपी पर चलने वाले व्यवसायों को बढ़ावा देने के लिए टीआईई को भारत लाने के लिए कहा। मैं अपनी बात पर कायम रहा कि भारत अभी इसके लिए तैयार नहीं था, और सर्विसेज व्यवसाय में अभी विकास की बहुत संभावना है।[18]

हालांकि, डॉट कॉम के उछाल के दौरान, मेरी रूचि इंटरनेट व्यवसाय में बढ़ी और मुझे महसूस हुआ कि हम बड़ा मौका गंवा रहे थे। तब मुझे लगा कि टीआईई को भारत में लाने का यह सही समय था।

ज़रूरत साफ दिखाई दे रही थी, लेकिन मुझे विरोध का सामना वहां से करना पड़ा जहां मुझे बिल्कुल आशंका नहीं थी। वह थे देवांग। देवांग का मानना था कि टीआईई

स्कूल में काफी संभावना नज़र आई। नंदन ने डॉ. पाठक से कहा कि वह इस काम के लिए 2 मिलियन डॉलर देने को तैयार हैं, अगर कंवल भी इतना ही पैसा लगाने को तैयार हो जाएं। कहने की ज़रूरत नहीं कि कंवल ने 2 मिलियन ड़ॉलर का दान दिया। उद्योग के दो बड़े नामों के बीच इस मजाक से एक विश्व स्तरीय संस्थान का निर्माण संभव हो सका।

18 लगभग एक दशक बाद कंवल ने एक मुलाकात में कहा कि उस समय नैसकॉम का सर्विसेज पर ध्यान देने का निर्णय बिल्कुल सही था। उस समय ज़्यादा से ज़्यादा लोगों तक पहुंचने की ज़रूरत थी।

नैसकॉम को खा जाएगा। उन्होंने कहा कि वह भी उद्यमिता को बढ़ावा देना चाहते थे, लेकिन यह नैसकॉम के झंडे तले होना चाहिए। उनकी कोई गलत मंशा नहीं थी और वह भी एजेंडा को लेकर उत्साहित थे। बस उनकी सोच और तरीका मुझसे अलग था। मुझे लगता था कि नैसकॉम और टीआईई दोनों एक-दूसरे के पूरक थे। नैसकॉम देश में सॉफ्टवेयर उद्योग का सबसे बड़ा संगठन था, टीआईई अपने शहर आधारित चेप्टर के ज़रिए स्टार्ट-अप ईकोसिस्टम के लिए सबसे बड़ा संगठन बन सकता था। इसके साथ ही टीआईई के बहुत सारे देशों में चेप्टर्स थे, इसलिए उसके ज़रिए भारतीय प्रवासियों तक आसान पहुंच संभव हो सकती थी।

आखिरकार, 1999 में कंवल के सहयोग से मैं टीआईई को भारत लेकर आया और मुबई में उसका पहला चैप्टर शुरू हुआ। टीआईई में हमने ऐसा उत्प्रेरक माहौल बनाया, जिसकी भारत के नए टेक्नोलॉजी उद्यमियों को बहुत ज़रूरत थी। हमने संस्थापकों, वेंटर कैपिटलिस्ट, एंजेल इंवेस्टर्स, आईडेशन लैब्स, इंक्यूबेटर्स और दूसरे सर्विसेज प्रोवाइडर्स को मिलाकर पूरा ईकोसिस्टम तैयार किया। इसकी बहुत ज़रूरत थी। देवांग को भी इसके फायदे नज़र आए और वह भी नैसकॉम व टीआईई के बीच आपसी सहयोग के रिश्ते पर तैयार हो गया।

आज टीआईई उद्यमियों के सक्रिय समुदाय से निरंतर संवाद करता है। इसने लाखों लागों को सक्षम बनाया, वे लोग नेटवर्किंग का मौका और सीखने के अवसर देने के लिए टीआईई की सराहना करते हैं। इसने सफलता के साथ भारत में बीस वर्ष से ज़्यादा का समय तय कर लिया है। इस किताब को लिखते समय, टीआईई के चौदह देशों में इकसठ *चैप्टर्स* हैं, जिसमें से चौदह चैप्टर भारत में हैं।

ब्रांड इंडिया इंक. की जो कहानी सॉफ्टवेयर सर्विसेज के निर्यात से शुरू हुई थी, उसमें अब तमाम तरह की आउटसोर्सिंग शामिल हो चुकी थीं। ब्रिटिश ब्रांड्स के लिए मुंबई के अंधेरी में विज्ञापन फिल्में बनाई जा रही थीं। लीगल इंडस्ट्री अपना डेटा प्रोसेस करने के लिए चंडीगढ़ और मैसूर भेजती है। बीपीओ उद्योग भी आईटी उद्योग से ही निकला है और आईटी की टेक्नोलॉजी, प्रोससेज और विशेषज्ञता के आधार पर आगे बढ़ा है। मेरी नज़र में 'ग्लोबल कैपिबिलिटी सेंटर (GCC)' सबसे रोमांचक विकास में से एक है। ये जीसीसी इंजीनियरिंग सेवाओं और बैक-ऑफिस ऑपरेशंस को तेज़ करने के लिए काम कर रहे हैं, जो फॉर्च्यून 1000 कंपनियों के साथ भविष्य का सह-निर्माण करने के लिए तैयार हैं।

कुछ लोग कहते हैं कि भारत में सामान्यत: और खासतौर से सॉफ्टवेयर सर्विसेज में इनोवेशन का अभाव है। उन लोगों को मैं कहता हूं कि सॉफ्टवेयर सर्विसेज व्यवसाय के लिए हमने जो प्रोसेस तैयार किया है उसमें इनोवेशन किया गया है। मुझे लगता है कि एचपी के सीईओ कार्ली फिओरिना ने नैसकॉम इंडिया लीडरशिप फोरम (NILF)[19] के सेशन में इस बात को अच्छी तरह समझाया, 'आप लोग भारत में बदलाव लाना चाहते थे, लेकिन आउटसोर्सिंग बिजनेस मॉडल से आपने पूरी दुनिया को ही बदल दिया और इस मॉडल की खोज आप लोगों ने ही की है।'

वर्ष 2004 के आसपास की बात है, मैं अमेरिका में था और जिस कैब में बैठा उसे मध्यम आयु वर्ग का कोई भारतीय चला रहा था। उसने देखा कि मैं भी भारतीय हूं तो उसने पूछा कि क्या मैं आईटी उद्योग में काम करता हूं। जब मैंने हां कहा, तो उसने मुझे बहुत-बहुत धन्यवाद दिया। उसने कहा कि आईटी उद्योग के कारण उसकी टैक्सी में बैठने वाले अमेरिकियों का रवैया रातों-रात बदल गया है। वह हंसा और बोला, 'मेरी टैक्सी में बैठने वाले सोचते हैं कि मैं पीएचडी का छात्र हूं और अपनी फीस देने के लिए टैक्सी चला रहा हूं। आप लोगों ने हमें इज़्ज़त दिलाई है।'[20]

मेरे चेहरे पर मुस्कान तैर गई।

उसके शब्द मेरे दिमाग में घूमते रहे। मुझे कुछ दशक पहले अपने ग्रीन कार्ड के टुकड़े करने की घटना याद आ गई।

---

19 एनआईएलएफ नैसकॉम की सालाना फ्लैगशिप कांफ्रेंस थी। जब हमने इसे शुरू किया था तो सालाना कांफ्रेंस भारत में नई बात थी। उस वक्त देश में किसी उद्योग से जुड़े ऐसे फोरम की बात सोची भी नहीं जा सकती थी, जहां प्रतिस्पर्धी कंपनियां और उनके कर्मचारी एक कमरे में इकट्ठे होते थे और वे बिना किसी डर के वहां मौजूद लोगों के साथ नेटवर्क बना सकते थे। यह ज्ञान साझा करने का मंच बनाकर आगे बढ़ने का हमारा तरीका था। इसमें उद्योग के प्रमुख लोगों और सीनियर एग्जीक्यूटिव्स को एक-दूसरे से सीखने का मौका दिया। फरवरी 2021 में आयोजित 29वें एडिशन से इसे नैसकॉम टेक्नोलॉजी एंड लीडरशिप फोरम (एनटीएलएफ) नाम दिया गया है। यह दुनिया के सबसे बड़े लीडरशिप फोरम में से एक है, जिसमें बिजनेस की दुनिया के जाने-माने लोग हिस्सा लेते हैं।

20 'आप लोगों ने हमें इज़्ज़त दिलाई है,' का संदर्भ यहां सभी भारतीयों से है।

9

कॉपीराइट बनाम राइट ऑफ़ कॉपी

'**पाइरेसी** से आपको क्या परेशानी है?' एक बार एक डिप्लोमेट ने डांटते हुए मुझे कहा। 'भारतीयों को इसका मजा लेने दो। सैंकड़ों वर्षों से पश्चिम ने इस देश को लूटा है। अब हमारी बारी है कि उनकी मेहनत से फायदा उठाएं।' वह वरिष्ठ सिविल सेवा अधिकारी बाद में राजनीति में आए, संसद सदस्य बने, और कानून निर्माता भी बने।

आप आसानी से समझ सकते हैं कि बौद्धिक संपदा (आईपी) अधिकार—चाहे कॉपीराइट हो, पेटेंट हो या ट्रेडमार्क हो—को लेकर भारत का क्या रवैया है।[1] दूसरी ओर, नैसकॉम में हम जानते थे कि अगर भारत कॉपीराइट को सुरक्षित बनाने में नाकाम रहा तो दुनिया हमें बिजनेस-फ्रेंडली देश के तौर पर स्वीकार नहीं करेगी और न ही वैश्वीकरण में हमारी हिस्सेदारी को गंभीरता से लेगी। 80 के दशक के आखिर में आईटी उद्योग के शुरुआती दौर में उद्योग के विकास के लिए यह बहुत महत्वपूर्ण था।

---

1 भले ही हमने बौद्धिक संपदा अधिकार, पेटेंट और कॉपीराइट को लेकर रवैया बदलने के लिए काफी कुछ किया है, लेकिन यह मुद्दा आज भी प्रासंगिक बना हुआ है। इसलिए एक पूरा अध्याय इस पर लिखा है।

फिर भी जब हमने सरकार को यह बात समझाने की कोशिश की तो जबाव मिला: 'अगर महाभारत और रामायण पर कॉपीराइट नहीं है तो किसी दूसरी चीज पर कॉपीराइट क्यों होना चाहिए?' भले ही यह बात मज़ाक में कही गई हो, लेकिन इससे पता चला कि हमारी समस्या कितनी बड़ी थी। आईपी प्रोटेक्शन के फायदों के बारे में बताने के पहले हमें आईपी के बारे में लोगों को बताना था।

भारत के बौद्धिक संपदा अधिकार (IPR) में गड़बड़ी ने सभी तरह के उद्योगों को प्रभावित किया। 80 और 90 के दशक में खाली कैसेट खरीदकर उसमें अपने मनपसंद गाने रिकॉर्ड करवाना सामान्य बात थी। किसी को अंदाजा नहीं था कि इससे कॉपीराइट का उल्लंघन हो रहा था और वे उस संगीतकारों के अधिकारों का हनन कर रहे हैं, जिसे वे बहुत पंसद करते थे। छोटे कस्बों के सिनेमा हॉल पाइरेटेड प्रिंट से फिल्में दिखाते थे। सिनमा हॉल में चोरी से कैमरा ले जाकर, फिल्मों की कॉपी बनाई जाती थीं। बाद में इस कॉपी से वीएचएस टेप और सीडी बनाई जाती थीं। बहुत सारे कॉलेजों के बाहर फोटोकॉपी की दुकानें होती थीं, जो पढ़ाई की किताबों के पाइरेटेड प्रिंट बेचा करती थीं। पाइरेटड किताबों को एक-दूसरे के साथ बांटना अच्छा समझा जाता था जबकि वह चोरी थी। (यह विडंबना होगी अगर आप इस किताब को शेयर की गई पीडीएफ पर पढ़ रहे होंगे।)

पूरी दुनिया में आमतौर पर चीजों के उपलब्ध न होने या उनकी अधिक कीमतों के कारण पाइरेसी बढ़ती है। मेरा मानना है कि दूसरी जगहों के उलट भारत में आईपीआर (IPR) को न मानने की कई वजहें हैं। मेरा अनुभव है कि भारतीय अमूर्त चीजों के लिए पैसे देना पंसद नहीं करते। चार्टर अकाउंटेंट या वकील की सलाह भी इसी सूची में शामिल है। जब तक कि ये दोनों एक ब्रांड नहीं बना लेते, भारत में इन्हें बहुत कम पैसे दिए जाते थे। दूसरी अमूर्त चीज है, साहित्य, इस पर भी पाइरेसी ने बहुत असर डाला है। 20वीं सदी में हिंदी लेखकों को मुंशी (क्लर्क) कहा जाता था। ऐसा इसलिए हुआ क्योंकि लोगों को लगा कि लिखने जैसा रचनात्मक काम बस क्लर्क की तरह हिसाब-किताब की बहियां भरने जैसा ही है। बहुत से लेखक केवल मौखिक तौर से उपलब्ध ज्ञान को किताब के तौर पर रिकॉर्ड कर रहे थे।

हज़ारों वर्षों से भारत में ज्ञान को साझा करना सामूहिक, मुफ्त और परोपकारी काम रहा है। इस ज्ञान को मौखिक रूप से ही अगली पीढ़ी को सौंपा जाता था। प्रिंटिंग प्रेस

के आने तक इस मौखिक ज्ञान को दस्तावेज में बदलने का काम शुरू नहीं हुआ था। शंकराचार्य जैसे पूजनीय गुरु और संत भी अपने ज्ञान के लिए कोई शुल्क नहीं लेते थे। तो फिर हम भारतीय अपने मुंशियों को पैसे क्यों देंगे? जब हमारी इस संस्कृति को कंप्यूटर का साथ मिला, तो पाइरेसी को बहुत बढ़ावा मिला क्योंकि अब कंप्यूटर के आने से कॉपी तैयार करना और पाइरेटेड कॉपी लोगों तक पहुंचाना आसान हो गया।

80 के दशक के मध्य में हमें हमारे प्रोडक्ट डेवलपमेंट बिजनेस में काफी नुकसान हुआ था। हम व्यवसायिक इस्तेमाल के लिए रिसोर्स-शेयरिंग टाइमशेयरिंग सिस्टम एक्सटेंडेड (RSTS/E) एप्लिकेशन के अंतर को खत्म करने के लिए सॉफ्टवेयर बना रहे थे। तीन साल इस पर काम करने के बाद हमें इसे बंद करना पड़ा। बौद्धिक संपदा अधिकार को न माना जाना इसे बंद करने का बड़ा कारण रहा।

इनोवेशन और रचनात्मकता मानव जाति की विशिष्टताएं हैं और इस रचनात्मकता व इनोवेशन की सुरक्षा के लिए शक्तिशाली कॉरपीराइट कानून का होना मज़बूत अर्थव्यवस्था के लिए बहुत ज़रूरी है। मानव समाज ने बौद्धिक संपदा की सुरक्षा के लिए बहुत कोशिश की है। पश्चिम की दुनिया इस बात की गवाह है कि अगर लोगों और कंपनियों को नया काम करने के लिए प्रोत्साहित किया जाएगा तो विकास किया जा सकता है। बौद्धिक संपदा को सुरक्षित बनाए बिना किसी वैज्ञानिक के काम को महत्व नहीं मिलेगा, किसी फिल्म प्रोड्यूसर को स्पेशल-इफेक्ट्स सॉफ्टवेयर के इस्तेमाल के लिए प्रीमियम नहीं मिलेगा। कोई लेखक किताब लिखने के लिए वर्षों तक मेहनत नहीं करेगा, और किसी भी उद्यमी को बौद्धिक संपदा पर आधारित बिजनेस खड़ा करने की प्रेरणा नहीं मिलेगी। इनोवेशन को बढ़ावा देने के लिए भारत को मजबूत बौद्धिक संपदा कानूनों की आवश्यकता थी और भविष्य में भी रहेगी। इन कानूनों को सख्ती से लागू करने और कानून द्वारा समर्थन प्राप्त होना अनिवार्य है।

इस काम को करने के और भी कई कारण हैं।

पहला है, ब्रांड इंडिया इंक. की छवि।

जब तक हम प्रोडक्ट से जुड़ी विशाल वैश्विक कंपनियों जैसे माइक्रोसॉफ्ट और ऑटोडेस्क को मज़बूत कानूनों और प्रभावी न्याय व्यवस्था का भरोसा नहीं देंगे, तब तक वे 'नोलेज डेस्टिनेशन' के तौर पर हमें नज़रअंदाज करते रहेंगे। कई दूसरी कंपनियों ने हमें पूछा कि हम बौद्धिक संपदा अधिकारों की सुरक्षा के लिए क्या कर रहे थे। अगर

वैश्विक कंपनियों को यह महसूस हो गया कि भारत अंतरराष्ट्रीय कॉपाराइट कानूनों का आदर नहीं कर रहा है, तो वे हमारे साथ काम नहीं करेंगी।

दूसरा, अगर हम बौद्धिक पूंजी को सुरक्षित रखने का ईकोसिस्टम तैयार करेंगे तो यह स्थानीय उद्यमियों को भी प्रोडक्ट इनोवेशन में आने और बौद्धिक संपदा आधारित प्रोडक्ट्स को बनाने की प्रेरणा देगा। अगर भारत को सॉफ्टवेयर उत्पादों के व्यवसाय में आगे बढ़ना है, तो पाइरेसी पर काबू पाना और कड़े कॉपीराइट कानून बनाना बहुत ज़रूरी था।

व्यवसाय में अच्छे इरादों के साथ-साथ अच्छे कामों से भी भरोसा हासिल किया जाता है। हम सही मायने में पाइरेसी से लड़ें, उससे पहले यह जरूरी था कि दुनिया को भारत के इन इरादों के बारे में जानाकरी हो। इसका मतलब होता कि हमने आधी लड़ाई जीत ली है। इसलिए हमने कानूनों के साथ शुरुआत की। अगर कानून में प्रावधान हो तो सरकार और उद्योग पाइरेसी को खत्म करने का प्रयास कर सकते थे।

चीन भारत के सॉफ्टवेयर सर्विस उद्योग से प्रतिस्पर्धा नहीं कर सका इसकी एक बड़ी वजह उसका बौद्धिक संपदा अधिकार का सम्मान न करना भी है। अपने कमज़ोर बौद्धिक संपदा कानूनों के कारण चीन आज भी खामियाजा उठा रहा है। उसकी अनौपचारिक और शायद अनदेखी रूप से प्रोत्साहित की गई फिलॉसफी रही है — नकल करना, पुनरुत्पादित करना और बड़े पैमाने पर उत्पादन करना। यह ज़रूरी था कि इसके उलट भारत अपने बौद्धिक संपदा कानूनों के ज़रिए भरोसा विकसित करे।

नैसकॉम के सदस्यों में सॉफ्टवेयर उत्पाद और सॉफ्टवेयर सर्विस बिजनेस दोनों तरह की कंपनियां शामिल थीं। 1990 में जब मैं चैयरपर्सन बना तो उस समय सॉफ्टवेयर उत्पादों से आय बहुत कम थी और देश में बहुत कम सॉफ्टवेयर प्रोडक्ट कंपनियां थीं, लेकिन मैंने अमूर्त सॉफ्टवेयर को पाइरेसी से बचाने के लिए बड़ा कदम उठाया था। एग्जीक्यूटिव काउंसिल की मीटिंग में हमने फैसला किया कि कॉपीराइट कानूनों में बदलाव से शुरुआत करनी होगी।

हमने डीओई में विट्ठल से मिलने का समय मांगा। हमारा एजेंडा बढ़ती हुई सॉफ्टवेयर पाइरेसी पर रोक लगाना था। लेकिन जब हम डीईओ ऑफिस पहुंचे तो यह देखकर हैरान रह गए कि उनका अकाउंट विभाग भी लोटस 1-2-3 की पाइरेटेड कॉपी इस्तेमाल कर रहा था। यह माइक्रोसॉफ्ट एक्सेल आने से पहले प्रमुख स्प्रेडशीट एप्लिकेशन थी। हमने विट्ठल से अनुरोध किया कि वह सरकार ऑफिसों से इसे ठीक करना शुरू करे।

विट्ठल खुश हुए। उनकी नज़र में हम युवा, महत्वहीन उद्यमी थे जो विशाल बहुराष्ट्रीय आईटी कंपनियों के अधिकारों को सुरक्षित बनाने की बात कर रहे थे। उन्हें ताज्जुब हुआ कि इस मुद्दे को लेकर हम कितने गंभीर थे, जबकि उनके हिसाब से इसका हमारे ऊपर कोई असर नहीं पड़ा था।

आखिरकार हम उन्हें समझाने में कामयाब हुए, और एक बार उनके हमारे साथ आने के बाद, उन्होंने ईमानदारी से व्यापार करने की हमारी पहल को बहुत समर्थन दिया। विट्ठल ने पूरे देश में केन्द्र सरकार के कार्यालयों में सर्कुलर भेजा कि किसी भी सरकारी कार्यालय में पाइरेटेड सॉफ्टवेयर इस्तेमाल नहीं होगा।

सरकारी व्यवस्था में बदलाव चुनौती भरा हो सकता है। विट्ठल के भेजे सर्कुलर की कोई कानूनी वैधता नहीं थी; वह बस एक तरह का सुझाव था। फिर भी उससे ऐसी प्रक्रिया की शुरुआत हुई जिसने सबकुछ बदल दिया। विट्ठल के दिशा-निर्देशों का पालन करने के लिए पहले केन्द्र सरकार के कार्यालयों को सॉफ्टवेयर खरीदने के लिए टेंडर निकालने थे। जिसके लिए उन्हें बजटीय प्रवाधान भी करना था। ज़रूरत के हिसाब से सबसे बेहतर सॉफ्टवेयर के चुनाव के लिए सरकार को विशेषज्ञ सलाह की ज़रूरत थी। इस तरह तो सॉफ्टवेयर के खरीद में कई साल लग जाते। लेकिन इस बड़ी योजना में कुछ वर्ष का समय ज़्यादा नहीं था। धीरे-धीरे केन्द्र सरकार के सभी कार्यालयों में पाइरेटेड सॉफ्टवेयर का इस्तेमाल बंद हो गया और इसकी जगह लाइसेंस सॉफ्टवेयर का इस्तेमाल शुरू हुआ। राज्य सरकारों ने भी इसे अपनाया। जल्दी ही सब जगह वैध सॉफ्टवेयर इस्तेमाल होने लगे।

जब विट्ठल के सर्कुलर से सरकारी कार्यालयों पर असर पड़ रहा था, उसी समय हमने भारत के कॉपीराइट कानूनों के तहत सुरक्षा बढ़ाने के लिए अपना असली काम शुरू किया। हमने दो प्रमुख कदम उठाए, पहला, हमें कानूनी तौर से सॉफ्टवेयर को उद्योग का दर्जा दिलवाना था; दूसरा, हमें सॉफ्टवेयर को ऐसी चीज के तौर पर स्वीकृत करवाना था जिसकी पाइरेसी की जा सकती थी। कहने के लिए तो ये सिर्फ़ दो उपाय थे, लेकिन इन्हें पूरा करने के लिए सरकारी कार्यालयों जैसे, आयकर विभाग, आरबीआई, कस्टम एंड एक्साइज, गृह मंत्रालय, विदेश मंत्रालय, डायरेक्टर जनरल ऑफ सप्लाइज़ एंड डिस्पोज़ल, और वाणिज्य मंत्रालय में सैंकड़ों चक्कर लगाने थे।

नैसकॉम ने इन बुनियादी बदलावों को लाने के लिए काफी आवाज़ उठाई और आखिरकार हमें सफलता हासिल हुई। 90 के दशक की शुरुआत में कॉपीराइट एक्ट

1957 में संशोधन करके साफ्टवेयर को उसमें शामिल किया गया। उस समय अनुमान था कि भारत के 75 फीसदी सिस्टम्स में पाइरेटेड सॉफ्टवेयर इस्तेमाल हो रहा था। जिस संशोधन को करने के लिए हम आवाज़ उठा रहे थे वह इस मामले में ऐतिहासिक था कि पिछले तीस वर्षों में इस कानून को मज़बूत बनाने और इसमें सॉफ्टवेयर को शामिल करने के लिए कुछ नहीं किया गया था।

इससे पूरी दुनिया में मज़बूत संदेश गया कि भारत सॉफ्टवेयर व्यवसाय और बौद्धिक संपदा की सुरक्षा को लेकर गंभीर है।

केवल कानून में संशोधन होना ही काफी नहीं था। वैध सॉफ्टवेयर के इस्तेमाल को लेकर देश के कॉर्पोरेट्स को भी जागरूक बनाने की जरूरत थी। हमें 'कॉपी करने का अधिकार' मानने वाली मानसिकता से भी लड़ना था, जो कॉपीराइट के खिलाफ थी। हमें ऐसी संस्था की ज़रूरत थी जो पाइरेसी करने वालों पर कानूनी मामला दायर कर सके। इसलिए 1992 में हमने इनफास्ट (InFAST- द इंडियन फेडरेशन अंगेस्ट सॉफ्टवेयर थेफ्ट) की स्थापना की। यह स्वतंत्र सेक्शन कंपनी8[2] थी, जिसे पाइरेसी पर निगाह रखने के लिए बनाया गया था।

इनफास्ट और संशोधन ने अंतरराष्ट्रीय कंपनियों को नैसकॉम के साथ मिलकर पाइरेसी के खिलाफ अभियान चलाने की प्रेरणा दी। बाद में, जब माइक्रोसॉफ्ट के नेतृत्व में बिजनेस सॉफ्टवेयर अलायंस (BSA)) अस्तित्व में आया तो हमने इनफास्ट को रिटायर कर दिया।

बौद्धिक संपदा सुरक्षा कानूनों को बेहतर बनाने के लिए नैसकॉम लगातार सरकार के साथ मिलकर काम करता रहा, इसके साथ ही आम जनता को पाइरेसी के खिलाफ

---

2 जब हमने शुरुआत की थी, उस समय यह सेक्शन 25 कंपनी थी। उसके बाद कंपनी एक्ट में बदलाव किए गए, और अब यह सेक्शन 8 कंपनी में आती है। सेक्शन 8 कंपनी गैर-लाभकारी संगठन (NPO) होती है और इसके पास कला, वाणिज्य, शिक्षा, दान, पर्यावरण की सुरक्षा, खेल, विज्ञान, सामाजिक कल्याण या धर्म को बढ़ावा देने का परिभाषित उद्देश्य होना चाहिए। किसी भी तरह का मुनाफा (अगर होता है तो) या किसी भी तरह की आय का इस्तेमाल केवल इन्हीं उद्देश्यों की पूर्ति के लिए किया जा सकेगा। कंपनी अपने शेयरधारकों को किसी तरह का लाभांश नहीं दे सकती।

जागरूक करने में भी व्यस्त थे। बीएसए के साथ मिलकर नैसकॉम ने पाइरेसी से जुड़ी शिकायतों के लिए टोल-फ्री नंबर भी शुरू किया।

लाखों ग्राहकों से संवाद करना हमेशा मुश्किल होता है। हमें कुछ ऐसा नाटकीय करना था, जिससे पूरे देश का ध्यान हमारी कही बात पर जाए। कल्पना कीजिए कोई अपने लाखों फोलोवर्स को भड़काऊ ट्वीट कर रहा हो! पर हम वर्ष 1992 की बात कर रहे थे, तब देवांग ने चौंका देने वाला विचार रखा।

साफ था कि यह अखबारों के पहले पन्ने की ख़बर बनेगी। उसने दिल्ली के भीड़ भरे नेहरू प्लेस में एक ज़बरदस्त स्टंट करने की योजना बनाई। नेहरू प्लेस पाइरेसी का मुख्य गढ़ था।

नेहरू प्लेस की वह सुबह किसी दूसरे दिन जैसी ही थी। दुकानदार अपनी दुकानें खोलना शुरू कर रहे थे और अपने पाइरेटेड सामान को दुकानों के बाहर सजा रहे थे। बिक्री शुरू होने ही वाली थी, ग्राहक दुकानों पर आने लगे थे। अचानक पुलिस के बड़े दल ने पूरे बाज़ार में छापा डाला। पाइरेटेड सामान को ज़ब्त कर लिया गया और गिरफ्तारियां हुईं। मीडिया और पत्रकार भी बड़ी संख्या में वहां आए। लेकिन किसी को अंदाज़ा नहीं था कि पहले पन्ने की ख़बर क्या होने वाली है।

ज़ब्त की गई सीडी का ढेर बाज़ार के बीच में लगा दिया गया। पत्रकार इस ढेर को देखकर आश्चर्य में थे कि तभी सजा-धजा एक हाथी उनकी तरफ बढ़ता दिखाई दिया। उस हाथी के ऊपर देवांग बैठे थे। हाथी ढेर से पहले रुका और उसके बाद महावत के कहते ही हाथी ने अपने पैर से उस ढेर का कचूमर बना दिया।

मीडिया ने इसे हाथों हाथ लिया। छापे की ख़बर पूरी दुनिया में छा गई। पत्रकारों ने हाथी का मतलब लगा लिया, यहां हाथी का मतलब था इंडिया इंक., और अब भारत अविश्वास बढ़ाने वाली कोई चीज बर्दाश्त करने वाला नहीं था। ब्रांड इंडिया इंक पूरी दुनिया के व्यापारियों के दिमाग में स्थायी रूप से बस गया।

नैसकॉम में यह साफ हो गया कि देवांग प्रचार करने में माहिर हैं और कार्यक्रम के असर को देखकर उनके विरोधी भी चुप हो गए। एक हेडलाइन थी: 'नैसकॉम ने अपना सबसे मज़बूत कदम बढ़ाया।' इसने सब साफ कर दिया। लगभग बिना किसी खर्च के पूरी दुनिया में संदेश चला गया था।

समाधान को संस्थागत बनाना

जनता के बीच बात पहुंचाना अलग बात है, लेकिन कानूनों को ठीक करने का काम अभी तक चल रहा था। 1994 में हमने संशोधन करवाया, जिसने पाइरेसी करने वालों पर जुर्माने का प्रवाधान किया। लेकिन हमारा मानना था कि इंटेलेक्चुअल प्रॉपर्टी राइट्स की चोरी रोकने के लिए ज़रूरी है कि इसके लिए जेल की सजा का प्रावधान किया जाए।

हमने नियामकों को सुझाव दिया कि सॉफ्टवेयर की पाइरेसी करते पकड़े जाने पर आपराधिक इरादे का मुकदमा चलाया जाना चाहिए। हमने कहा कि इससे पाइरेसी करने वाले लोग डरेंगे और इस पर लगाम लगेगी। वे इसके लिए तैयार हो गए। 1999 में लाए गए नए कॉपीराइट कानून में पाइरेसी के लिए सात दिन की सजा का प्रावधान किया गया। इसके कारण भारतीय कानून यूके के कानून की तुलना में ज़्यादा कठोर हो गए। अगर इससे भी अंतरराष्ट्रीय समुदाय में मज़बूत संदेश नहीं जाएगा तो फिर किससे जाएगा?

कॉपीराइट के मुद्दे के कारण कई ऐसे उद्योगों को एक साथ आने के लिए मजबूर होना पड़ा, जिनमें आपस में कोई संबंध नहीं था। उनमें से एक था बॉलीवुड, भारत का हिंदी फिल्म उद्योग। बॉलीवुड ने नैसकॉम से संपर्क किया। बॉलीवुड सॉफ्टवेयर उद्योग के आने से बहुत पहले से ही पाइरेसी का शिकार रहा था। उनकी तमाम कोशिशों के बावजूद भी वे सरकार का समर्थन पाने में कामयाब नहीं रहे थे।

मुझे जाने-माने फिल्म डायरेक्टर और निर्माता, अमित खन्ना का फोन आया। अमित ने फिल्म उद्योग को कॉर्पोरेट में बदलने की बहुत कोशिश की थी। अमित ने बॉलीवुड के लिए अपना वैश्विक दृष्टिकोण साझा किया: कैसे भारतीय फिल्मों को अलग-अलग समुदायों और प्रवासी भारतीयों के बीच देखा जाना चाहिए। वे जानना चाहते थे कि सरकार का भरोसा कैसे हासिल किया जाए। जब भी फिल्म उद्योग ने मंत्रालय से संपर्क करने की कोशिश की, तो उन्हें अनैतिक व्यापारी ही समझा गया। दूसरी तरफ हमें सरकार से पूरा सहयोग मिल रहा था।

अमित खन्ना के अनुरोध पर, विजय मुखी, राजीव वैष्णव[3] और मैंने अभिनेताओं और फिल्म निर्माताओं के लिए प्रजेंटेशन तैयार किया। इस कार्यक्रम में फिल्म उद्योग

---

3 राजीव अब वेंचर कैपिटलिस्ट हैं और कंपनी संस्थापकों और स्टार्ट-अप्स को आज भी सहयोग करते हैं।

के बॉलीवुड की प्रमुख हस्तियाँ जैसे, यश चोपड़ा, सुभाष घई, आमिर खान, मनमोहन शेट्टी और कई दूसरे लोग शामिल हुए। आमिर खान ने हमें बताया कि अपनी फिल्म की रिलीज से पहले वह उसकी 35 एमएम की फिल्म प्रिंट को अपने सीने से लगाकर रखते हैं। अन्य व्यवसायों के विपरीत, जहां समय के साथ लाभ मिलता रहता है, फिल्म बनाने वालों के पास पैसा कमाने के लिए कुछ ही हफ्ते या शायद एक महीने का समय होता है। इसी समय में उन्हें महीनों पहले किए निवेश को वापस हासिल करना होता है।

फिक्की, सिलीकॉन वैली के टीआईई (TiE) और नैसकॉम ने साथ मिलकर फिल्म उद्योग के लिए वर्चुअल एसोशिएशन बनाई। इसे eE@ कहा गया। यह एंटरटेनमेंट एलायंस का शॉर्ट फॉर्म था। आईटी, सॉफ्टवेयर, मीडिया और वेंचर कैपिटलिस्ट का एक साथ आना बड़ी बात थी। लेकिन फिल्म उद्योग ने इस पर ज़्यादा रूचि नहीं दिखाई और बात ज़्यादा आगे नहीं बढ़ी। उस समय बॉलीवुड पर काले धन और माफिया का प्रभाव इतना ज़्यादा था कि उसने सरकार का भरोसा जीतने की कोई कोशिश नहीं की। यह संगठन दो ही वर्षों में बंद हो गया। हमें समझ आ गया कि बहुत सारे साझेदारों के साथ काम करना आसान नहीं है।

हालांकि, हम बौद्धिक संपदा (IP) की पाइरेसी को रोकने के अपने मिशन को जारी रखते रहे।

90 के दशक के आखिर और 2000 के शुरुआत में बीएसए के पास हर देश की कॉपीराइट स्थिति का इंडेक्स था। नैसकॉम में देवांग और दूसरे लोग लगातार इंडेक्स में भारत की रैंकिंग पर नज़र रखते थे। 2004[4] में 73 फीसदी पाइरेसी दर से हम 2008[5] में घटकर 68 फीसदी पर आ गए थे। यह आंकड़ा देखने में भले ही कम लगे लेकिन जिस गति से देश में कंप्यूटर्स का इस्तेमाल बढ़ रहा था, उसकी तुलना में हमें पाइरेसी में कमी नज़र आ रही थी। हम भारत में पाइरेसी में आई कमी के इस पुष्टि से खुश थे। आखिरकार, लोग भारत और चीन को एक ही पायदान पर नहीं रख रहे थे। अपने कमज़ोर आईपी प्रोटेक्शन कानूनों के कारण चीन पिछड़ रहा था।

---

4 स्रोत : https://www.bsa.org/files/reports/IDC_GlobalPiracyStudy_2004. pdf

5 स्रोत: https://www.bsa.org/files/reports/globalpiracy2008.pdf

भारतीय कानूनों में सुधार और कुछ प्रचार अभियानों के बावजूद ब्रांड इंडिया इंक. की छवि को बेहतर बनाने के लिए काफी नहीं थे। हमें वैश्विक ग्राहकों को हमारे द्वारा लगातार किए जा रहे प्रयासों के बारे में समझाना पड़ता था। साथ ही उन्हें समझाना होता था कि उनकी सॉफ्टवेयर ज़रूरतों के लिए भारत सबसे सही जगह क्यों है। हमारे सामने पैसा ही एक चुनौती थी। वैश्विक पहुंच के लिहाज से हमारा मार्केटिंग बजट बहुत कम था। जब हम विज्ञापनों का खर्च नहीं उठा पाते थे तो मौखिक प्रचार पर ध्यान केन्द्रित करते थे, यह आजकल के सोशल मीडिया कैंपेन के अस्तित्व में आने के बहुत पहले की बात है। हमारी इस आवश्यकता से एक अविष्कार भी हुआ। नैसकॉम की सदस्य कंपनियों ने दुनिया में कहीं भी अपना प्रजेंटेशन देते समय नैसकॉम के इंडिया इंक. से जुड़े संदेश की स्लाइड्स को सबसे पहले चलाया, इस तरह नैसकॉम का संदेश उन कंपनियों तक भी पहुंचा जिन्हें नैसकॉम इस बारे में समझाना चाहता था।

मुझे यह बात समझ आ गई थी कि भारत में सॉफ्टवेयर प्रोडक्ट उद्योग आगे क्यों नहीं बढ़ पाया। जब मैं 80 के दशक के शुरुआत पर नज़र डालता हूं तो उस समय बहुत से कारण थे जो प्रोडक्ट व्यवसाय के लिए सही नहीं थे और कॉपीराइट कानून निश्चित रूप से उनमें से एक था।

सांस्कृतिक रूप से लोग विदेशी अर्थव्यवस्थाओं की हम पर अधीनता को इसका दोषी मानते हैं, जिसके कारण भारतीय जोखिम उठाने से बचने लगे और असफलता को लेकर असहिष्णु हो गए। इसने शुरुआत में ही इनोवेशन की भावना को खत्म कर दिया। मेरा अनुभव था कि व्यापार में बहुत कम लोग जोखिम को समझते थे या कुख्यात 'वैली ऑफ डेथ' के लिए तैयार थे, जबकि हर बिजनेस को इसके लिए तैयार रहना चाहिए।

उस दशक की शुरुआत में रोज़मर्रा की समस्याएं थीं जैसे एल्फा और बीटा परीक्षण के लिए घरेलू बाज़ार का अभाव। प्रोडक्ट आर्किटेक्चर डिज़ाइन करने वाले प्रतिभाशाली लोगों का अभाव था, जिसके कारण जलेबी कोड या स्पेगेटी कोड तैयार होते जाते थे। इसने प्रोडक्ट को जल्दी ही बाज़ार से बाहर कर दिया क्योंकि कोड में उलझन के कारण तुरंत एडिट और तेजी से रिलीज संभव नहीं था, जो कि प्रोडक्ट के प्रतिस्पर्धा में बने रहने के लिए ज़रूरी था। भारत की न्यायपालिका भी कमजोर और अक्षम थी, जिसके कारण यह भरोसा नहीं था कि वह बौद्धिक संपदा अधिकारों की रक्षा कर पाएगी। जैसे सांस्कृतिक और ईकोसिस्टम की समस्याएं ही काफी नहीं थीं, भारतीय रिजर्व बैंक ने

विदेश के डिस्ट्रीब्यूटर्स और रिसेलर्स के लिए 15 फीसदी कमीशन की सीमा तय कर दी, जबकि सामान्य तौर से यह कमीशन 55–65 फीसदी होता था।

यह एक और उदाहरण है कि नीति निर्माता हमारे व्यवसाय को समझने में असमर्थ थे। उस समय मैन्युफैक्चरिंग उत्पादों के लिए 15 फीसदी कमीशन दिया जाता था। इसके विपरीत, सॉफ्टवेयर उत्पादों को बेचने के लिए फेस-टू-फेस सेलिंग और डेमो आदि का बहुत महत्व होता था। इसके अलावा, रिसेलर अतिरिक्त कमीशन की मांग करते थे, जिससे बिक्री की लागत बढ़ जाती थी।

मैंने अमेरिका में देखा था कि एक साल से भी कम के अनुभव और दस से भी कम इंजीनियर्स के साथ काम करने वाली छोटी कंपनियां भी आईबीएम जैसी बड़ी कंपनी को झुकने पर मजबूर कर देती थीं। यह प्रोडक्ट बिजनेस की ताकत थी। इसलिए जब 70 के दशक के आखिर में मैं भारत वापस आया तो मैं प्रोडक्ट पर ध्यान देना चाहता था। हालांकि काफी पैसा गंवाने और अपने सुनहरे समय में यह कोशिश करने के बाद मुझे समझ आ गया भारत से प्रभावी प्रोडक्ट व्यवसाय खड़ा करने में समय लगेगा।

इस किताब को लिखते समय भारत में आईटी एक्ट, 2000 लागू है। जब यह कानून लागू किया गया था, तो यह बहुत मज़बूत था, लेकिन जल्द ही यह कमज़ोर पड़ गया। इसने वेब 2.0, सोशल मीडिया प्लेटफॉर्म्स के उभार (जैसे फेसबुक, ट्विटर और अन्य), मनोरंजन उद्योग में उथल-पुथल लाने वाली स्ट्रीमिंग सर्विसेज (जैसे नेटफ्लिक्स, अमेजन प्राइम, हॉटस्टार आदि) की ताकत और लोगों को प्रभावित करने की उनकी क्षमता को नहीं पहचाना। टेक्नोलॉजी इतनी तेज़ गति से विकसित होती है।

विशेषज्ञों का कहना है कि डेटा इस समय के लिए तेल की खोज जैसा है। विशाल सोशल नेटवर्क लाखों लोगों पर अनावश्यक प्रभाव डालने की क्षमता रखते हैं, और कैम्ब्रिज एनालिटिका घोटाले[6] से यह बात साफतौर पर उजागर हो गई है। कानून लागू करवाने वालों के लिए फेक न्यूज़ से निपटना अभी भी चुनौती बना हुआ है। फेक न्यूज के लिए ज़िम्मेदार लोगों को पहचानना मुश्किल हो चुका है क्योंकि हर कोई मीडिया

---

6 ब्रिटिश कंसल्टिंग कंपनी, कैंब्रिज एनालिटिका ने फेसबुक इस्तेमाल करने वाले लाखों यूज़र्स का निजी डेटा हासिल कर लिया।

बन चुका है। व्हाट्सअप की पी2पी सिक्योरिटी ने नियामकों और कानून बनाने वालों के लिए मुश्किलें बढ़ा दी हैं।

हाल में नेटफ्लिक्स पर आई डॉक्यूमेंटरी, द *सोशल डिलेमा* में स्टेनफोर्ड इंटरनेट ऑब्जर्वेटरी के रिसर्च मैनेजर, रेनी डिरेस्टा कहते हैं, 'प्लेटफॉर्म्स ने चालाकी से गढ़ी गई कहानियों को बेहद आसानी और बहुत कम खर्च में फैलाना आसान बना दिया है।' यूरोप के जनरल डेटा प्रोटेक्शन रेगुलेशन (GDPR) की तरह ही संशोधन लाने की तैयारी चल रही है, और हमें उम्मीद है कि जल्द ही हम दुनिया के साथ कदमताल कर पाएंगे। अगर भारत इनोवेटिव प्रोडेक्ट्स का उत्पादन करना चाहता है तो यह बहुत महत्वपूर्ण होगा। इसके अलावा, हमें आईपी फ्रेमवर्क की ज़रूरत होगी ताकि उद्यमी उन नए क्षेत्रों में अपनी मज़बूत पकड़ बना सकें, जहां डेटा सबसे महत्वपूर्ण संपत्ति बन चुका है।'[7]

हालांकि इस क्षेत्र में काफी प्रगति हुई है, फिर भी पेटेंट कानून के मामले में हमें अभी भी बहुत कुछ करना है। ब्रांड इंडिया इंक. की कोई एक्सपायरी डेट नहीं है। हर दिन हमारा काम ब्रांड को आकार देता रहेगा। इसलिए ज़रूरी है कि हम आराम न करें और हमारी छवि पर असर डालने वाली चीज़ों से सख्ती से पेश आएं। हालांकि, ब्रांड इंडिया और टेक्नोलॉजी ईकोसिस्टम की तरह ही पाइरेट्स भी लगातार विकसित हो रहे हैं और अक्सर हम उसकी रचनात्मकता से पिछड़ जाते हैं।

हमारे पास कुछ खोने का समय नहीं है। हमें दृढ़ विश्वास और स्पष्टता के साथ आगे बढ़ते रहना चाहिए। अच्छी ख़बर यह है कि दुनिया को भरोसा है कि भारत इस काम में ईमानदारी से आगे बढ़ेगा।

---

7 डेटा का महत्व इसके किसी एसेट होने से कहीं ज़्यादा है। एक मज़बूत और मानकीकृत डेटा को आप अपने व्यवसाय के लिए ज़रूरत के हिसाब से इस्तेमाल कर सकते हैं। एक उदाहरण एक्स्टेंसिबल बिजनेस रिपोर्टिंग लैंग्वेज या एक्सबीआरएल मानक है जो बैंकिंग लेन-देन के लिए बनाया गया था। जबसे भारत में यह पक्का किया गया है कि सभी वित्तीय डेटा एक्सबीआरएल स्टैंडर्ड में होगा, तब से रेगुलेटर्स उस घोटालों को आसानी से पकड़ पा रहे हैं, जिन पर पहले आसानी से नज़र नहीं जाती थी। एक मामले में उन्होंने पाया कि एक ही डेटा को चार अलग कंपनियों के लिए इस्तेमाल किया गया था। डेटा का फायदा कई तरह से लिया जा सकता है। ऐसा करने के लिए हमें यह सुनिश्चित करना होगा कि डेटा मानकीकृत और इंटरऑपरेबल होने के साथ ही सभी हितधारकों की पहुंच में हो।

देश को यह कभी नहीं भूलना चाहिए कि पहले कॉपीराइट पर ध्यान नहीं देने के कारण उद्यमियों ने कुछ मौलिक सोच की कमी बनी रही। मैं इस बात ध्यान दिलाना चाहता हूं कि आज ज़्यादातर भारतीय यूनिकॉर्न पश्चिम के सफल मॉडल को ही अपना रहे हैं। भारतीय विश्वविद्यालयों में होने वाली रिसर्च कहीं भी अंतरराष्ट्रीय मानकों के नज़दीक नहीं है और कम वेतन हमारी यूएसपी है। यहां उद्यमी के पास दो रास्ते होते हैं। एक रास्ता है कि लालच से दूर रहें और जल्दी पैसा बनाने के लिए व्यवसाय से ज़ल्दी बाहर नहीं निकलना है। वे लोग वेंचर कैपिटलिस्ट के ज़रिए आने वाली पूंजी का फायदा उठा सकते हैं, और आईपीओ लाकर दूसरे कर्मचारियों और हितधारकों के बीच पूंजी को बांट सकते हैं। दूसरी तरफ वे इज़राइल जैसे देशों की प्रोडक्ट कंपनियों पर ध्यान दे सकते हैं, जो इनोवेशन में पैसा लगाती हैं और वैश्विक बिजनेस खड़ा करने की जगह अपने बौद्धिक संपदा अधिकार को बहुत ऊंची कीमत पर बेचती हैं। यह निर्णय उनको लेना है लेकिन मैं उनको आईपीओ का रास्ता अपनाने का आग्रह करूंगा।

आईटी उद्योग की ज़बरदस्त बढ़ोतरी ने पहले भारतीय अर्थव्यवस्था को उबारा। अब यह अगली पीढ़ी के इनोवेशन को बढ़ावा दे रहा है। हमने ऐसी मशीन तैयार की है, जिसमें एक्सीलरेशन और गति दोनों हैं। इसने कई बिलियन डॉलर की आय, लाखों नौकरियां और देश के कस्बों व शहरों में हज़ारों उद्यमी तैयार किए हैं। ऐसा कुछ भी नहीं होता, अगर नैसकॉम ने अपने कदम न बढ़ाए होते।

10

मेवरिक मेहता

मैं रॉकस्टार नहीं, लेजेंड बनूंगा।

—फ्रेडी मर्करी

किवदंती। पौराणिक कथा। एक मिथक। देवांग मेहता जैसे देशभक्त कहीं बड़े सम्मान के हकदार हैं, जो रॉकस्टार्स भी नहीं छू सकते। देवांग ने अपनी छोटी लेकिन प्रभावशाली ज़िंदगी को भारत के सॉफ्टवेयर उद्योग की भलाई के लिए समर्पित कर दिया था। उन्होंने अपने जीवन का हर एक क्षण, अपनी अथक ऊर्जा का हर एक अंश देश की भलाई और सॉफ्टवेयर उद्योग को आगे बढ़ाने में लगा दिया था। उन्होंने सचमुच इसके लिए अपना जीवन दे दिया। यहां तक कि उनके दुश्मन भी, जो कि बहुत कम ही होंगे, उनके योगदान को नहीं नकार सकते।

मैं उनके सबसे नजदीक था। वह मुझे बड़ा भाई मानते थे, और मैं भी उन्हें छोटे भाई की तरह देखता था। मैं उनकी प्रतिभा को पहचान कर उन्हें नैसकॉम में लाया था और आखिरी समय तक उनका मार्गदर्शक बना रहा। मैं देवांग की असाधारण ज़िदगी से जुड़ी अच्छी, कम अच्छी और बुरे चीजों के लिए खुद को ज़िम्मेदार मानता हूं।

हममें से जो लोग सॉफ्टवेयर उद्योग के विकास के लिए प्रतिबद्ध थे, वे उनके अपरंपरागत, आवेगी और अक्सर जिद से भरे कामों को नज़रअंदाज करने के लिए तैयार

थे। ऐसा इसलिए था क्योंकि हम जानते थे कि देवांग जानबूझकर ऐसा कुछ नहीं करेंगे, जिससे हमारे उद्योग को नुकसान हो।

हममें से कुछ ही लोग उनकी गहरी देशभक्ति से परिचित थे। अक्सर, देशभक्ति शब्द का इस्तेमाल लापरवाही से किया जाता है। लेकिन देवांग के मामले में यह बिल्कुल सही था। एक तरफ तो उन्होंने जाने-माने फिल्म निर्माता भारत बाला से विनती की थी कि वह हमें उनकी फिल्म 'जन गण मन' (भारत का राष्ट्रगान) के सिनेमाघरों में रिलीज़ होने से चार साल पहले ही इस्तेमाल करने की अनुमति दे दें। दूसरी तरफ, जब वे अखबारों में भ्रष्टाचार या सरकारी उदासीनता की खबरें पढ़ते, तो उनकी आंखों में सचमुच आंसू आ जाते थे। ऐसी खबरें, जिनसे आमतौर पर अधिकांश वयस्क उदासीन हो जाते हैं, देवांग को भीतर तक झकझोर देती थीं।

मैं इस अध्याय के ज़रिए चीजों को सही परिप्रेक्ष्य में रखना चाहता हूं। मैं यह भी बताना चाहता हूं कि देवांग के बारे में कई आलोचनात्मक ख़बरों में उनके उत्साह या अधीरता का गलत मतलब निकाला गया था। उनकी एक ही गलती थी कि वे भारत और भारतीय सॉफ्टवेयर उद्योग को बहुत जल्दी आगे ले जाना चाहते थे।

राम और श्याम

नैसकॉम न केवल देवांग के अथक परिश्रम के लिए बल्कि उनके आकर्षक व्यक्तित्व के लिए भी उनका ऋणी है।

कई लोग यह भूल जाते हैं कि अपने व्यक्तित्व के ज़रिए उन्होंने क्या हासिल किया। अपनी निजी ज़िंदगी और स्वास्थ्य की कीमत पर देवांग ने एक के बाद एक सार्वजनिक कार्यक्रम में भाग लिया और बिना थके एक मंच से दूसरे मंच तक जाते रहे, ताकि सॉफ्टवेयर उद्योग पर लोगों का ध्यान बना रहे। उन्हें पता था कि नैसकॉम के पास इतना पैसा नहीं था कि मार्केटिंग पर खर्च कर सकें। वह जानते थे कि माडिया का ध्यान अपनी तरफ खींचने की उनकी स्वाभाविक इच्छा हमारे उद्देश्य को पूरा करने के कितना काम आ रही थी।

हर गुजरते साल के साथ देवांग मीडिया में और अधिक प्रमुखता से नजर आने लगे। वह भारत की आईटी क्रांति का चेहरा बन गए थे — ऐसी क्रांति जो दुनिया में विकास की सबसे बड़ी कहानियों में से एक थी।

यह स्वाभाविक था कि अधिकतर मंत्री आईटी से जुड़े मामलों पर बातचीत के लिए देवांग को बुलाया करते थे। इंडियन आईटी एक्ट, 2001 को लागू करवाने के लिए उन्होंने चौदह राजनीतिक दलों के सामने प्रेजेंटेशन दी। नैसकॉम के प्रमुख लोगों के बीच आपसी सलाह के बाद उन्हें कम से कम सोलह राज्य सरकारों की आईटी से जुड़ी नीति बनवाने में मदद के लिए नैसकॉम की तरफ से नामांकित किया गया। वे समाज के जाने-माने लोगों के साथ दिखाई देते थे। वर्ल्ड इकोनोमिक फोरम ने उन्हें 'भविष्य के 100 वैश्विक लीडर्स' में से एक चुना था। वह हर हफ्ते कई कार्यक्रमों में भाषण देते थे। वह जानते थे कि नैसकॉम के फायदे के लिए मीडिया का प्रबंधन कैसे करना था। उन्होंने किसी दूसरे की तुलना में बहुत तेजी से समाज में ऊंचाई हासिल की।

वे उस दौर में दो मोबाइल फोन इस्तेमाल करते थे, जबकि उस समय बहुत कम लोग मोबाइल इस्तेमाल करते थे। उनके दोनों फोन की घंटी हर समय बजती रहती थी। लोग उनको चाहने लगे थे। वह जहां जाते थे, मीडिया वहां मौजूद होती, और यहां तक कि आम जनता भी उनको चारों तरफ जमा हो जाती थी। कुछ समय के लिए इससे नैसकॉम को बहुत लाभ हुआ, केवल कुछ समय के लिए...

Hyde

देवांग को इसकी सत्यता जानने के लिए कोसे के निबंध *एसेस ऑन इकोनॉमिक्स एंड इकोनॉमिस्ट* (Essays on Economics and Economists) पढ़ने की ज़रूरत नहीं थी: 'अगर आप डेटा को बहुत देर तक कुरेदोगे, तो वह कुछ भी कुबूल कर लेगा।' देवांग इंतज़ार नहीं करना चाहते थे; अगर वह चाहते थे कि कोई खास रिपोर्ट खास तरह के आंकड़े दिखाए, तो वह उन आंकड़ों को पेश करने का कोई तरीका निकाल लेते थे। अगर कोई विशेषज्ञ उनसे सहमत नहीं होता था, तो वह दूसरा रास्ता खोज लेते थे। उनका उद्देश्य सॉफ्टवेयर उद्योग को उस ऊंचाई पर पहुंचाना था, जहां वह इसे देखना चाहते थे। हर कोई यह जानता था। किसी ने विरोध नहीं किया। जब मीडिया ने आंकड़ों पर सवाल उठाया, तो देवांग अकेले ही उनका मुकाबला कर रहे थे।

स्वर्ग में भी कुछ न कुछ समस्या होती है। हमारी समस्याएं भी दिखाई देने लगी थीं।

देवांग इतनी तेजी से आगे बढ़ रहे थे कि वह कई लोगों को कदमों में रौंद रहे थे। वह अक्सर कहते थे कि अगर नैसकॉम के प्रेसिडेंट ने हर छोटे-मोटे मामले के लिए चेयरपर्सन

की अनुमति का इंतजार किया तो सॉफ्टवेयर उद्योग उस रफ्तार से नहीं बढ़ पाएगा, जिससे उसे बढ़ना चाहिए। आखिर में, हर कोई उनके नेक इरादों के आगे झुक गया।

एक बार मैं मुंबई के एक होटल में किसी कार्यक्रम में था तभी वीएसएनएल के डायरेक्टर एस.के.गुप्ता मुझसे मिले। उन्होंने गुस्से से कहा, 'आप लोग अपने आपको समझते क्या हो?'[1] जब मैंने चकित होकर पूछा तो उन्होंने बताया कि एक दिन पहले वह दिल्ली में वीएसएनएल के कम्यूनिकेशन लिंक्स की बैंडविड्थ के विषय पर देवांग से मिले थे। देवांग चाहते थे कि वीएसएनएल बैंडविड्थ को 50जीबीपीएस (GBPS) से बढ़ाकर 300 जीबीपीएस (GBPS) कर दें, जो कि उस समय संभव नहीं था। उस समय वीएसएनएल का पूरा बजट 50 बिलियन रुपये का था, लेकिन देवांग की मांग को पूरा करने के लिए ही वीएसएनएल को कम से कम 150 बिलियन रुपये खर्च करने पड़ते। एस.के. गुप्ता अपने गुस्से को छुपा नहीं पा रहे थे, उन्होंने कहा, 'ये 15,000 करोड़ क्या मेरा बाप देगा?'[2]

देवांग की मांग इतनी चौंकाने वाली थी कि मैं भी कोई प्रतिक्रिया नहीं दे पाया। इसने यह भी दिखाया कि नैसकॉम अभी परिपक्व नहीं हुआ था। यब सब बहुत शर्मनाक था। मैंने तुरंत देवांग को फोन किया और उनसे पूछा कि वह क्या सोच रहे थे और उन्हें 300 जीबीपीएस का आंकड़ा कहां से मिला। उन्होंने बताया कि नैसकॉम के रखे सलाहकार ने ही यह आंकड़ा दिया था। मैं मामले की तह तक जाना चाहता था, इसलिए मैंने रिपोर्ट को ध्यान से पढ़ा। उसे पढ़कर मुझे पता चला कि रिपोर्ट में यह सुझाव दिया गया था कि हर नागरिक को 3 एमबी बैंडविड्थ मुहैया करवाया जाएगा। इसकी आईटी उद्योग को कोई ज़रूरत नहीं थी, और नैसकॉम को इसकी मांग करने की कोई ज़रूरत नहीं थी। हम भारत सरकार का दूरसंचार विभाग नहीं थे। देवांग ने उस समय के चेयरपर्सन के साथ भी इस बारे में कोई बात नहीं की थी, जो कि सामान्य प्रोटोकॉल था।

मैंने देवांग को फटकार लगाई और उनसे अनुरोध किया कि वह उद्योग की तरफ से ऐसी मांग रखने से पहले संदर्भ और बारीकियों को समझें। बाहर की एजेन्सियों से बात करने से पहले उन्हें हमारे अपने टेलिकॉम विशेषज्ञ से बात करनी चाहिए, जैसे कि विजय

---

1 वे हम नैसकॉम वालों के बारे में कह रहे थे।

2 रकम वास्तव में बहुत ज़्यादा बड़ी थी।

श्रीरंगन, सीनियर वाइस प्रेसिडेंट टाटा बरोज़। इन सबके दौरान मैं जानता था कि सचमुच क्या हुआ था। देवांग ने अपनी देशभक्ति के कारण उद्योग के ज़रिए देश के लिए कुछ करने की कोशिश की थी।

एक बार वह किसी महत्त्वपूर्ण कार्यक्रम के लिए देर से पहुंचे और आगे की सीटें भर चुकी थीं। लेकिन वह पीछे बैठने वालों में से नहीं थे। देवांग सबको जानते थे, और सब उन्हें पसंद करते थे। तो उन्होंने आयोजकों से सोफा खींचकर सबसे आगे की नई पंक्ति बनाने के लिए कहा और वह मजे से उस पर बैठे।

उनका ऐसा व्यवहार लोगों को बुरा लगता था। एक व्यक्ति ने उनसे पूछा कि वह इतने अहंकारी क्यों हो गए हैं? उन्होंने कहा कि वह भारत के आईटी उद्योग के प्रतिनिधि हैं। अगर नैसकॉम के अध्यक्ष को सम्मान नहीं मिलेगा तो उद्योग को सम्मान कैसे मिल सकता था?

हर किसी को देवांग की यह वजह बकवास और हल्की लग सकती थी। मैं उनको दोष नहीं देता। लेकिन जो लोग उन्हें अच्छे से जानते थे, वे आपको बताएंगे कि उन्हें बिल्कुल ऐसा ही महसूस हुआ होगा। उनका स्टाइल अपरंपरागत और अनौपचारिक था। अधिकतर इससे नैसकॉम को फायदा ही हुआ। कभी-कभी इसमें गड़बड़ हो जाती थी।

देवांग के साथ समस्याएं आमतौर पर तब शुरू होती थीं, जब उनकी देशभक्ति प्रकट होती थी। भारत के विकास को लेकर वह बहुत आशावादी थे। अक्सर, भविष्य की तरफ देखने के कारण वह तात्कालिक ज़रूरतों और सॉफ्टवेयर उद्योग की समस्याओं को नज़रअंदाज़ कर देते थे। मुझे उन्हें याद दिलाना पड़ा कि उनकी तनख्वाह नैसकॉम के 1200 सदस्य दे रहे थे। मुझे उन्हें बार-बार बताना पड़ा कि भारत की ज़रूरतों को लेकर उनके व्यक्तिगत दृष्टिकोण की जगह उन्हें संगठन के लक्ष्यों की तरफ ध्यान देना चाहिए। देवांग को रोक पाना मुश्किल और अप्रिय था, क्योंकि वह सच्चे इंसान थे। लेकिन नैसकॉम की एग्जीक्यूटिव काउंसिल ने अपना पल्ला झाड़ लिया था और उनसे निपटने का काम मुझ पर छोड़ दिया था।

चेयरपर्सन भी स्वाभाविक तौर से देवांग से नाराज़ थे क्योंकि नैसकॉम का चेयरपर्सन होने के नाते खुद को लोकप्रिय बनाने के जो मौके मिलते थे, वे सब देवांग के पास जा रहे थे।

फिर भी, किसी भी चेयरपर्सन ने कभी भी सार्वजनिक रूप से देवांग के खिलाफ कुछ नहीं कहा, क्योंकि उनकी मंशा और ऊर्जा पर कोई सवाल नहीं खड़ा कर सकता था।

सचमुच देवांग का कद नैसकॉम से बड़ा होता जा रहा था। विरोधभास यह था कि उनसे नैसकॉम के प्रति 100 फीसदी वफादारी की उम्मीद थी। इस तरह की अपेक्षाएं अव्यावहारिक और अनुचित थीं। देवांग को यह पसंद नहीं था कि कोई दूसरा संगठन आईटी उद्योग के बारे में सरकार की नीतियों पर टिप्पणी दे। उनके अनुसार अगर कोई व्यक्ति दूसरे उद्योग से जुड़े संगठन में शामिल होता है, तो इसमें कोई गलत बात नहीं थी लेकिन उन्हें हमारे उद्योग से जुड़े मुद्दे अपने प्लेटफॉर्म पर नहीं उठाने चाहिएं।

मैं देवांग से सहमत नहीं था। अगर कोई किसी वजह से उद्योग से जुड़े दूसरे संगठन से जुड़ना चाहता था, तो इसका मतलब यह नहीं कि वे आईटी उद्योग के व्यापक हितों के खिलाफ काम कर रहे थे। हालांकि, मैं उनकी इस बात से सहमत था कि प्रतिनिधियों की राय नैसकॉम के अनुरूप ही होनी चाहिए, भले ही वे दूसरे संगठन से जुड़े हों।

90 के दशक में नैसकॉम के अध्यक्ष की भूमिका बहुत ज़िम्मेदारी से भरी होती थी और साथ ही यह पद बहुत प्रभावी भी था। अध्यक्ष को सभी क्षेत्रों की प्रमुख हस्तियों जैसे राजदूतों, विश्व के प्रमुख नेताओं, और विदेशी प्रतिनिधियों से मिलना जुलना पड़ता था। इस दशक के दौरान सॉफ्टवेयर उद्योग के विकास के साथ देवांग भी आगे बढ़ते रहे। लेकिन दशक के आखिर में यह सब रुक गया।

उनकी राजनीतिक महत्वकांक्षाओं के बारे में बातें होने लगी थीं। निश्चित रूप से उनके पास इसके लिए ज़रूरी प्रभाव, कौशल और व्यक्तित्व था। उनसे असहमति रखने वालों की सूची लंबी हो रही थी। छोटी कंपनियों के सीईओ महसूस कर रहे थे कि नैसकॉम उन्हें नजरअंदाज़ कर रहा था और वे लोग मीडिया के सामने अपना गुस्सा बयान कर रहे थे। उन्हें लगता था कि देवांग और नैसकॉम केवल बड़ी कंपनियों पर ध्यान देते थे। उनमें से बहुत से लोग मुझसे भी मिलने आए। उन्हें अपने साथ जोड़े रखना मुश्किल था। कुछ समय के बाद लगने लगा जैसे देवांग चाहते थे कि वे राजनीति के बड़े चेहरों, जाने-माने सीईओ और उद्यमियों के बीच ही दिखाई देना चाहते थे। उनकी लोकप्रियता और दृष्टिकोण के कारण नैसकॉम और उद्योग की प्राथमिकताओं से उनका ध्यान हटने लगा था।

TiE के मसले पर आपसी विरोध

वर्ष 2000 तक देवांग पिछले लगभग दस साल से नैसकॉम का सार्वजनिक चेहरा थे। वह संगठन का प्रयाय बन चुके थे। उनकी प्रतिभा और भारत के आईटी उद्योग को आगे बढ़ाने में उनके अतुलनीय योगदान के बावजूद उन्हें पद पर बनाए रखना मुश्किल होता जा रहा था। उनके उत्तराधिकारी को चुनने की बात तेजी से उठने लगी थी। मीटिंग्स में देवांग की बातों का रुख बदलता जा रहा था, और वह एग्जीक्यूटिव काउंसिल को नीचे देखकर बात कर रहे थे। हर गुजरते हफ्ते के साथ उनकी राजनीतिक महत्वकांक्षा साफ होती जा रही थी। फिर भी हर कोई जानता था कि उन्हें पद से हटाना इतना आसान नहीं था।

मैं लगातार देवांग के उन बयानों पर सवाल खड़ा करता था जहां वह साफतौर पर अपनी सीमा के आगे निकलकर बात करते थे। वह अपनी सफाई देते, जिसके कारण बहस बढ़ती थी। सौभाग्य से, हमारा आपसी तालमेल इतना अच्छा था कि इस तरह की तकरारों के बाद भी हमारे बीच कभी मनमुटाव नहीं हुआ। हमारे बीच ऐसा ही चलता रहा।

हालांकि, टीआईई को भारत लाने के मुद्दे पर मेरे और देवांग के बीच हुए विवाद का कभी समाधान नहीं निकला।

देवांग हमेशा मानते रहे कि टीआईई नैसकॉम की सीधी प्रतिद्वंदी थी। मैंने उन्हें समझाया कि टीआईई हमारी पूरक थी —नैसकॉम अंतरराष्ट्रीय ग्राहकों पर ध्यान दे रही थी, और टीआई भारतीय स्टार्ट-अप ईकोसिस्टम के लिए काम करेगी। मुझे लगता था कि टीआईई से देश में इनोवेशन आधारित उद्यमिता की संस्कृति को बढ़ावा मिलेगा। लेकिन देवांग कभी मेरी बात से सहमत नहीं हुए।

मैं अक्सर बड़े फैसले आम सहमति से लेना पंसद करता हूं, लेकिन इस मामले में उनके विरोध के बावजूद मैं आगे बढ़ा। आज, टीआईई के भारत में बाईस सक्रिय चैप्टर्स हैं। टीआईई और नैसकॉम दोनों भारतीय आईटी उद्योग के साथ काम कर रहे हैं। मुझे उद्योग से जुड़े इन दोनों संगठनों के बीच सहयोग के ज़रिए उद्यमियों को इनोवेशन के लिए प्रेरित करके भारत के 1.4 अरब लोगों के वित्त, स्वास्थ्य, शिक्षा और डिजिटल समावेशन को सक्षम बनाने की असीम संभावना और क्षमता दिखाई देती है। इससे भारत की सफल कंपनियों के लिए वैश्विक स्तर पर जाकर दुनिया भर में फैलने का रास्ता खुल सकता है।

काम आपको आज़ादी देता है

ऑशविट्ज़ और दचाऊ के दरवाज़ों पर ये शब्द खुदे हुए हैं: 'काम आपको आज़ादी देता है'। मुझे ताज्जुब होता है कि जब यहूदी बंदियों से भरी गाड़ियों को कैंप में लाया गया होगा, तो कितने लोगों ने नज़र उठाकर इन शब्दों के असल मायनों को समझा होगा। क्योंकि लगातार काम करते हुए मर जाना ही इन कंसंट्रेशन कैंपों से बचने का एकमात्र रास्ता था।

देवांग ने अपने लिए ऐसी ही जेल बनवा ली थी। वह हर मिनट काम में लगे रहते थे। उनकी जीवनशैली ने उनकी जैविक लय को बिगाड़ दिया था। एक समय तो ऐसा लगने लगा था कि वह केवल फ्लाइट के दौरान ही सोते थे। लेकिन लगता था जैसे उन्हें इसी में मजा आता था।

13 अप्रैल 2001 की बात है। दोपहर के खाने का समय था, मुझे एक सरकारी अधिकारी का फोन आया, जिसने मुझे हिला दिया।

देवांग अपने होटल के कमरे में मृत पाए गए।

वह मुश्किल से उनतालिस साल के थे, और मैंने तीन या चार दिन पहले ही उनसे बात की थी।

वह सरकारी प्रतिनिधिमंडल के साथ ऑस्ट्रेलिया की यात्रा पर थे, और वहीं उन्हें दिल का दौरा पड़ा। दौरा इतना खतरनाक था कि उन्हें खून की उल्टियां हुईं। मुझे इस झटके से उबरने में कुछ समय लगा। उसके बाद मैंने नैसकॉम के तत्कालीन चेयरपर्सन फिरोज़ वांड्रेवाला को घटना की जानकारी देने के लिए फोन किया। उन्हें पहले ही इसकी जानकारी मिल चुकी थी।

मैं उसी रात दिल्ली पहुंचा, हालांकि देवांग के शव को दिल्ली आने में कुछ दिन लगने वाले थे। पोस्टमार्टम रिपोर्ट और दूसरी औपचारिकताओं की वजह से समय लग रहा था। किसी को समझ नहीं आ रहा था कि इस स्थिति को कैसे संभालें। हमने सोच विचार किया कि इस भयानक दुर्घटना के असर से कैसे निपटा जाए।

जल्दी ही यह ख़बर हर तरफ फैल गई। मंत्रियों और विशिष्ट लोगों के शोक संदेश आने लगे। हर किसी को इस घटना के पीछे साजिश का संदेह हो रहा था। जब कोई महत्वपूर्ण व्यक्ति इतनी कम उम्र में मौत का शिकार हो जाए तो पत्रकारों के मन में संदेह

होना स्वाभाविक था। देवांग को चाहने वालों की कमी नहीं थी। लेकिन हाल के वर्षों में उनके विरोधियों की संख्या भी बहुत बढ़ गई थी। वह राजनेताओं से काफी मिलते-जुलते थे और कोई कभी नहीं बता पाएगा कि क्या हुआ था। कई लोग उनकी लोकप्रियता से जलते थे। कई प्रतिद्वंदी देश देवांग को रास्ते से हटाने का सोच सकते थे, क्योंकि उन्हें भारत के सॉफ्टवेयर विकास का चेहरा माना जाता था। वास्तव में लोग यह मानने को तैयार नहीं थे कि इतनी कम उम्र में कोई दिल के दौरे का शिकार हो सकता था और इस कारण बहुत सारी अफवाहें फैल गईं।

मुझे जो जानकारी मिली उससे मुझे यकीन था कि इसके पीछे किसी तरह की साजिश नहीं थी। मैंने ऑस्ट्रेलिया में रहने वाली उनकी कजिन सिस्टर से बात की और उन्होंने किसी भी तरह की गड़बड़ी से साफ इंकार किया। कई वर्ष बाद, मेरी मुलाकात तत्कालीन मुंबई नगर आयुक्त, अजय मेहता से हुई। उन्होंने ऑस्ट्रेलिया में देवांग की पोस्टमार्टम रिपोर्ट पर हस्ताक्षर किए थे। उन्होंने भी किसी तरह की साजिश से इंकार किया। देवांग के दिल की स्थिति, बहुत ज़्यादा तनाव से भरी जीवन शैली को देखते हुए उनकी मौत की वजह को समझा जा सकता था।

नैसकॉम ही देवांग का परिवार था। तीसरे दिन उनका शव भारत पहुंचा। टीम के कुछ सदस्यों ने अंतिम संस्कार कैसे किया जाए, इसकी योजना बनाई।

अब सोचने पर, उनके करीब किसी भी व्यक्ति के लिए संकेत स्पष्ट रूप से दिखाई दे रहे थे। 90 के दशक के बीच में बेहद खराब स्थिति में उनका पत्नी से तलाक हो गया था। उनके माता-पिता की पहले ही मृत्यु हो चुकी थी, इसलिए उनका कोई करीबी परिवार नहीं बचा था। भाई-बहनों से भी बहुत नजदीकी नहीं थी। नैसकॉम ही उनका परिवार था। इसलिए उन्होंने अपने गम को दूर करने के लिए खुद को काम में डुबा दिया।

उनका स्वास्थ्य खराब रहता था। उन्हें डायबिटीज़ थी और दिल की समस्या भी थी। जब मैं उनसे पहली बार मिला था, तो वह लगभग गंजे थे और विग पहना करते थे। वह उस समय तीस वर्ष के भी नहीं थे। लेकिन वह अपने स्वास्थ्य पर ध्यान नहीं देते थे। काम बढ़ने के साथ वह ज़रूरी दवाईयां लेना भी भूल जाते थे। जब वह काम नहीं कर रहे होते थे तो क्या वह आराम करते थे? बिल्कुल नहीं। वह सामाजिक कार्यक्रमों में हिस्सा लेते थे। हमने एक बार उन्हें बेहोश होते देखा था। उनके मुंह से झाग निकल रहे थे। देवांग तब तक काम में लगे रहे, जब तक इसी काम ने उन्हें आज़ाद नहीं कर दिया।

आखिरी समय

मौत के बाद भी देवांग मीडिया में छाए हुए थे। उस दिन हर टीवी चैनल ने बिना रुके घटना का प्रसारण किया। अगले दिन अख़बारों ने देवांग पर काफी कुछ लिखा।

मैंने ही उनकी चिता को अग्नि दी।

अंतिम संस्कार में उनके कई रिश्तेदार शामिल हुए, पर मैंने कभी देवांग से उनका नाम नहीं सुना था। उनकी करीबी बहुत कम रिश्तेदारों के साथ थी, और दिल्ली में तो कोई नहीं था। मुझे लगा कि ख़बर देखकर कोई नजदीकी रिश्तेदार उनके निजी सामान और उनकी संपत्ति की देखभाल के लिए आएगा। कुछ दूर के रिश्तेदार आए, लेकिन साफ था कि वे वहां पैसे के लिए आए थे और उन पर भरोसा नहीं किया जा सकता था। मुझे यह सब पहचाना हुआ लग रहा था। मेरे पिता के अंतिम संस्कार के समय भी बहुत से लोग आए थे और बेतुके दावे कर रहे थे।

दो हफ्तों तक जब कोई भरोसेमंद रिश्तेदार नहीं मिला और किसी तरह की वसीयत न होने की स्थिति में, नैसकॉम ने मुझे देवांग की विरासत को सहेजने और उनके नाम पर ट्रस्ट बनाने का काम सौंपा। देवांग ने कोई वसीयत नहीं छोड़ी थी, इसलिए मैं उनके कानूनी उत्तराधिकारियों से मिला। इसमें उनकी चार बुआ भी थीं, जो अहमदाबाद, बड़ौदा और मिशिगन में रहती थीं। मैंने उनसे देवांग मेहता ट्रस्ट में कुछ करने की अपील की। उन सभी ने मेरी बात को माना। इस तरह देवांग मेहता फाउंडेशन ट्रस्ट का जन्म हुआ।

हमने उनकी चीजें बेचने की प्रक्रिया शुरू की। इसमें उनका दिल्ली के करोल बाग का घर भी शामिल था। यह बड़ा जटिल मसला था। हमने उसकी नीलामी के लिए एक एजेन्सी को नियुक्त किया। नीलामी नैसकॉम के ऑफिस में रखी गई। इसमें समय लगा लेकिन आखिर हम उनका घर बेचने में सफल रहे।

हमें फाउंडेशन शुरू करने में चार साल का समय लगा। उनके बैंक खातों से फाउंडेशन में पैसा ट्रांसफर करना सबसे बड़ी चुनौती थी, क्योंकि वह अब इस दुनिया में नहीं थे। लेकिन इस तरह की स्थिति के लिए भी प्रक्रिया मौजूद है, और हमने उसका पालन किया। नैसकॉम में देवांग की करीबी सहयोगी, संगीता गुप्ता ने यह काम संभाला। नैसकॉम एग्जीक्यूटिव काउंसिल के प्रारंभिक सदस्य और बैंकर पी. श्रीगणेश ने ट्रस्ट बनाने का काम आगे बढ़ाया।

नैसकॉम के सह-संस्थापक, फ्यूचरसॉफ्ट के संस्थापक और समाजसेवी, के.वी.रमानी ने देवांग के नाम पर चेन्नई में स्कूल शुरू किया। पर्सिस्टेंट सिस्टम्स के आंनद देशपांडे ने कंपनी के ऑडिटोरियम का नाम उनके नाम पर रखा। फन एंड जॉय एट वर्क के संस्थापक डॉ. राजू भाटिया ने बिजनेस मैनेजमेंट के छात्रों के लिए वार्षिक देवांग मेहता अवार्ड शुरू किया। हमने भी देवांग के जन्मस्थान, गुजरात के उमरेठ (बड़ौदा के पास) में स्किल डेवलपमेंट सेंटर शुरू किया।

देवांग भारत में इनोवेशन को बढ़ावा देना चाहते थे। फाउंडेशन पूरे गुजरात के 100 इंजीनियरिंग कॉलेजों के बीच सबसे इनोवेटिव प्रोजेक्ट की प्रतियोगिता करवाता है। हम इसके लिए मूल राशि पर मिले ब्याज को दान के तौर पर देते हैं। हमने वार्षिक देवांग मेहता मेमोरियल लेक्चर की भी शुरुआत की, इसमें उद्योग की बड़ी हस्तियां संबोधन देती हैं।

साधारण इंसान, असाधारण काम

देवांग का जन्म मध्यमवर्गीय घर में हुआ था। लेकिन उन्होंने अपनी आरामदायक नौकरी को छोड़कर बड़ा जोखिम उठाया और कम तनख्वाह पर नैसकॉम से जुड़े। वह जीवन में कुछ बड़ा करने की इच्छा रखते थे, कुछ ऐसा जिसका असर पूरे देश पर हो। ऐसा जो उनके बाद भी बना रहे। उन्होंने ऐसा ही किया और कैसे।

नैसकॉम और सॉफ्टवेयर उद्योग के जरिए देवांग ने लाखों भारतीयों का भाग्य बदल दिया। उन्होंने भारतीय अर्थव्यवस्था में 500 वर्षों से चली आ रही गिरावट को रोका और भारत को आर्थिक विकास की दिशा में आगे बढ़ने का मौका दिया।

जब मैंने उन्हें नौकरी दी थी, उस समय वह उनतीस वर्ष के थे। उनतालीस की उम्र में उन्होंने अपनी आखिरी सांस ली। इस दस वर्ष की अवधि में, सॉफ्टवेयर उद्योग 120 मिलियन डॉलर से बढ़कर 6.2 बिलियन डॉलर पर पहुंच गया। उनकी मृत्यु के समय उद्योग में 13 लाख लोग नौकरी कर रहे थे और 60 लाख लोग अप्रत्यक्ष रोजगार पा रहे थे।

समय के साथ, नई पीढ़ी देवांग और आधुनिक भारत के निर्माण में उनकी भूमिका के बारे में नहीं जानती। आम जनता भी उन्हें भूलने लगी है। शायद मैं जानता हूं कि ऐसा क्यों हो रहा है। वह सामान्य व्यक्ति थे, जिनमें तमाम मानवीय कमजोरियां थीं।

कभी-कभी वह भी अपनी महत्वकांक्षा और लोकप्रियता से बहक जाते थे, जैसा हम सभी के साथ हो सकता है। आखिर के कुछ पन्नों में, मैंने बहुत सावधानी के साथ उनकी कुछ कमियां बताने की कोशिश की है। क्योंकि देवांग ने लाखों भारतीयों और भारत के लिए जो कुछ किया, कोई भी कमी उस श्रेय को कम नहीं कर सकती।

क्या भारत उन्हें वैसे ही याद रखना चाहेगा जैसे वह थे? उनका काम किसी भी लीजेंड से कम नहीं है। देवांग मेहता संभावनाओं का नाम था। ऐसा साधारण इंसान जिसने असाधारण काम किया।

11

नैसकॉम में परिवर्तन: कृष्ण से राम तक

भारतीय पौराणिक अलंकारों को उतना ही प्यार करते हैं जितना उनके अमेरिकी ग्राहक खेलों से जुड़े सितारों को पसंद करते हैं। देवांग के जाने के बाद लोग उनके बारे में बताने के लिए भी पौराणिक अलंकारों का इस्तेमाल करने लगे।

देवांग को अक्सर महाभारत के कृष्ण से जोड़ा जाता था। इस महाकाव्य के कुछ संस्करणों के अनुसार जो कुछ भी हुआ उसके पीछे कृष्ण ही थे। उन्हें समझ आ गया था कि राज्य किधर जा रहा था और वह ठीक नहीं था। उन्हें लगा कि बड़े बदलाव की ज़रूरत है और ऐसी स्थिति बना दी कि महाभारत का निर्णायक युद्ध हुआ। भगवत गीता, जो महाकाव्य का ही हिस्सा है, में कृष्ण कहते हैं कि 'युद्ध धर्म है, और योद्धा को इससे पीछे नहीं हटना चाहिए।'

देवांग ने भी अफरा-तफरी की स्थिति पैदा कर दी थी। वह अराजकतावादी थे, जिसे यथास्थिति में बने रहना पसंद नहीं था।[1] वह हमेशा कुछ ज़बरदस्त करने में यकीन रखते थे। अपने समय के कृष्ण की तरह, उन्होंने उद्योग और उद्यमियों पर

---

1 भारत के तत्कालीन सूचना प्रौद्योगिकी मंत्री, स्वर्गीय प्रमोद महाजन नैसकॉम की अहमियत और उसमें देवांग के योगदान को समझते थे। वह देवांग को भारत का असली सूचना

नियंत्रण रखा जो कि ऐसे योद्धा की तरह थे जो बाज़ार में हिस्सेदारी के लिए आपस में युद्ध कर रहे थे।

90 के दशक में व्यापार करने के माहौल में व्यापक बदलाव लाने के लिए उद्योग को देवांग जैसे करिश्माई व्यक्ति की ज़रूरत थी। लेकिन नई सदी आने पर देवांग के आक्रामक दृष्टिकोण की प्रांसगिकता कम होने लगी। लड़ाई खत्म हो चुकी थी, और भारत इसे जीत चुका था। उसे अब ऐसे लीडर की ज़रूरत थी जो शांत दृष्टिकोण से चीजों को आगे ले जाए।

अब हमें लीला पुरुषोत्तम[2] कृष्ण से मर्यादा पुरुषोत्तम[3] राम की तरफ जाना था।

हमेशा आक्रामक रहना गलत होता। भारत का आईटी उद्योग उतना परिपक्व हो चुका था कि अब उसे अपनी वैश्विक प्रतिष्ठा को मज़बूत बनाना था और बड़े मौके के लिए खुद को तैयार करना था। उद्योग पहले ही 6 बिलियन डॉलर सालाना कमाने के साथ ही दस लाख से ज़्यादा लोगों को नौकरी दे रहा था। अब इस उपलब्धि से आगे बढ़ना था।

नैसकॉम के नए अध्यक्ष के लिए काम ज़्यादा मुश्किल भरा होने वाला था, क्योंकि उसे पहले से विकसित हो चुके उद्योग को और आगे बढ़ाने के साथ ही अब तक जो हासिल किया था, उसे भी सुरक्षित रखना था। बढ़ा-चढ़ाकर काम करने की देवांग की रणनीति अपना काम कर चुकी थी, और अब हमें ऐसे लीडर की ज़रूरत थी जो रामायण के भगवान राम की तरह व्यवस्था, प्रक्रिया, सरंचना और पारंपरिक ज्ञान पर भरोसा करता हो। हमें किसी ऐसे की ज़रूरत थी जो व्यवस्था को सही करे और नए सिरे से नियमों को बनाए।

प्रौद्योगिकी मंत्री कहते थे। देवांग का कद इतना बड़ा था कि उस कद के अनुरूप नए व्यक्ति को खोजना आसान नहीं था।

2 लीला पुरुषोत्तम का मतलब है 'दिव्य लीला दिखाने वाला परम पुरुष'। भगवान कृष्ण को अनेकों लीलाओं के लिए जाना जाता है। उन्हें अक्सर ऐसे चतुर व्यक्ति के तौर पर दिखाया जाता है, जिसने अपनी दिव्य लीलाओं से बुराई पर अच्छाई का साथ दिया।

3 मर्यादा पुरुषोत्तम का साधारण भाषा में मतलब है, 'ऐसा परम पुरुष जो उस समय के नियमों, मानदंडों, और परंपराओं का पालन करता है।' हिंदू पौराणिक कथाओं के अनुसार भगवान राम को आदर्श पुरुष माना जाता है।

निकट भविष्य का संकट

देवांग का नाम नैसकॉम से इस तरह से जुड़ चुका था कि देवांग की मौत के बाद कुछ लोगों को लगा कि नैसकॉम अब काम नहीं कर पाएगा। इस बात को सभी मान रहे थे कि देवांग की ऊर्जा, समझ और देशभक्ति अनोखी थी और उनकी भरपाई नहीं की जा सकती। लेकिन वे यह नहीं जानते थे कि नैसकॉम दूसरे देवांग की तलाश नहीं कर रहा था। नैसकॉम तो राम की तलाश में था।

देवांग के समय ही उनका उत्तराधिकारी तलाश किया जा रहा था। उनकी अचानक मौत के बाद हमें यह काम तुरंत करना था। ऐसी धारणा बनाई जाने लगी कि नैसकॉम खत्म होने वाला था। नैसकॉम के लिए मुश्किलें बढ़ रही थीं। हमने अपने राम की खोज शुरू भी नहीं की थी कि कुछ ऐसा हुआ जिसने परेशान कर दिया। मुझे समझ में आ गया कि उद्योग पर नैसकॉम के प्रभाव को खत्म करने के लिए ऐसी धारणा बनाई जा रही थी।

2001 में तत्कालीन प्रधानमंत्री अटल बिहारी वाजपेयी[4] व्यापारिक समझौतों पर बातचीत के लिए सिंगापुर जा रहे थे। कॉन्फेडरेशन ऑफ इंडियन इंडस्ट्री (CII) उन्हें उद्योगपतियों से मिलवाने में सहायता कर रहा था। इसी पहल के तहत सीआईआई ने हमसे सलाह किए बिना सिंगापुर में आईटी सम्मेलन की घोषणा कर दी। हमें सीआईआई के साथ काम करने में कोई परेशानी नहीं थी, लेकिन वे सीधे तौर पर नैसकॉम के अधिकार क्षेत्र में घुसने की कोशिश कर रहे थे। सीआईआई ने इस सम्मेलन को देशहित में बताकर बचने की कोशिश की। हमने उन्हें समझाया कि सॉफ्टवेयर एक अमूर्त चीज है और इसकी पूरी समझ नैसकॉम के पास है, लेकिन उन्होंने हमारी बात पर ध्यान नहीं दिया। संभवतः, सम्मानित सीआईआई ने भी यह गलत धारणा बना ली थी कि नैसकॉम का अंत निकट है।

तकनीकी तौर पर अगर उद्योग से जुड़ा कोई व्यक्ति निजी स्तर पर, नैसकॉम से अलग, इस कार्यक्रम में हिस्सा लेना चाहते थे तो वह हिस्सा ले सकते थे। लेकिन किसी ने हिस्सा

---

4 मैं श्री वाजपेयी को 'आईटी, आईटी' का नारा देने के लिए याद करूंगा। इसका मतलब था 'इंफोर्मेशन टेक्नोलॉजी, इंडिया टूमारो'। वाजपेयी की कैबिनेट में प्रमोद महाजन 2001 से 2003 तक दूरसंचार मंत्री रहे। वह उन कुछ नेताओं में से थे जो भारत के विकास में सूचना प्रौद्योगिकी की भूमिका को समझते थे। उन्होंने जहां भी हो सकता था, हमारी सहायती की। वह हमें अक्सर देश और विदेश के महत्वपूर्ण मंचों पर साथ ले जाते थे।

नहीं लिया। मैंने सीआईआई को पत्र लिखा, जिसमें मैंने साफतौर पर उनकी अवसरवादी रणनीति को लेकर अपनी नाराज़गी जाहिर की, क्योंकि यह देवांग की मृत्यु के ठीक बाद हो रहा था। नैसकॉम के कई प्रमुख लोगों ने भी सीआईआई को इस कार्यक्रम से हटने के लिए कहा।

ऐसा लगा जैसे भाग्य भी सच का साथ देना चाहता था, वाजपेयी जी का सिंगापुर दौरा टल गया। मेरा दावा था कि अगले कुछ महीने में हम मज़बूत स्थिति में होंगे। हालांकि हमें राम की खोज तुरंत करनी थी।

राम की तलाश

भले ही सीआईआई हमें हटाने की कोशिश कर रहा था, लेकिन ऐसे बहुत से उद्योग संगठन और व्यक्ति थे, जो चाहते थे कि हम मज़बूती से जमे रहें। बहुत से नेताओं, अधिकारियों, लाभार्थियों और शुभचिंतकों ने अपने संदेश भेजे, सभी ने कहा कि इस मुश्किल घड़ी में वे हमारे साथ थे। एफ.सी. कोहली, नारायण मूर्ति और अजीम प्रेमजी ने हमें प्रोत्साहित किया और कहा कि हमें जब भी उनकी सहायता की आवश्यकता हो, संकोच नहीं करना चाहिए।

हर कोई अध्यक्ष पद को भरने की अनिश्चितता से चिंतित था। मुंबई के जाने-माने राजनेता और सांसद मुरली देवड़ा ने मुझे फोन किया और जोर दिया कि अस्थाई तौर पर मैं यह पद संभाल लूं। उन्होंने आगाह करते हुए कहा, 'ये देश के भविष्य का सवाल है।'[5] इस ज़िम्मेदारी को उठाना बहुत बड़ी बात थी। लेकिन मुझे ऑनवर्ड-नोवेल को भी समय देना था और मेरे पास पहले ही बहुत ज़िम्मेदारियां थीं। मैंने विनम्रता से मना कर दिया। मैंने उन्हें आश्वस्त किया कि हम सही व्यक्ति को इस पद पर लाएंगे और उन्हें इस बारे में चिंता नहीं करनी होगी।

तब तक नैसकॉम को छोटा संगठन होने के फायदे मिलते रहे थे। भले ही यह अस्थाई था लेकिन इस वजह से संगठन ने तेजी से काम किया और खर्चों को कम रखा।

---

5 देश का भविष्य वास्तव में आईटी सेक्टर पर टिका था और उसमें नैसकॉम की बड़ी भागीदारी थी।

फिर उद्योग के तेजी से बढ़ने के कारण अवसर और चुनौतियों में भी बढ़ोतरी हुई। व्यापार न केवल बहुत बढ़ा, बल्कि इसमें कमी होने के भी कोई आसार नज़र नहीं आ रहे थे। ऐसी स्थिति में अपने संगठन में बदलाव किए बिना नैसकॉम अपने काम को जारी नहीं रख सकता था।

स्टार्ट-अप्स के सामने आने वाली चुनौतियों के बारे में सबको जानकारी है। डिज्नी, एचपी, एप्पल और माइक्रोसॉफ्ट सभी कंपनियों की शुरुआत गैरेज से हुई थी, उसके बाद ये बड़ी कंपनियां बनीं और बड़े ऑफिस से काम करने लगे। इनकी इस बढ़ोतरी को लेकर पहले से योजना बनाई गई थी। हमारे मामले में देवांग की अचानक मौत से मुश्किल खड़ी हो गई थी।

देवांग के अंतिम संस्कार के अगले दिन नैसकॉम के दिल्ली ऑफिस में विशेष मीटिंग बुलाई गई। नैसकॉम के अधिकांश सदस्यों, एग्जीक्यूटिव काउंसिल, पूर्व चैयरपर्सन और सामान्य सदस्य, जो भी देवांग के अंतिम संस्कार के लिए दिल्ली आए थे, ने मीटिंग में हिस्सा लिया। ऐसा पहली बार हुआ था कि वर्तमान एग्जीक्यूटिव काउंसिल के साथ ही पिछले सभी चैयरपर्सन्स को बुलाया गया था।

एजेंडा साफ था: हमें नैसकॉम के आगे की रणनीति तय करनी थी। पहली प्राथमिकता अध्यक्ष के पद के लिए ऐसा व्यक्ति चुनने की थी जो बिल्कुल अलग और परिपक्व हो चुके उद्योग में हमें आगे बढ़ाए। मैंने चयन समिति की मीटिंग की अध्यक्षता की। इस समिति में पूर्व चेयरपर्सन्स के साथ ही वर्तमान चेयरपर्सन फिरोज़ वांड्रेवाला (नैसकॉम में टीसीएस के प्रतिनिधि) भी शामिल थे। उस दौरान की मुश्किल स्थिति को देखते हुए फिरोज़ हर दूसरे दिन नैसकॉम के ऑफिस आने लगे थे। उन्होंने सभी को आश्वस्त किया कि जब तक अध्यक्ष के पद के लिए कोई योग्य उम्मीदवार नहीं मिल जाता, वह दोनों पदों के बीच सामंजस्य बनाए रखेंगे।

चयन प्रक्रिया कठिन और जटिल थी। दस वर्षों तक देवांग का व्यक्तित्व संगठन के डीएनए में गहरे रूप से समाया हुआ था। उनके दस साल के कार्यकाल में उद्योग एक कठोर चक्रव्यूह से निकलकर एक सशक्त गति में बदल चुका था। हम चाहते थे कि अगला अध्यक्ष भी देवांग के जितना ही सक्षम, प्रतिस्पर्धी और प्रेरित हो। हम यह भी चाहते थे कि नए अध्यक्ष का व्यक्तित्व अलग हो ताकि हम व्यवस्था आधारित संगठन खड़ा कर सकें। नया लीडर महत्वाकांक्षी, स्पष्टवादी और देशभक्त होना चाहिए था।

हमें महसूस हुआ कि नए अध्यक्ष की तलाश से पहले हमें इस स्तर की परिपक्वता के लिए नैसकॉम के दृष्टिकोण को फिर से परिभाषित करना होगा। हमने अध्यक्ष की भूमिका और ज़रूरी कौशल व विशेषताओं की सूची बनानी शुरू की।

संगठनात्मक परामर्श देने वाली फर्म कोर्न फेरी को इस काम के लिए रखा गया। हमने उन्हें बताया कि देवांग की तरह ही, अध्यक्ष की तलाश केवल आईटी उद्योग तक ही सीमित नहीं रहनी चाहिए। चयन समिति में इस बात पर आम सहमति थी कि आईटी से जुड़े काम सिखाए जा सकते थे। हम इस पद के लिए सही व्यक्तित्व वाले लीडर को खोजने पर ज़्यादा ध्यान दे रहे थे।

जल्दी ही बात फैल गई। हमें इस पद के लिए दावदारी करने वाले लोगों के फोन आने लगे। हमें इस बात का गर्व था कि कई योग्य और सक्षम व्यक्ति इस पद के लिए आवेदन कर रहे थे। हमने अपना मूल्यांकन जारी रखा: हम सबसे बेहतर की तलाश कर रहे थे।

कोर्न फेरी ने हमारे साथ मिलकर दस कार्यक्षेत्र छांटे। इसमें शिक्षा, एनजीओ, आईटी उद्योग, कॉर्पोरेट, राजनीति, नौकरशाही और प्रवासियों के बीच की लीडरशिप शामिल थी। अब हर कार्यक्षेत्र में हमने उम्मीदवारों का छांटा। आखिर हमने 100 संभावित उम्मीदवारों की सूची बनाई। इस समय तक, इनमें से कोई भी यह नहीं जानता था कि वे विचाराधीन हैं।

हम जानते थे कि कॉर्पोरेट इंडिया के बेहद सफल लोग शायद नॉन-प्रोफिट संस्था से जुड़ने में रुचि न रखें। सर्वश्रेष्ठ की तलाश में लगे नैसकॉम के लिए यह चुनौती थी। कोर्न फेरी ने फिर इन 100 लोगों से बातचीत शुरू की, ताकि उनकी रूचि और उपलब्धता का पता लगाया जा सके। मैं और मेरे सहयोगियों ने कई बार नैसकॉम के दृष्टिकोण से उम्मीदवारों का मिलान किया। इस तरह संभावित उम्मीदवारों की सूची 20 पर आ गई। इनमें से दस लोगों ने विनम्रता से पद के लिए मना कर दिया।

विप्रो चेयरपर्सन अज़ीम प्रेमजी इसलिए भी जाने जाते हैं कि उन्होंने दिग्गज लोगों को नियुक्त किया है। मुझे याद है कि उन्होंने भी सहायता करने की पेशकश की थी। इसलिए मैं आखिर में चुने गए 10 लोगों की सूची लेकर उनके पास गया। वह उनमें से छह या सात लोगों को जानते थे। उन्होंने तुरंत अपनी राय बताई और बताया कि कौन 'अव्यवस्थित' था, कौन 'केवल बात करता है और काम नहीं करेगा' और कौन 'अच्छा' है। इससे

हमें काफी मदद मिली और सूची घटकर तीन पर आ गई। उसके बाद चुनाव समिति की इंटरव्यू लेने और लोगों को छांटने की कठोर प्रक्रिया शुरू हुई।

मैं ऑनवर्ड-नोवेल में नोवेल की बेहतरीन नियुक्ति प्रक्रिया को इस्तेमाल करता था। मैंने नैसकॉम में भी उसका इस्तेमाल किया ताकि हम हमारे राम को खोजने में किसी तरह की गलती न करें।

आशा की 'किरण'

देवांग का उत्तराधिकारी खोजने के हमारे प्रयास आखिरकार रंग लाए। हमें हमारा सही व्यक्ति मिल गया। यह थे: किरण कार्णिक। उनका इलेक्ट्रिक का बैकग्राउंड था। वह प्रतिष्ठित भारतीय प्रबंधन संस्थान, अहमदाबाद के छात्र रहे थे। वह बेहद समझदार थे। उन्होंने भारतीय अंतरिक्ष अनुसंधान संस्थान (ISRO) और डिस्कवरी चैनल के लिए भी काम किया था।

लेकिन उनके लिए भी नकारात्मक बातें करने वालों की कमी नहीं थी। कुछ लोगों को लगता था कि वह कुछ ज़्यादा ही उदार हैं और उतने करिश्माई या मुखर नहीं, जितना कि होना चाहिए था। ऐसे लोग देवांग के साथ उनकी तुलना करने की गलती कर रहे थे।

देवांग और किरण के बीच बहुत ज़्यादा अंतर था। यह बदलाव भी अचानक हुआ था क्योंकि परिस्थियां ही ऐसी हो गई थीं। देवांग हमेशा सुर्खियों में रहते थे, जबकि किरण कम पहचान में रहकर अपने काम को प्राथमिकता देते थे। देवांग के व्यवहार में एक तरह की दृढ़ता और ऊर्जा दिखाई देती थी। किरण शांत रहकर व्यवस्थित तरीके से काम करना पसंद करते थे। देवांग ने जिन परिस्थितियों में काम संभाला था, वे किरण के समय से बिल्कुल अलग थीं। कुछ लोगों को लगता था कि किरण को मज़बूरी में चुना गया, लेकिन उन्हें सोच-समझकर हमें आगे का रास्ता दिखाने के लिए चुना गया था।

मैंने किरण से अनुरोध किया कि ऑफिस संभालने से पहले वह एफ.सी.कोहली, नारायण मूर्ति, अज़ीम प्रेमजी से मिल लें। उनकी शुभकामनाएं मिलने के बाद, हमने सितंबर 2001 में किरण की नियुक्ति की घोषणा की। ख़बर तेजी से फैल गई। मुझे फिर से मुरली देवड़ा का फोन आया, वह इस नियुक्ति से खुश नहीं थे। मैंने उन्हें आश्वस्त किया और कहा, 'मुरली भाई, मैं आपकी चिंता को समझता हूं। वह देवांग से पूरी तरह अलग

है। हमने सोच समझकर उन्हें चुना है। मैं आपसे छह महीने बाद फिर से बात करूंगा। आपको जरूर नतीजा नज़र आएगा।'

हम देवांग की असमय मृत्यु से उबर ही रहे थे कि एक सुबह चार पैसेंजर हवाई जहाजों को उड़ता हथियार बनाकर इस्तेमाल किया गया। हज़ारों लोग मारे गए। अमेरिका पर हुए 9/11 के हमले ने दुनिया को रातों-रात बदल दिया। उसके बाद अंतरराष्ट्रीय व्यापार से लेकर प्रवासी कामगारों की सुरक्षा तक सब कुछ खतरे में पड़ गया।

किरण को अभी काम संभाले एक ही हफ्ता हुआ था कि यह दुर्भाग्यपूर्ण घटना हो गई। नैसकॉम के नए बॉस के तौर पर उद्योग की मदद करने और ऐसी अनिश्तितता की स्थिति में दुनिया को भारतीय सॉफ्टवेयर उद्योग की रणनीति के बारे में समझाने की ज़िम्मेदारी किरण की थी।

कुछ भी भविष्यवाणी करना मुश्किल था। अरबों डॉलर और लाखों सपने दांव पर लगे थे। मुश्किल के समय हम अपना सर्वश्रेष्ठ प्रदर्शन करते हैं। किरण ने भी अपनी चमक दिखाई। वह मधुर भाषी थे लेकिन उनमें दृढ़ता थी। इस मुश्किल घड़ी में भी वह शांत बने रहे। हालांकि अलग-अलग क्षेत्र के लोगों (प्रेस, उद्योग, नीति-निर्माताओं, दूतावासों और अन्य) को एक साथ लाना चुनौती भरा काम था, लेकिन उन्होंने चीजों को सही तरह से समझाने की अपनी क्षमता से स्थिति को संभाला। उन्होंने सरल लेकिन प्रभावशाली तरीके से जटिल बारीकियां समझाईं और सभी हितधारकों को आश्वस्त किया। उन्होंने कहा, 'हालांकि ऑन-साइट कंसल्टिंग बिजनेस को कुछ चुनौतियों का सामना करना पड़ेगा, लेकिन ऑफशोर बिजनेस में बढ़ोतरी होगी। आय में कुछ गिरावट हो सकती है, लेकिन लंबे समय में भारत अपनी बढ़त फिर से हासिल कर लेगा।'

मुरली भाई ने फिर से फोन किया और कहा, 'अच्छा बंदा ढूंढा है।'[6]

अध्यक्ष के पद के साथ आने वाली ताकत के साथ, किरण ने काम कर दिखाया था। दूसरी राष्ट्रीय या अंतरराष्ट्रीय एजेन्सियों के मुकाबले उद्योग से जुड़े नैसकॉम के आंकड़े तुलनात्मक रूप से ज़्यादा सही थे। लेकिन अभी भी लंबा सफर तय करना था।

किरण ने सबसे पहला काम यह किया कि नैसकॉम को आंकड़ों के आधार पर चलने वाला संगठन बनाया। अशांक, श्रीरंगन, मूर्ति और दूसरे लोगों ने भी उन्हें प्रोत्साहित

---

6 किरण वास्तव में देवांग से बिल्कुल अलग थे, लेकिन वो उस समय अध्यक्ष पद के लिए सही चुनाव थे।

किया। अशांक काफी समय से आंकड़ों पर आधारित विचार और निर्णय लेने के समर्थक रहे थे।

उस समय हमने शीर्ष बीस आईटी कंपनियों के आंकड़ों का इस्तेमाल किया और उसके आधार पर उद्योग के आंकड़े निकाले। विश्लेषकों, शोधकर्ताओं, सलाहकारों और सरकार से लेकर उद्योग तक सबने विश्लेषण और अनुमान के लिए इन आंकड़ों का इस्तेमाल किया, हालांकि इसमें कई कमियां भी थीं।

इन आंकड़ों पर कभी संदेह किया जाता था, लेकिन अब सभी इन्हें मान रहे थे। नैसकॉम मानता था कि भारतीय आईटी उद्योग से जुड़े आंकड़ों को देने की जिम्मेदारी उसकी थी। किरण आंकड़े की इस प्रक्रिया को मज़बूत बनाना चाहते थे। वह ईमानदार बिजनेस एनालिस्ट सुनील मेहता को साथ लेकर आए। सुनील को आंकड़ों की बेहतरीन समझ थी। किरण और सुनील ने मिलकर हमारे आंकड़ों को विश्वसनीय बनाया जिससे उद्योग से जुड़े लोग, शिक्षाविद और नीति निर्माता उस पर भरोसा करें। हालांकि नैसकॉम में हमने उद्योग के आगे बढ़ाने के लिए हमेशा आंकड़ों का इस्तेमाल किया। लेकिन किरण के समय आकड़ों को जमा करने और उनके विश्लेषण की प्रक्रिया में बहुत बदलाव आया।

मुझे याद है कि मैंने एक बार सुझाव दिया था कि अगर नैसकॉम इस बात को प्रमुखता से रखे कि कैसे भारतीय कंपनियों की इंजीनियरिंग सर्विसेज और रिसर्च एंड डेवलपमेंट विदेशी कंपनियों के 'ग्लोबल कैपेबिलिटी सेंटर्स' की तुलना में ज़्यादा तेजी से विकास कर रहे थे, तो नैसकॉम बेहतर प्रदर्शन कर पाएगा। जब सुनील में मेरी बात सुनी, तो उन्होंने कहा, 'हरीश भाई, आंकड़े इस बात को साबित नहीं करते।' मैंने खुद को सही किया और मैंने जो कहा था उसमें बदलाव किया। नैसकॉम के लिए आंकड़े हमेशा से महत्वपूर्ण थे!

इस तरह नैसकॉम डेटा और उनका विश्लेषण करने वाला महत्वपूर्ण संगठन बन गया। इसने उद्योग से जुड़ी रणनीति को दिशा दिखाना शुरू किया। इसने उद्योग से जुड़ी कंपनियों को आगे रास्ता देखने की क्षमता दी। अपनी सच्ची रिपोर्ट्स के कारण नैसकॉम ब्रांड को इज्ज़त और भरोसा हासिल हुआ। इन रिपोर्ट्स में वे स्ट्रेटेजिक रिपोर्ट्स भी शामिल थीं, जो उद्योग के लिए बाइबिल जैसी बन गई थीं। नैसकॉम अचानक डेटा और सूचना देने वाली ऐसी जगह बन गई, जहां हर कोई भारतीय आईटी उद्योग से जुड़ी विश्वसनीय सूचना लेने के लिए आने लगा।

जब मैं 'हर किसी' कहता हूं तो मतलब, सच में हर किसी से है। हमारे डेटा का इस्तेमाल ऐसी जगहों पर भी हुआ, जिसे सोचा भी नहीं जा सकता। लोगों ने हर तरह की योजना बनाने में इसका इस्तेमाल किया। जिसमें सॉफ्टवेयर इंजीनियरों के लिए पाठ्यक्रम से लेकर ऑफिस फैसिलिटिज़ और आवासीय परिसरों से लेकर मॉल्स और यहां तक कि एयरपोर्ट कैपेसिटी में भी इसका इस्तेमाल किया गया। वकीलों और चार्टड एकाउंटेंट्स ने भी अपने विकास का अनुमान लगाने और उसकी योजना बनाने के लिए इसका इस्तेमाल किया। विश्लेषकों ने इस डेटा का इस्तेमाल उद्योग के विकास का अनुमान लगाने और देश व विदेश के निवेशकों को सलाह देने के लिए किया। सरकार ने इस डेटा का इस्तेमाल आयकर से आय का अनुमान लगाने के लिए किया। 2019 में उद्योग ने सरकारी खजाने में 890 बिलियन डॉलर का योगदान किया और इसमें मज़बूत आईटी उद्योग के कारण अप्रत्यक्ष फायदा लेने वाले उद्योग शामिल नहीं हैं।[7] रिजर्व बैंक ने इसका इस्तेमाल विदेश मुद्रा से जुड़ी योजना बनाने के लिए किया। विदेशी मुद्रा भारत के विकास के लिए बेहद ज़रूरी संसाधन है, और विदेश से आने वाले तेल, पूंजीगत उपकरण और स्मार्टफोन से इस पर असर पड़ता है।

नैसकॉम के डेटा जमा करने, व्यवस्थित करने और रिपोर्ट करने की प्रक्रिया काफी मज़बूत बन चुकी थी। फिर भी मुझे याद है कि मैं टीसीएस की तिमाही रिपोर्ट को पढ़ रहा था और उसमें नैसकॉम के आंकड़ों का कोई जिक्र नहीं था। संयोग ऐसा था कि टीसीएस के तत्कालीन सीईओ एन. चंद्रा उस समय नैसकॉम के वाइस-चेयरपर्सन थे। मैंने उनसे पूछा कि वह टीसीएस की तुलना नैसकॉम के विकास के अनुमान से क्यों नहीं कर रहे थे? उन्हें कुछ समझाने की ज़रूरत ही नहीं पड़ी। उनके समय में टीसीएस ने अपने नतीज़ों की नैसकॉम के अनुमानों से तुलना शुरू की। इसे देखकर, लगभग सभी लिस्टेड टेक्नोलॉजी कंपनियों ने नैसकॉम के डेटा का मानक के तौर पर इस्तेमाल शुरू कर दिया। इससे संगठन की ब्रांड वैल्यू में काफी बढ़ोतरी हुई।

हम जिन आंकड़ों की बात करते थे, उन्हें हम यूं ही हवा से नहीं निकालते। ये पूरी तरह तथ्यों पर आधारित होते थे और इन्हें पक्की रिसर्च रिपोर्ट्स के आधार पर दिया जाता

---

7 हरीश मेहता के द्वारा अधिकृत और एस.पी. जैन इंस्टीट्यूट ऑफ मैनेजमेंट एंड रिसर्च, मुंबई के प्रोफेसर तुसली जयकुमार द्वारा प्रकाशित की गई रिसर्च के मुताबिक 2019 में व्यक्तिगत आयकर में आईटी उद्योग की 19% हिस्सदारी थी।

था। पहली बार हमने दावा किया कि हम 1 बिलियन डॉलर का उद्योग बनेंगे, यह बात वर्ल्ड बैंक की रिपोर्ट में थी। कुछ वर्षों के बाद, 1998 में नैसकॉम-मैक्किंजे के अध्ययन में कहा गया कि अगले सात वर्षों में हम 50 बिलियन डॉलर का उद्योग बन सकते थे। हमने दो साल की देरी से यह आंकड़ा हासिल कर लिया, जिसे हासिल करने में Y2K से काफी सहायता मिली, तो 9/11 के कारण परेशानियां भी आईं।

इन रिपोर्ट्स और आंकड़ों से हमें प्रत्येक हितधारक की ज़िम्मेदारी तय करने और उन्हें हासिल करने के लिए रोडमैप बनाने में मदद मिली।

मेरा मानना है कि नैसकॉम में किरण का कार्यकाल इस बात का सबूत है कि परेशानियों के समय हम अक्सर अपना बेहतरीन प्रदर्शन करते हैं। 2001 में अमरेका में 9/11 के बाद दुनिया की अर्थव्यवस्था संकट में थी, हमें लगा कि हम पर भी बहुत बुरा असर होगा। हालांकि, किरण के नेतृत्व में हम विकास की राह पर बने रहे। 2008 में लेहमैन ब्रदर्स के दिवालिया होने जैसी घटना से दुनिया आर्थिक मंदी का शिकार हो गई, उस समय भारत की आईटी सर्विस कंपनियां खतरे की जद में आ गईं। आईटी कंपनियों के बड़े ग्राहक पूरी दुनिया से फाइनेंशियल सर्विस बिजनेस के थे और रातों-रात उनके खर्चों में कटौती हो गई। नेशनल स्टॉक एक्सचेंज के आईटी इंडेक्स में 58 प्रतिशत की ज़बरदस्त गिरावट आई। हालांकि उद्योग ने फिर से वापसी की। इस पूरे समय में किरण वाकई में आशा की किरण बनकर सामने आए!

कमिटी का कमिटमेंट

स्टार्ट-अप काम करने के लिए रोमांचक जगह है। वहां अनिश्चितता और कशमकश की स्थिति होती है। ऑफिस के फ्लोर पर चिल्ला-चिल्लाकर काम के लिए बोला जाता है, ऐसा लगता है जैसे किसी समुद्री डाकू का क्वार्टरडेक हो। लेकिन जब स्टार्ट-अप तूफान से बाहर निकल आता है, तो क्या होता है? इसके बाद स्टार्ट-अप व्यवस्थित होने लगते हैं। लेकिन इस व्यवस्था के कारण संस्थान किसी व्यक्ति के निजी अनुभवों से उपजी प्रतिक्रिया से दूर हो जाता है और सबकुछ एक प्रक्रिया के अधीन चलने लगता है।

यह परिवर्तन खतरनाक होता है और अक्सर ऐसे समय में नेतृत्व के लिए नए लीडर्स की ज़रूरत होती है। ऐसे समय पर संस्थान को किसी व्यस्क की तरह व्यवहार करना

पड़ता है लेकिन साथ ही उसमें उन युवा विचारों और ऊर्जा की कमी भी नहीं होनी चाहिए, जिनके कारण यह सफलता हासिल हुई है। किरण ने इन बदलावों का जिम्मा उठाया और 9/11 के बाद नए नैसकॉम को आकार देने में मदद की।

नैसकॉम में अब किरण और उसकी टीम के तौर पर नए लीडर्स आ गए थे। अब यह समय था कि मैं पीछे हटूं और चुने गए सदस्यों को उद्योग और भारत का एजेंडा आगे बढ़ाने दूं। मैं एग्जीक्यूटिव काउंसिल की साल की चारों मीटिंग्स में हिस्सा लेने के बजाए एक छोड़कर एक मीटिंग में जाने लगा।

किरण ने 2003 में मुझे फोन किया, तब तक किरण को नैसकॉम में आए दो वर्ष हो चुके थे। किरण चिंतित थे कि उन्हें एग्जीक्यूटिव काउंसिल में से नैसकॉम के भावी लीडर्स उभरते दिखाई नहीं दे रहे थे। एग्जीक्यूटिव काउंसिल के अधिकतर सदस्य एमएनसी कंपनियों से जुड़े थे और वे कुछ ही समय के लिए उन संस्थानों में रहते थे। कुछ बड़ी कंपनियों से आने वाले लोग अपनी कंपनी में दूसरे या तीसरे नंबर पर थे। वे लोग बहुत प्रतिभाशाली थे, हालांकि उनके पद के कारण वे नैसकॉम के लिए प्रभावशाली तरीके से योगदान नहीं दे पा रहे थे। मुझे चिंता हुई, और मैंने फिर से एग्जीक्यूटिव काउंसिल की सभी मीटिंग्स में जाना शुरू कर दिया। मैं मीटिंग्स में नियमित आने वाले पूर्व चैयरपर्सन्स से मिला और भविष्य का नेतृत्व तलाश करने के लिए टास्क फोर्स बनाई।

प्रक्रिया के आधार पर अध्यक्ष की नियुक्ती होना ज़रूरी था, लेकिन केवल इतना ही काफी नहीं था। किरण के फोन से मिला संदेश साफ था: हम नेतृत्व संभालने वाली अगली पीढ़ी के खुद हमारे पास आने का इंतज़ार नहीं कर सकते थे। अगर हमें प्रांसगिक बने रहना था तो हमें खुद उन तक पहुंचकर, उनकी अपेक्षाओं को समझना होगा और उन्हें नैसकॉम के उद्देश्य, उद्योग और देश के प्रति आकर्षित करना होगा। इसके साथ ही, यह एक बार का मामला नहीं था। इसे सतत बनाए रखने के लिए हमें फिर से प्रक्रिया तैयार करनी थी।

हमें यह भी समझ आया कि आधिकारिक तौर से किसी भी तरह पूर्व चेयरपर्सन्स को प्रक्रिया का हिस्सा नहीं बनाया जा सकता था। इन पूर्व चेयरपर्सन्स में एफ.सी कोहली, और नारायण मूर्ति जैसे नाम शामिल थे।[8] फिर भी ऐसी बड़ी हस्तियों के पास कोई आधिकारिक ज़िम्मेदारी नहीं थी, और न ही संस्थान के साथ जुड़ने का कोई अवसर था।

---

8 नैसकॉम से मेरे करीबी जुड़ाव के कारण मुझे मूर्ति के साथ सार्वजनिक और निजी तौर पर समय बिताने का काफी मौका मिला। अक्सर हमारी मीटिंग्स, जिनमें मूर्ति गंभीर ही रहते थे, के बाद

इनकी क्षमता के सही इस्तेमाल और अगली पीढ़ी के लीडर्स को तैयार करने की आवश्यकता को देखते हुए पूर्व चेयरपर्सन्स की काउंसिल–द चेयरपर्सन्स काउंसिल (CC) का गठन किया गया।[9]

चेयरपर्सन्स काउंसिल को भविष्य के लीडर्स की पहचान करने, उन्हें तैयार करने और उन्हें सक्रिय सदस्य बनाने की ज़िम्मेदारी दी गई। चेयरपर्सन्स काउंसिल ने अगले पांच वर्ष के लिए संभावित लीडर्स की पहचान की और उन्हें एग्जीक्यूटिव काउंसिल का चुनाव लड़ने के लिए प्रोत्साहित किया। इस तरह चेयरपर्सन्स काउंसिल की भूमिका ऑपरेशनल के बजाए दाशर्निक ज़्यादा थी। उनकी प्रमुख ज़िम्मेदारी यह सुनिश्चित करना भी थी कि नैसकॉम के सिंद्धांतों के साथ कोई समझौता न हो। किसी व्यक्ति की आगे बढ़ने की निजी महत्वकांक्षा का असर उद्योग के विकास के बड़े लक्ष्य पर नहीं पड़ना चाहिए था।

हर साल चेयरपर्सन्स काउंसिल आने वाले तीन साल के लिए उद्योग की चुनौतियों की समीक्षा करती थी। इसके बाद उस चुनौती का सामना करने के लिए एग्जीक्यूटिव काउंसिल के सबसे उपयुक्त सदस्य को एक साल बाद चेयरपर्सन बनाने के लिए चुना जाता था। चेयरपर्सन्स काउंसिल उस सदस्य को वाइस-चेयरपर्सन के तौर पर चुनने के लिए एग्जीक्यूटिव काउंसिल को सिफारिश करेगी। एग्जीक्यूटिव काउंसिल में से कोई भी इस नाम को चुनौती दे सकता था और चेयरपर्सन्स काउंसिल के चुने सदस्य के खिलाफ चुनाव लड़ सकता था। असल में, पिछले बीस वर्षों में ऐसा केवल एक बार हुआ, और उस समय भी चेयरपर्सन्स काउंसिल के नामांकित किए व्यक्ति ने ही जीत हासिल की। धीरे धीरे लोग समझ गए कि नेतृत्व का चयन करने के मामले में चेयरपर्सन्स काउंसिल का निर्णय ही सबसे सही था और इस तरह उनके नामांकित किए उम्मीदवार को स्वीकर करने लगे। वाइस-चेयरपर्सन को अगले वर्ष चेयरपर्सन बनाने का निर्णय भी सही साबित हुआ। हमें इस प्रक्रिया का महत्व समझ आया और इसे नैसकॉम के संविधान का हिस्सा बना दिया गया।

प्रत्यक्ष लोकतंत्र की समस्या यह है कि इसमें योग्यता कि बजाए लोकप्रियता पर जोर होता है। क्योंकि नैसकॉम उद्योग से जुड़ा गंभीर संगठन है, इसलिए हमें हर वर्ष बेहतरीन काम करना होगा। चेयरपर्सन्स काउंसिल से आने वाला नामांकन बीच का बेहतरीन

मैं, अशांक और मूर्ति मुंबई के वर्ली में कॉपर चिमनी रेस्टोरेंट जाया करते थे।

9 इसकी शुरुआत 2003 में हुई, इसे शुरू में चेयरमैन्स काउंसिल कहा गया।

रास्ता है, और यह समाधान अभी तक बढ़िया काम कर रहा है। इससे मुझे एक चुटकुला याद आ रहा है, जो मैं अक्सर सुनाता भी हूं: अगर हम साधारण बहुमत से चुनें तो भारत का राष्ट्रीय पक्षी मोर की बजाय कौआ होगा।

मेरे दोस्त के.वी. रमानी का कहना था कि नैसकॉम में कभी भी आम सहमति बनाने या लोकतंत्र पर ध्यान केन्द्रित नहीं किया गया। यहां हमेशा सबसे सही निर्णय लेने पर जोर दिया जाता है। नैसकॉम में हम बहुत से मुद्दों पर एक-दूसरे से असहमत होते हैं लेकिन हम उस असहमति को आंतरिक रूप से सुलझाने की कोशिश करते हैं। हम उसे कभी भी सार्वजनिक मंच पर नहीं ले गए। इसलिए, मैं सबसे सही निर्णय लेने की रमानी की बात से सहमत हूं।

जैसे-जैसे हम आगे बढ़े, एक और कमजोरी सामने आई। वोट देने वाले एग्जीक्यूटिव काउंसिल के सदस्यों का कार्यकाल केवल दो वर्ष का ही था। इसके कारण वे नैसकॉम के बारे में बहुत आगे का नहीं सोच पाते थे। कुछ वर्षों के बाद, हम इस नतीजे पर पहुंचे कि चेयरपर्सन्स काउंसिल (CC) की ज़िम्मेदारी सलाहकार समूह से ज़्यादा होनी चाहिए। हमने उनकी ज़िम्मेदारियों की सूची बनाई, जो एग्जीक्यूटिव काउंसिल के लिए दिशानिर्देश का काम भी कर सकती थी, हालांकि यह एग्जीक्यूटिव काउंसिल पर बाध्यकारी नहीं था। दूसरी बातों के अलावा, सूची में निम्नलिखित चीजें शामिल थीं: नैसकॉम की दीर्घकालीन दिशा (इसके मिशन और दृष्टिकोण सहित), नए संगठनों की स्थापना जैसे नैसकॉम फाउंडेशन, डेटा सिक्योरिटी काउंसिल ऑफ इंडिया (DSCI)[10] के लिए कॉर्पस आवंटन, हार्ड एसेट्स का अधिग्रहण, ब्रांड बिल्डिंग, कोड ऑफ कंडक्ट को मज़बूत बनाना, उत्तराधिकारी की योजना, प्रेसिडेंट्स का चुनाव और नैसकॉम के दीर्घ-कालीन एजेंडा को आगे बढ़ाने के लिए नई पहल।

बाद में हमने ज़िम्मेदारियों को औपचारिक रूप देने का सोचा। मैंने चेयरपर्सन से इस बारे में बात की लेकिन उन्होंने ऐसा करने को लेकर चेताया। चेयरपर्सन्स काउंसिल

---

10 नैसकॉम ने डीएससीआई (DSCI) की स्थापना उद्योग के गैर-लाभकारी संगठन के तौर पर की थी, जो साइबर सुरक्षा और प्राइवेसी आउटरीच गतिविधियों में सबसे बढ़िया कार्य प्रणाली, मानकों और पहलों के ज़रिए साइबरस्पेस को सुरक्षित, संरक्षित और विश्वसनीय बनाने की दिशा में काम करता है। डीएससीआई के बारे में ज़्यादा जानकारी के लिए www.dsci.in पर जाएं।

के प्रस्ताव की समीक्षा के लिए एग्जीक्यूटिव काउंसिल के सदस्यों की टास्क फोर्स बनाई गई।

जब कॉन्फ्रेंस कॉल के ज़रिए टास्क फोर्स के सामने प्रस्ताव रखा गया, तो इसका काफी विरोध हुआ। एग्जीक्यूटिव काउंसिल को लगा कि चेयरपर्सन्स काउंसिल उनकी शक्तियों को लेने की कोशिश कर रही थी। नैसकॉम से हमारे लगाव और उत्साह को सही से नहीं समझा गया।

एग्जीक्यूटिव काउंसिल टास्क फोर्स ने अपनी सिफारिशें दीं। वे चाहते थे कि केवल आखिरी दो चेयरपर्सन ही मीटिंग्स में हिस्सा लें। इसके अलावा, वे नहीं चाहते थे कि मीटिंग्स में कोई भी पूर्व चेयरपर्सन कुछ बोले और उनकी भूमिका एक मूक दर्शक भर की हो। जब मैंने यह पढ़ा तो मैं चकित रह गया। मुझे अहसास हुआ कि हमारी भावना को गलत तरह से समझा जा रहा था।

मैंने अपने सहकर्मियों से बात की, गाइडलाइन डॉक्यूमेंट को तुरंत वापस लिया गया और तत्कालीन चेयरपर्सन को पत्र लिखकर माफी मांगी और लिखा कि चेयपर्सन्स काउंसिल की सिफारिशों को न माना जाए। हम अपने सही इरादों को बताने में विफल रहे, और इससे गुस्सा बढ़ रहा था। इससे दोनों समूहों के बीच टकराव की स्थिति बनी और हमारी ऊर्जा बेवजह चीजों पर लग रही थी। नैसकॉम बनने के बाद पहली बार हमारे बीच ध्रुवीकरण हुआ और वह भी गलत वजहों से।

मुझे समझ आया कि परिपक्वता के उस स्तर पर नैसकॉम में बदलाव लाना कितना चुनौतीपूर्ण था। नैसकॉम एक स्वैच्छिक, पीयर-टू-पीयर, गैर-लाभकारी संस्थान है, जिसके सदस्य किसी भी क्षमता में संस्थान के लिए काम करने को बाध्य नहीं हैं। इसका मतलब था कि नैसकॉम को प्राथमिकता में रखना किसी के लिए भी ज़रूरी नहीं था। हर किसी का सफल करियर था और अब हमें ज़बरन यह याद दिलाया गया कि हमें नए एग्जीक्यूटिव काउंसिल (EC) सदस्यों को औपचारिक मार्गदर्शन देने की ज़रूरत नहीं थी, इसकी वजह से आपसी गलतफहमी बढ़ी। सदस्यों को लुभाने के लिए, सर्वसम्मति हासिल करने के लिए, विविध और सफल सीईओ वाले समूह के सामने हमें सेल्स की क्लासिकल एप्रोच का पालन करना चाहए था: मीटिंग से पहले हर सदस्य को समझाना, उनकी राय को सुनना और उनकी चिंताओं को दूर करना। जो चीजें टूटी ही न हों उन्हें ठीक करना मुश्किल होता है।

आज आईटी 190 बिलियन डॉलर का उद्योग है। बहुत छोटी टीम है जो उद्योग से जुड़े विषयों को सबके सामने लाने के लिए नैसकॉम में काम करती है। अगर इकोनोमिक वैल्यू के हिसाब से देखें तो टीम का हर सदस्य 1.5 बिलियन डॉलर से ज़्यादा का योगदान करता है! इस टीम को पूरे उद्योग के 180 से ज़्यादा स्वयंसेवकों का सहयोग मिलता है जो एग्जीक्यूटिव काउंसिल के सदस्यों, सेक्टोरल काउंसिल, रीजनल काउंसिल, स्पेशल ग्रूप और दूसरे रूप में काम करते हैं। इन सभी को नैसकॉम के मूल्यों के साथ जोड़ना चुनौती भरा काम है।

नैसकॉम के लिए विकसित हो चुके उद्योग के कई मायने हैं। हमें ऑफिस पदाधिकारियों को शक्तियां देते समय इस बात का ध्यान रखना होता है कि सभी सदस्य कंपनियां एक समान स्तर पर रहें ताकि तंत्र किसी व्यक्ति की तुलना में बड़ा रहे। समय के साथ नए अवसरों के तौर नई सब-इंडस्ट्रीज भी उभर रही थीं। इनका विकास करने के लिए वर्ष 2013 में नारायण मूर्ति[11] की अध्यक्षता में टास्क फोर्स बनाई गई जिसने कई

---

11 उस समय नैसकॉम के ऑफिस-पदाधिकारियों को आगे की कार्रवाई तय करने के लिए मीटिंग करनी होती थी। टीसीएस के चंद्रा चेयरपर्सन थे। अपने कार्यकाल के दौरान, वह प्रभाव डालने के लिए तीन बड़ी पहल शुरू करना चाहते थे। उनमें से एक था नैसकॉम का पुर्नगठन करना ताकि आईटी सर्विसेज से इतर उभर रहे नए क्षेत्रों को नैसकॉम में शामिल किया जाए। इनमें सॉफ्टवेयर, रिसर्च एंड डेवलपमेंट, स्टार्ट-अप्स, ई-कॉमर्स और दूसरे क्षेत्र शामिल थे। चंद्रा जानते थे कि बदलाव लाना आसान नहीं है और नैसकॉम जैसे औद्योगिक संगठन में यह खासतौर से मुश्किल था। उन्होंने तय किया कि पुर्नगठन टास्कफोर्स का नेतृत्व ऐसा व्यक्ति करे जिसकी सभी इज्जत करते हों।

कॉफी पर होने वाली मुलाकातों के दौरान उन्होंने हमसे कहा कि हमें मूर्ति को टास्कफोर्स का प्रमुख बनाना चाहिए। हालांकि, चंद्रा ने विनम्रता से कहा कि वह निजी तौर से मूर्ति को नहीं जानते थे। मैं आश्चर्यचकित रह गया। क्या चंद्रा मूर्ति को मिलने के लिए एक फोन कॉल नहीं कर सकते थे? मुझे अहसास हुआ कि चंद्रा काफी विनम्र स्वभाव के थे। दूसरी तरफ, मैं मूर्ति को बहुत अच्छे से जानता था और मैंने उनकी मीटिंग तय करवाने की बात कही।

जब मैंने मूर्ति को कॉल किया, तो वह बहुत चकित हुए कि उनका पहले नंबर का प्रतिद्वंदी उनसे मिलना चाहता था। आखिरकार हम मूर्ति से मिलने बैंगलोर गए। जब हम पहुंचे, तो मूर्ति बहुत गर्मजोशी से मिले और खुद यह सुनिश्चित किया कि चंद्रा को घर जैसा महसूस हो। यहां तक कि उन्होंने इंफोसिस के सह-संस्थापन और सीआईआई के होने वाले अध्यक्ष, क्रिस गोपालकृष्णन को बुला लिया था।

सेक्टोरल काउंसिल बनाने की सिफारिश की। इसके बाद कई समितियों ने इन लक्ष्यों को पाने पर ध्यान दिया।

इस समय तक, आईटी सर्विसेज, बीपीएम सर्विसेज, इंजीनियरिंग आर एंड डी (ER&D) सर्विसेज, जीसीसी, इंटरनेट सर्विसेज, एसएमई, सॉफ्टवेयर प्रोडक्ट और ऐसी दूसरी कई सर्विस अब नैसकॉम से उन पर ध्यान देने की माँग कर रही थीं।[12] इसका मतलब था कि ये सेक्टर्स तेज़ विकास के मुहाने पर खड़े थे और सही तरह से ध्यान देने पर हम आय में कुछ बिलियन डॉलर और बढ़ा सकते थे।

2013-2018 के बीच शेखर के अध्यक्ष रहने के दौरान उद्योग लगातार आगे बढ़ता रहा। हर मुद्दे पर एग्जीक्यूटिव काउंसिल को शामिल करने से परेशानी होने लगी थी। चार लोगों की सीनियर लीडरशिप टीम (SLT) बनाई गई। इसमें निवर्तमान चेयरपर्सन, वर्तमान चेयरपर्सन, वाइस-चेयरपर्सन और अध्यक्ष शामिल थे।

हालांकि, इस नए व्यवस्थित नैसकॉम को व्यक्तियों और मैनेजमेंट के तरीके से ऊपर उठना पड़ा। कोई भी व्यक्ति नैसकॉम में अपना दबदबा न बना ले इसके लिए यह तय किया गया कि हर कमेटी सदस्य, टास्क फोर्स, नामांकित व्यक्ति, ट्रस्टी और डायरेक्टर की नियुक्ती निश्चित समय के लिए ही होगी। अध्यक्ष के लिए कम से कम तीन वर्ष और अधिकतम पांच वर्ष तय किए गए।[13]

---

12 इन खास मांगों को पूरा करने के लिए, नैसकॉम ने सेक्टोरल काउंसिल का गठन किया, जहां इन उद्योगों से प्रमुख व्यक्ति साथ मिलकर इस उद्योग से जुड़े मुद्दों को सुलझाने के लिए काम करते हैं।

13 नैसकॉम के अध्यक्ष की भूमिका बहुत महत्वपूर्ण है। प्रेसिडेंट ऐसे उभरते उद्योग का प्रतिनिधित्व करता है, जो हर जगह फैला है। यह केवल एक नौकरी नहीं है और अक्सर वह व्यक्ति संगठन के लिए बहुत ज़रूरी बन जाता है और वह खुद नैसकॉम से भी बड़ा बन सकता है। हमें देवांग के कार्यकाल से यह सीखने को मिला।

इसके अलावा, जिस दुनिया में हम रहते हैं वह बहुत तेजी से जटिल बनती चली जाएगी, और हमें लगातार नए लोगों व नई सोच की ज़रूरत होगी। इसलिए नैसकॉम के शीर्ष नेतृत्व में हमने समय के साथ बदलाव करने की नीति बनाई।

अब उद्योग से जुड़ी नीतियों, पहलों और उद्योग की स्थिति पर नैसकॉम का काफी प्रभाव है।[14] नैसकॉम से जुड़ाव के कारण जो ताकत मिलती है वो कभी उद्योग के हितों से बड़ी नहीं होनी चाहिए। शक्ति का हस्तांतरण, कठोर प्रक्रिया, नियमित प्रशिक्षण, मूल्यों पर आधारित व्यवस्था और वरिष्ठ पदों के लिए इन सभी का निरंतर कठोर मूल्यांकन ज़रूरी है।

मुझे पूरा भरोसा है कि इन मूल्यों की रक्षा के लिए जो नियम और प्रक्रिया बनाई गई है उससे यह सुनिश्चित होगा कि नैसकॉम हमेशा सदस्य संगठनों और देश की सेवा करता रहेगा।

चलिए अब मैं आपको ऐसी घटना के बारे में बताता हूं, जिसके बारे में मेरा मानना है कि यह नैसकॉम की सबसे कड़ी परीक्षा में से एक थी और हमने यहां जो भी सिद्धांत बनाए थे उनकी भी परीक्षा हुई।

---

14 नैसकॉम सचिवालय इसके चुने गए लीडर्स जितना ही शक्तिशाली है। हम चाहते थे कि नैसकॉम की टीम नैसकॉम को लेकर स्वामित्व का भाव रखे, और ऐसा तभी हो सकता था जब उन्हें भी सह-संस्थापकों जैसा ही सम्मान, ज़िम्मेदारी और ताकत मिले। दूसरे उद्योग संगठनों से नैसकॉम में आने वाले वाले लोग अक्सर हमें बताते हैं कि यहां आकर उन्हें लगता है कि वे भी खुलकर अपनी बात रख सकते हैं, और अगर ज़रूरत पड़े तो सदस्य कंपनियों के लीडर्स के साथ असहमति के रूख के साथ भी बात कर सकते हैं। वे सशक्त महसूस करते हैं और उन्हें दूसरे के बराबर ही सम्मान मिलता है, जबकि दूसरे संगठनों में उन्हें केवल प्रशासनिक कर्मचारियों ही माना जाता था। स्वामित्व का यह भाव आगे और भी मज़बूत हुआ क्योंकि नैसकॉम सचिवालय को बहुत महत्वपूर्ण निर्णयों से भी असहमति जताने का अधिकार है। हालांकि सचिवालय में विशेष ज़रूरत के हिसाब से योग्यता रखने वाले पेशवर काम करते हैं, लेकिन जब रोज़ाना के काम की बात आती है तो यहां नियोक्ता और कर्मचारी के बीच कोई अंतर नहीं किया जाता।

12

नैसकॉम का अविस्मरणीय क्षण

ह्यूस्टन, हमारे सामने एक समस्या है।

—कमांडर जिम लोवेल, अपोलो 13

नासा की चन्द्रमा पर तीसरी लैंडिंग होने वाली थी।

14 अप्रैल 1970 को चंद्रमा की तरफ अपनी 56 घंटे की यात्रा के बाद, अंतरिक्ष यात्री जिम लोवेल, फ्रेड हाइज़, और जैक स्विगर्ट ने एक तेज़ धमाका सुना। यान के सर्विस मॉड्यूल में धमाका हुआ था। दोनों ऑक्सीजन टैंक तेजी से खाली हो रहे थे। अपोलो 13 के तीनों अंतरिक्ष यात्री निश्चित मौत की तरफ बढ़ रहे थे। ऑक्सीजन से यान की बिजली भी बनती थी। बिजली न बनने की स्थिति में यान की पावर सप्लाई, कंप्यूटर्स और संचार साधन तीनों के मरने से पहले ही काम करना बंद कर सकते थे। एक्सीडेंट के समय ये लोग पृथ्वी से 330,000 किलोमीटर दूर थे और 5400 किलोमीटर प्रति घंटे की गति से अंतरिक्ष में आगे बढ़ रहे थे। ऐसा लग रहा था कि अंतरिक्ष यात्री उस ठंडे काले अनंत आकाश में ही अपनी आखिरी सांस लेंगे।

फिर भी जिम ने शांत आवाज में मिशन कंट्रोल के हेडसेट में कहा, ‘हमारे सामने एक समस्या हैं।’ नासा में मिशन की कमान संभाल रहे लोगों को यह समझने में पंद्रह मिनट लगे कि उनका मिशन अब बदल चुका था। अब वे किसी इंसान को चंद्रमा पर उतारने नहीं जा रहे थे, बल्कि अब उन्हें जीवित धरती पर वापस लाना था।

अंतरिक्ष यात्रियों की जान के अलावा, नासा की साख और अंतरिक्ष की खोज का भविष्य भी अधर में था। फिर भी, अगले कुछ दिन असाधारण थे। अपोलो 13 पहले चंद्रमा तक गया और उसने पृथ्वी पर वापस आने के लिए अपनी कक्षा को गुलेल की तरह इस्तेमाल किया। दर्जनों इंजीनियरों ने अपोलो 13 के भीतर होने वाली संभावित स्थितियों को एक-एक करके सिम्युलेट किया। धमाके के बाद यान में जो कुछ भी बचा था उससे उन्होंने वापस आने का समाधान तैयार करने पर काम किया। जटिल गणनाओं को बार-बार करके देखा गया। अलग-अलग स्थितियों की कल्पना की गई और सही न लगने पर उन्हें फिर से बनाया गया। हर बीतते घंटे के साथ उनकी संभावनाएं कम हो रही थीं।

राष्ट्रपति रिचर्ड निक्सन अपने सभी कार्यक्रम रद्द करके, सीधे गोडार्ड स्पेस फ़्लाइट सेंटर पहुँचे। वह अंतरिक्ष यात्रियों के परिवारजनों से पहले ही बात कर चुके थे। पूरी दुनिया में लाखों लोग टीवी पर यह घटनाक्रम देख रहे थे। टीवी चैनल अपने कार्यक्रमों को रद्द करके केवल मिशन से जुड़ी जानकारी दिखाने लगे। पोप पॉल VI ने 10,000 लोगों के साथ प्रार्थना में हिस्सा लिया। भारत में 1,00,000 लोगों ने साथ में प्रार्थना की। 14 अप्रैल को अमेरिकी सीनेट ने सभी व्यवसायों से रात 9 बजे कामकाज रोकने की अपील की, ताकि कर्मचारी प्रार्थना कर सकें। यान को धरती में फिर से प्रवेश कराने के लिए मिशन कंट्रोल जो फ्रीक्वेंसी इस्तेमाल कर रहा था, सोवियत रूस ने उस फ्रीक्वेंसी पर संचार बंद कर दिया। प्रशांत महासागर और अटलांटिक में तैनात सोवियत युद्धपोतों ने कंमाड मॉड्यूल, ओडिसी के धरती पर प्रवेश करने पर, उसे रिकवर करने में नासा की मदद करने की पेशकश की। दुनिया में जो जहां था, वहीं थम गया था।

17 अप्रैल 1970 को अंतरिक्ष यान सुरक्षित पृथ्वी में प्रवेश कर गया। तीनों अंतरिक्ष यात्रियों ने मौत को मात दे दी। वे सुरक्षित धरती पर वापस आ गए थे। पूरी दुनिया इस घटना को देख रही थी, जो घटना नासा के लिए सबसे बड़ी असफलता बन सकती थी, उसे मीडिया 'सबसे बेहतरीन क्षण' का नाम दे रहा था।

अब वर्ष 2009 के भारत में चलते हैं, हर तरफ सत्यम कंप्यूटर्स सर्विसेज घोटाले की चर्चा थी। सत्यम घोटाले और अपोलो 13 की दुर्घटना के बीच की समानताएं मुझे आश्चर्य में डाल देती हैं —कैसे नैसकॉम ने उद्योग को बचाया और कैसे नासा ने खुद को मुश्किलों से बाहर निकाला। दोनों ही मामलों में बिना किसी चेतावनी के ऐसी घटना हुई जो नामुमकिन लगती थी। दोनों ही मामलों में बेदाग छवि पर सवाल खड़ा हुआ। दोनों

ही मामलों में संस्थानों की कार्य संस्कृति ने भयानक दुर्घटना को होने से रोक दिया और उस क्षण को गौरव के पल में बदल दिया।

मैं लालच से पनपे एक घोटाले की तुलना अंतरिक्ष के खोजबीन अभियान से कर रहा हूं। क्या यह अजीब है? ऐसा नहीं है। सत्यम घोटाला ऐसी दुर्घटना थी जिसने ब्रांड इंडिया को खड़ा करने की नैसकॉम की दशकों की मेहनत को खतरे में डाल दिया था। भारतीय सॉफ्टवेयर उद्योग का भविष्य खतरे में था। कई प्रतिभाशाली युवाओं का करियर खतरे में था और सत्यम की ग्राहक रहीं फॉर्च्यून 100 कंपनियां शायद फिर कभी भारतीय कंपनी के साथ काम नहीं करने वाली थीं। इससे पैदा हुई समस्या शायद भारतीय सॉफ्टवेयर उद्योग को खत्म कर देती।

भारत की अर्थव्यवस्था खुद मुश्किलों से घिरी थी।

नासा के भविष्य और अंतरिक्ष की खोज पर जो असर अपोलो 13 का था, सत्यम घोटाले ने वैसा ही असर नैसकॉम और भारतीय सॉफ्टवेयर उद्योग पर डाला था। मुझ आज भी सत्यम की घटना पर विश्वास नहीं होता। सही मायने में, उस घटना के समय नैसकॉम ने अपना 'सर्वश्रेष्ठ प्रदर्शन' दिखाया।

लिफ्ट-ऑफ

नैसकॉम खुद को आधुनिक मूल्यों के साथ जोड़ता है। इसके संविधान में शामिल सिद्धांतों ने भारत में काम करने की जगहों के नैतिक मानदंडों को बदल दिया है। पिछले दशकों में सॉफ्टवेयर उद्यमियों ने साथ मिलकर नैसकॉम की मदद की है, जिससे नैसकॉम उद्योग की ईमानदारी, योग्यता, गुणवत्तापूर्ण सर्विस और समय पर डिलिवरी जैसे गुणों वाली छवि का बनाकर रख पाया है। ये सभी गुण ब्रांड इंडिया इंक की विशेषताओं में शामिल थे।

विडंबना है कि दो दशकों में जो छवि तैयार हुई उसे सत्यम जैसी एक कंपनी की बेईमानी के कारण गंभीर चोट पहुंची। विडंबना इसलिए क्योंकि सत्यम का संस्कृत में मतलब होता है 'सच्चाई'।

2009 की शुरुआत में सत्यम कंप्यूटर सर्विसेज भारत की चौथी सबसे बड़ी आईटी कंपनी बन गई थी, जिसमें 50,000 के करीब लोग काम करते थे। कंपनी ने अचानक से तरक्की की और बड़ी संख्या में फॉर्च्यून 500 कंपनियों को अपना ग्राहक बनाया। कंपनी

हर जगह ढेरों अवार्ड जीत रही थी। खेलों में अपनी पहुंच बढ़ाने के प्लान के साथ कंपनी ने 2009 में फीफा के साथ आने वाले दो फुटबॉल विश्वकपों, 2010 का दक्षिण अफ्रीका और 2014 का ब्राजील, के लिए आईटी पार्टनरशिप का अनुबंध किया था। सत्यम ने बास्केटबॉल और फॉर्मूला 1 जैसे खेलों में भी विस्तार करने की योजना बनाई थी। उसने अचानक भारत की प्रत्येक आईटी कंपनी को पीछे छोड़ना शुरू कर दिया था। दुख की बात है कि सत्यम की कहानी ने उस कहावत को सही साबित कर दिया कि 'अगर कोई कहानी इतनी अच्छी है कि उसके सच होने पर शक हो, तो मान लेना चाहिए कि वहां कुछ गड़बड़ है।'

रामलिंगा राजू ने 1987 में सत्मय की स्थापना की थी। उद्योग जगत में राजू के सौम्य, विनम्र और करिश्माई व्यक्तित्व की बहुत चर्चा थी। वह अक्सर अपने ऑफिस के कैफेटेरिया में कर्मचारियों के साथ लंच करते थे। वह दिन में लंबे समय तक काम करते थे और कई क्लाइंट्स को होने वाली डिलिवरी पर वह खुद नज़र रखते थे। साल-दर-साल अच्छा नतीजा देने के बावजूद, उन्होंने नैसकॉम में शामिल होने को लेकर कभी ज़्यादा दिलचस्पी नहीं दिखाई।

उस समय तक, नैसकॉम की चेयरपर्सन्स काउंसिल उद्योग की अगली पीढ़ी के प्रमुख लोगों को साथ जोड़ने का काम शुरू कर चुकी थी। राजू हर मानदंड पर खरे उतरते थे। हमने उनसे बात करने का सोचा। उसी समय राजू को लेकर पहली शंका खड़ी हुई। एक प्रमुख आईटी कंपनी के सीईओ ने ध्यान दिलाया कि सत्यम जिस तरह के नतीजे पेश कर रही थी, उसका कंपनी को मिलने वाले सौदों से सही मिलान नहीं हो रहा था। हममें से कुछ को लगा कि सीईओ हमें हतोत्साहित करने की कोशिश कर रहे थे, क्योंकि सत्यम उनकी प्रतिद्वंदी कंपनी थी। फिर भी हमने राजू के साथ बातचीत को एक वर्ष के लिए टाल दिया।

जब राजू एक के बाद तिमाही में लगातार बेहतरीन नतीजे देते रहे तो आखिरकार हमने उन्हें नैसकॉम आने का निमंत्रण देने का फैसला किया। मैंने राजू से बात की और उन्हें संगठन के साथ जुड़ने के लिए कहा। मैंने उन्हें विस्तार से बताया कि कैसे वह खुद फायदा लेने के साथ ही उद्योग के फायदे में भी योगदान कर सकते थे। राजू को हमारे प्रस्ताव का महत्व समझ आया और उन्होंने तुरंत जुड़ने के लिए हां कर दी। जैसा सोचा था, वह एग्जीक्यूटिव काउंसिल के सदस्य बन गए और जल्दी ही 2006 में वह संगठन के चेयरपर्सन बने।

इससे पहले राजू जितना सक्रिय चेयरपर्सन कोई नहीं रहा था। वह अपने सौदों में नैतिकता का बहुत ध्यान रखते थे और उन्होंने अपने पद का इस्तेमाल सत्यम को बढ़ाने या निजी फायदे के लिए कभी नहीं किया। एक बार हमें अमेरिकी सरकार के कुछ नियमों को चुनौती देने के लिए लॉबी ग्रुप को नियुक्त करने की ज़रूरत महसूस हुई। भारत के उलट अमेरिका में लॉबिंग करना कानूनी व्यवसाय है, उसे दूसरे व्यापार की तरह ही पूरी पारदर्शिता से चलाया जाता है। लॉबिंग कंपनी ने हमारा प्रतिनिधित्व करने के लिए 1.5 मिलियन डॉलर मांगे। नैसकॉम ने भारत सरकार से संपर्क किया। सरकार ने आधा खर्च उठाने की बात कही, लेकिन बाकि का आधा हमें उद्योग से इकट्ठा करना था।

हमने इस फंडिंग के लिए कई मॉडलों पर विचार किया। क्या ऐसा हो सकता था कि सभी सदस्य कंपनियां अपने टर्नओवर के अनुपात में योगदान दें? या फिर शीर्ष 200 कंपनियां समान योगदान दें? आखिरकार, हमने तय किया की शीर्ष पांच कंपनियों को एक समान योगदान करना चाहिए, क्योंकि उन्हें लॉबिंग से सबसे ज़्यादा फायदा होगा। लेकिन ये कंपनियां पैसा देने में आनाकानी कर रही थीं।

तभी राजू ने रास्ता निकाला। एग्जीक्यूटिव कमेटी की मीटिंग के बीच में उन्होंने सत्यम की तरफ से प्रत्येक तिमाही में 50,000 डॉलर का योगदान देने की घोषणा की, इस तरह उन्होंने अपने हिस्से का पूरा पैसा देने का वादा किया। सत्यम जैसी नई कंपनी के ऐसा करने पर बाकि बची चार कंपनियों ने भी एक महीने के भीतर अपना हिस्सा देने की बात कही।

राजू, भारत, यहां के आईटी उद्योग और नैसकॉम के भविष्य के बारे में बहुत सकारात्मक सोच रखते थे। वह हार्वर्ड और स्टैनफोर्ड जैसी जगहों पर कार्यक्रमों में हिस्सा लेते थे और वहां सीखी बातों को हमारे साथ बांटते थे। हमने उन्हें नेकदिल इंसान के तौर पर ही पाया। जब कभी हम उनके यहां जाते थे, तो उनकी मेहमान नवाज़ी देखने लायक होती थी।

शैला और मैं उन 30,000 से ज़्यादा लोगों में शामिल थे, जिन्होंने हैदराबाद में राजू के बेटे की शादी में हिस्सा लिया था। फिर भी उन्होंने शादी के कार्यक्रम को साधारण और सुव्यवस्थित रखा था।

राजू अपने समय का 10 प्रतिशत हिस्सा, इमरजेंसी मैनेजमेंट रिसर्च इंस्टीट्यूट या ईएमआरआई (EMRI) को देते थे। यह कंपनी कॉर्पोरेट सोशल रिस्पांसिबिलिटी

(CSR) रणनीति का हिस्सा था। ईएमआरआई का मिशन पूरे आंध्रप्रदेश के लोगों को मुफ्त मेडिकल इमरजेंसी सेवा देना था। ईएमआरआई की एंबुलेंस कॉल आने के आधे घंटे के भीतर घटना की जगह पर पहुंच जाती थीं। उसके कर्मचारी मिशन से इतना गहराई से जुड़े थे कि एक पैसे की भी टिप नहीं लेते थे। ईएमआरआई बहुत लोकप्रिय हो गई और दूसरे राज्यों ने भी उसकी सेवाएं लेना शुरू किया। हेल्पलाइन नंबर 108 इस सेवा का पर्याय बन गया।

राजू जानते थे कि इस सेवा से सबसे ज़्यादा फायदा इंश्योरेंस कंपनियों को हो रहा था। आपातकालीन सेवा के कारण मौतें कम होने से मौत के दावों में भी कमी आई। इस कारण राजू ने कई जीवन बीमा कंपनियों को साथ जोड़ा, जिन्होंने सेवा नहीं बल्कि व्यावसायिक कारणों से ईएमआरआई के खर्चों का भुगतान किया।

2008 में ईएमआरआई का विस्तार आंध्र प्रदेश के बाहर हुआ और यह सेवा आठ दूसरे राज्यों में भी चलने लगी। इस सेवा में 1600 से ज़्यादा एंबुलेंस काम कर रही थीं और रोजाना 10,000 से ज़्यादा इमरजेंसी कॉल आ रहे थे। राजू की साफ पानी देने की योजना दूसरी शानदार योजना थी। पूरा उद्योग उनकी समाजसेवा और उद्यमिता से प्रभावित था। उस समय वह उद्योग के लिए आदर्श ब्रांड अंबेसडर थे।

ह्यूस्टन

7 जनवरी 2009 का दिन था। मैं टीवी के सामने बैठा था, और न्यूज चैनलों पर लगातार एक ही खबर चल रही थी। राजू ने कंपनी के बहीखातों में बड़े पैमाने पर धोखाधड़ी की बात मान ली थी। उन्होंने सबकुछ पत्र में लिखकर बोर्ड को भेज दिया था।

यह एक विचलित करने वाला क्षण था। आपके सामने जो तथ्य पेश किए जा रहे हों, अगर वे आपको जो सच पता है उससे मेल न खाएं तो उस स्थिति को संज्ञानात्मक मतभेद कहते हैं। आईटी उद्योग से जुड़े हर एक व्यक्ति ने इसे महसूस किया होगा, टीवी पर एक से बढ़कर एक खुलासे किए जा रहे थे, और हर एक खुलासा और ज्यादा चौंकाने वाला होता।

राजू ने नकदी और बैंक जमा को बढ़ाकर दिखाने, ब्याज की आय न दिखाने और अपनी देनदारियों को कम करके दिखाने की बात मान ली थी। उस दिन सत्यम के शेयरों में 82 प्रतिशत की गिरावट आई। शेयरधारकों के हज़ारों करोड़ रुपये डूब गए।

राजू ने पत्र में साफ किया कि उन्होंने निजी तौर पर कंपनी का कोई पैसा नहीं लिया था। वह 2001 से लगातार आंकड़ों को इसलिए बढ़ाकर दिखा रहे थे, ताकि उनके ग्राहकों और निवेशकों को लगे कि सत्यम बहुत तेजी से आगे बढ़ रही थी।

घोटाले की अवधि में सत्यम की प्रतिद्वंदी कंपनियां भी तेज़ गति से आगे बढ़ रही थीं। राजू का मानना था कि अगर उन कंपनियों को पीछे छोड़ना था तो और भी महत्वकांक्षी लक्ष्य तय करने होंगे। पत्र में उन्होंने स्वीकार किया कि पिछली तिमाही में आय को 5.88 बिलियन डॉलर बढ़ाकर दिखाया गया और इस बढ़ोतरी को हासिल करने के लिए कोई लागत भी दर्ज नहीं की थी। इसका मतलब था कि मुनाफे को बहुत बढ़ाकर दिखाया गया था।

सत्यम ने अपनी ऑडिटर प्राइसवाटरहाउसकूपर्स (PwC) को नकली दस्तावेज भेजे। उन्हें भी जांच के लिए बुलाया गया। सत्यम ने नकली दस्तावेजों से साबित किया कि उनके बैंक खाते में पैसा था। बैंकों ने बाद में बताया कि खातों में पैसा नहीं था। न केवल ऑडिटर्स बल्कि जांच की अन्य व्यवस्थाओं को भी सत्यम ने वर्षों तक बेवकूफ बनाया। इस घटना से हर कोई सोच में पड़ गया कि राजू की असलियत क्या थी। क्या वह व्यावसायी थे? क्या वह समाजसेवी थे? क्या वह धोखेबाज़ थे?

बहुत सारे सवाल थे। कुछ के जवाब तो आज तक नहीं मिले हैं। क्या प्राइसवाटरहाउसकूपर्स इस काम में उनकी सहयोगी थी या खुद पीड़ित थी। जो भी हो, जांचकर्ताओं ने प्रथम सूचना रिपोर्ट (FIR) में प्राइसवाटरहाउसकूपर्स का भी नाम लिखा। न केवल भारत में, बल्कि दुनिया भर के ऑडिटिंग समुदाय ने पीडब्ल्यूसी की आलोचना की।

सिर्फ़ ऑडिटिंग कंपनियों के साथ ही नहीं, सत्यम ने सेबी, कॉर्पोरेट कार्य मंत्रालय (MCA) और बैंकों जैसी सरकारी संस्थाओं और अपने निदेशकों को भी बेवकूफ बनाया। इसके अलावा, सत्यम अमेरिकी शेयर बाज़ार में भी सूचीबद्ध थी इसलिए उन्हें वहां के डिसक्लोजर नियमों का भी पालन करना था, सत्यम ने वर्षों तक उन्हें भी किसी तरह की भनक नहीं लगने दी। यह घोटाला वाकई बहुत बड़ा था और इसने आमतौर पर स्वच्छ छवि रखने वाले भारतीय सॉफ्टवेयर उद्योग को भी बदनाम कर दिया।

आज तक सबसे बड़ा रहस्य यही है कि राजू ने अपने अपराध क्यों कबूल किए। जिस समय उन्होंने ऐसा किया, तब ऐसी कोई वजह नहीं थी कि वह ऐसा करें। किस बात ने

उन्हें ऐसा करने के लिए प्रेरित किया? कुछ लोगों का मानना है कि उन्होंने ऐसा इसलिए किया क्योंकि सत्यम को बचाने का यही तरीका था। अगर कोई बाहरी संस्था इस घोटाले का खुलासा करती, तो सत्यम का बचना मुश्किल था।

इस अपराध में कितने लोग शामिल थे? क्या कोई अंदाजा लगा सकता है? राजू ने जोर देकर कहा कि इसके लिए केवल वही ज़िम्मेदार थे। क्या इससे सत्यम को चला रहा ईकोसिस्टम बच गया? यहां तक कि अपने कबूलनामे में भी उन्होंने घोटाले के खुलासे के बाद कपंनी को चलाने के लिए सुझाव दिए थे। कुछ लोगों का मानना है कि निवेशकों ने राजू पर अपराध कबूल करने का दबाव डाला और निवेशक मामले का खुलासा करें, उससे पहले राजू ने गुनाह कबूल कर लिया।

मैं राजू के ऑफिस में जा चुका था और उनकी टीम के कई लोगों से मिला था। यह साफ था कि कंपनी में किसी की भी पहुंच पूरी बैलेंस शीट तक नहीं थी। उन्होंने वित्तीय हेराफेरी का प्रबंधन करने के लिए अलग-अलग इमारतों में अलग-अलग टीमें रख रखी थीं।

जिस सीईओ ने नैसकॉम में हमें राजू के बारे में चेतावनी दी थी, उसकी बात सच साबित हुई। मुझे लगता था कि मुझमें लोगों को पहचानने का हुनर था, लेकिन राजू ने मुझे मूर्ख बना दिया।

कन्फेशन के दो दिन बाद, राजू को हैदराबाद की चंचलगुड़ा जेल भेजा गया। हालांकि अभी मामले की जांच और अदालती प्रक्रिया शुरू नहीं हुई थी, लेकिन दुनिया ने ब्रांड इंडिया पर पहले ही सवाल उठाने शुरू कर दिए।

नैसकॉम संकट को संभालने के लिए तत्पर हो गया। तुरंत कुछ करना ज़रूरी था।

मिशन कंट्रोल

उस समय नैसकॉम के अध्यक्ष, सोम मित्तल को सुबह-सुबह राजू का कबूलनामा फैक्स से मिला। उनके मन में राजू को लेकर इतना सम्मान था कि पहले तो उन्होंने इसे मजाक समझा। उन्होंने असलियत पता करने के लिए सेबी चेयरमैन को फोन किया और सच्चाई जानकर हैरान रह गए।

यह आईटी उद्योग का, संभवत पूरी दुनिया में, इस स्तर का सबसे बड़ा घोटाला था। सबसे बड़ी बात कि इसमें कबूलनाम आ चुका था। इससे राजू के निर्दोष होने या किसी

तरह की गलतफहमी की सारी संभावनाएं खत्म हो गईं। अगर कबूलनामा नहीं होता तो शायद अलग नतीजा आने कुछ आशा बनी रहती।

अब सत्यम के सैंकड़ों ग्राहकों और हज़ारों कर्मचारियों का क्या होगा? इस घटना के बाद विदेशी ग्राहक किसी भारतीय आईटी कंपनी पर कैसे भरोसा करेंगे? इस घोटाले का असर केवल एक कंपनी तक सीमित नहीं रहने वाला था। इस घटना के बाद नैसकॉम ने आज तक जो भी अच्छा काम किया था, उस पर पानी फिरने का ख़तरा पैदा हो गया था। इस घोटाले से पूरे उद्योग को नुकसान पहुंच रहा था, और इससे उबरने में समय लग सकता था।

सोम को निर्णय लेना था कि क्या इस मामले में नैसकॉम को सीधे शामिल होना चाहिए या नहीं। हालांकि, उनके सामने कठिन सवाल था। सबसे पहले उन्हें सत्यम को बचाने के लिए सरकार की सहमति की ज़रूरत थी, साथ ही उद्योग के प्रतिनिधि के तौर पर मामले में हस्तक्षेप के लिए नैसकॉम को भी मनाना था।

वह उसी दिन कई लोगों से मिलने गए।

सरकारी विभागों में आम माहौल यही था कि इस मामले से दूर रहना चाहिए और कानून को अपना काम करने देना चाहिए। किसी ने तो यहां तक कहा, 'हमें क्यों चिंता करनी चाहिए? यह सत्यम और उसके शेयरधारकों के बीच का मामला है। भाड़ में जाएं सारे।'

कई लोगों ने सोम को सलाह दी कि नैसकॉम को इससे दूर रहना चाहिए। यह घोटाला खतरनाक है और किसी तरह के जुड़ाव को मिलीभगत समझा जा सकता है। यही वजह थी कि शुरुआत में राजनेता भी इससे दूरी बना रहे थे।

लेकिन सोम पर इन बातों का असर नहीं हुआ। उन्हें पता था कि इसका उद्योग पर क्या असर हो सकता था। उन्हें पक्का यकीन था कि अगर इसमें उनका कोई निजी स्वार्थ नहीं था, तो कोई भी उनकी या नैसकॉम की तरफ अंगुली नहीं उठा सकता था। उन्होंने चेयरपर्सन काउंसिल और एग्जीक्यूटिव काउंसिल से बात की और सबसे निर्णय लिया कि नैसकॉम को मामले में हस्तक्षेप करना चाहिए।

हालांकि नैसकॉम की नीति है कि वह कंपनी के आंतरिक मसलों में हस्तक्षेप नहीं करता, हमने महसूस किया कि यह मसला कॉर्पोरेट गवर्नेंस से मसले से कहीं ज़्यादा बड़ा था। चर्चा के दौरान यह बात भी सामने आई कि अगर सत्यम डूबी तो

इसके साथ शायद पूरा इंडिया इंक ब्रांड भी डूब जाए, जिसे बनाने के लिए हमने इतनी मेहनत की थी।

हमने हस्तक्षेप नहीं करने का सोच लिया था। लेकिन आईटी उद्योग के प्रमुख लोगों की सामूहिक समझ से यह बात सामने आई कि हम सत्यम को बचाने में शामिल हों।

सोम को यह भी समझ आया कि भले ही कंपनी के वित्तीय खातों में हेराफेरी की गई थी, फिर भी सत्यम का वास्तविक व्यवसाय मौजूद था। उसके पास वास्तविक ग्राहक थे और हज़ारों ईमानदार कर्माचारी थे, जिनकी नौकरी पर संकट खड़ा हो गया था।

तेजी से काम करना ज़रूरी था। एक योजना तैयार करने के बाद, सोम ने उद्योग के प्रमुख लोगों, जिसमें सत्यम की प्रतिद्वंदी कंपनियां भी शामिल थीं, से बात की। उसके बाद उन्होंने एमसीए, डिपार्टमेंट ऑफ इकोनोमिक अफेयर्स, डिपार्टमेंट फॉर प्रमोशन ऑफ इंडस्ट्री एंड इंटरनल ट्रेड, प्रधानमंत्री कार्यालय और योजना आयोग से भी बात की। उनके पास इनमें से ज़्यादातर लोगों से मिलने का अपॉइंटमेंट भी नहीं था। जब सबको पता चला कि सत्यम के विषय में बात करनी थी तो किसी ने भी मिलने से मना नहीं किया।

सोम ने सत्यम को बचाने की ज़रूरत को लेकर सरकार को समझाने की पूरी कोशिश की। उन्होंने समझाया कि हमें इंडिया इंक को बचाने की ज़रूरत थी। अगर सत्यम डूबी, तो उसकी ग्राहक फॉर्च्यून 100 कंपनियां भी डूब जाएंगी क्योंकि सत्यम उनके लिए मिशन-क्रिटिकल एप्लिकेशन चला रही थी। उन कंपनियों का काम रुक जाएगा, लाखों की संख्या में लेनदेन जोखिम में पड़ जाएंगे, ऑटोमेशन का पूरा ईकोसिस्टम अस्त-व्यस्त हो जाएगा और इंडिया इंक. ब्रांड की छवि हमेशा के लिए धूमिल हो जाएगी।

मीडिया ने इसे 'सत्यम घोटाले' का नाम दिया। मुझे लगता है कि यह गलत था। यह साफ था कि इस घोटाले के पीछे एक व्यक्ति का हाथ था। सत्यम से जुड़े हज़ारों दूसरे लोग निर्दोष थे। अगर नाम ही देना था, तो इसे 'राजू घोटाला' कहा जा सकता था। इस तरह के मामलों में आमतौर से अधिकारी सबसे पहले कंपनी के गेट पर ताला लगा देते हैं। सोम ने उन्हें ऐसा न करने को कहा और उनके साथ मिलकर कंपनी को बचाने के लिए काम शुरू किया। भारत में सरकार और उद्योग के बीच रिश्तों में ऐसी अभूतपूर्व पहल पहली बार की गई थी। इसे कहना आसान था लेकिन करने में

कई मुश्किलें थीं। कोई उस सूचीबद्ध कंपनी को कैसे बचा सकता था, जिसने अपने बहीखातों में गड़बड़ी की हो?

साफ था कि सरकार दुविधा में थी। सोम ने तय किया कि वह खुद ग्राउंड ज़ीरो पर जाकर हालात को समझेंगे और सरकारी अधिकारियों के साथ मिलकर काम करेंगे ताकि वे अधिकारी जानकारी के साथ सामूहिक निर्णय ले सकें। कुछ ही घंटों में सोम हैदराबाद की फ्लाइट में थे।

वह आधी रात के करीब हैदराबाद पहुंचे और सीधे सत्यम के वरिष्ठ प्रबंधन से मिलने गए। उन्होंने देखा कि हमारी तरह वहां भी हर कोई सदमे में था। पूरी टीम असमंजस में थी, उन्हें समझ नहीं आ रहा था कि क्या हो रहा था। सोम ने सुबह चार बजे तक जितनी हो सकती थी उतनी जानकारी जमा की।

कुछ घंटो बाद जब सोम सत्यम के मुख्यालय वापस पहुंचे तो देखा कि मुख्य दरवाजे के बाहर टीवी चैनलों की टीमें खड़ी थीं। अगर मीडिया के लोग उन्हें पहचान लेते, तो खबर इस तरह चलती: 'नैसकॉम के अध्यक्ष सत्यम के मुख्यालय पर दिखाई दिए।' ऐसा होना सही नहीं होता।

इसलिए सोम दीवार फांदकर इमारत के पीछे से अंदर गए!

अंदर पहुंचकर उन्होंने और ज़्यादा जानकारियां जुटानी शुरू कीं। उन्होंने पता लगाया कि कंपनी के पास कितना पैसा मौजूद था और कर्मचारियों की तनख्वाह के लिए कितने पैसों की ज़रूरत होगी। उन्हें कंपनी की देनदारियों से जुड़ी नई जानकारियां मिलीं। उदाहरण के लिए, विदेश में काम कर रहे कर्मचारियों के इश्योरेंस प्रीमियम का भुगतान नहीं किया गया था। उन्होंने सत्यम के ग्राहकों के बारें में जानकारी जुटाई और पता किया कि इन ग्राहकों से साथ रिश्तों को कैसे बचाया जा सकता था। कंपनी में भयानक गड़बड़ियां थीं।

अगली सुबह सोम दिल्ली वापस आए और सभी को स्थिति की जानकारी दी। सबने उन्हें ध्यान से सुना। तब लोगों ने सोम से सवाल पूछे। सोम की सलाह पर सरकार ने कंपनी के बोर्ड को तुरंत बर्खास्त करने का निर्णय लिया और अगले दिन होने वाली बोर्ड की मीटिंग को रद्द कर दिया। तय किया गया कि आगे का रास्ता निकालने के लिए नए अंतरिम बोर्ड का गठन किया जाएगा।

अगला स्टेप था नए बोर्ड के लिए सही सदस्यों की तलाश करनी थी। सोम ने अपनी सलाह दी। किसी सरकारी व्यक्ति ने सोम से भी बोर्ड में शामिल होने को कहा लेकिन नैसकॉम के मूल्यों में पूर्ण विश्वास करने वाले सोम ने विनम्रता से मना कर दिया। तटस्थ भूमिका में सोम ज़्यादा योगदान कर सकते थे। खुद हितधारक बनने के बजाय वह बाहर रहकर प्रक्रियाओं को तेजी से पूरा करवा सकते थे। आम धारणा के विपरीत सरकार ने भी तेजी से काम किया और तीन लोगों का बोर्ड गठित किया गया। इसमें नैसकॉम के पूर्व प्रेसिडेंट किरण कार्निक को बोर्ड का चेयरपर्सन बनाया गया।

बिजनेस स्कूल में हमें सिखाया जाता है कि प्रतिद्वंदी कंपनियां एक-दूसरे की दुश्मन होती हैं और बिजनेस भी एक तरह का युद्ध ही है। जब सत्यम जैसी विशाल कंपनी डूबती है, तो स्वाभाविक है कि उसकी प्रतिद्वंदी कंपनियां उसके ग्राहकों और कर्मचारियों को तोड़ने की कोशिश करेंगी। सत्यम को बचाए रखने के लिए ज़रूरी था कि उसके ग्राहक और कर्मचारी कंपनी से जुड़े रहें। कम से कम जब तक सरकार कंपनी को सही हालत में न कर दे तब तक तो ऐसा ही हो। सरकारी अधिकारियों को हालात सही करने के लिए कुछ महीने लगने वाले थे, खासतौर से उन्हें अपनी योजनाओं को लागू करने के लिए सेबी में बदलाव करने की ज़रूरत थी।

जब तक सरकार अपनी योजनाएं लागू न कर ले, तब तक सत्यम चलती रहे यह पक्का करने के लिए सोम ने नैसकॉम से जुड़ी कंपनियों से सत्यम के ग्राहकों और कर्मचारियों को न तोड़ने की अपील की। कांफ्रेंस कॉल में उन्होंने एग्जीक्यूटिव काउंसिल, चेयरपर्सन्स काउंसिल और नैसकॉम के वरिष्ठ सदस्यों के सामने स्थिति को लेकर चिंता जाहिर की। यह फोन कॉल बहुत महत्वपूर्ण था क्योंकि इससे सत्यम के डूबने से संभावित फायदा उठाने वाली कंपनियां एक साथ आईं। सबके मन में दुविधा थी कि क्या हमें उद्योग की भलाई के बजाए अपने निजी हित को आगे रखना चाहिए? हममें से कई लोग नैसकॉम की शुरुआत से संगठन के साथ थे और बड़े परिदृश्य में स्थिति के महत्व को समझ सकते थे। एक या दो लोगों को छोड़कर सबने इस चुनौतीपूर्ण समय में सहयोग करने का निर्णय लिया। हममें से कुछ लोगों के मन में स्थिति का फायदा उठाकर अपने व्यापार को आगे बढ़ाने का लालच भी आया, लेकिन आखिरकार, नैसकॉम के मूल्यों की ही जीत हुई। एक सदस्य ने कहा, 'मेरे पास सत्यम के ग्राहकों को अपने साथ जोड़कर अपने व्यापार को आगे बढ़ाने का सुनहरा मौका है। इसिलए मैं आपकी बात क्यों मानूं?'

सभी ने मिलकर उसे समझाया और वह मान गया। हमने सर्वसम्मति से तय किया कि हममें से कोई भी अगले दो महीनों तक सत्यम के ग्राहकों या उसके वरिष्ठ कर्मचारियों को तोड़कर अपने साथ नहीं लाएगा।

ऑनवर्ड भी उस समय इंजीनियरिंग सर्विस के व्यवसाय में थी और सत्यम हमारी सीधी प्रतिद्वंदी कंपनी थी। मैं उनके कई वरिष्ठ कर्मचारियों को जानता था। हमने स्थिति के बारे में चर्चा की, सत्यम के कर्मचारियों को ऑनवर्ड के साथ जोड़ने की बात पर न तो मेरी टीम में किसी ने सहमति जताई और न ही सत्यम की टीम में से किसी ने इस बारे में बात की।

सत्यम में फैली गड़बड़ियों को ठीक करने में कुछ समय लगा। लेकिन नैसकॉम की बचाव योजना के कारण यह पक्का हो गया कि कंपनी राजू के बिना भी चलती रही। सत्यम के कर्मचारी उसी मेहनत और लगन से काम करते रहे जैसा कि घोटाले की बात सामने आने से पहले कर रहे थे। लगभग सभी ने उस बुरे समय में सत्यम का साथ दिया।

सोम ने कंपनी के ग्राहकों से बात की और उन्हें आश्वस्त किया कि कंपनी बंद नहीं होगी और उनके सभी प्रोजेक्ट समय पर पूरे किए जाएंगे। सोम ने उन्हें सरकार और नैसकॉम द्वारा उठाए जा रहे कदमों को लेकर आश्वस्त किया। नैसकॉम की विश्वसनीयता और तटस्थता के कारण उन्होंने सोम की बात पर भरोसा किया।

सोम और नैसकॉम ने सुनिश्चित किया कि उद्योग के एक साथ खड़े होने की बात सुर्खियों में रहे। हम संकट की घड़ी में सत्यम के कर्मचारियों के साथ थे क्योंकि हम मानते थे कि वे निर्दोष थे। कंपनी को नैसकॉम की सदस्यता से नहीं हटाया गया। उद्योग की छवि ठीक करने के लिए कुछ कंपनियों ने अपने तिमाही नतीजों का फिर से ऑडिट करवाया। सोम ने खुद कई वरिष्ठ संपादकों से मुलाकात की और पक्का किया राजू और सत्यम को लेकर चल रही नकारात्मक ख़बरों के बीच सत्यम को बचाने की खबरों को भी पूरी जगह मिले।

सेफ लैंडिंग

आखिरकार, सत्यम के पूरे बोर्ड का गठन हो गया। इसमें सरकार और उद्योग जगत से प्रतिष्ठित पेशेवर शामिल थे। कुछ महीनों में चीजें ठीक होने लगीं। अब सत्यम के लिए

नए खरीदार की तलाश करनी थी। इसके लिए नीलामी प्रक्रिया की गई और टेक महिंद्रा ने इसे जीता। आखिरकार सत्यम का टेक महिंद्रा में विलय हो गया। कंपनी को ग्राहकों या कर्मचारियों किसी का भी नुकसान नहीं उठाना पड़ा। इस घोटाले का इतना असर हुआ कि भारत के भीतर उद्यमियों को किसान और जवान, दो पेशे जिनका हमारे जैसे कृषि प्रधान समाज में सबसे ज़्यादा आदर किया जाता है, के बराबर रखने की संभावनाएं धूमिल हो गईं। हालांकि, मेरा मानना है कि नैसकॉम के तेजी से कदम उठाने से स्थिति संभल गई।

सत्यम घोटाला प्रणालीगत घोटाला था। किसी विशाल कॉर्पोरेट में सुरक्षा से जुड़े जो भी तरीके अपनाए जाते हैं, उनमें से किसी ने काम नहीं किया। सबसे बड़ी कंपनियों में होने वाला स्वनियंत्रण असफल हुआ। उसके बाद, स्वतंत्र निदेशकों वाला बोर्ड, विश्व स्तरीय बाहरी ऑडिटर्स, से लेकर सत्यम के वरिष्ठ अधिकारी और यहां तक कि कॉर्पोरेट गवर्नेंस नीतियों तक – सबकुछ असफल हो गया।

भविष्य के लिए, हमें उन नियंत्रक उपायों की भूमिका जांचनी होगी जिन पर किसी बिजनेस को सही दिशा में रखने की ज़िम्मेदारी होती है। इस तरह की घटनाएं पिछले कई दशकों में की गई कड़ी मेहनत को खत्म कर सकती हैं।

इंटरनेशनल जर्नल ऑफ बिजनेस एंड सोशल रिसर्च[1] में प्रकाशित पेपर में प्रोफेसर मदन भसीन ने धोखाधड़ी की सही व्याख्या की है। उन्होंने कहा, 'सत्यम के संस्थापकों ने 2009 में अपने बहीखातों में जो घोटाला किया वह इस बात का सबूत है कि आचरण का विज्ञान बड़े पैमाने पर इंसानी लालच, महत्वाकांक्षा और शक्ति, धन, प्रसिद्धि और गौरव पाने की भूख से संचालित है। घोटाले ने साबित किया कि मज़बूत कॉर्पोरेट गवर्नेंस, नैतिकता और हिसाब-किताब व ऑडिटिंग मानकों के आधार पर अच्छे आचरण को तुरंत अपनाने की ज़रूरत है।'

हैदराबाद को उसके आईटी उद्योग के ईकोसिस्टम के कारण साइबराबाद कहा जाना लगा था और सत्यम हैदराबाद के दिल की धड़कन था। शहर के 10 प्रतिशत आईटी पेशेवर सत्यम के लिए काम करते थे। अमीर युवाओं का पूरा समुदाय था, जिसमें से एक तिहाई महिलाएं थीं। लगता था ज्यादातर स्थानीय बिजनेस प्रत्यक्ष या अप्रत्यक्ष रूप से

---

1 Located at https://thejournalofbusiness.org/index.php/site/article/view/948.

सत्यम पर निर्भर करते थे। अगर सत्यम बंद होती, तो यह पूरे शहर को अपने साथ डूबा देती।

शायद यह दुनिया में पहला उदाहरण है, जहां इतने बड़े पैमाने पर घोटाले का शिकार हुई कंपनी बच गई हो। इसमें नैसकॉम ने महत्वपूर्ण भूमिका निभाई। सत्यम के कर्मचारियों ने भी ज़बरदस्त मज़बूती दिखाई। इतने बड़े तूफान के बाद भी वे पहले जैसी ईमानदारी और समर्पण से अपना काम करते रहे। इससे सत्यम की सर्विसिंग टीम को अपने ग्राहकों को भरोसा देने में मदद मिली कि कंपनी बंद नहीं होगी।

राजू के घोटाले को जिस तरह नैसकॉम ने संभाला वह अपने आपमें केस स्टडी है। दुनिया में कहीं भी किसी उद्योग ने इस स्तर की परिपक्वता नहीं दिखाई। यहां तक कि फीफा (दुनिया में फुटबॉल की नियामक संस्था) जैसा संवेदनशील ब्रांड, जो खुद को किसी भी विवाद से दूर रखता है, ने भी सत्यम के साथ अपनी पार्टनरशिप को खत्म नहीं किया। आमतौर से धीमी गति से काम करने वाली भारत सरकार ने भी इस मामले में तेजी के साथ प्रभावी काम किया। यह अपनी छवि की रक्षा के लिए उद्योग द्वारा की गई सामूहिक और सक्रिय कार्रवाई की विजय थी। इससे देश और विदेश में भारत के आईटी उद्योग का कद ऊंचा हुआ। ब्रांड इंडिया ने इस संकट का सफलता से सामना किया।

सत्यम की घटना नैसकॉम की स्थापना के दो दशक बाद हुई थी। इस घटना के समय नैसकॉम ने 'कोई व्यक्तिगत एजेंडा नहीं', 'भारत को सबसे आगे रखना' और 'प्रतिस्पर्धा के लिए सहयोग' (कोपीटिशन) जैसे मूल्यों को साकार किया। घोटाले से साबित हुआ कि ये मूल्य केवल नाम के लिए नहीं थे बल्कि असली सिद्धांत हैं, जिन पर नैसकॉम भरोसा करता है।

जिम लोवेल ने अपोलो 13 को नासा की सबसे 'सफल असफलता' बताया। आप यह बात नैसकॉम और सत्यम के लिए भी कह सकते हैं।

नैसकॉम का महत्व

सोम ने प्रतिकूल परिस्थितियों में बेहतरीन काम करके दिखाया और संगठन को इतिहास के सबसे चुनौतीपूर्ण संकट से उबरने में सहायता की। उन्होंने जिस तरह से सत्यम मामले को संभाला उससे उनकी ख्याति और कद में बहुत बढ़ोतरी हुई। हमने सोम के नेतृत्व में सुरक्षित महसूस करना शुरू ही किया था कि नैसकॉम अध्यक्ष के तौर पर उनका

कार्यकाल खत्म होने का समय हो गया। सोम ने भी अपने से पहले के अध्यक्षों की तरह ही बड़ा असर छोड़ा।

2013 के आखिर तक नैसकॉम को फिर से अपने लीडर को चुनने की मुश्किल का सामना करना पड़ा। हमें ऐसे लीडर की ज़रूरत थी, जो पूरे उद्योग और अलग-अलग हितधारकों को एक करके रख सके। हमने सोम का उत्तराधिकारी तलाश करने के लिए कमेटी बनाई। टीसीएस के एस. रामादोराई इसके चेयरमैन और मैं संयोजक बना। उसी समय हमें पता चला कि डीओई के सचिव, शेखर[2] जल्दी ही रिटायर होने वाले थे। शेखर बहुत इज्जदार व्यक्ति थे और उन्होंने 2जी घोटाले के बाद स्थिति को संभालने में बहुत बढ़िया काम किया था। उन्हें सभी परिस्थितियों को ध्यान में रखकर, भारत को ध्यान में रखते हुए संतुलित नीति बनाने के लिए जाना जाता था। इसके साथ ही, उनमें अपनी सोच को बहुत अच्छी तरह व्यक्त करने की क्षमता थी। चयन समिति में प्रत्येक व्यक्ति उनकी बहुत इज़्ज़त करता था, उन्हें ऐसे व्यक्ति के तौर पर देखा जाता था जिसने हमेशा देश को अपने निजी पूर्वाग्रहों और संबंधों से आगे रखा।

हालांकि, नैसकॉम में सरकारी विभागों की तुलना में काम करने का तरीका बिल्कुल अलग था। इस बात को लेकर शंका थी कि क्या शेखर नैसकॉम जैसी गैर-लाभकारी संस्था में अपना रास्ता बना पाएंगे। इसके अलावा, जब वे सरकार में सचिव थे तो भारतीय आईटी उद्योग के जाने-माने सीईओ उन्हें 'रिपोर्ट' किया करते थे, और अब उन्हें उन्हीं लोगों के साथ मिलकर काम करना था।

आखिरकार हमें उन्हें अपने साथ ले आए और उन्होंने नैसकॉम में अनुकरणीय काम किया। खासतौर से सरकार और दूसरे हितधारकों के साथ नेट न्यूट्रलिटी की चर्चा पर उन्होंने बढ़िया काम किया। नैसकॉम की चयन समिति के वरिष्ठ सचिव को अध्यक्ष बनाने की सोच सही साबित हुई। मेरे लिए तो यह इस बात का सबूत था कि समूह के तौर पर हम कितनी तेजी से अनुकूलित हुए और देश व उद्योग के लिए सही व्यक्ति की तलाश करने के लिए आम सोच से हटकर सोचा।

मैं यह बात भरोसे के साथ कह सकता हूं कि अगर नैसकॉम नहीं होता या यहां बदलाव लाने वाले निर्णय नहीं लिए जाते, तो आज का भारत वैसा नहीं होता जैसा हम आज देख रहे हैं। अब मैं आपको बताता हूं कि नैसकॉम असल में क्या है।

---

2 चंद्रबाबू नायडू इन्हीं शेखर को हैदराबाद को बदलने के लिए लाये थे।

13

नैसकॉमः एक संगठन। एक उत्प्रेरक। एक आंदोलन।

चलिए आपसे एक मज़ेदार सवाल पूछता हूँ। क्या आप अनुमान लगा सकते हैं कि मैंने इस किताब में नैसकॉम शब्द कितनी बार इस्तेमाल किया है ?

मैं अनुमान लगाने का काम आप पर छोड़ता हूँ और आपको बताता हूँ कि असल में नैसकॉम क्या है।

आप किससे यह सवाल पूछे रहे हैं और हम किस स्थिति का सामना करने की कोशिश कर रहे हैं, उसके आधार पर हम ब्रांड इंडिया को बनाने वाले, एक थिंक टैंक, एक लॉबिस्ट समूह, स्थितियों के अनुसार हस्तक्षेप करने वाले या कुछ और भी हो सकते हैं।

इनमें से कुछ भी ग़लत नहीं है और इनमें से कोई सही भी नहीं है। अगर कोई नहीं समझ पाए कि हम क्या हैं तो इसमें उसकी कोई गलती नहीं है। नैसकॉम ऐसे क्षेत्र में काम करता है, जहां टेक्नोलॉजी लगातार बदलती रहती है, और यह अलग-अलग समय पर अलग भूमिका निभाता है, इसलिए इसको लेकर समझ भी अलग-अलग है।

अगर मैं नैसकॉम को एक शब्द में बताऊँ तो मैं कहूँगा कि हम आईटी उद्योग और दूसरे हितधारकों के लिए भरोसेमंद उत्प्रेरक हैं। हम हमेशा स्वतंत्र रहे हैं और आगे भी रहेंगे। हम हमेशा यह सुनिश्चित करेंगे कि हमारे काम में उद्योग के व्यापक हितों के अलावा किसी का कोई निजी हित न रहे। हम नीति निर्माण से लेकर कौशल विकास के

दिशानिर्देशों तक अलग-अलग विषयों पर लगातार अपना पक्ष रखते हैं। इसके बाद भी, जब भी स्वामित्व लेने या नए संगठन के निर्माण की बात आती है तो हम दूर ही रहते हैं।

पिछले कुछ वर्षों में नैसकॉम की प्रमुख ज़िम्मेदारी वैश्विक संबंधों, कौशल विकास, सहयोग, विश्वास और समावेशन को आधार बनाते हुए उद्योग के पक्ष को सामने रखने की रही है। हमने भारत में टेक्नोलॉजी से जुड़ी प्रतिभा का विकास करने और इस ईकोसिस्टम में देश में बदलाव लाने में प्रमुख भूमिका निभाने के लिए तैयार किया है।

नैसकॉम का सबसे प्रमुख काम सरकार के सामने उद्योग से जुड़े मुद्दों को रखना है। हम नीतियों में बदलाव लाने के लिए प्रयास करते हैं ताकि हमारी सदस्य कंपनियों के लिए नए बाज़ारों के दरवाज़े खुल सकें।

मैं ऐसे कई उदाहरण दे सकता हूँ जिससे पता चलता है कि कैसे नैसकॉम सरकारों, नेताओं, नीति निर्माताओं, लगातार बढ़ते उद्योग, सदस्य कंपनियों और दूसरे हितधारकों के बीच आपसी मेलजोल बनाए रखने के लिए काम करता है।

एक बार हमने पी.वी. नरसिम्हाराव की सरकार में वित्त मंत्री रहे डॉ. मनमोहन सिंह से सॉफ़्टवेयर टूल्स के आयात पर मीडिया की तरह ही आयात शुल्क हटाने को लेकर मुलाक़ात की।[1] उस समय सॉफ़्टवेयर टूल्स पर आयात शुल्क 25 प्रतिशत[2] था और इससे सरकार को केवल 14 करोड़ रुपये की सालाना कमाई होती थी। हमारे लिए यह आयात बहुत ज़रूरी था क्योंकि प्रोजेक्ट को पूरा करने के लिए सॉफ़्टवेयर टूल्स और डेटा फाइल्स की ज़रूरत पड़ती थी। आयात शुल्क के कारण काम समय पर पूरा करने में देरी होती थी और सामान कई बार हफ़्तों तक कस्टम के पास फँसा रहता था जिससे हमारी

1 ऑफशोर ग्राहक काम पूरा करने के लिए ज़रूरी सॉफ़्टवेयर टूल्स और टेस्ट डेटा हमें भेजते थे। सरकार इसे सॉफ़्टवेयर आयात की तरह लेती थी और इस पर आयात शुल्क लगाया जाता था। देश में डेटा और टूल्स लाने के लिए विभिन्न विभागों से अनुमति लेने में लगने वाला समय आयात शुल्क से भी बड़ी चुनौती था। इस देरी से हमें प्रोजेक्ट पूरा करने में बहुत समय लगता था।

2 मीडिया की तरह आयातीत सॉफ़्टवेयर के लिए ज़रूरी सॉफ़्टवेयर टूल्स और कंप्यूटर्स के आयात पर से शुल्क को हटाया जा सकता था। हालाँकि, आयात करने वाले से अपेक्षा की जाती थी कि वह सॉफ़्टवेयर निर्यात करके अगले पाँच वर्ष में आयात पर लगी क़ीमत का 200 गुना कमाई करेगा।

दक्षता पर भी असर पड़ता था। प्रोजेक्ट पूरे करने में देरी होती थी, जिससे ब्रांड इंडिया बनाने में लगाई हमारी पूरी मेहनत बेकार हो रही थी।

वित्त मंत्री ने कहा, 'आप फ्लॉपी पर जो सॉफ्टवेयर एक्सपोर्ट करते हैं, उसकी वैल्यू कभी 5 डॉलर तो कभी 50 हजार डॉलर तो कभी 5 लाख डॉलर भी होती है! वहीं दूसरी तरफ, ऐसी ही फ्लॉपी पर आप सॉफ्टवेयर या डेटा इंपोर्ट करते हैं—इसकी वैल्यू भी 5 डॉलर से लेकर 5 हज़ार डॉलर तक कुछ भी होती है। हमारे अधिकारियों को ये समझने में वैसे ही दिक्कत होती है। और अब आपको इन पर जीरो ड्यूटी चाहिए!

'इसका मतलब आपकी इंडस्ट्री एक्सपोर्ट-इम्पोर्ट करेगी और हमें पता भी नहीं चलेगा। सर जी, ऐसे तो आपकी इंडस्ट्री सबसे बड़ी हवाला[3] इंडस्ट्री बन जाएगी! इसलिए इस जीरो फीसदी आयात शुल्क के प्रस्ताव को हम बिल्कुल मंजूरी नहीं देंगे।'[4]

उन्होंने यह भी कहा कि शुल्क से मिलने वाले 14 करोड़ रुपये के बारे में सरकार कुछ सोच सकती है लेकिन हवाला लेनदेन बर्दाश्त नहीं किए जाएँगे।

हम भी अपनी बात पर अड़े रहे। हमने कहा, 'सर, ऐसे ख़राब लोग हमेशा होते हैं जो व्यवस्था का फ़ायदा उठाने की कोशिश करते हैं, आपके समर्थन से उद्योग को आगे बढ़ाने और नौकरी पैदा करने की कोशिश कर रहे ईमानदार और मेहनती उद्यमियों को प्रोत्साहन मिलेगा। इससे विदेशी करेंसी की आय होगी, जिसकी देश को अभी बहुत ज़रूरत है।'

हमारा यही कहना था कि कुछ बेईमान क़ानूनों के कमज़ोर पालन और कमजोर न्याय व्यवस्था का फ़ायदा उठाते हैं, लेकिन इसका दंड ईमानदार उद्यमी को नहीं दिया जाना चाहिए।

उन्हें हमारा तर्क समझ आया।

इससे विदेशी ग्राहकों को सोल्यूशन डिलीवर करने की हमारी क्षमता बढ़ी और यह भारत को आगे ले जाने के लिए संगठन और नीति निर्माताओं के साथ मिलकर काम करने का शुरुआती उदाहरण है।

---

3 हवाला लेनदेन की ग़ैरक़ानूनी व्यवस्था है जो पारंपरिक बैंकिंग व्यवस्था से बाहर काम करती है। पैसे को वास्तव में कहीं ले जाए बिना पैसे के लेनदेन को इंटरपोल ने 'मनी ट्रांसफ़र विदआउट मनी मूवमेंट' का नाम दिया है।

4 वित्त मंत्री मीडिया उत्पादों की तरह, सॉफ्टवेयर के लिए ज़रूरी टूल्स पर जीरो आयात शुल्क लगाने के लिए तैयार नहीं थे।

हाल ही में 2000 के दशक के मध्य में, गुजरात के तत्कालीन मुख्यमंत्री नरेन्द्र मोदी ने गांधीनगर के अपने घर पर हमें डिनर के लिए बुलाया। वह गुजरात का पारंपरिक पहनावा कुर्ता और धोती पहने हुए थे। वह चिंतित थे कि सॉफ़्टवेयर बिज़नेस में गुजरात पिछड़ रहा था। हमने उन्हें बताया कि आईटी उद्योग का भविष्य गुजरात में बहुत उज्ज्वल था। हमने भारत की युवा जनसंख्या के कारण मिलने वाले फ़ायदों के बारे में भी उन्हें बताया। पश्चिमी देशों में लोगों की बुज़ुर्ग आबादी बढ़ रही है और उनके पास टेक्नोलॉजी से जुड़े पर्याप्त प्रतिभाशाली लोग नहीं है। एक बच्चे की नीति[5] के कारण चीन के पास भी सीमित युवा प्रतिभा है। भारत इसका फ़ायदा उठाकर तेजी से विकास कर सकता था।

हमने अपनी पंद्रह मिनट की बातचीत में आँकड़ों, संख्याओं और चार्ट के ज़रिए उनको काफ़ी कुछ समझाया, लेकिन हमें संदेह था क्या उन्हें हमारी बात समझ आई।

हालांकि लेकिन अगले दिन उन्होंने हमारी शंका को ग़लत साबित कर दिया। अहमदाबाद में एक कार्यक्रम में 300 लोगों के सामने उन्होंने कहा, 'भारत नौजवान है।' उनका तीन शब्दों का यह वाक्य हमारी पूरी प्रजेंटेशन जितना ही प्रभावी था। उन्होंने आगे चुटकी लेते हुए कहा, 'मुझे लगता था देश की चिंता केवल हम नेताओं को है, यहाँ तो ये नैसकॉम वालों को भी देश की उतनी ही चिंता है।'[6]

यही नैसकॉम की असरी पहचान है। उद्योग से जुड़ा संगठन जो अपनी सदस्य कंपनियों और दूसरे हितधारकों के साथ मिलकर देश के विकास के लिए काम करता है।

जिन मुश्किल समस्याओं का हम नैसकॉम में सामना करते थे, उनका समाधान तभी हो सकता था, जब अलग-अलग सोच के लोग खुलकर एक-दूसरे के साथ अपनी बात रख सकें। समस्या समाधान लगातार चलने वाली प्रक्रिया है, और अगर आप सुरक्षित और भरोसेमंद वातावरण तैयार करते हैं तो लोगों की रचनात्मकता खुलकर बाहर आती है, जिससे मुश्किल से मुश्किल समस्या का समाधान हो सकता है। हम लोगों की सामूहिक समझदारी का लाभ ले सकते हैं। इसलिए सालाना रिट्रीट नैसकॉम का अभिन्न हिस्सा बन गई है।

---

5 उसके बाद इस नीति को आसान बनाया गया है।

6 गुजरात के तत्कालीन मुख्यमंत्री द्वारा सार्वजनिक मंच पर कही गई ये बात नैसकॉम के योगदान पर औपचारिक मुहर लगाती है।

मेरा मानना है कि आमने-सामने होने वाली व्यक्तिगत मुलाक़ातें नैसकॉम के अलग-अलग सोच के लोगों के बीच दोस्ती बढ़ाने के लिए बहुत ज़रूरी हैं। जब हम इन रिट्रीट के लिए जाते हैं तो अपने कॉर्पोरेट और नैसकॉम के पदनाम को पीछे छोड़ जाते हैं। इससे हमें आपसी मित्रता को बेहतर बनाने में मदद मिलती है। यहाँ हम खुलकर एक-दूसरे की हँसी उड़ा सकते हैं।

प्रतिद्वंदी कंपनियों के बीच विचारों और अलग-अलग कौशल के आपसी मेल से बिल्कुल हटकर नई सोच विकसित होती है और इससे असंभव लगने वाला काम भी संभव बन जाता है। इसके अनेकों उदाहरण हैं। अंतरराष्ट्रीय मंचों पर एक आवाज़ में नैसकॉम का प्रतिनिधित्व भी इसका उदाहरण है। सत्यम के पूरे मामले को इसलिए सँभाला जा सका क्योंकि हम सब एक साथ थे। नैसकॉम की परिभाषा भी आपसी बातचीत से ही सामने आई थी। चलिए मैं आपको इस बारे में बताता हूँ।

'हम' कौन हैं?

अब आप जानते हैं कि नैसकॉम क्या है, तो आप ज़रूर जानना चाहते होंगे कि नैसकॉम कौन है?

इसका भी कोई आसान जवाब नहीं है, लेकिन आसान शब्दों में कहूँ तो हम उद्योग से जुड़ा संगठन हैं, जहां सदस्य वोटिंग के ज़रिए तय करते हैं कि आगे क्या किया जाना है।

जब हमने शुरू किया था तो हम भारत की सॉफ़्टवेयर सर्विसेज़ कंपनियों का प्रतिनिधित्व करते थे। इसके बाद हमने भारतीय मूल के संस्थापकों की उन कंपनियों को शामिल किया जो भारत तथा विदेश में काम करना चाहती थीं। उसके बाद हमने बहुराष्ट्रीय कंपनियों के बैक ऑपरेशन का काम करने वाली भारतीय कंपनियों को शामिल किया। इसके बाद हमने बीपीएम (BPM), ईएंडआरडी (E&RD), आरएंडडी (R&D), जीसीसी (GCC), स्टार्टअप्स और ऐसी कई दूसरी कंपनियों को शामिल किया।

समय के साथ 'नैसकॉम कौन है' की परिभाषा व्यापक होती चली गई, और इसमें होने वाले 'हर जुड़ाव' के लिए महीनों तक वाद-विवाद चला। अधिकांश वाद-विवाद आसानी से सुलझ गए। बिज़नेस से जुड़े अवसरों और समाजिक प्रभाव को हर कोई देख सकता था। हमें केवल इस बात का ध्यान रखना था कि उद्यमियों को आगे बढ़ने में कोई परेशानी न हो।

हमारा प्रभाव देखने के बाद पर्यटन, खुदरा व्यापार जैसे सर्विसेज़ उद्योग भी नैसकॉम का हिस्सा बनना चाहते थे। उन्हें मना करना मुश्किल था। आख़िरकार ये उद्योग भी भारतीयों के लिए नौकरी के अवसर पैदा कर रहे थे। हालाँकि, हमें समझ आया कि नॉन-टेक्नीकल सर्विसेज़ में हमारी कोई योग्यता नहीं थी। इसलिए हमने उन्हें विनम्रता से मना कर दिया। हमने इस तरह के अनुरोध आने पर मना करना भी सीख लिया।

90 के दशक की शुरुआत में विशाल वैश्विक कंपनियों के फिर से भारत आने पर काफ़ी बहस हुआ करती थी। युवाओं को यह जानकर ताज्जुब होगा कि आईबीएम ने 1960 में भारत में काम करना शुरू कर दिया था। टेक्सस इंस्ट्रूमेंट ने अमेरिका के बाहर अपना सबसे बड़ा डेवलेपमेंट सेंटर 1985 में बैंगलोर में खोला था। हालाँकि, व्यापार के माहौल के चलते टेक्नोलॉजी और गैर-टेक्नोलॉजी दोनों ही क्षेत्रों की कंपनियों को एक दशक में ही वापस जाना पड़ा। जो यहाँ काम करती रहीं, उन्हें कंपनी में अपनी हिस्सेदारी 40 प्रतिशत या उससे कम करनी पड़ी।

नैसकॉम में हम इस बात को समझते थे कि अगर हमें वैश्विक स्तर पर अपनी पहचान बनानी है और भारत को दुनिया में सही जगह पर ले जाना है, तो हमें बड़ी वैश्विक कंपनियों का भरोसा जीतना होगा। भारत में नैसकॉम और उसकी सदस्य कंपनियों ने जो क्षमता विकसित की थी, उससे इन कंपनियों को भारत में कारोबार शुरू करने के लिए प्रोत्साहन मिला। हालाँकि, वे भारत में बैक-ऑफिस ऑपरेशन शुरू करना चाहती थीं, लेकिन वे चाहती थीं कि इन पर उनका 100 प्रतिशत मालिकाना हक हो। ये कंपनियाँ डेटा सुरक्षा, ऑपरेशनल कंट्रोल और तीसरे पक्ष के हस्तक्षेप को लेकर चिंतित थीं।

दूसरी तरफ़, नीति निर्माता और हितधारक सावधान थे। इतिहास से हमें सबक़ मिला था कि ईस्ट इंडिया कंपनी जैसी व्यापारिक कंपनी भी हमारे भाग्य पर क़ब्ज़ा कर सकती थी। नियामकों की चिंता ज़्यादा व्यावहारिक थी। उन्हें चिंता थी कि इन कंपनियों पर निगरानी कैसे रखी जाए और उन्हें संभावित देश विरोधी गतिविधियों में शामिल होने से कैसे रोका जाए।

इससे नैसकॉम को दो मोर्चों पर चुनौती का सामना करना पड़ा। पहला, इन वैश्विक कंपनियों के सेटअप लिए सरकार से बात करके विशेष नीतियाँ बनवाना। दूसरा, हमारा अनुमान था कि ये कंपनियाँ सीधे हमारी भारतीय कंपनियों से प्रतिस्पर्धा करेंगी जिससे बाज़ार में हमारी हिस्सेदारी पर असर पड़ेगा। हमें यह भी लग रहा था कि कहीं वे हमारे प्रतिभाशाली लोगों को ज़्यादा पैसे देकर हमसे छीन न लें।

यह लग रहा था कि देश में बड़ी प्रतिद्वंदी कंपनियों को बुलाने पर ये प्रभाव कुछ ही समय तक रहेंगे। कुछ का मानना था कि उनके भारत आने से पूरा ईकोसिस्टम बेहतर होगा। इससे भारत की छवि व्यापार के लिहाज़ से अनुकूल माहौल वाले देश की बनेगी, जिससे ब्रांड इंडिया को फ़ायदा होगा और नैसकॉम की सदस्य कंपनियों का बिज़नेस बढ़ेगा।

महीनों तक इस विषय पर गरमागरम बहस होती रही। क्या हमें इन वैश्विक कंपनियों को उनकी शर्तों पर देश में आने देना चाहिए? क्या हम उन्हें नैसकॉम का सदस्य बनने का मौका भी देंगे?

हमने अठारह महीने तक सभी हितधारकों के दृष्टिकोण और राय को जाना। हर बार बातचीत से कोई नया पहलू सामने आ जाता था, जिसके बाद हमें फिर से नई शुरुआत करनी पड़ती थी। ऐसा लग रहा था जैसे ये चर्चा कभी ख़त्म ही नहीं होगी।

हममें से कुछ लोगों ने चर्चा को एक दिशा में बनाए रखने का काम किया। हमने सुनिश्चित किया कि लोग बिना किसी डर के अपने विचार रखें, लेकिन मुख्य लक्ष्य से भटकें नहीं।[7]

चर्चा में एक बात साफ़ तौर से सामने आई: 'भारत में जो भी मानव पूँजी का विकास कर रहा है, वह नैसकॉम का हिस्सा है।'

एक बार यह तय हो जाने पर हम आगे बढ़े। हमने एक रिपोर्ट तैयार की जिसमें बताया गया कि अगर सरकार बैक-ऑफिस ऑपरेशन्स में 100 प्रतिशत विदेशी मालिकाना हक़ की अनुमति देती है तो भारत पर उसका क्या प्रभाव पड़ेगा। इस समय डॉ. सिंह ही

---

7 इससे हमें नए विचारों को जानने का मौक़ा मिला। वास्तव में, सिलिकॉन वैली में भी इसी तरह काम किया जाता है। पिछले कई दशकों में उन्होंने नई टेक्नोलॉजी को लाने और बाज़ार में उथल-पुथल मचाने में महारथ हासिल कर ली है। उनके विकास पर नज़र डालने से पता चलता है कि वे कैसे विकसित हुए। साठ साल पहले कैलिफ़ोर्निया के बाग़ानों को सिलिकॉन वैली कहने की शुरुआत हुई थी क्योंकि वे लोग सेमीकंडक्टर बनाने के लिए सिलिकॉन-आधारित चिप का इस्तेमाल कर रहे थे। उन्हें पीसीबी के तौर पर विकसित होने में दस वर्ष लगे, जो बाद में मदरबोर्ड के तौर पर विकसित हुआ। अगले दशक में इंडस्ट्रियल कंप्यूटर्स आना शुरू हुए। अगले दस वर्ष तक उनके पास डीओएस (DOS) या ऐसे ही दूसरे साधारण ऑपरेटिंग सिस्टम थे। उसके बाद, अगले पंद्रह वर्ष में इंटरनेट का विकास हुआ। उसके बाद तेजी से बदलाव हुए। हमने देखा स्मार्ट फ़ोन आया और अब क्लाउड कंप्यूटिंग व एआई का विकास हो रहा है।

देश के वित्त मंत्री थे। उनके एक सचिव ने इस प्रस्ताव पर जवाब दिया और हमसे पूछा, 'आप किसके दलाल हो?'[8] उनकी टीम के दूसरे अधिकारी ने कहा, 'ईस्ट इंडिया कंपनी की तरह क्या तुम भी देश को बेचने चले हो?'[9] हम परेशान तो हुए, लेकिन नौकरशाहों की अदूरदर्शिता पर हमें आश्चर्य नहीं हुआ।

आख़िरकार तर्क की जीत हुई, और डॉ. सिंह हमारे प्रस्ताव को लागू करने पर सहमत हो गए।

जो प्रस्ताव शुरुआती दौर में लगभग रोक दिया गया था वह आज भारत के बाहर जीसीसी (GCC) और ईआरएंडडी (ER&D) सर्विस की 1400 से ज़्यादा कंपनियों के तौर परिपक्व हो चुका था। साथ मिलकर, वे भारत की जीडीपी में 34 बिलियन डॉलर यानी जीडीपी में 2 प्रतिशत का योगदान कर रही हैं और दस लाख से ज़्यादा लोगों को नौकरी दे रही हैं। उनका कारोबार 2030 तक 100 बिलियन डॉलर तक पहुँचने की आशा है।[10]

बैक ऑफिस कारोबार के कारण हमें प्रतिस्पर्धा से भी बहुत कुछ सीखने को मिला, नहीं तो इस काम पर हमें बहुत समय और पैसा खर्च करना पड़ता। जब इन वैश्विक कंपनियों ने भारत में अपना काम शुरू किया तो वे अपने साथ बुनियादी ढाँचे, ऑपरेशनल प्रक्रिया, गुणवत्ता और ऐसी दूसरी चीजों में विश्वस्तरीय मानक भी लेकर आए। इन बहुराष्ट्रीय कंपनियों ने व्यापार के हर पहलू में नई खोज की। इससे भारतीय कंपनियों के पास भी उनसे सीखने, बदलने, दोहराने और नई खोज करने के अलावा कोई विकल्प नहीं था।

जैसा कि कहा भी जाता है, प्रतिस्पर्धा सबसे बेहतरीन शिक्षक है।

---

8 वे हमें विदेशी कम्पनियों का एजेंट मान रहे थे।

9 देश को आज़ाद हुए सत्तर वर्ष हो चुके थे लेकिन हम अभी भी भारत पर ब्रिटिश राज के समय से डरे हुए थे।

10 हालांकि इसका श्रेय कंपनियों, उद्यमियों और लाखों इंजीनियरों को दिया जाना चाहिए। लेकिन मेरा मानना है कि ईकोसिस्टम का निर्माण करने, नीति बनवाने, बाज़ार तक पहुँच बनाने, रिसर्च इनसाइट्स के तौर पर समझ बढ़ाने और क्षेत्रिय व राष्ट्रीय स्तर पर ज्ञान के वाहक के तौर पर नैसकॉम की भी इसमें महत्वपूर्ण भूमिका रही है।

इन कंपनियों ने बेहतरीन स्टॉफिंग व्यवस्था लागू की और ख़ुद को टेक्नोलॉजी व इनोवेशन के केन्द्र के तौर पर स्थापित किया। उन्होंने स्थानीय और वैश्विक दोनों स्तर पर सर्विस प्रोवाइडर्स के साथ अपने ख़ुद के आउटसोर्सिंग और साझा विकास के मॉडल विकसित किए। कुछ को सीधे बहुराष्ट्रीय कंपनियाँ ही चलाती थीं। कई सर्विस प्रोवाइडर्स की पहुँच दुनिया भर में थी और वे ख़ुद बहुराष्ट्रीय बिज़नेस बन गए। कुछ जीसीसी अपनी ख़ुद की मूल कंपनियों में ही फुल-लाइफ-साइकिल सर्विस प्रोवाइडर्स के तौर पर विकसित हो गए और दूसरी सर्विस प्रोवाइडर्स के साथ प्रतिस्पर्धा करने लगे। कुछ अपनी मूल कंपनियों के लिए इतने ज़रूरी हो गए कि वे उन कंपनियों के भविष्य की रणनीति तैयार करने लगे।

पूरे आईटी ईकोसिस्टम में ईआरएंडडी उद्योग सबसे तेजी से बढ़ता क्षेत्र है।[11] सभी वर्टिकल डोमेन, जियोग्राफिक्स और एप्लिकेशन्स में ईआरएंडडी का विकास और महत्व बढ़ता जा रहा है।

हमने केवल भारत की जीडीपी में ही योगदान नहीं किया है; हमने सफलता के साथ आईबीएम जैसी भारत छोड़ चुकी कंपनियों के वापस आने लायक़ वातावरण तैयार किया है। इससे वे कंपनियां भी भारत आने के लिए तैयार हुईं, जो कभी भारत को अपने लायक़ नहीं समझती थीं। यह नैसकॉम के प्रभाव का एक और सबूत है कि कैसे उसने हमें इतना प्रभाव डालने में सक्षम बनाया, जिसकी हम नैसकॉम की शुरुआत करते समय कल्पना भी नहीं कर सकते थे। हमें इन वैश्विक कंपनियों को भारत में आकर काम करने के लिए लगातार प्रोत्साहित करते रहना होगा।

स्वार्थियों से संगठन को बचाना

कहा जाता है कि बड़ी ताक़त के साथ बड़ी ज़िम्मेदारियाँ भी आती हैं। मुझे अहसास है कि उद्योग के संगठन के तौर पर नैसकॉम भी काफ़ी ताकतवर है और इसकी अपनी जगह है। इसे देखकर ऐसे बड़े लोग जुड़ते हैं जो सच में देश के लिए कुछ करना चाहते हैं, तो कुछ ऐसे लोग भी जुड़ जाते हैं जो असल में स्वार्थी हैं और अपने स्वार्थ के लिए किसी का भी नुकसान कर सकते हैं।

---

11 11 मार्च 2020 तक

हमारा काम है कि ऐसे स्वार्थी तत्वों को संगठन से दूर रखा जाए।

नैसकॉम में हमें कई बार पता चलता है कि गोपनीय जानकारी के बदले हमारे सेक्रेटेरिएट में काम करने वाले अधिकारियों को रिश्वत की पेशकश करते हैं। इस तरह के किसी भी अनुरोध को तुरंत मना करते हुए, इस तरह की बातचीत को बढ़ावा नहीं दिया जाता है।

एक बार एक सदस्य कंपनी के वाइस प्रेसिडेंट मार्केटिंग ने पूछा कि उनके संस्थापक को अगला चेयरपर्सन बनाने के लिए कितना खर्च करना होगा। उनके इस सवाल पर हंसी के साथ उन्हें कड़ी चेतावनी दी गई।

इसके अलावा, रियल एस्टेट, लॉ फ़र्म और दूसरे सर्विस प्रोवाइडर्स नैसकॉम के कार्यक्रमों में हिस्सा दिलाने के लिए सदस्य कंपनियों से अनुरोध करते रहते हैं। हम हर अनुरोध की कड़ाई से जाँच करते हैं। हम केवल बहुत उपयुक्त लोगों को ही अपने कार्यक्रम में आने की अनुमति देते हैं। इसके अलावा यह भी नियम है कि नैसकॉम के कार्यक्रम में मंच से आप अपनी संस्था के बारे में नहीं बोल सकते। हमें फिर भी कई अतिउत्साही वक्ता मिलते हैं, लेकिन हम हमारे कार्यक्रमों को व्यवसायीकरण से बचाने की पूरी कोशिश करते हैं।

मैंने हाल में नैसकॉम की कांफ्रेंस में हिस्सा लिया और मुझे महसूस हुआ कि पहले की तुलना में दर्शकों की गुणवत्ता बेहतर हो गई है। प्रश्नों में परिपक्वता और उत्तरों की गहराई से मैं प्रभावित हुआ। इन कांफ्रेंस और कार्यक्रमों की यही भूमिका है। ऐसे कार्यक्रमों में अपने साथियों और विशेषज्ञों से सीखने का मौक़ा मिलता है। सहयोगियों को भी उन मुद्दों पर आपस में चर्चा करनी चाहिए, जिनसे वे परेशान हैं। विशेषज्ञों को भी अपनी राय रखनी चाहिए। हमें एक विश्वविद्यालय जैसा वातावरण बनाना चाहिए, जहां जितना हो सके सीखने और ज्ञान साझा करने पर ज़ोर दिया जाए।

नैसकॉम की पहलों और मंचों को अपनी पवित्रता को बचाए रखनी चाहिए और खुले व्यवसायीकरण से बचना चाहिए।

नैसकॉम का प्रभाव

पिछले कुछ दिनों में मैंने जाने-माने लोगों की आठ या दस आत्मकथाएँ या संस्मरण पढ़े हैं, जिसमें उन्होंने उनके 70 वर्षों के जीवन में भारत में आए बदलावों पर बात की है। इन

लेखकों में नौकरशाह, रिज़र्व बैंक के गवर्नर, पूर्व मंत्री और योजना आयोग से जुड़े लोग (जिसे अब नीति आयोग कहा जाता है) शामिल हैं। इन्हें पढ़कर मुझे बहुत आश्चर्य और निराशा हुई कि इनमें से किसी ने नैसकॉम के नाम का ज़िक्र तक नहीं किया है, देश के लिए इतना योगदान करने के लिए सराहना करना तो बहुत दूर की बात है। उन्होंने इस तथ्य पर ध्यान नहीं दिया कि हमारी लड़खड़ाती अर्थव्यवस्था को सँभालने के लिए ज़रूरी विदेशी करेंसी आईटी उद्योग ने कमा कर दी थी। वे अकेले नहीं हैं। जॉन्स हॉपकिन्स विश्वविद्यालय प्रेस जैसी संस्थाओं की तरफ़ से आने वाले जाने-माने जर्नल्स में भी लेखक ने भारत के विकास में नैसकॉम के योगदान को नज़रअंदाज़ किया।

आईटी उद्योग के प्रभाव को नज़रअंदाज़ करने के लिए उन्हें दोष दिया जा सकता है, लेकिन नैसकॉम को भी इसकी ज़िम्मेदारी लेनी चाहिए। मेरा मानना है कि हम अपने प्रभाव और देश के विकास में हमारे उद्योग के योगदान के बारे में सही तरह से बताने में असफल रहे।

बहुत से विशेषज्ञ भारत में बदलाव का श्रेय 1991[12] के आर्थिक सुधारों को देते हैं। इसको लेकर मेरी सोच कुछ अलग है। उद्योग को सही माहौल देने में आर्थिक सुधारों की बहुत बड़ी भूमिका थी। लेकिन, ये नैसकॉम ही था, जिसने इस पौधे को रोपा, उसकी देखभाल की और आख़िर में पौधे पर फूल खिले। इसके साथ नया भारत भी आगे बढ़ा।

जानकारी के लिए बताऊँ कि आईटी उद्योग सीधे देश की अर्थव्यवस्था को बेहतर बनाने का काम करता है। वर्ष 2021[13] में इसने देश की जीडीपी में 191 बिलियन डॉलर का योगदान किया। इसका सीधा मतलब है कि भारत में कमाए जा रहे हर 100 रुपये में आईटी उद्योग 8 रुपये का योगदान करता है। इसके अलावा, इसका अधिकांश हिस्सा– क़रीब 100 बिलियन डॉलर–शुद्ध विदेशी आय के तौर पर आता है। 100 बिलियन डॉलर में आप भारत की एक-तिहाई आबादी के लिए नवीनतम स्मार्टफ़ोन आयात कर सकते हैं।

---

12 श्री पी.वी. नरसिम्हा राव की सरकार में वित्त मंत्री श्री मनमोहन सिंह ने व्यापक बदलाव किए और भारत को नियंत्रित अर्थव्यवस्था से उदार अर्थव्यवस्था में बदल दिया। वह मुक्त-बाज़ार आर्थिक सुधारों को लागू करने के साथ निजी और विदेशी निवेश को आमंत्रित करना चाहते थे।

13 पिछले दस वर्षों में उद्योग ने कुल मिलाकर 600 बिलियन डॉलर की विदेशी करेंसी कमाई है।

हमारी सदस्य कंपनी, टीसीएस आज मार्केट कैप के मामले में दुनिया की सबसे बड़ी आईटी सर्विस कंपनियों में से एक है। इस कंपनी में 145 से ज़्यादा देशों के लोग काम करते हैं। दिसंबर 2020 में भारतीय शेयर बाज़ार में सूचीबद्ध चार शीर्ष आईटी कंपनियों का मार्केट कैप 20 लाख करोड़ रुपये था। इसका फ़ायदा प्रमोटर्स, शेयरहोल्डर्स और आम जनता सभी को मिला।

दूसरा, आईटी उद्योग ने भारत के सामाजिक ताने-बाने को आकार देने का काम किया है। आईटी उद्योग के कारण हुआ विकास का असर ग्यारह मैट्रो शहरों और मिनी-मैट्रो शहरों से निकलकर टियर-2, टियर-3, और टियर-4 शहरों तक भी पहुँचा। हैदराबाद, पुणे, बैंगलुरु और गुरुग्राम जैसे शहरों के ज़बरदस्त विकास में आईटी का अहम योगदान रहा है। इसने भारत के विशाल मध्यवर्ग को बढ़ावा दिया, जिसने कड़ी मेहनत, अनुशासन, कमखर्ची, मितव्ययिता, ईमानदारी और महत्वाकांक्षा जैसे सिद्धांतों को अपनाकर अपने जीवन को बेहतर बनाया। मध्यवर्ग हमारे अतीत पर बहुत गर्व करता है और साथ ही, दुनिया में सबसे बेहतर बनने की महत्वकांक्षा भी रखता है।

भारत में मध्यवर्ग तेजी से बढ़ रहा है और तेजी से खर्च कर रहा है। इनमें से बहुत से लोग पहली बार घर के मालिक बन रहे हैं, अपने दोपहिया की तरह चार पहियों वाली गाड़ी ख़रीद रहे हैं। वे देश और विदेश में घूमने और अपनी जीवनशैली पर खर्च कर रहे हैं। इस उछाल से दूसरे और तीसरे स्तर की नौकरियाँ पैदा हो रही हैं। उपभोग की संस्कृति बढ़ रही है। इससे बैंकिंग, वित्तीय सेवाओं, बीमा (BFSI) क्षेत्र में बैंक खातों, बीमा उत्पादों, क़र्ज़, क्रेडिट कार्ड और दूसरी सेवाओं का विस्तार हो रहा है।

देश तेज़ गति से दौड़ रहा है और दुनिया पर अपना दबदबा बनाने के लिए आतुर है। भारत के मध्यवर्ग से आने वाले सत्य नडेला और सुंदर पिचई जैसे लोग अपनी मेहनत के दम पर अब उन कंपनियों के प्रमुख हैं जिनका मार्केट कैप एक ट्रिलियन डॉलर के करीब है। तीसरा, हमने ऑफिसों और घर, दोनों जगहों पर समाज में लैंगिक समानता लाने में मदद की है। प्रकृति की तरह ही कंप्यूटर भी लोगों में भेद नहीं करता। उसके लिए सब समान हैं। आईटी में काम करने वाली एक तिहाई कर्मचारी महिला हैं और उनमें से हर एक ने अपनी प्रतिभा और कड़ी मेहनत के दम पर नौकरी हासिल की है। आज नई नियुक्तियों में महिलाओं की 50 प्रतिशत हिस्सेदारी है। सच्चाई यह है कि आज ज़्यादा से ज़्यादा महिला उद्यमी सामने आ रही हैं।

नैसकॉम और हमारे काम से पड़ा यह प्रभाव मुझे सबसे ज़्यादा ख़ुशी देता है। अगर हम महिलाओं को प्रोत्साहित करने और सशक्त बनाने में विफल रहे तो हमारा भविष्य टिकाऊ नहीं होगा। जैसे-जैसे समय के साथ महिलाओं को देश चलाने में ज़्यादा भागीदारी मिलेगी, हम इससे पड़ने वाले क्रमिक प्रभावों को भी देखेंगे। बेहतर लैंगिक प्रतिनिधित्व समाज और अर्थव्यवस्था के लिए अच्छा है। मेरा अनुभव रहा है कि नेतृत्व करने की भूमिका में आने पर महिलाएँ (तकनीकी और गैर-तकनीकी दोनों तरह के संस्थानों में) यह सुनिश्चित करती हैं कि हम ज़्यादा हासिल करें क्योंकि वे सोच और निर्णय लेने के स्तर पर पूर्वाग्रह को ख़त्म देती हैं।

चौथा, आईटी उद्योग को नैतिकता के ऊँचे मानकों का पालन करने के लिए जाना जाता है। सूचीबद्ध कंपनी के तौर पर इंफ़ोसिस ने कॉर्पोरेट गवर्नेंस मानकों में नया वैश्विक मानदंड स्थापित किया है। तिमाही और वार्षिक नतीजों में पारदर्शिता ने भारत में प्रत्यक्ष विदेशी निवेश (FDI) के दरवाज़े खोल दिए। भारत के कॉर्पोरेट जगत ने भी इसका पालन किया और ब्रांड इंडिया की चमक दुनिया में दिखाई देने लगी।

पाँचवा, आईटी उद्योग ने आम भारतीय के जीवन में बदलाव लाने के लिए भी बड़े काम किए। उनका उदाहरण: 90 के दशक में पब्लिक कॉल ऑफिस (PCO) की व्यवस्था और भारतीय रेलवे का रिज़र्वेशन सिस्टम तैयार करना, जीएसटी के तंत्र और भुगतान व्यवस्था में व्यापक बदलाव लाने वाला दुनिया में पहला यूपीआई सिस्टम तैयार करना, एमसीए21 (कंपनी अधिनियम, 1956 के तहत कानूनी आवश्यकताओं के लागू करने और पालन को पूरी तरह से स्वचालित करने के लिए डिज़ाइन किया गया) तैयार करना और भारत के एक अरब से ज़्यादा नागरिकों से लिए बायोमैट्रिक आइडेंटिटी सिस्टम पर आधार कार्ड तैयार करना। बैंकिंग व्यवस्था के ऑटोमेशन के लिए आर.बी. आई और शेयर बाज़ार के लिए कंप्यूटरीकरण के लिए सेबी को श्रेय दिया जाना चाहिए।

यहाँ तक कि भारतीय आईटी कंपनियाँ बहुत से देशों की व्यापार व्यवस्था में परिवर्तन लाकर उनकी स्थानीय अर्थव्यवस्था को बेहतर बनाने में अपना योगदान दे रही हैं। हमारे अस्सी से ज़्यादा देशों में 1000 से ज़्यादा डेवलपमेंट सेंटर्स हैं और हम दुनिया में हज़ारों लोगों को रोज़गार देते हैं।

भारत दुनिया के सबसे बड़े डिजिटल हब में से एक है। ख़ुशी की बात यह है कि यह क्रांति तो अभी शुरू ही हुई है। भारत पूरी दुनिया के ऑटोमेशन अनुभव से सीख सकता

है। हम उनके अनुभवों से सीखकर तेजी से भारत के लिए ज़रूरी समाधान तलाश सकते हैं। जब सरकार टेक्नोलॉजी को इस्तेमाल करने की क्षमता में बढ़ोतरी करेगी, प्रोसेस को नए तरह से तैयार करने में तेजी लाएगी और ख़रीद के ऐसे मानक तैयार करेगी जो सर्विस प्रोवाइडर्स के लिए उचित होंगे, तो इस क्रांति में और गति आएगी।

यहाँ तक कि कोविड-19 जैसी कभी-कभी होने वाली घटना भी हमारी प्रगति को नहीं रोक पाई और न ही नैसकॉम के प्रभाव को कम कर पाई। बल्कि, इस महामारी को लेकर हमारी प्रतिक्रिया असाधारण रही। विकासशील देश होते हुए भी हमने ज़बरदस्त प्रतिरोध क्षमता दिखाई। केशव मुरुगेश (नैसकॉम के तत्कालीन चेयरपर्सन) और देबजानी घोष (अप्रैल 2018 से नैसकॉम अध्यक्ष) के नेतृत्व में नैसकॉम की टीम, आईटी उद्योग, एमईआईटीवाई (MeitY), श्री रविशंकर प्रसाद[14] (तत्कालीन केन्द्रीय इलेक्ट्रॉनिक्स, सूचना प्रौद्योगिकी और संचार मंत्री) ने मिलकर आईटी को 'आवश्यक सेवाओं' की सूची में शामिल करने के लिए सात दिनों तक बिना रुके काम किया, ताकि आईटी का काम जारी रह सके। आख़िरकार यह उद्योग हज़ारों वैश्विक कंपनियों के व्यापार के लिए ज़रूरी एप्लिकेशन का प्रबंधन कर रहा था।[15] उनके काम के कारण देश लगातार काम कर सका और यह सुनिश्चित हुआ कि हम देश और दुनिया में फैले हमारे ग्राहकों को बिना किसी परेशानी के सर्विस दे सकें।

टीम को ऐसे समय पर 300 से ज़्यादा ज़िलों के लिए मानकीकृत एसओपी और दिशानिर्देश तैयार करने का असंभव काम करना पड़ा, जब एक-एक मिनट बहुत महत्वपूर्ण था। महाराष्ट्र जैसे राज्य में उन्होंने पुलिस के साथ मिलकर आईटी/आईटीईएस कंपनियों के हज़ारों कर्मचारियों के घर ऑफिस के उपकरण भिजवाने का चुनौतीपूर्ण काम किया, ताकि कंपनियों का काम जारी रह सके।

भारत के प्रधानमंत्री नरेन्द्र मोदी ने हमें कहा, 'जब चिप्स काम नहीं कर रही थीं, तब आपके कोड ने चीजों को चलाए रखने में मदद की।' यह हमारे लिए बड़ा सम्मान था।

---

14 पद सँभालने के समय से ही श्री प्रसाद नैसकॉम के समर्थक रहे हैं। जब भी उनसे हमारी बात हुई, हमें अक्सर लगा कि वह हमारे हितचिंतक हैं। हमें सरकार में ऐसे और लोगों की ज़रूरत है जो नैसकॉम का समर्थन करें।

15 भारत में ऐसा करना बहुत चुनौती भरा होता है, क्योंकि केन्द्र जो नीतियाँ बनाता है, उन्हें लागू करने से पहले राज्य और जिला स्तर पर उनकी व्याख्या करने की ज़रूरत होती है।

मैं आईटी उद्योग और नैसकॉम के बारे में आपके साथ बहुत बातें कर सकता हूँ। लेकिन मैं स्वर्गीय डॉ. सुमंत्रा घोषाल[16] की कही बात से अपनी बात ख़त्म करूंगा, जो उन्होंने मुंबई के नैसकॉम लीडरशिप फ़ोरम में कही थी। देश की सफलता में आईटी उद्योग के योगदान पर उन्होंने कहा, 'भारत में पिछले हज़ारों वर्षों से आ रही आर्थिक गिरावट पर आईटी उद्योग की क्रांति ने रोक लगा दी है।'

प्रधानमंत्री नरेन्द्र मोदी ने नैसकॉम के 25 वर्ष पूरे होने के अवसर पर आयोजित कार्यक्रम में नैसकॉम की बिल्कुल सही व्याख्या करते हुए कहा कि नैसकॉम केवल एक संगठन नहीं बल्कि आंदोलन है।

हम एक आंदोलन थे और आगे भी रहेंगे।

आंदोलन के भविष्य की राह

दुनिया भर के विश्लेषकों में इस बात की चर्चा है कि भारत का आईटी उद्योग अपनी चमक खो रहा है। जाने-माने टेक्नोलॉजी पत्रकार और विचारक सवाल उठा रहे हैं कि क्या नैसकॉम की अहमियत ख़त्म हो रही है।[17]

इसका समाधान तलाश करने के लिए, हमें फिर से हमारी भूमिका पर विचार करना होगा। नैसकॉम सॉफ़्टवेयर विकसित करने के लोकप्रिय तरीक़े एजाइल से सीख सकता है, जो विकेन्द्रीकृत, क्रॉस-फ़ंक्शनल, परिणाम-उन्मुख और सहयोगी पद्धति है। हमें अपना प्रभाव डालने के लिए एकजुट होना पड़ेगा।

आगे जाकर हमें दो प्रमुख समूहों से पूरा समर्थन मिलेगा–पहला, उद्योग के नए ज़माने के लीडर, जो वही भूमिका निभाएँगे जो आज उद्योग के प्रमुख व्यक्ति निभा रहे हैं; दूसरा, स्टार्टअप लीडर्स। यह जानकर ख़ुशी होती है कि आईटी कंपनियों और बीपीओ उद्योग से जुड़े युवा लीडर्स अभी भी समूह में महत्वपूर्ण भूमिका निभा रहे हैं। स्टार्टअप की दुनिया के

---

16 डॉ. सुमंत्रा घोषाल (1948-2004) विद्वान, शिक्षक और प्रबंधन विचारक थे। वह लंदन बिज़नेस स्कूल के प्रोफ़ेसर और हैदराबाद के इंडियन स्कूल ऑफ बिज़नेस के संस्थापक डीन थे।

17 फिल फ़र्श्ट https://www.horsesforsources.com/nasscom_2019_Boring_022319। 28 जून 2021 को रिट्रीव किया गया।

प्रमुख लोगों के जुड़ने से समूह की ताक़त में कई गुना बढ़ोतरी हो जाएगी। ज़ोहो (भारत में विकसित हुई यूनिकॉर्न कंपनी, जो गूगल और सेल्सफोर्स जैसी कंपनियों को कड़ी टक्कर दे रही है) के श्रीधर वेम्बू जैसे उद्यमियों को नैसकॉम और हमारे मिशन से जोड़े रखने की आवश्यकता है। उनकी कंपनी वर्क-फ्रॉम-एनीवेयर (ख़ासतौर से टियर-4 क़स्बों और गाँवों से) जैसी पहलों के ज़रिए भविष्य में कदम बढ़ा रही है।

वे इनोवेशन के एजेंडा को आगे बढ़ाएँगे, हमें नए उद्योगों की तरफ़ ले जाएँगे, नैसकॉम के लिए नई रणनीति बनाएँगे और सुनिश्चित करेंगे कि संगठन की प्रासंगिकता बनी रहे। दूसरी तरफ़, नैसकॉम से लंबे समय से जुड़े रहे उद्योग के प्रमुख लोग, जैसे चेयरपर्सन काउंसिल[18] के सदस्य, यह सुनिश्चित करेंगे कि नैसकॉम के सिद्धांत केवल बातों तक सीमित न रहें।

हर बीतते वर्ष के साथ नैसकॉम के चेयरपर्सन काउंसिल में उद्योग से जुड़ा एक और दिग्गज शामिल हो जाता है। काउंसिल के सदस्य बढ़ने से काफ़ी नए तरह के विचार मिलते हैं, लेकिन इससे चुनौतियाँ भी आती हैं। समय बीतने के साथ कुछ पूर्व चेयरपर्सन नैसकॉम के साथ सक्रिय तौर से जुड़े नहीं रहते। कुछ दूसरे कामों को करने लगते हैं। इससे पावर स्ट्रक्चर कुछ असंगत हो सकता है।

इसलिए नैसकॉम के सिद्धांतों और अखंडता को बनाए रखने के लिए हमें नैसकॉम के भीतर लोगों की भूमिकाओं और सत्ता के केन्द्र पर फिर से विचार करना होगा। हमें शायद नैसकॉम के संविधान में कुछ अनुच्छेद जोड़ने होंगे, ताकि चेयरपर्सन काउंसिल के सामूहिक समझ के साथ लिए निर्णय का सम्मान सुनिश्चित हो सके।

मेरा मानना है कि नए और अनुभवी लोगों के मेल से ऐसा सहयोगी ढाँचा तैयार होगा जो नैसकॉम के सिद्धांतों: भारत के हित को सबसे पहले रखना, उद्योग के लिए एक आवाज़ में बात करना, सर्वसम्मति से काम करना, सहयोग के साथ प्रतिस्पर्धा, विकास पर ध्यान, विवादों को सुलझाने की मज़बूत प्रक्रिया बनाने, विवेकशील व्यक्तियों को

---

18 चेयरपर्सन काउंसिल में अब 31 सदस्य हैं (सत्ताईस पूर्व चेयरपर्सन, तीन पूर्व अध्यक्ष और वर्तमान अध्यक्ष)। इस काउंसिल में ज़बरदस्त क्षमता है। हर सदस्य नैसकॉम के सिद्धांतों से भली-भाँति परिचित है और पूरे जुनून के साथ नैसकॉम के लिए कुछ करने को उत्सुक है। इसमें शिक्षा से लेकर स्वास्थ्य और अपनी पूँजी से स्टार्टअप को सहयोग करना तक शामिल है। मेरे ही मामले में देखें तो मैं इस किताब के ज़रिए नैसकॉम को सबसे सामने ला रहा हूँ!

निर्णय के केन्द्र में रखने, शोर मचाने की जगह कमियों को तलाश करने और ज़िम्मेदारी उठाने पर ध्यान देगा।

अगर ये दोनों समूह साथ मिलकर काम करते हैं, तो मेरा विश्वास है कि हमारा संगठन अपने सबसे बेहतरीन रूप में सामने आएगा, और जैसा कि एलन के ने कहा था, भविष्य का निर्माण करेगा।

ख़ासतौर से, चेयरपर्सन काउंसिल की भूमिका बहुत महत्वपूर्ण हो गई है। समूह के तौर पर हमारे पास अलग-अलग तरह का अनुभव और भारत के मामले में क्या काम करता है और क्या नहीं, इसकी बेहतर समझ है। हाल ही में चेयरपर्सन काउंसिल में हुए सर्वे से पता चला कि वे सरकार में प्रशासनिक सुधार चाहते हैं। वे स्वस्थ डिजिटल समाज बनाने के लिए नीति निर्माण के स्तर पर सक्रिय भागीदारी करना चाहते हैं। यह भी साफ़ है कि अधिकतर सदस्य आईटी के क्षेत्र से बाहर जाकर भी देश के लिए योगदान करना चाहते हैं। ये सदस्य देश की जटिल समस्याओं को सुलझाने, वैज्ञानिक सोच को बढ़ावा देने और भारत में लाखों उद्यमी पैदा करने के लिए टेक्नोलॉजी का सहारा लेना चाहते हैं।

अगर हम चेयरपर्सन काउंसिल की विविध क्षमता का सही फ़ायदा उठाएँ, तो यह देश के भविष्य पर काफ़ी प्रभाव डाल सकता है। हम अन्य हितधारकों (जैसे सरकार, शिक्षा जगत और दूसरे औद्योगिक संगठनों) के साथ सहयोग करके भारत में डिजिटलीकरण की गति को बढ़ा सकते हैं। हालाँकि यहाँ से आगे चेयरपर्सन काउंसिल कई रास्ते अपना सकती है, मैं बताना चाहता हूँ कि काउंसिल इस बारे में गंभीरता से विचार कर रही है कि हम देश के स्तर पर बदलाव लाने में किस तरह योगदान कर सकते हैं।

हाल ही में नए उभर रहे न्यूट्रास्यूटिक्लस उद्योग के लोग राजीव वैष्णव और मुझसे मिलने आए। वे भी उसी चुनौती का सामना कर रहै है जैसी कि शुरुआत में हम कर रहे थे, जैसे नया बिज़नेस, कई तरह के प्लेयर्स, अविश्वास, बाज़ार में बहुत कम जागरूकता आदि। वे देश के लगभग सभी औद्योगिक संगठनों से मिले और उन्हें नैसकॉम के मॉडल से प्रेरणा मिली। यहाँ तक कि उन्होंने अपना संगठन बनाने के लिए नैसकॉम के हमारे एक साथी को अपने साथ जोड़ा। इतिहास ख़ुद को दोहराता है!

सही कहूँ तो मैं खुश था। मेरे लिए यह नैसकॉम को खड़ा करने में की गई हम सबकी मेहनत का सबूत था। अगर हमारे काम से नए औद्योगिक संगठनों को खड़ा होने और नए देवांग के बनने में मदद मिलती है, तो मेरा मानना है कि हमने हमारे हिस्से का काम कर दिया है।

मुझसे अक्सर यह पूछा जाता है कि हमारा यह आंदोलन कहां जाकर रुकेगा। इसका कोई सरल जवाब नहीं है। भविष्य का पूर्वानुमान नहीं लगाया जा सकता और हमें भविष्य को सुधारने के लिए किए जा रहे वर्तमान प्रयासों का साथ देना होगा। यह सही है कि इस दौरान हम कोई स्टीव जॉब्स या एलन मस्क ही भारत से निकलता हुआ देखेंगे, लेकिन देश में लाखों की संख्या में उद्यमी खड़े किए बिना और भारत को विकसित देश बनाए बिना यह आंदोलन रुकेगा नहीं। इसी के साथ आम भारतीय की जीवन गुणवत्ता को दुनिया के शीर्ष पाँच देशों में शामिल करवाना है।

14

बदलाव 2.0

सोने की चिड़िया

एक दिन में मुंबई के एक इंजीनियरिंग कॉलेज के कुछ छात्रों के साथ था। एक छात्रा ने मुझसे सवाल पूछा, 'भारत को फिर से सोने की चिड़िया बनाने के लिए क्या करना होगा?'

उसके सवाल ने मुझे सोचने पर मजबूर कर दिया।

प्राचीन समय में भारत अपने व्यापार, कला और व्यापारिक कौशल के कारण समृद्ध बना था। वह समय अब बीत चुका है। मुझे पता है कि आज हम दुनिया के सबसे अमीर देशों में शामिल नहीं हैं और हमारे पास बेहिसाब प्राकृतिक संसाधन भी नहीं हैं, फिर भी बौद्धिक पूँजी की बात आए तो हम किसी से पीछे नहीं हैं।

एक बात मुझे स्पष्ट थी। अगर हमें दुनिया में अपनी सही जगह फिर से हासिल करनी है, तो हर नागरिक को देश को सोने की चिड़िया बनाने के लिए काम करना होगा। टेक्नोलॉजी उस नींव का काम करेगी, जिस पर हम फिर से खड़े होंगे। केवल आर्थिक स्वतंत्रता और संप्रभुता हासिल करने से ज़्यादा हमें ऐसा देश बनना होगा, जिसके प्रत्येक नागरिक के पास देश के लिए कुछ करने का साधन और क्षमता होगी।

नैसकॉम में हमने इस तरफ़ काम करना शुरू कर दिया था। हमारे एक कार्यक्रम में हमने अगले पच्चीस वर्षों में देश को स्मार्ट देश बनाने का विचार रखा–ऐसा देश जो अपनी बौद्धिक संपदा, टेक्नोलॉजी, समझ और प्रतिभा का इस्तेमाल सशक्त, स्वच्छ,

स्वस्थ, टिकाऊ और डिजिटलीकृत देश बनाने के लिए करेगा। डिजिटल समाधानों से हम 100 प्रतिशत साक्षरता का मुक़ाम हासिल कर पाएँगे। प्रत्येक निवासी स्वस्थ होगा और डॉक्टरों की कमी व स्वास्थ्य के बुनियादी ढाँचे में कमी को टेक्नोलॉजी पूरा करेगी। डेटा के आधार पर निर्णय लिए जाएँगे और नागरिक, व्यवसाय और सरकारें पहले से नीतियाँ बनाने के लिए इस डेटा का सहारा लेंगी। इससे आख़िरकार भारत रहने, काम करने और व्यापार के लिए दुनिया की सबसे बेहतर जगहों में से एक बन जाएगा।

हालाँकि केवल टेक्नोलॉजी के दम पर हम अपनी खोई हुई समृद्धि को हासिल नहीं कर पाएँगे। दुनिया पहले से कहीं बेहतर तरीके से आपस में जुड़ी है, इसलिए हमें हमारी पूर्वनिर्धारित भूमिकाओं से आगे बढ़कर काम करना होगा। सरकार और नीति निर्माताओं को भी नई सोच के साथ काम करना होगा। अलग-अलग हितधारकों के बीच नज़दीकी पार्टनरशिप और सहयोग स्थापित करनी होगी। हमारा सौभाग्य है कि हमारे पास सरकारी संस्थाओं के तौर पर देश को दिशा दिखाने वाला तंत्र[1] है। भविष्य में इन संस्थाओं को नागरिकों और नैसकॉम जैसे औद्योगिक संगठनों के साथ मिलकर ज़्यादा करीबी से काम करना होगा।

मेरा सुझाव है कि सरकार नागरिकों के साथ पार्टनरशिप करे और अलग-अलग डॉमेन को मिलाकर बने थिंक टैंक स्थापित करे जो सामाजिक विज्ञान, गणित, अर्थशास्त्र, इंजीनियरिंग और दूसरी ज़रूरी विशेषज्ञता रखने वाले बेहतरीन लोगों को शामिल करे। ये थिंक टैंक पहले से निर्धारित किए परिणामों को हासिल करने के बजाए खुली सोच से काम करें, इनकी रिसर्च साक्ष्य आधारित हो और करोड़ों भारतीयों को ध्यान में रखकर काम करें।

भारत में हमेशा से गुरु-शिष्य का रिश्ता एकतरफ़ा रहा है। लेकिन अब समय आ गया है कि इसे दोतरफ़ा करना पड़ेगा। टॉप-डाउन पॉलिसी और पहले नियम बनाने की जगह, उद्योग और सरकार दोनों को नीति के ढाँचे को लेकर खुले दिमाग़ से सोचना होगा। इन नीतियों से लोगों को विकल्प मिलने चाहिएं। क्योंकि लोग समझदार हैं और ख़ुद तय कर

---

1 इनमें सुप्रीम कोर्ट, आरबीआई, सेबी, केंद्रीय सतर्कता आयोग (सीवीसी) और केंद्रीय जांच ब्यूरो (सीबीआई) शामिल हैं।

सकते हैं कि उनके भविष्य के लिए क्या सही है और क्या ग़लत। ज़रूरत इस बात की है कि सरकार बड़े भाई की जगह बराबरी का व्यवहार करे।

अगर हम सरकार की भूमिका से बाहर आएँ और दूसरे पहलूओं पर विचार करें तो पाएँगे कि आने वाले कुछ वर्षों में भारत की समस्याएँ दुनिया से बिल्कुल अलग होंगी।

पहला, भारत में राजनैतिक दल एक-दूसरे को मिटा देने के कभी न ख़त्म होने वाले मिशन में लगे हुए हैं। मुझे यह बहुत ख़राब लगता है कि भारत में अभी भी लोकतंत्र पूरी तरह से नहीं आया है, और बाँटने वाली राजनीति व अपरिपक्व व्यवहार का बोलबाला है। इससे नीति निर्माताओं के हाथ बंध जाते हैं, योजनाओं को पूरा करने की गति मंद हो जाती है और इससे विकास की गति कम पड़ जाती है।

राजनीति की इस समस्या के साथ ही भारत में अभी भी बड़े पैमाने पर ग़रीबी है। यह युवाओं को देश भी है। यहां के नागरिकों के जीवन को बेहतर बनाने के लिए देश में अलग-अलग क्षेत्रों जैसे स्वास्थ्य, शिक्षा, रोज़गार, उद्यमिता में क्रांतिकारी बदलाव लाने होंगे। मेरा मानना है कि टेक्नोलॉजी की सहायता से हर क्षेत्र में बड़े पैमाने पर उद्योगों का विकास करके क्रांति लाई जा सकती है।

उद्योगों का विकास करने के लिए हमें पश्चिम की अंधाधुंध नक़ल करने की ज़रूरत नहीं है, जहां जहां ऑटोमेशन के कारण लोगों की नौकरियाँ प्रभावित हो रही हैं। टेक्नोलॉजी की सहायता से नई नौकरियाँ पैदा करके और लोगों को ज़्यादा उत्पादक बनाकर हम नए भारत का निर्माण कर सकते हैं।

उदाहरण के लिए स्वास्थ्य का क्षेत्र ही लें। भारत में डॉक्टरों की भारी कमी है। विकसित देशों की तुलना में हमारे यहाँ प्रति व्यक्ति डॉक्टर बहुत कम हैं। स्वास्थ्य शिक्षा के क्षेत्र को बढ़ाना बहुत ज़रूरी है। लेकिन यह प्रक्रिया बहुत धीमी है। जब तक इसे हासिल किया जाता है, तब तक हम टेक्नोलॉजी की सहायता से तुरंत वर्तमान मेडिकल पेशेवरों की क्षमता बढ़ा सकते हैं। एआई, नैनोबोट्स और टेलिमेडिसन जैसी टेक्नोलॉजी का इस्तेमाल करके एक डॉक्टर कई गुना ज़्यादा मदद कर सकता है। वास्तव में, डिजिटल हेल्थकेयर की 2020 में वही स्थिति थी जो पहले कभी पारंपरिक आईटी सर्विस की हुआ करती थी। अगर हम हमारी सर्विस को हमारी सीमाओं से बाहर ले जा सकें, तो हम दुनिया में स्वास्थ्य सेवाओं का केन्द्र बन सकते हैं और हमें 'हॉस्पिटल ऑफ द वर्ल्ड' बनने से कोई नहीं रोक सकता।

इस तरह की सोच को हर क्षेत्र से जुड़ी जटिल समस्याओं के समाधान के लिए इस्तेमाल किया जा सकता है।

हमें ऐसे देश के तौर पर विकसित होना है, जो अपने पारंपरिक मूल्यों से जुड़ा रहने के साथ ही वैज्ञानिक सोच के साथ वैश्विक आर्थिक ताक़त का अपना स्थान फिर से हासिल करने की कोशिश कर रहा है। मुझे पूरा विश्वास है कि अगर हम सामूहिक समझ और दृष्टिकोण के साथ काम करें तो ऐसी आदर्श स्थिति में होंगे, जहां हज़ारों उद्यमी देश को ऊपर ऊठाएंगे और लाखों लोगों को ग़रीबी से बाहर निकालेंगे।

भारत होने का फ़ायदा

जब मैं भारत के भविष्य की बात करता हूँ तो कुछ बातें अतिश्योक्ति लग सकती हैं लेकिन भविष्य में प्रासंगिक बने रहने के लिए हमें महत्वाकांक्षी योजनाओं और साहसिक दृष्टिकोण की ज़रूरत है।

टेक्नोलॉजी न केवल ख़ुद में बहुत तेजी से बदलाव करती है, बल्कि दूसरे उद्योगों में भी आमूलचूल बदलाव लाती है और सारे नियमों को बदल देती है। इंफोर्मेशन टेक्नोलॉजी भी कुछ ऐसी ही है। बैंकिंग, वित्त, खुदरा व्यापार, ट्रेवल, हॉस्पिटेलिटी और संचार में दिखाई दे रहे बदलाव तो केवल शुरुआत है।

व्यक्तिगत स्तर पर, टेक्नोलॉजी का विकास व्यक्तिगत स्वतंत्रता, नैतिकता और सांस्कृतिक परिवर्तन जैसी सामाजिक अमूर्त चीज़ों में बदलाव करता है। इसे टेक्नोलॉजी डोमेन की तेजी से बढ़ रही संख्या के प्रभाव के साथ देखें, हर डोमेन को उद्योग-व्यापी सामूहिक रणनीति और सरकार के पॉलिसी फ्रेमवर्क के सहयोग की ज़रूरत है।

ऑनलाइन वोटिंग का ही उदाहरण लेते हैं। आज टेक्नोलॉजी के कारण करोड़ों भारतीय एक बटन दबाकर देश की सत्ता में बदलाव ला देते हैं। लेकिन इसमें भरोसे, मज़बूती, अखंडता और सुरक्षा की कमी दिखाई देती है। लोकतंत्र की बुनियाद ख़तरे में है और हमें इस तरह का बटन इस्तेमाल करने के दार्शनिक और वास्तविक दुनिया में होने वाले असर पर विचार करने की ज़रूरत है, जिसमें इन ज़रूरी गुणों का अभाव है।

इन नए उभरते क्षेत्रों की अपनी समस्याएँ हैं। ऑटोमेटेड वाहन बनाने वाले डिज़ाइनर को जिस नैतिक दुविधा का सामना करना पड़ता है, उसका निर्णय कौन करता है? इंटरनेट की विशाल दुनिया से मिलने वाली अभिव्यक्ति की स्वतंत्रता को कौन नियंत्रित करता

है? निजी जानकारियाँ और राज्य की निगरानी के बीच हम सीमा रेखा कहां स्थापित करेंगे?

सरकार, उद्यमी और आम लोग इन सबसे तालमेल कैसे बैठाएँगे? वे आम राय और दृष्टिकोण कैसे विकसित करेंगे जो इंजीनियरों को दिशा दिखाता है? विचारों की गति के साथ हम इस प्रकरण को कैसे चलाएँगे? कौन ज़िम्मेदार है? अलग-अलग हितधारकों के बीच नैसकॉम की क्या भूमिका होगी?

आपको अनुमान लगाने की ज़रूरत नहीं पड़ेगी। इसका उत्तर मैं ही देता हूँ।

इसकी ज़िम्मेदारी ईकोसिस्टम के प्रत्येक हितधारक को उठानी होगी। हालाँकि, उद्यमियों को इसका नेतृत्व करना होगा और बदलाव के अग्रदूत की भूमिका निभानी होगी। सरकार को नीति, नियम और न्यायपालिका के स्तर पर सहयोग करना होगा। भले ही अभी क्रांति शुरू न हुई हो, तो भी हम उसके मुहाने पर आ चुके हैं, आख़िरकार दुनिया को हम जो सर्विस दे रहे हैं वो पारंपरिक व्यवस्था पर आधारित नहीं है और हम डीप टेक जैसी टेक्नोलॉजी के ज़रिए मुश्किल समस्याओं का समाधान तलाशने की कोशिश कर रहे हैं। भारतीय उद्यमी निडर हैं और उनके पास आमूलचूल परिवर्तन लाने वाले बिज़नेस मॉडल हैं। कुशल प्रतिभा की कोई कमी नहीं है और पूँजी भी सुलभ है। भारत की जनसांख्यिकी[2] से होने वाला फ़ायदा और गणित, तर्क व दुविधा की स्थिति में आगे बढ़ने की हमारी स्वाभाविक क्षमता से भारत के विकास की गति और तेज़ होगी।

यह ख़ुशी की बात है कि सरकार और नीति-निर्माता दोनों ने इस क्षमता को पहचान लिया है। हाल ही में वर्तमान सरकार में वाणिज्य मंत्री ने हमें 500 बिलियन डॉलर की इंडस्ट्री टॉप-लाइन हासिल करने की चुनौती दी। यह हमारी योजना से लगभग 30 प्रतिशत ज़्यादा था। उन्होंने कहा कि इसे हासिल करने के लिए आपको सरकार से पूरा सहयोग मिलेगा।

हमारा वर्तमान आधार 190 बिलियन डॉलर का है, इसमें जुड़ने वाला हर एक प्रतिशत हमारे पहले से तय किए ऊँचे लक्ष्य को और ऊँचाई पर ले जाता है।

यह लक्ष्य नैसकॉम के लिए एक प्रेरणादायक चुनौती है।

---

2 2030 तक भारत में काम करने वाले लोगों की संख्या में 90 मिलियन की बढ़ोतरी हो जाएगी। जबकि चीन में 51 मिलियन की कमी होने वाली है।

भविष्य में तेज़ गति से आगे बढ़ने के लिए हमारे पास स्किल डवलपमेंट, इनोवेशन और डिजिटल ट्रांसफोर्मेशन (कोविड-19 के बाद इसका महत्व बहुत बढ़ा है) का होना बहुत ज़रूरी है।

स्किल डवलपमेंट हमेशा से नैसकॉम की मुख्य चुनौती रहा है। भारत को विश्व का टैलेंट इंजन बनाने में स्किल डवलपमेंट की भी बहुत अहम भूमिका रहेगी।[3] हमने देश के बाहर से लोगों को 'इम्पोर्ट' करके प्रोजेक्ट मैनेजरों की कमी को पूरा किया था। हमें बेहतरीन गुणवत्ता सुनिश्चित करने के लिए ज़रूरी बीटा टेस्टर्स की कमी से जूझना पड़ा। उद्योग के विकास के साथ-साथ हमें उससे जुड़े कौशल का भी लगातार विकास करना पड़ा, चाहे बात जावा, ओरेकल और सैप की हो या पायथन जैसी ओपन सोर्स टेक्नोलॉजी की। समय के साथ हमें प्रतिभा के मामले में ज़्यादा सक्रियता दिखानी पड़ी।

भारत और आईटी उद्योग को इस बात का बहुत फायदा मिला कि हमने समय से पहले ही आगे होने वाले इनोवेशन को पहचान लिया। इसका इस्तेमाल कर हमने समय से अपने लोगों को ज़रूरी कौशल से लैस किया। इसका फायदा हुआ कि जैसे ही हमारे संभावित ग्राहकों को इस कौशल की आवश्यकता महसूस हुई, भारतीय आईटी उद्योग उनकी मांग पूरा करने के लिए तैयार था।

किसी भी उद्योग की प्रगति के लिए प्रतिभा-कौशल-शिक्षा-प्रशिक्षण-डिलीवरी के संपूर्ण चक्र का पूरा होना बहुत ज़रूरी है। हमने नैसकॉम में संस्थागत टेक्नोलॉजी शिक्षा के महत्व को बहुत जल्दी समझ लिया था और हमने इसे बढ़ाने की दिशा में काम किया। भारत के दो सबसे सफल शिक्षा कार्यक्रमों: एमसीए (MCA) और आईआईआईटी

---

3 राजीव बजाज की लिखी 'चाइनीज ड्रेगन', उन लोगों को ज़रूरी पढ़नी चाहिए जो भारत से वैश्विक उत्पाद बनाना चाहते हैं। nextbigwhat.com में 22-07-2020 को राजीव बजाज, एमडी, बजाज ऑटो, ने अपना विचार रखा कि कैसे बाइक बनाने वाली भारतीय कंपनियों ने न केवल भारतीय बाज़ार बल्कि अफ्रीका में भी चीन की समकक्ष कंपनियों को पछाड़ा। उन्होंने बताया कि कैसे बजाज ऑटो और टीवीएस ने जमीनी स्तर पर प्रतिभा को पहचान कर, उसे आगे बढ़ाया। उन्होंने बताया कि अगर हमें प्रतिस्पर्धी बने रहना है, तो हमें लंबे समय के लिए रिसर्च एंड डेवलपमेंट में निवेश करना होगा। हालांकि उन्होंने लेख में आईटी उद्योग को लेकर आलोचना की है लेकिन मेरा मानना है कि हमें ऑटोमोबाइल उद्योग से सीख लेकर प्रतिभा को पहचानने के तरीके में बदलाव लाने की ज़रूरत है।

(IIT) को लगातर बेहतर बनाने में हमने बहुत महत्वपूर्ण भूमिका निभाई। आईआईआईटी के लिए हमने सरकारों (राज्य व केन्द्र), उद्योग और शिक्षा जगत के साथ मिलकर काम किया। केन्द्र सरकार ने इसके लिए शुरुआती वित्तीय अनुदान दिया। राज्य सरकारों ने कैंपस में बुनियादी ढांचा बनवाया और उद्योग ने इसे चलाने के लिए वित्तीय मदद दी। हमने इसके संचालन के लिए व्यवस्था बनाने का सुझाव दिया। सरकार ने उस सुझाव को मानकर लागू किया। आज 23 आईआईआईटी (IIIT) संस्थानों में हर साल 3,400 से ज़्यादा छात्र दाखिला लेते हैं। देश में 1,730 से ज़्यादा कॉलेजों में एमसीए की पढ़ाई करवाई जा रही है। अभी यहां की लड़ाई और भी कठिन होने वाली है, क्योंकि आज व्यापार की दुनिया में सफलता हासिल करने के लिए तर्क और रचनात्मकता दोनों की ज़रूरत है।

शिक्षा और रोज़गार के बीच खाई को पाटने के लिए नैसकॉम ने एमईआईटीवाई (MITY) के साथ मिलकर 2020 में फ्यूचरस्किल्स प्राइम[4] पहल की शुरुआत की। शुरू करने के एक वर्ष के भीतर ही इसे इस्तेमाल करने वाले सक्रिय लोगों की मासिक संख्या 1,00,000 को पार कर गई है, और हमारा लक्ष्य इसे देश के प्रत्येक छात्र तक पहुंचाना है। मेरा मानना है कि इससे भविष्य की प्रतिभाओं को तैयार करने और भारत को दुनिया की प्रतिभाओं को निखारने के केन्द्र के तौर पर स्थापित करने में मदद मिलेगी। फ्यूचरस्किल प्राइम पहल बेहद सफल रही है और इसे यूनेस्को की व्यवसायिक शिक्षा रिपोर्ट में भी शामिल किया गया है। मेरा विश्वास है कि आगे आने वाले समय में आप इसके बारे में काफी कुछ सुनेंगे।

मानवीय रचनात्मकता, भावनात्मकता, सहानुभूति और बुद्धिमत्ता विकास के नए स्तंभ के तौर पर उभरेंगे और हमें उनका समर्थन करना चाहिए। एआई (AI), आईओटी (IOT), क्लाउड और साइबर सुरक्षा के क्षेत्र में हो रहे इनोवेशन से यह सुनिश्चित होगा कि हमारा बढ़त बनी रहेगी। ऐसे क्षेत्र भी हैं जहां पर हम कई गुना प्रगति कर सकते हैं। हमें इस क्षेत्रों में काम कर रहे उद्यमियों को पूरा सहयोग देना होगा।

---

4 वर्ष 2017 में जब टीम ने पहली बार इसके विचार को नैसकॉम एग्जीक्यूटिव काउंसिल के सामने रखा तभी से इस पहल का निरंतर विकास किया जा रहा है।

कोविड-19 महामारी की वजह से भी ऐसे मौके मिले जिनके बारे में पहले नहीं सुना गया था। भारत को बढ़ते डिजिटाइजेशन और रिमोट हब-एंड-स्पोक ऑपरेशन का सीधा फायदा मिला। इस डिजिटाइजेशन को इतनी तेजी और बेहतर तरीके से शुरू किया गया कि दुनियाभर के सारे लॉबिंग ग्रुप एक साथ मिलकर भी ऐसा नहीं कर पाते। जिन क्षेत्रों में डिजिटल बदलाव लाने की बात सोची भी नहीं जा सकती थी, उन्हें डिजिटल बनाया जा रहा था। पूरी दुनिया में बिजनेस ऑफशोरिंग की तरफ जा रहे हैं और अपने व्यापार का वैश्विकरण कर रहे हैं। वर्क फ्रॉम होम बहुत सारी कंपनियों का हिस्सा बन चुका है। अभी अपनी क्षमता को तेजी से बढ़ाने और बदलाव के लिए तैयार इन बिजनेस को सर्विस देने का बेहतरीन मौका है।

अगर हम अपने कार्यशैली में ये बदलाव करें, तो भारत के फिर से 'सोने की चिड़िया' बनने में कोई बाधा नहीं होगी।

लाखों टैक्नोप्रेन्योर[5]

आगे बढ़ने से पहले हमें हमारे सांस्कृतिक मुद्दों को हल करना होगा।

सबसे पहले, हमें मुश्किल में फंसे (या बंद हो चुके) कारोबारियों को अपराधी मानने की प्रवृत्ति को छोड़ना होगा, खासतौर से आईटी उद्योग में। आईटी की व्यवस्था जोखिम उठाने से जुड़ी है, इसलिए इसमें असफलता न केवल प्रत्याशित है बल्कि एक तरह से ज़रूरी है।

भारत में असफलता को धब्बे की तरह देखा जाता है, और यह हमारे जीवन के हर पहलू में दिखाई देता है। जब भी टीम इंडिया कोई मैच हारती है, तो खिलाड़ियों के जीवनसाथी या बच्चों पर भद्दी टिप्पणियां की जाती हैं।

---

5 मैं सोच समझकर या उद्यमी नहीं बल्कि टेक उद्यमी (टैक्नोप्रेन्योर) शब्द का इस्तेमाल कर रहा हूं। टेक उद्यमी टेक्नोलॉजी का फायदा उठाकर ऐसा प्रभाव पैदा करता है कि उसका असर बहुत से लोगों पर पड़ता है। मैं यह भी कहना चाहता हूं कि कोई भी विचार, स्टार्ट-अप, या उद्यमी छोटा नहीं होता। हर विचार में दुनिया को बेहतरी की तरफ ले जाने की क्षमता होती है। अगर आपके दिमाग में कोई विचार चल रहा है, चाहे वह कितना भी छोटा या बेतुका क्यों न हो, आपको उस पर भरोसा करके उसे वास्तविकता में बदलने की कोशिश करनी चाहिए।

दुनिया आपकी सफलता का जश्न मनाती है, लेकिन असफलता के साथ कोई नहीं खड़ा होता। हमें इस पर ज़्यादा बात करनी होगी कि सफलता पाने के लिए असफल होना ज़रूरी है, और इस तरह हम समाज में बदलाव ला सकते हैं। हमें शायद माता-पिताओं को शिक्षित करना होगा ताकि अगली पीढ़ी अपने लक्ष्यों की पाने की दिशा में बढ़ते हुए असफलता को संभलाने के लिए तैयार हो सके।

असफता की कई वजहें हो सकती हैं: सरकारी कार्यप्रणाली की अनिश्चितता, कमज़ोर बाज़ार, ऐसे विचार जो अपने समय से आगे हैं या ख़राब व्यवसायिक निर्णय। इन बातों पर अक्सर उद्यमी का नियंत्रण नहीं होता।

बड़ी, जोखिम वाली परियोजनाओं के लिए ज़रूरी है कि हम कठिन समस्याओं के समय जल्दी असफल हो जाएं। अमेरिका जैसे विकसित देश और गूगल जैसी कंपनियों में असफलता का भी जश्न मनाया जाता है और उन्होंने असफल होने पर पुरस्कार देने की संस्कृति विकसित की है। वे लगातार ऐसी बड़ी परियोजनाओं, जिन्हें मून शॉट्स कहा जाता है, पर काम करते हैं जिनमें न केवल कंपनी बल्कि पूरी दुनिया को बदलने की क्षमता होती है। ये परियोजनाएं जोखिम से भरी होती हैं और समय के साथ असफल होने पर लगने वाला खर्च भी बढ़ता चला जाता है। इसलिए ज़रूरी है कि असफलता से जुड़े बिन्दुओं का जल्दी पता लगा लिया जाए। जल्दी असफल होने की सोच को बढ़ावा देने के लिए, वे इन परियोजनाओं की विफलता की वजह तलाश करने के लिए पुरस्कार देते हैं। इस तरह ये कंपनियां असफलता के दम पर आगे बढ़ती हैं। अगर हम ऐसा भारत में कर पाएं तो सोचिए इससे देश के भविष्य और जोखिम उठाने की क्षमता में कितना बदलाव आ सकता है।

जल्दी असफल होने का दृष्टिकोण हमारे अंदर से मज़ाक उड़ने के डर को निकाल देता है और इस तरह का वातावरण तैयार होता है जिसमें हर विचार का सम्मान होता है। मैं कहना चाहता हूं कि असफलता से ही इनोवेशन जन्म लेता है। किसी ने मुझे कहा था, 'उत्साही संशयवाद असीम आशावाद का सहयोगी है, दुश्मन नहीं। इससे हर विचार में सम्भावना सामने आती है।' यह बात तब से मेरे दिमाग में है।

असफला से जुड़े व्यापक कलंक के बावजूद 2000 के दशक की शुरुआत में, नैसकॉम ने स्टार्ट-अप्स के महत्व को समझा और उन्हें आगे बढ़ाने का फैसला किया।

इसमें समय लगा, लेकिन 2010 तक इस पहल के फायदे नज़र आने लगे, जब हमने स्टार्ट-अप्स की नई लहर इंटरनेट और घरेलू बाज़ार पर छाते देखी।

तभी 10,000 स्टार्ट-अप्स की पहल के बारे में सोचा गया। उस समय गूगल इंडिया के एमडी, राजन आनंदन के नेतृत्व में भारत के स्टार्ट-अप ईकोसिस्टम को उत्प्रेरित करने की कोशिश की गई। इसके तहत अगले दस वर्षों में टैक्नोप्रेन्योर को सक्षम बनाने और 10,000 टेक्नोलॉजी स्टार्ट-अप्स को बढ़ावा, वित्तीय मदद व सहयोग देने की बात सोची गई।

कुछ लोग इस पहल को लेकर भी नकारात्मक थे, उन्होंने कहा कि नैसकॉम यह सब क्यों कर रहा था। उन्हें आश्चर्य था कि क्या नैसकॉम के पास उसके इन हज़ारों उद्यमों की अपेक्षाओं को पूरा करने की क्षमता थी। हमने उन्हें समझाया कि सर्विस उद्योग की भलाई के साथ कोई समझौता नहीं किया जाएगा, लेकिन इसे नज़रअंदाज़ नहीं किया जा सकता था। आगे जाकर यह भारत को उत्पादों का देश बनाने की हमारी सोच के साथ जुड़ गया।[6]

हालांकि स्टार्ट-अप्स के साथ जुड़ना चुनौतीपूर्ण रहा। वे हमारे कार्यक्रमों में शामिल होते थे, लेकिन हमारे साथ सदस्य के तौर पर जुड़ने को लेकर शंका में थे। उनके सदस्य बने बिना, हमें उन्हें दिशा दिखाने या सार्थक तरीके से उनके मुद्दों को सुलझाने में परेशानी हो रही थी। इसके अलावा, इनमें से कुछ स्टार्ट-अप्स नैतिकता से जुड़े मामले और गवर्नेंस के मामले में बेदाग नहीं थे। मीडिया इन कंपनियों की सफलता को बढ़ा-चढ़ाकर दिखाता था और मुख्य मुद्दे पीछे रह जाते थे। हमें उस ईकोसिस्टम के बारे में ज़्यादा जागरूक होने की ज़रूरत है जिसमें हम काम करते हैं।

इसके अलावा, किसी खास डोमेन में बड़े निवेशकों के एकाधिकार का भी मुद्दा था। बिना सोचे-समझे बेहिसाब पैसा निवेश करके ये निवेशक इनोवेशन को दबा देते थे और

---

6 हालांकि भारत ने सर्विस व्यवसाय में बहुत अच्छा किया, लेकिन हम अभी भी उत्पाद के मामले में पीछे हैं। इसके कई कारण हैं। एक वजह है कि सर्विस की तुलना में उत्पाद तैयार करने के लिए बिल्कुल अलग तरह की प्रतिभा और स्वभाव की ज़रूरत होती है। इनके बिजनेस मॉडल बुनियादी तौर पर अलग हैं। इसमें निवेश की ज़रूरत भी अलग तरह की है। इसका रिस्क-रिवॉर्ड रेशो भी हमारे हक में नहीं है। उत्पाद और सर्विस को लक्ष्य बनाकर काम करने वाली टीम व कंपनियां भी संस्कृति के मामले में पूरी तरह अलग होती हैं। मैं तो कहूंगा कि हमारे अंदर उत्पाद के मामले में बेहतर कर दिखाने की इच्छाशक्ति ही नहीं है।

पूरा ईकोसिस्टम घुट जाता था। मैंने पिछले कुछ समय में ऐसी कई कहानियां सुनी हैं और उन्हें सुनकर मुझे बहुत निराशा हुई।

इसके अलावा, नैसकॉम में हमारे अनुभव से हमने सीखा कि किसी उद्योग की तरफ से सरकार से स्पष्ट और एक दृष्टिकोण से बात करनी चाहिए।

जब मैं आज के स्टार्ट-अप्स की तरफ देखता हूं तो मुझे ऐसे बहुत ज़्यादा युवा, स्टार्ट-अप्स, कंपनियां या यूनिकॉर्न नहीं मिले, जो अपनी वर्तमान कंपनी से अलग हटकर कुछ सोचना चाहते हों। उन्हें बड़े सपने देखना सीखना होगा। उन्हें अपनी आपसी प्रतिद्वंदिता को छोड़कर साथ आना होगा और अपने उद्योग के लिए एक आवाज़ में बात करनी होगी। इसके बाद ही वे स्वस्थ ईकोसिस्टम तैयार करने के लिए सरकार के साथ मिलकर काम कर पाएंगे। यह याद रखना होगा कि कोई कंपनी चाहे कितनी भी बड़ी हो, वह अकेले इसे नहीं कर सकती। यह भी सच है कि पहले कंपनियों, सरकारों और उनके लीडर्स के प्रयासों से कुछ उद्योगों ने उत्कृष्टता[7] हासिल की है, लेकिन विकासशील से विकसित देश बनने के लिए हमें ऐसे बहुत सारे प्रयास करने होंगे।

मैं इस बात को समझता हूं कि ज़्यादातर मुद्दों पर आम राय तैयार करना किसी भी उद्योग के लिए आसान नहीं है।[8] लेकिन इस पर ध्यान देने की ज़रूरत है और सॉफ्टवेयर सर्विस उद्योग में नैसकॉम ने इस लक्ष्य को हासिल किया है। इसलिए 'कोई निजी एजेंडा नहीं' और 'ब्रांड इंडिया पर ध्यान' केवल बातें नहीं है। ये वे मूल्य और ढांचा है, जिन्हें किसी भी उद्योग में अपनाया जा सकता है। हमने इसे आईटी उद्योग में करके दिखाया है लेकिन अगर भारत के भविष्य को सुरक्षित बनाना है तो हमें कई दूसरे उद्योगों में इसे करके दिखाना होगा।

---

7 जे.आर.डी. टाटा ने जमशेदपुर शहर बसाया, जो झारखंड में है। शरद पवार ने महाराष्ट्र में बारामती को औद्योगिक केन्द्र के तौर पर विकसित किया। चंडीगढ़ और गांधीनगर जैसे शहरों का निर्माण भी सत्ताधारी नेताओं के प्रयासों से ही हुआ था।

8 महाराष्ट्र के वरिष्ठ आईएएस अधिकारी ने मुझसे कहा था, 'स्टार्ट-अप्स और एमएसएमई बीते समय के शाही घरानों की तरह हैं। वे लगातार एक दूसरे से लड़ने में लगे रहते हैं और उनके सामने दिखाई दे रही बड़ी लड़ाई के लिए एकजुट होते नहीं दिखाई देते। हमारे स्टार्ट-अप्स चीनी और अमेरिकी पैसे पर पल रहे हैं और भारत को लड़ाई का मैदान बना रहे हैं।' मेरा मानना है कि वह गलत नहीं कह रहे थे।

जब आप भविष्य के बड़े लक्ष्य के लिए एक साथ मिलकर सोचेंगे तभी आप एक आवाज़ में अपने उद्योग के लिए बात कर पाएंगे। उसके बाद उद्योग से जुड़ी नीतियों को बनाने के लिए सरकार का सहयोग लिया जा सकता है। आखिर, किसी उद्योग के सामने आने वाली नई-नई चुनौतियों पर नज़र रखना सरकार का काम नहीं है। सरकार का काम उसके सामने रखी गई जानकारियों को समझकर देश के हित में बेहतरीन नीति निर्माण करना है। नीतियां ऐसी होनी चाहिएं, जिनका प्रभाव लंबे समय तक रहे, जिनसे आगे बढ़ने के समान और निष्पक्ष मौके मिलें और नई कंपनियों को खड़े होने के अवसर मिलें।

मैं कहना चाहता हूं कि एक आवाज में बात उठाने की मेरी सलाह को बातचीत की प्रक्रिया में रुकावट डालने वाला समझा जाएगा, तो यह बहुत दुर्भाग्यपूर्ण होगा। एक आवाज में बात रखने और एक ही नजरिए से बात रखने में बहुत बारीक अंतर है। एक आवाज में बात रखने का मतलब है कि कंपनियों का समूह अपने साझा दृष्टिकोण को हितधारकों के सामने रखता है। यह दृष्टिकोण आपसी बातचीत, बहस और हिस्सेदारों के अलग-अलग विचारों को साथ लेकर बनता है। इसके अलावा, इन विचारों में बहुत जल्दी-जल्दी बदलाव हो सकते हैं, खासतौर से स्टार्ट-अप्स के लिए, क्योंकि उद्योग अभी तेजी से विकास कर रहा है।

इन युवा उद्यमियों से हुई बातचीत से मुझे पता लगा कि उनकी अलग-अलग अपेक्षाएं हैं। वे तुरंत कार्रवाई चाहते हैं और अक्सर उनमें सफल पार्टनरशिप को चलाने के लिए ज़रूरी धैर्य की कमी होती है। ज़्यादा से ज़्यादा वे लोग अपना गुस्सा निकालने के लिए सरकार को ट्वीट करेंगे और कुछ रिट्वीट आने से खुश हो जाएंगे। शेखर ने भी इसी तरह की चीज पर ध्यान दिलाया और कहा, 'उन्हें सुने जाने (being heard) और सुने जाने (being listened) के बीच के अंतर को समझना होगा'। सरकार को उनकी समस्या के बारे में जानकारी तो हो जाती है, लेकिन पक्की कार्रवाई के लिए संवाद की रणनीति और प्रक्रिया की ज़रूरत होती है।

मैं चाहता हूं कि नैसकॉम, टीआईई और ऐसे दूसरे संगठन देश में दस लाख टेक्नोप्रेन्योर बनाने के बड़े उद्देश्य के लिए काम करें। इनमें से 50 प्रतिशत महिलाओं, ग्रामीण इनोवेटर्स, सामाजिक उद्यम और इंट्राप्रेन्योर[9] जैसे कम प्रतिनिधित्व वाले समूह

---

9 इंट्राप्रेन्योर्स ईकोसिस्टम में महत्वपूर्ण भूमिका निभाएंगे क्योंकि यह समूह अपने नियोक्ताओं को ऐसे नए क्षेत्रों और सर्विस लाइन्स में ले जाएगा, जो फिलहाल मौजूद नहीं हैं। इन्हें इंटरप्रेन्योर

से आने चाहिएं। इसके अलावा, हमें टेक्नोप्रेन्योर्स को इनोवेशन पर आधारित उद्यम खड़ा करने के लिए प्रोत्साहित करना चाहिए। उन्हें फार्मा, मैन्युफैक्चरिंग, बैंकिग और ऐसे दूसरे अलग-अलग तरह के क्षेत्रों को सेवाएं देनी चाहिए। इन्हें बढ़ावा देने के लिए, भविष्य को परिभाषित करने वाले स्टार्ट-अप्स पर ध्यान केन्द्रित करने पर खास ध्यान दिया जाना चाहिए।

इन स्टार्ट-अप्स को समावेशी समाज का निर्माण करना चाहिए, ताकि विकास से वंचित लोगों तक भी विकास का असर पहुंचे। मैंने एक सूची बनाई है कि इन स्टार्ट-अप्स को कैसे काम करना चाहिए। इनमें से कम से कम 10 प्रतिशत को डीप टेक में काम करना चाहिए। कम से कम 25 प्रतिशत में महिलाएं संस्थापक होनी चाहिएं। 50 प्रतिशत से ज़्यादा महिला कर्मचारियों वाले स्टार्ट-अप्स को विशेष प्रोत्साहन मिलना चाहिए। कम से कम 10 प्रतिशत स्टार्ट-अप्स की लीडरशिप टीम में दिव्यांग होने चाहिएं।

भविष्य की शुरुआत करने और पिरामिड के निचले वर्ग तक लाभ पहुंचाने के लिए हमें इस तरह के विविधता से भरे प्रतिनिधित्व की ज़रूरत है।

प्री-इम्पटिव, सहयोगपूर्ण नीतिनिर्माण के साथ पार्टनरशिप

कोविड-19 जैसे संकट से इसलिए निपटा जा सका क्योंकि टेक्नोलॉजी के कारण सहयोगपूर्ण रिसर्च, सूचनाओं का तुरंत आदान-प्रदान और तुरंत प्रभावों का आकलन संभव हो पाया। मानवीय इतिहास में पहली बार इतनी तेजी से वैक्सीन का निर्माण किया गया। इसके अलावा, हमने पूरी दुनिया में इसकी मैन्युफैक्चरिंग को फैलाया और उन केन्द्रों के जरिए वैक्सीन को पहुंचाया। यह वैश्विक व सहयोगी व्यापारिक तरीकों के कारण संभव हुआ, जिसे मजबूत सूचना तंत्र का साथ मिला। अगर भारत में टेक्नोलॉजी का बुनियादी ढांचा पहले से इतना मजबूत नहीं होता तो वैक्सीन देने का डिजिटल-फर्स्ट तरीका लागू नहीं किया जा सकता था। मेरा अनुमान है कि अगर कोविड-19 पचास वर्ष पहले आया होता तो दुनिया की आबादी का बड़ा हिस्सा खत्म हो चुका होता। टेक्नोलॉजी ने साबित

इन रेजिडेंस (ईआईआर) भी कहा जाता है, ये पेशेवर अपने मूल संस्थान के भीतर स्टार्ट-अप की तरह काम करते हैं और खुद के साथ शेयरधारकों और पूरे ईकोसिस्टम को बेहतर बनाते हैं। नौकरी पाने वालों से नौकरी देने वाला बनने से भारत की समस्याओं का समाधान हो सकता है।

किया है कि वह बदलाव लाने का वाहक बन सकती है, नीति निर्माण में सहयोग दे सकती है और लोगों की जान बचाने में काम आ सकती है।

चाहे टेक्नोलॉजी में महारत हासिल कर चुके स्कूली छात्र हों या वीडियो के ज़रिए बात करने का तरीका सीख रहे वरिष्ठ नागरिक, समाज का कोई भी हिस्सा टेक्नोलॉजी के प्रभाव से अछूता नहीं है। टेक्नोलॉजी को अपनाने की दर के सामने तो हॉकी की स्टिक भी सीधी दिखाई देने लगी है।

बिना ज़्यादा सोच विचार किए टेक्नोलॉजी से जुड़े बड़े सुधारों को लागू करने और देश के भाग्य को बदलने के लिए बड़े बदलाव लाने का यह सबसे सही समय है। टेक्नोलॉजी के बुनियादी ढांचे के आधार पर बड़े कदम उठाने और टेक्नोलॉजी से जुड़े स्वदेशी इनोवेशन को आगे बढ़ाने का यह बिल्कुल सही समय है।

सरकार को पहले से कदम उठाने चाहिएं और ऐसी नीतियां बनानी चाहिएं कि उद्यमी और हितधारक वैज्ञानिक सोच पर आधारित समाज बनाने के लिए उत्साहित हों। वास्तव में, नैतिक व्यवहार को लागू करने में टेक्नोलॉजी की बड़ी भूमिका है और भारत की समस्याओं का यही समाधान है।

हमें यहां दोहरे दृष्टिकोण से काम करना होगा, एक तरफ, हम टेक्नोलॉजी के मौजूदा बुनियादी ढांचे को मजबूत बनाने का काम करेंगे, तो दूसरी तरफ, रिसर्च एंड डेवलपमेंट में निवेश, मौलिक रिसर्च और अप्लाइड रिसर्च की क्षमता को बढ़ाएंगे। इससे हमारा देश साइबर सुरक्षा जैसे क्षेत्र में ज़्यादा आत्मनिर्भर बनेगा। साइबर सुरक्षा देश के विकास और संप्रभुता के लिए बहुत आवश्यक है। वास्तव में, सरकार को कुछ ऐसे क्षेत्रों की पहचान करनी चाहिए जहां टेक्नोलॉजी का इस्तेमाल करने से देश की बड़ी समस्याओं का हल निकाला जा सके और साथ ही टेक्नो-उद्यमियों को सहयोग करना चाहिए क्योंकि वे ऐसे समाधान तैयार करते हैं जिनका व्यापक प्रभाव पड़ता है।

मेरा मानना है कि प्री-इम्पटिव व सलाह के आधार पर नीति-निर्माण टेक्नोलॉजी के क्षेत्र को आगे बढ़ाने में अहम भूमिका निभाएगा क्योंकि यह क्षेत्र लगातार जटिल होता जा रहा है और इसमें वैश्विक कंपनियों की भागीदारी बढ़ रही है। घरेलू और छोटे व्यवसायों को आगे बढ़ने के समान अवसर देना बहुत ज़रूरी है। प्रत्येक सूक्ष्म, लघु और मध्यम उद्यम (एमएसएमई) को टेक्नोलॉजी का इस्तेमाल करने और रिसर्च एंड डेवलपमेंट पर ध्यान देने के लिए प्रोत्साहित किया जाना चाहिए।

सरकार और नीति निर्माण को सहयोग देने के लिए उद्योग को भी अपने हिस्से का काम करना होगा। ऐसे वातावरण की कल्पना करें जहां उद्योग भागीदारी से मना कर दे और प्री-इम्पटिव नीति निर्माण का विरोध करे और फिर भी नए टेक्नोलॉजी उत्पाद को बाज़ार में लाने के लिए मेहनत करना जारी रखे। क्या हो, अगर सरकार अचानक नई टेक्नोलॉजी के खिलाफ नीतियां लागू कर दे? क्रिप्टोकरेंसी पर पूर्ण प्रतिबंध ऐसा ही एक उदाहरण है[10]। टेक्नोलॉजी के उभरते सितारे बन रहे उद्यमी रातों-रात अपराधी बन गए। ऐसे पूर्ण प्रतिबंध अक्सर उद्योग से बात किए बिना लगाए जाते हैं, जिससे अविश्वास बढ़ता है और ऐसी स्थिति आखिरकार विनाश का कारण बनती है।

भारत में नीतियां हमेशा से इनोवेशन से एक कदम पीछे रही हैं। एक बार उद्योग एक विशेष स्तर तक पहुंच जाता है तो नीति अपने आप उसका अनुसरण करती है। सॉफ्टवेयर व्यवसाय में काम रहे हमारे जैसे कई लोगों ने एक दूसरे के साथ और सरकार के साथ मिलकर काम करने का नाजुक संतुलन हासिल करने के लिए कड़ी मेहनत की है। एक तरह तो हमने उन्हें हमें माइक्रोमैनेज करने से दूर रखा, और दूसरी तरफ, हमने उनके साथ नजदीकी से काम किया और उनका समर्थन भी हासिल किया। उस दौरान, लेबर आर्बिट्राज हमारा प्रमुख हथियार था, और वह प्रतिस्पर्धा का सामना करने के लिए काफी था। इसके बिल्कुल विपरीत, आज एक उद्योग के भीतर भी कंपनियां एक-दूसरे से बात नहीं करती हैं। तो ऐसे में वे सरकार को कैसे बुलाएंगी और प्री-इम्पिटव व सलाहकारी नीति निर्माण पर सरकार से कैसे बात करेंगी?

इसके साथ ही आईपी सुरक्षा का भी मसला है। हालांकि, इनोवेशन के लिए स्वतंत्रता की ज़रूरत होती है, साथ ही इसे आगे बढ़ने के लिए आईपी सुरक्षा भी चाहिए। यह सुरक्षा स्वतंत्र न्यायपालिका से मिल सकती है जो त्वरित न्याय देने में समक्ष हो। फिर,

---

10 2018 में भारतीय रिजर्व बैंक ने भारतीय बैंकों पर क्रिप्टोकरेंसी लेन-देन की सुविधा देने पर पाबंदी लगा दी, इससे अपने शुरुआती दौर में रहा यह उद्योग संकट में फंस गया। हालांकि, 2020 में सुप्रीम कोर्ट ने यह प्रतिबंध हटा दिया। तब से नियामकों और नीति निर्माताओं की तरफ से मिले-जुले संकेत दिए जा रहे हैं। इस किताब को लिखते समय भी, हालांकि बहुत सारे क्रिप्टो स्टार्ट-अप्स यूनिकॉर्न का दर्जा हासिल कर चुके हैं, इस उद्योग को दिशा दिखाने या निवेशकों के पैसे की सुरक्षा के लिए कोई औपचारिक नियामक ढांचा नहीं है।

न्यायपालिका को भी पता लगेगा कि अगर वे अलग-अलग विचारों की जगह एक आवाज में बात रखते हैं तो क्या करना है।

आज बदलाव की गति को देखते हुए ऐसी सरकार की ज़रूरत है, जो लंबे समय के लिए निवेश को तैयार हो, भले ही आने वाले दस या पंद्रह साल में उससे कोई साफ रिटर्न न हासिल हो। अक्सर, कई नई टेक्नोलॉजी तेजी से व्यवसायीकरण का वादा नहीं कर सकतीं। ऐसे में अक्सर निजी क्षेत्र को प्रमुख टेक्नोलॉजी का इस्तेमाल छोड़ना पड़ता है जो मजबूत भविष्य के लिए ज़रूरी हो सकती है। सरकारी सहयोग से, उद्योग, शैक्षिक संस्थान, और रिसर्च एंड डेवलपमेंट समूह भविष्य में फलने-फूलने के लिए आवश्यक ज़बरदस्त क्षमता हासिल कर सकते हैं।

मैं कहना चाहता हूं कि नियोजित अर्थव्यवस्था की मानसिकता से उपजे हैंगओवर में बदलाव लाने की ज़रूरत है। जंग लगी नौकरशाही को चमकाने और तेज करने की ज़रूरत है। सरकार को आंतरिक रूप से क्षमता निर्माण के तरीके खोजने की ज़रूरत है। अधिकारियों के वर्तमान और भविष्य के कौशल में कमी को समझने के लिए काम किया जाना चाहिए। जैसा हम निजी क्षेत्र में करते हैं, उसी तरह प्रतिभाओं को 'बिल्ट, बाय और बोरो (build, buy and borrow)' के जरिए बढ़ावा देने की जरूरत है। भविष्य की सोच रखने वाले अधिकारियों को प्रोत्साहित और पदोन्नत किया जाना चाहिए। निजी उद्यमों, एनजीओ और दूसरे संस्थाओं से उधार लेकर सरकार को लेटरल स्किल को भी काम में लेना चाहिए। मैं जानता हूं कि सुनने में यह आदर्शवादी लगेगा, लेकिन सरकार के भीतर विभिन्न विभागों को सहयोग के लिए प्रोत्साहित करने से भी फायदा मिलेगा। पूरी बातचीत को 'नियम निर्धारण' से हटकर 'अपवाद निगरानी' की ओर ले जाने की जरूरत है। अगर आप हमेशा 'नियम बनाने' में लगे रहेंगे, तो यह हमेशा बातचीत के स्तर पर ही रहेगी, और इससे देश को ऐसा नुकसान होगा शायद जिसकी भरपाई भी होना मुश्किल होगा।

टेक्नोलॉजी की दुनिया केंद्र, राज्य, शहर और यहां तक कि ग्राम पंचायत स्तरों के विभिन्न स्तरों तक भी पहुंच गई है। सरकार एक नियामक, नीति निर्माता, ईकोसिस्टम के निर्माता और आखिरकार, आईटी उत्पादों, समाधानों और सेवाओं के उपभोक्ता की भूमिका निभाती है। इस प्रकार सरकार को गहराई से समझने और इनसाइट्स के लिए एनालिटिक्स और एआई का उपयोग करके अपनी निर्णय लेने की प्रक्रियाओं को विकसित करना चाहिए।

इसके अलावा, हालांकि नियम और कानून स्थानीय हैं, बहुत सारी टेक्नोलॉजी अब वैश्विक है और भौगोलिक सीमाओं को पहले की तुलना में भेदना आसान है। पक्षियों की उड़ान व नदियों के बहाव से हवाओं के बहने की दिशा तक, कोई भी प्राकृतिक घटना इन सीमाओं से नहीं बंधी है। हाल में आत्मनिर्भरता को लेकर बढ़े रुझान को प्रकृति से प्रेरणा लेनी चाहिए और सीमाओं के आर-पार आना-जाना आसान होना चाहिए।

आत्मनिर्भरता को लेकर मेरी सोच लोकप्रिय सोच से अलग लग सकती है।

हालांकि, सैद्धांतिक तौर से आत्मनिर्भरता अच्छी है, लेकिन हम निर्यात में आत्मनिर्भर नहीं हो सकते। हमें परस्पर निर्भरता को लक्ष्य बनाना चाहिए। टेक्नोलॉजी की जटिल और परस्पर जुड़ी प्रकृति के कारण, हम हर तरह के उत्पाद निर्माण में कभी भी आत्मनिर्भर नहीं बन सकते। और हमें ऐसा नहीं करना चाहिए। हमें हमारी ताकत को तलाश करके उस पर ध्यान देना चाहिए। दूसरी चीजों के लिए हम दूसरे देशों के साथ पार्टनरशिप, सहयोग और जॉइंट वेंचर लगा सकते हैं। पूरी दुनिया में कोविड-19 वैक्सीन का रोलआउट आत्म-निर्भर और परस्पर निर्भरता का बेहतरीन उदाहरण है।

हमें आत्मनिर्भरता के विचार से इतना भी प्रभावित नहीं होना है कि हम इनोवेशन व मुक्त-बाज़ार के सिद्धांतों को ही दबा दें। हमारी नीति ऐसी होनी चाहिए जो हमारे प्रमुख स्रोत व बाज़ार रहे देशों के साथ काम करने को बढ़ावा दे। हमें व्यवस्थित साझा समाधान तलाशने चाहिएं।

बेहतरीन सहयोगी और साझेदारियों[11] वाले देश सही मायने में आत्मनिर्भर हैं और हमें भी इस तरफ प्रयास करना चाहिए।

दूसरा आयाम यह है कि टेक्नोलॉजी से जुड़ा नीति-निर्माण अक्सर विशेष, साइलो डोमेन से परे होता है। हाई-टेक्नोलॉजी से जुड़े नीति निर्माण के मामले में नैतिकता को ध्यान में रखने की सलाह दी जाती है। उदाहरण के लिए, सेल्फ ड्राइव कारों में नैतिकता से जुड़े ऐसे पैमाने डालने की ज़रूरत है कि वे एक सेंकड़ से भी कम समय में सही निर्णय

---

11 हमारे पड़ोसी देश चीन के साथ हमारे पास मौका है। मैं राजनीतिक विशेषज्ञ नहीं हूं, लेकिन पिछले चार दशकों में चीन राजनीतिक उद्देश्य और व्यापार में प्रगति के मामले में ताकतवर देश के तौर पर उभरा है। मेरा मानना है कि वह वैश्विक महाशक्ति और वैश्विक व्यापारिक केन्द्र, दोनों के तौर पर आगे बढ़ता रहेगा। जब वैश्विक मंचों पर चीन अपना दबदबा दिखाए तो हमें उस पर करीबी नज़र रखनी चाहिए। मेरा तो यहां तक कहना है कि चीन और भारत को मज़बूत पार्टनरशिप निभाते हुए परस्पर निर्भर बनना होगा।

ले सकें। जैसे, दुर्घटना के मामले में मिलिसेकंड भी महत्वपूर्ण होता है, हो सकता है कि सेल्फ-ड्राइविंग कार को दुर्घटना के समय टकराते समय सड़क पर किसी छोटे बच्चे या सड़क पार कर रहे बुजुर्ग के बीच चुनाव करना पड़े। क्या वाहन उस समय नुकसान के आर्थिक प्रभाव को ध्यान में रखेगा या मानवीय दया से निर्णय लेगा? ऐसे निर्णयों से जुड़े कोड कौन तैयार करेगा? प्रोग्रामर्स? या लोगों का प्रतिनिधित्व करने वाली सरकार? प्री-इम्पटिव नीति-निर्माण के समय ये सब दुविधा सामने आती हैं।

गोपनियता और डेटा-सुरक्षा कानून का ही मामला लें। जनरल डेटा प्रोटेक्शन रेगुलेशन (जीडीपीआर) जारी करके यूरोप पहले ही अपनी स्थिति साफ कर चुका है और इसे 2018 में लागू किया जा चुका है। उसी वर्ष मैं एक युवा उद्यमी से मिला, जिसे जर्मनी में अपना प्रोजेक्ट खोना पड़ा क्योंकि जीडीपीआर को लेकर भारत की स्थिति साफ नहीं थी।

यतीश राजावत[12] के साथ मेरी एक बातचीत के दौरान, उन्होंने सोचने लायक बात कही। उन्होंने कहा, 'आगे के कुछ दशक तीन डी–डेटा, डिज़ाइन और डिजिटल के होंगे। इनमें से कोई भी सीमा में नहीं बधा है। व्यापार और राष्ट्रों का भाग्य डेटा के संग्रह और एकीकरण पर निर्भर करेगा। व्यापार की सफलता में सही नीति निर्माण और व्यापार से जुड़ा वातावरण बहुत महत्वपूर्ण भूमिका निभाएगा। देशों की प्रतिस्पर्धात्मक बढ़त तीन बातों से तय होगी कि उद्यमी डेटा संसाधनों का निर्माण कैसे करते हैं, वे डिजिटल बुनियादी ढांचा कैसे तैयार करते हैं जो विज्ञापन-आधारित व्यवसाय मॉडल से कहीं अधिक बातों पर निर्भर करता है, और वे वैल्यू उत्पन्न करने के लिए मानवीय पूंजी का इस्तेमाल कैसे करते हैं। नैसकॉम जैसे उत्प्रेरक संगठनों को देश की सीमाओं से परे जाकर देखना होगा और डेटा व बुनियादी ढांचे के लिए पूरे एशिया के स्तर पर स्वस्थ और जीवंत ईकोसिस्टम बनाना होगा, क्योंकि अब राष्ट्रीय सीमाएं एशियाई देशों की आकांक्षाओं को पूरा करने के लिए काफी नहीं हैं।'

मैं इससे पूरी तरह समहत हूं। ऐसे दसियों दूसरे डोमेन हैं जिनके बारे में भारत के नीति निर्धारकों ने अभी सोचा भी नहीं है।

---

12 यतीश पब्लिक-पॉलिसी विशेषज्ञ, जाने-माने पत्रकार और रिसर्चर हैं। अपने करियर के दौरान उन्होंने *इकोनोमिक टाइम्स*, *द टाइम्स ऑफ इंडिया*, *दैनिक भास्कर*, डीएनए और ऐसे कई दूसरे संगठनों के साथ काम किया है।

जब मैं यह किताब लिख रहा हूं, उसी समय एक लोकप्रिय फूड डिलीवरी एप ने घोषणा कि है कि उसे उम्मीद है कि उसके डिलीवरी एग्जीक्यूटिव्स की जगह ड्रोन ले लेंगे। इस निर्णय के असर भी होंगे। डिलिवरी करने वाले हज़ारों लोगों की नौकरी जा सकती है, और उन ड्रोन्स पर लगे कैमरों से निजता उल्लंघन की भी समस्या खड़ी होगी।

दूसरे पहलू में आइए इंटरनेट पर बात करते हैं। एक तरफ, यह आज का सबसे बेहतरीन स्कूल है, और दूसरी तरफ, यह लोगों के बीच गलत जानकारी फैलाने का साधन भी बन रहा है। दुनिया में कोई संस्था ये दावा नहीं कर सकती कि इंटरनेट को झूठ में नहीं बदला जा सकता! डीप फेक का ही मामला लीजिए। वे लोग कैमरे और विडियो पर भरोसा करने वाली पूरी न्यायिक व्यवस्था को पंगु बना रहे हैं!

युवा और बैचेनी

आप चाहें मेरी उम्र को इसका दोष दें, मेरे अनुभव को इसका श्रेय दें या इसे दुनिया के तौर-तरीकों का नाम दें, मैं युवाओं के साथ काफी समय बिताता हूं। वे अपने विचारों पर मेरी राय जानने और अक्सर अपने स्टार्ट-अप के लिए समर्थन लेने मेरे पास आते हैं। मैं अक्सर उनके विचारों की स्पष्टता और सफलता पाने की प्रबल इच्छा को देखकर चकित रह जाता हूं। आज के ये युवा सही मायने में बेचैन हैं। हमें इनोवेशन से जुड़ी चुनौतियों का सामना करने, साहसिक कदम उठाने और आगे बढ़ने के लिए ऐसे ही युवाओं की ज़रूरत है।

तेजी से आगे बढ़ने के लिए एक देश के तौर पर हमें हमारी सोच में बदलाव लाना होगा। हमारे पूर्वजों ने बहुत से अभावों का सामना किया और अभावों के साथ जीने की वही सोच हमें भी विरासत में मिली है। हम हमारे निर्णय इसी सोच के तहत लेते हैं। इसलिए हमारी जोखिम उठाने की क्षमता बहुत कम है। इस तरह के समाज को सर्विस बिजनेस बहुत आकर्षक लगता है क्योंकि इसमें साल-दर-साल बढ़िया मुनाफा कमाया जा सकता है। इससे नौकरियां पैदा होती हैं, देश की विदेशी करेंसी में सुधार आता है और समाज का भी भला होता है।

हमारी संस्कृति की अनोखी बात यह है कि हम इनोवेटर नहीं है, लेकिन हम परिस्थितियों के अनुसार खुद को बहुत जल्दी ढाल लेते हैं।

परिस्थितियों को चुनौती देने की बजाय हम उनके अनुसार ढल जाते हैं। हम गुरुओं, उपदेशकों और परंपराओं का आंख मूंदकर पालन करते हैं। हाल ही में, एक योग गुरु ने अपने शिष्यों को कोविड-19 से बचने के रिसर्च आधारित उपाय न अपनाने की सलाह दी। हमारी प्राचीन परंपराओं में भी ज्ञान की बातें हैं, लेकिन हमें प्रश्न पूछने के सिद्धांतों, जांच के लिए हमेशा तैयार और साक्ष्यों के आधार पर बने वैज्ञानिक तरीकों को खारिज नहीं करना चाहिए। समाज के तौर पर हम कमजोर स्वास्थ्य व्यवस्था से परेशान नहीं होते। हम बेहतर गुणवत्ता की जगह सस्ते विकल्प इस्तेमाल करना चाहते हैं। हमारी शिक्षा व्यवस्था मोटे तौर से रटने पर आधारित है, न कि खोज करने पर।

इस बात से तसल्ली मिलती है कि आज के बेचैन युवा प्राचीन व्यवस्था पर प्रश्न उठाते हैं। मुझे उनमें जबरदस्त ऊर्जा और उत्साह नज़र आता है। बहुत से युवा दुनिया घूम चुके हैं और फिर भी अपनी भारतीयता पर गर्व करते हैं। यह बड़े बदलाव की तैयारी है। वे दुनिया के बेहतरीन तौर-तरीकों को देश में ला रहे हैं और भारत की समस्याओं को दूर करने की कोशिश कर रहे हैं। उन्हें अहसास है कि भारत एक अरब से ज़्यादा लोगों का कंज्यूमर बेस है।

मुझे उम्मीद है कि अब हम उत्पाद के क्षेत्र में भी आगे बढ़ेंगे। मैं भरोसे से नहीं कह सकता कि निकट भविष्य में हम भारत से कोई गूगल या माइक्रोसॉफ्ट उभरता देखेंगे, लेकिन हमारे यहां की टेक आधारित मैन्युफैक्चरर्स और सॉफ्टवेयर एज ए सर्विस (SaaS) प्रोडक्ट कंपनियां दुनिया में अपनी पहचान बनाएंगी। ये उत्पाद खासतौर से भारतीय ग्राहकों के लिए विकसित किए जाएंगे और लगातार चलने वाले डेवलपमेंट और फीडबैक से इन्हें लगातार बेहतर बनाया जाएगा। उसके बाद ये पूरी दुनिया के लोगों और कंपनियों तक पहुंचेंगे।

इन बेचैन युवाओं का सहयोग करने के लिए सरकार को सक्रिय भूमिका निभानी होगी। यह भूमिका किसी एंकर जैसी होगी। ज़्यादा मात्रा में संसाधन लगाकर सरकार ऐसा कर सकती है और यह भी पक्का करना होगा कि नौकरशाही निजी क्षेत्र को आगे बढ़ने व जोखिम उठाने के लिए प्रेरित करे। फिलहाल इसका उल्टा हो रहा है। हम साहसिक कदम उठाने वाले लोगों को दंड देते हैं, हमारे उन्हें संदेह की नज़र से देखने से उनकी परेशानी और बढ़ जाती है।

इसके अलावा, अगर इनोवेटर्स से लेकर पिरामिड के निचले सिरे पर बैठे व्यक्ति तक, सबके लिए पूंजी नहीं बनी तो इनोवेशन व पहल में कमी आएगी और इनका असर बहुत कम हो जाएगा। युवाओं से मेरी बातचीत से पता लगा कि उन्हें पहले से ही इसकी समझ है।

इसके बाद, मेरा मानना है कि लाला, नेता, बाबा, झोला, बाबू, गुंडा, जज और अन्य लोगों के घृणित गठजोड़ को तोड़ना होगा। इन समूहों ने आपस में मिलकर ताकत के अपने केन्द्र बना लिए हैं और अपने छोटे से फायदे के लिए देशहित की बलि दे रहे हैं। यह शायद हमारे देश की सबसे बड़ी समस्या है। यह गठजोड़ सड़क पर चलने वाले बदमाश वाहन की तरह है, जो लाखों गरीब व निर्दोष लोगों को कुचल रहा है। इससे असामाजिक तत्व जन्म लेते हैं और देश के विकास में रुकावट डालते हैं। इस गठजोड़ को तोड़े बिना देश को वास्तविक आजादी नहीं मिल सकती। मुझे उम्मीद है कि टेकप्रेन्योर्स रास्ता दिखाएंगे और इस गठजोड़ को तोड़ने के लिए सभी हितधारकों को साथ लाएंगे और हमारे देश को भीतर से खोखला बना रहे इस परजीवी को नष्ट कर देंगे। इस लड़ाई में सभी हितधारकों और नागरिकों को एक साथ आना होगा। व्यक्तिगत तौर पर हमें आवाज उठाने के साथ स्थानीय स्तर के मुद्दों को सुलझाने के लिए प्रयास करना होगा। यहां तक कि वोट देने के हमारे मौलिक अधिकार[13] का इस्तेमाल करने से भी बहुत अंतर पड़ेगा।

अंततः, हम भले ही आज काफी आगे आ चुके हैं, लेकिन मेरा मानना है कि पुलिसिंग, कानूनी ढांचे, साइबर अपराध, विभिन्न सरकारी प्रक्रियाओं के डिजिटाइजेशन, विभिन्न राज्यों में सेन्टर ऑफ एक्सीलेंस (सीओईएस) की स्थापना और अन्य कई विषयों में अभी काफी कुछ किए जाने की ज़रूरत है। मेरा मानना है कि इन क्षेत्रों में काम रहे लोगों के बीच से ही भारतीय टेक्नोलॉजी उद्योग के नए सुपरहीरोज का उदय होगा। युवाओं को इन क्षेत्रों में मौके तलाश करने चाहिएं। दुनिया में दूसरी ऐसी कौन-सी जगह है जहां आप एक अरब से ज़्यादा लोगों की परेशानी को दूर करने के लिए काम कर सकते हैं?

भारत में व्यापार करने का वातावरण रात के उस काले आसमान की तरह है, जिसमें कुछ सितारे जगमगा रहे हैं। ये सितारे बहुत दूर हैं और अक्सर एक दूसरे से बात नहीं करते।

---

13 मैंने कहीं पढ़ा था कि 'वोट लोकतंत्र में बदलाव लाने का सबसे ताकतवर और अहिंसक तरीका है'। हमें बदलाव लाने के लिए हमारे मौलिक अधिकार का इस्तेमाल ज़रूर करना चाहिए। हालांकि, औसतन किसी भी चुनाव में 60 प्रतिशत से कम ही मतदान होता है।

नैसकॉम ने आईटी के सितारों को एक नक्षत्र में लाने की कोशिश की और उसमें सफल भी हुआ। यह भारत के लिए गौरव की बात थी। मेरा पूरा विश्वास है कि और भी कई नैसकॉम जन्म लेंगे और कई नक्षत्र तैयार होंगे। अभी ज़रूरत है कि आसमान में ज़्यादा से ज़्यादा सितारे हों, यहां तक कि जुगनू भी हों, जो आसमान को जगमगा दें।

यह बहुत आश्चर्य की बात है कि मुझे ज्यादातर प्रेरणा प्रकृति से हासिल हुई। हाल ही में मुंबई के पास भंडारधारा के सफ़र के दौरान, मैंने कुछ जुगनू[14] देखे। प्रत्येक जुगनू कुछ देर के लिए चमक बिखेरता है और फिर अंधेर में गुम हो जाता है।

हालांकि, जुगनूओं की कुछ प्रजातियों को एक दूसरे की नकल करने के लिए जाना जाता है, और आप अक्सर देखेगें कि वे समूह में चमकते हैं। जब ये समूह में चमकते हैं तो ये आपको प्रकृति की ताकत, सुन्दरता और प्रभाव से हतप्रभ कर देते हैं।

मेरा मानना है कि भारत की समस्या बहुत व्यापक और गहरी हैं। हमें जो चाहिए और जो मैं देख सकता हूं वह यह है कि बहुत जल्द, हजारों टेक्नोलॉजी स्टार्ट-अप, शिक्षाविद, उद्यमी, इंट्राप्रेन्योर, गैर सरकारी संगठन, सरकारी अधिकारी, किसान, कलाकार, लाखों प्रशिक्षित लोग और आप, इस किताब के पाठक, खुद जुगनू बनेंगे, उनके भाग्य में ऐसा बनना ही लिखा था…

...फिर, वे एक साथ उठेंगे और आकाश को रोशन करेंगे।

इस बात में कोई शक नहीं कि आने वाले कुछ वर्षों में दुनिया में व्यापक बदलाव होंगे। इस बदलाव का बड़ा हिस्सा टेक्नोलॉजी, उससे जुड़े इनोवेशन और जीवन के हर पहलू में रियल लाइफ एप्लिकेशन के कारण आएगा। संभावनाओं की कोई सीमा नहीं होगी।

मैं आशा करता हूं कि आप इस बात से सहमत होंगे कि हम शीर्ष पर होंगे। भले ही यह पूर्व के सोने की चिड़िया से प्रेरित है, भविष्य भी निश्चित रूप से भारत का ही होगा!

---

14 जुगनूओं की बात करते हुए मुझे योजना आयोग के पूर्व सदस्य, अरुण मायरा की 2014 में आई किताब, *रिडिज़ाइनिंग द एयरप्लेन व्हाइल फ्लाइंग*, की याद आ गई। इस किताब में उन्होंने भारतीय उद्यमों के लिए कुछ संभावित परिदृश्यों की चर्चा की है, जिसमें से एक का शीर्षक 'फायरफ्लाइज़' है।

उपसंहार

बहुत से युवा मुझसे सफलता का रहस्य पूछते हैं। हां, जितना हो सके उतनी ऊंची शिक्षा हासिल करना सबसे ज़रूरी है। हां, सेल्फ-हेल्प से जुड़ी किताबें भी महत्वपूर्ण हैं। हां, लगातार अनुकूलन और विकास भी ज़रूरी है। हां, भविष्य की टेक्नोलॉजी को सीखने के लिए समय देना भी ज़रूरी है। युवा जो प्रश्न मुझसे पूछते हैं, उससे मुझे संदेह होता है कि क्या वे इन सलाहों को मानना चाहते हैं। मैं इससे बेहतर सलाह नहीं दे सकता।

जो मैं कर सकता हूं वह यह है कि मैं बेहतर जीवन से परे आपका जीवन क्या हो उस बारे में बात कर सकता हूं, बात कर सकता हूं आत्म-संतुष्टि से आत्म-प्राप्ति तक की यात्रा के बारे में। बता सकता हूं कि अपने हासिल किए कौशल से परे जाना, अलग-अलग विषयों में रूचि रखना, खुद को बहुआयामी व्यक्तित्व के तौर पर ढालना क्यों ज़रूरी है? दुनिया को लेकर पूर्ण विकसित राय क्यों ज़रूरी है।

मैं अपने जैन परिवार में बिताए पुराने दिनों को याद करते भावुक हो जाता हूं, जहां बुद्धि और उत्साह को एक समान महत्व दिया जाता था। हमारे पुराने दिन हम पर इतना प्रभाव डालते हैं कि हम उनके प्रभाव को आसानी से बदल नहीं सकते। मैं, इसमें कोई भी बदलाव नहीं करना चाहता।

बदलाव मेरे जीवन को आगे बढ़ाने में महत्वपूर्ण भूमिका निभाते हैं। मुझे मेरे जीवन के हर मौके पर अपने रास्ते बदलने पड़े, अक्सर उस समय जब मैं उसके लिए तैयार नहीं था। बचपन में पढ़ने के लिए मैं सायन-कोलीवाड़ा से फोर्ट के जेवियर स्कूल जाता था। उसके बाद इंजीनियरिंग की पढ़ाई के लिए मैं पूना गया और उसके बाद मास्टर्स की पढ़ाई अमेरिका से पूरी की।

मैंने अपना विषय इलेक्ट्रिकल इंजीनियरिंग से बदलकर कंप्यूटर साइंस कर लिया। ग्रेजुएशन के बाद जब मुझे कंप्यूटर साइंस में नौकरी नहीं मिली (मेरा मास्टर्स इसी विषय में था) तो मैं एप्लिकेशन इंजीनियर बन गया और उनके बाद मैंने कमर्शियल डेटाबेस मैनेजर के तौर पर काम करना शुरू किया। हालांकि किसी युवा के लिए करियर की शुरुआत में इतने बदलाव परेशान करने वाले हो सकते हैं, लेकिन मैंने अपनी सोच को सकारात्मक बनाए रखा और मुझे भरोसा था कि ये चुनौतियां लंबे समय तक नहीं रहेंगी।

भारत वापस आने के बाद मैं अपनी ज़िंदगी में एक बार फिर बदलाव आने की उम्मीद कर रहा था। बदलाव हुआ भी, लेकिन जैसा मैंने सोचा था वैसा बदलाव नहीं हुआ।

बा और काका

वॉरेन बफेट अक्सर ओवेरियन लॉटरी की बात करते हैं, और मुझे लगता है कि मैं भी बहुत भाग्यशाली हूं कि मैं रेवाबेन और शांतिलाल मेहता के घर पैदा हुआ।

बचपन में मेरी मां की धार्मिकता के कारण दुनिया को लेकर मेरी शुरुआती सोच विकसित हुई, वह दुनिया जिसे मैंने उस वक्त तक ठीक से देखा नहीं था। हालांकि मैं उन मूल्य को उनके वास्तविक स्वरूप में आत्मसात करने की कोशिश करता हूं, लेकिन मैं हमेशा से इस बात को लेकर जिद्दी था कि मुझे कट्टर नहीं होना। मैं कहूंगा कि मैं वर्क इन प्रोग्रेस या डब्ल्यूआईपी की अवस्था में था। मैंने पूरे जीवन में दुनिया की अलग-अलग संस्कृतियों का अनुभव लिया है लेकिन फिर भी मेरे बचपन में सीखी बातें अभी भी मेरी स्मृति से मिटी नहीं हैं। मैं एक बार फिर अपने बचपन में सीखी बातों के बारे में बात करना चाहता हूं।

अनेकांतवाद: दुनिया में जितने चेतन प्राणी हैं उतने ही सत्य हैं। विफलता, सफलता, समझ और अनुकूलन जैसे व्यक्तिगत अनुभव व्यक्तिगत सच्चाइयों को जन्म देते हैं। तो फिर कौन तय करेगा कि सही क्या है और गलत क्या है? पूर्ण या सार्वभौमिक सत्य के

अभाव में, आपको जीवन की दिशा कौन दिखाएगा? मेरा व्यक्तिगत सत्य उन कार्यों का समर्थन करना रहा है जो दुनिया में मानवता और दुनिया में बसने वाली वाली हर चीज की व्यापक भलाई के लिए काम करते हैं। अनेकांतवाद ने मुझे उन बहुत सारी सच्चाइयों को एकजुट करने में मदद की जो मेरे आस-पास के अन्य लोगों के पास हैं। इससे मुझे परस्पर विरोधी विचारों वाले लोगों के बीच सामंजस्य स्थापित करने में मदद मिली। इसने मुझे दिशा दिखाई। मैं कुछ ऐसी चीजें हासिल करने के लिए कई लोगों को एकजुट कर सकता हूं जो अब हम सभी से बड़ी हैं।

अपरिग्रह: जब हम लगाव, असुरक्षा और नियंत्रण करने की इच्छा को छोड़ देते हैं, तो हम मानवता के बड़े उद्देश्य की दिशा में काम करना शुरू कर देते हैं। यहीं पर आत्म-साक्षात्कार होता है। काका के असर के कारण, एक अनीश्वरवादी के तौर पर मैं भगवान के अस्तित्व पर सोच-विचार नहीं करता। बचपन में सीखे इस पाठ के कारण मुझे ऐसा करने की ज़रूरत भी नहीं महसूस होती।

बाद में मुझे स्वीकार का मतलब समझ आया। हममें उन चीजों को बदलने का साहस होना चाहिए जिन्हें हम बदल सकते है। और जिन्हें हम नहीं बदल सकते, उन्हें स्वीकार करने की विनम्रता होनी चाहिए। बुद्धिमानी इसी में है कि रास्ते में आने वाली चट्टान की ताकत को समझकर उसे हटाने में मेहनत लगाने की बजाए, उसके चारों तरफ से रास्ता तलाश करना चाहिए।

जैन धर्म को लेकर बा की शिक्षाएं काका के अनीश्वरवाद से प्रभावित थीं।

उन्होंने मुझे सार्थक प्रश्न पूछना सिखाया। उन्होंने मुझे जीवन की छोटी-छोटी बातों से ध्यान हटाकर बड़े लक्ष्य की तरफ बढ़ना सिखाया। मुझे धुंधला सा याद है कि कैसे मैं बचपन में शाम के समय उनके साथ, उनके दोस्तों से मिलने जाता था। उन दोस्तों में जे.कृष्णमूर्ति भी थे। उनके बारे में किताब के शुरू में ही मैंने लिखा है। जिन्होंने मुझसे सीधे पूछा था कि क्या मुझे लगता है कि मैं परमाणुओं से बना हूं और चेतना क्या है। इन अनुभवों के कारण धर्म और उसकी कठोर सीमाओं में मेरी कोई रुचि नहीं रही। मैंने सामान्य मानवीय मूल्यों के बारे में सोचना शुरू किया। आज हमें किसी सुपर-एप की तरह ही सुपर-रिलिजन की ज़रूरत है जिसमें अलग-अलग तरह के मानवीय मूल्यों को समाहित किया गया हो, और जब भी हमारे कदम लड़खड़ाएं उन मूल्यों का प्रयोग किया जा सके।

शायद शैला के कारण मैं सुपर-रिलिजन सुपर-एप के बिना काम चला पाया। उसने मेरी अन्तरात्मा को संभाला। उसने मुझे पहले समाज के लिए निस्वार्थ भाव से काम करने के लिए प्रेरित किया। वह चाहती थी कि मैं जो भी कर रहा हूं उसमें सफलता हासिल करूं, लेकिन हमारे पास जो भी था या नहीं था, उसे लेकर उसने कभी शिकायत नहीं की। वह हर स्थिति में संतोष ढूंढ लेती थी। उसमें पैसे के लिए स्वार्थी हुए बिना उसके संग्रह को लेकर महत्वकांक्षी होने का दुर्लभ गुण था। उसने हर मामले में मेरा पूरा साथ दिया, चाहे वह हमारी ज़िंदगी के नीरस क्षण ही क्यों न रहे हों। जब मैं अपने जुनून को पूरा करने में लगा था, उस समय परिवार की अधिकांश ज़िम्मेदारियां उसने अकेले ही संभालीं। उसने तीन प्यारे बच्चों को बड़ा किया। आज तीनों सशक्त, विशिष्ट और स्वतंत्र हैं। कोई भी माता-पिता ऐसे बच्चों पर गर्व करेंगे।

जब भी व्यक्तिगत सफलता को मापने की बारी आती है तो मैं देश और मानवता के प्रति निस्वार्थ योगदान को सबसे आगे रखता हूं। बहुत से लोगों का मानना है कि ऐसा करना मेरी गलती है। वे पूछते हैं: 'ओह, इसमें मेरी क्या भलाई है?', 'लेकिन मैं अपने प्रतिद्वंदियों की मदद क्यों करता हूं?', 'क्या हो अगर मैं ही पीछे रह जाऊं?', 'मेरे परिवार का क्या?', 'मैंने अपने सबसे बेहतरीन समय को दूसरों की भलाई के लिए क्यों लगा दिया?', 'मैंने भलाई का काम पैसा कमा लेने के बाद क्यों नहीं शुरू किया?'

ये प्रमुख प्रश्न हैं। जो कोई अभी भी जीवन में उद्देश्य तलाशने के संघर्ष में लगा है, उसे दूर देखने की जरूरत नहीं है। उन्हें प्रकृति की तरफ देखना चाहिए, जो बिना किसी स्वार्थ के हमारा पोषण करती है। जब आप स्व की भावना से आगे बढ़ जाते हैं तो आपका वास्तविक स्वरूप अपने आप सामने आ जाता है।

एक प्रश्न आता है 'मैं पैसा कमाने के बाद योगदान क्यों नहीं कर सकता?' मेरा जवाब है कि पैसा कमाने से ज़्यादा अपने सपनों को पूरा करने की तरफ ध्यान दो, ईकोसिस्टम को ऐसे विचार चाहिएं जो सबसे अलग हों। जब आप युवा होते हैं और दुनिया को बदलने के लिए तैयार होते हैं, उस समय आपको रचनात्मक विचार आते हैं। मैं अपने अनुभव से बता सकता हूं कि यही वह समय है जब असंभव लगने वाली समस्याओं के भी हल निकल आते हैं। जब तक आप अपने हिसाब का पैसा कमा चुके होते हैं, तब तक यह रास्ता अक्सर बंद हो चुका होता है।

जब आप सबके साथ मिलकर विकास करना चाहते हैं, तो आप ईकोसिस्टम से जुड़े विषयों को हल करने के लिए अपनी पूरी ताकत लगा देते हैं। इससे न केवल आप आगे बढ़ते हैं, बल्कि उस विकास के साथ दूसरे लोग भी खुद को जोड़ पाते हैं। आप अपने साथ दूसरों के लिए भी संभावनाओं के दरवाजे खोलते हैं। जब आप आपसी सहयोग के साथ प्रतिस्पर्धा करते हैं तो विकास की गति को तेज करते हैं। गांधीजी ने बिना स्वामित्व और लगाव का भाव रखे सभी की समृद्धि के लिए काम करने बात कही थी।

शैला

ज़िंदगी ने मुझे जो एक सबसे बड़ी सौगात दी वह थी शैला से मेरा मिलना। उसमें वह सब कुछ था, जो मैं अपने जीवनसाथी में चाहता था। वह जीवन के हर मोड़ पर मेरे साथ खड़ी रही। उसने मुझे संकट के समय शांत रहना और चीजों को स्वीकार करते हुए आशा के साथ आगे बढ़ना सिखाया। अच्छे समय में मुझे याद दिलाती थी कि मैं इस क्षण का मजा लूं और हम ज़िंदगी के जो अच्छे पल साथ बिता रहे हैं, उसकी सराहना करूं। और जब मुसीबत का समय होता था तो वह पूरी मज़बूती के साथ मेरा सहारा बनकर खड़ी रहती थी। उसके सहारे के साथ मैं अपने कदम बढ़ाता रहता था।

2008 में शैला का कैंसर फिर से उभर आया, जिसे उसने दशकों पहले हरा दिया था। डॉक्टरों ने कहा कि उसके बचने की संभावना 5 प्रतिशत से भी कम है। यह बहुत डरावना था, लेकिन मुझे भरोसा था कि अपनी आशा और शांत स्वभाव से शैला इस कठिनाई से निकल जाएगी।

इलाज के दौरान उसने मुझ ताकत दी, जबकि इसका उलटा होना चाहिए था। और मैं गलत नहीं था। उसने एक बार फिर कैंसर को हरा दिया था। मुझे कभी हार न मानने और हर परिस्थिति में शांत रहने की उसकी क्षमता पर बहुत गर्व था।

लगता था जैसे हमने अपने बुरे समय को पीछे छोड़ दिया था। लेकिन मुश्किल से तीन साल बीते थे कि कैंसर ने एक बार फिर से हमला बोला।

2012 में कैंसर के लक्षण काफी हद तक कम हो गए लेकिन कैंसर शरीर के दूसरे हिस्सों में फैल गया। हमें हार्मोन थेरेपी करवाने की सलाह दी गई क्योंकि उस समय यह सबसे सही विकल्प था। लेकिन इससे भी फायदा नहीं हुआ। 2013 में शैला की

कीमोथेरेपी शुरू हुई, लेकिन उससे भी असर नहीं हुआ। बीमारी के इस दर्द भरे दौर में भी शैला शांत बनी रही। शायद उसे संतोष था कि उसके बच्चे अपने पैरों पर खड़े थे और उसका परिवार खुशहाल था। उसकी सभी इच्छाएं पूरी हो चुकी थीं, और उसने इस दुनिया को छोड़ने के लिए खुद को तैयार कर लिया था। उसने अपने भाग्य को स्वीकर कर लिया था और प्रकृति की शक्ति के सामने खुद को नतमस्तक कर दिया था।

मुझे लगा जैसे में अकेला पड़ गया था। हमेशा का मेरा साथी, मेरा सहारा, मेरी बच्चों की मां, अब मेरे साथ नहीं थी। मैं अपने खालीपन के बारे में किसी को बता नहीं पा रहा था।

मैं जानता था कि जीवन और मृत्यु अटल हैं। मुझे जीना था, अपने लिए न सही, पर अपने बच्चों और उनके परिवार के लिए। मैंने यह बात सीखी कि रिश्ते हमेशा के लिए बनते हैं, लेकिन हम हमेशा साथ नहीं रह सकते। मेरे लिए यह जीवन का सबसे कठिन समय था, और मुझे जीवन में नए उद्देश्य की तलाश के लिए काफी मेहनत करनी पड़ी। मैं प्रेरणा के लिए प्रकृति की तरफ मुड़ गया और आगे बढ़ गया।

प्रकृति का स्वभाव

प्रकृति से सबक सीखने की मेरी आदत जीवन भर मेरे काम आई। मुझे प्रकृति के कभी हार न मानने के रवैये से बहुत ताकत और प्रेरणा मिलती है। रास्ते में रुकावट आने पर नदी नया रास्ता बना लेती है। भले ही ज़मीन कितनी भी कठोर हो, बीज अंकुरित होकर जमीन से बाहर आने का रास्ता बना ही लेता है। प्रकृति ने विभिन्न प्रजातियों को इस तरह बनाया है कि वे अच्छी और बुरी परिस्थितियों के हिसाब से खुद को ढाल लेते हैं। और प्रकृति का काम यहीं खत्म नहीं होता। यह लगातार विकास की प्रक्रिया में रहती है और दूसरी प्रजातियों को भी विकसित होने के लिए प्रेरित करती रहती है।

प्रकृति के सिद्धांतों से मुझे वास्तविक जीवन की कठिन समस्याओं का समाधान करने के तरीके पता चले, जो समस्याएं अक्सर अधूरी जानकारी पर खड़ी होती हैं। इसने मुझे समस्याओं का सामना करते हुए भी इसके परिणाम से खुद को अलग रखना सिखाया। मुझे बार-बार अप्रत्याशित चुनौतियों का सामना करना पड़ा, और अक्सर उन्होंने मुझे पूरी तरह घेर लिया। हालांकि, हर चुनौती के भीतर अवसर भी छिपे होते हैं। मुझे कड़ी मेहनत

करनी पड़ी। मैंने हमेशा अपने सहज ज्ञान और काम पर भरोसा किया। शायद प्रकृति कठिन चुनौतियों के ज़रिए मुझे मज़बूत बनाने की कोशिश कर रही थी।

जब मैं ब्रूकलिन पॉली में था तो वहां मेरी पहली परीक्षा में मुझे 90+ का स्कोर मिला और फिर भी मेरा ग्रेड B+ ही था। मुझे पता था कि इस कक्षा में बहुत से बुद्धिमान लोग हैं, जिसमें बेल लैब्स के स्कॉलर्स और फुलब्राइट स्कॉलरशिप लेने वाले लोग शामिल थे। हालांकि, मुझे पता नहीं था कि प्रोफेसर रिलेटिव ग्रेडिंग सिस्टम का इस्तेमाल करते थे। जिसका मतलब था कि आपकी प्रतिस्पर्धा न केवल टेस्ट पेपर के साथ थी बल्कि आपकी प्रतिस्पर्धा क्लास के दूसरे सहपाठियों के साथ भी थी। बेहतर ग्रेड हासिल करने के लिए मुझे खुद को बेहतर बनाने के साथ ही पढ़ाई में बहुत मेहनत करनी पड़ी। जिस मैंने आखिरकार हासिल किया और कुछ A ग्रेड भी हासिल किए।

जब मैं अमेरिका से भारत वापस आया तो मुझे पता था कि देश में इमरजेंसी लगी थी, लेकिन मुझे यह नहीं पता था कि काका का बिजनेस बंद होने के कगार पर था और उसे फिर से खड़ा नहीं किया जा सकता था। मुझे अपना करियर बनाने के साथ ही परिवार का सहारा बनने के लिए खुद रास्ते तलाश करने पड़े।

हिंदीट्रॉन में पार्टनर के तौर पर, जब व्यापार ज़्यादातर अच्छा चल रहा था, हमने कई गलतियां कीं और काफी पैसा गंवाया। कुछ इसलिए कि हमने सही निर्णय नहीं लिए और कुछ इसलिए कि हम जो काम कर रह थे माहौल उसके अनुकूल नहीं था। और फिर एक दिन अचानक मुझे हिंदीट्रॉन छोडकर रातों-रात नया व्यवसाय शुरू करना पड़ा।

ऑनवर्ड शुरू करने में भी कुछ चुनौतियां आईं जिनकी मुझे उम्मीद भी नहीं थी। मंडल कमीशन की सिफारिशों के बाद देश दंगों की आग में झुलस गया। हाल ही में बने नैसकॉम के चेयरपर्सन होने के नाते मुझे कुछ ताकतवर व्यवसायियों के गुस्से का सामना करना पड़ा जिनके एमएआईटी (MAIT) में निहित स्वार्थ थे और वे एमएआईटी (MAIT) से मिली शक्तियों का दुरुपयोग कर रहे थे। ऑनवर्ड के साथ मेरे सामने दूसरी तरह की चुनौतियां भी थीं। मेरे पूर्व साझेदारों ने मेरे बिजनेस सहयोगियों को मेरी बुराई करते हुए पत्र लिखे। हालांकि ऑनवर्ड की टीम (जिसका नेतृत्व जी.एस.केलकर और नंदू प्रधान कर रहे थे) का शुक्रिया कि हम लोग अपना काम शुरू कर सके। हमने गैराज में काम करने से शुरुआत की और दुनिया की दूसरी सबसे बड़ी सॉफ्टवेयर-कंपनी, नोवेल के

साथ पचास-पचास फीसदी की पार्टनरशिप करने में सफल रहे। मैंने पिछली कंपनी में काम के दौरान उनका जो भरोसा हासिल किया, उसके कारण यह पार्टनरशिप संभव हुई।

हालांकि, ऑनवर्ड-नोवेल में सबकुछ अच्छा चल रहा था, लेकिन फिर भी अचानक एक झटका लगा। लड़ाई में अपने प्रतिद्वंदी को पूरी तरह खत्म करने की अमेरिकी सोच के साथ हमारी कड़ी प्रतिद्वंदी कंपनी, माइक्रोसॉफ्ट ने नोवेल के अस्तित्व पर भी संकट खड़ा कर दिया। उसका सामना करने के लिए, नोवेल ने खुद को ओपन-सोर्स की तरफ मोड़ा। पर कोई कंपनी असीमित बजट के साथ बाज़ार में लाए गए फ्री उत्पाद के इनोवेशन में हो रहे लगातार निवेश के खिलाफ कब तक टिकी रहेगी? मुझे नहीं लगता था कि भारत में सब्स्क्रिपशन मॉडल के साथ कोई जॉइंट वेंचर पैसे कमा सकता था—व्यवसाय को चलाने का खर्च कमाई से ज्यादा होने वाला था। शायद आज 2020 में यह संभव हो सकता था। लेकिन उस समय यह नामुमकिन था। इसलिए, मैं 2006 में ऑनवर्ड-नोवेल से बाहर निकल आया और अपने शेयरधारकों को ज़बरदस्त रिटर्न बनाकर दिया। मैंने अपने और आने वाली पीढ़ी के आरामदायक जीवन जीने लायक पैसा बना लिया था। जब कंपनी से मेरे निकलने की बात बाहर आई, तो कई चाहने वालों ने मुझे रिटायर होकर आराम से ज़िंदगी जीने की सलाह दी। मैं भी उस सलाह की तरफ आकर्षित हुआ। मैंने सोचने के लिए कुछ समय लिया कि मैं किस तरफ जाना चाहता था।

लेकिन तब मुझे अहसास हुआ कि रिटायरमेंट जैसा शब्द तो मेरी डिक्शनरी में है ही नहीं।

इसलिए, अगले चरण में, मैंने ऑनवर्ड के व्यवसाय को मैकेनिकल और केमिकल इंजीनियरिंग की तरफ मोड़ने का सोचा। मुझे भरोसा था कि इसे भी आईटी व्यवसाय जैसी ही सफलता हासिल होगी। हालांकि, मुझे फिर से अप्रत्याशित चुनौती का सामना करना पड़ा। चीफ इंजीनियर्स और रिसर्च एंड डेवलपमेंट की टीम अपना काम आउटसोर्स नहीं करना चाहती थी।

नैसकॉम में हमने 29 वर्ष के देवांग को काम पर रखकर जोखिम उठाया था। मैंने उन्हें संगठन से जुड़ने के लिए मनाया, जहां वह अपनी देशप्रेम की भावना के साथ भारत के आईटी उद्योग को आगे बढ़ाने में योगदान कर सकते थे। मैंने उनको तैयार करने के लिए उनके साथ मिलकर काम किया और उसे दिशा दिखाई। देवांग हमें नए दौर में ले जा रहे थे कि उनकी असमय मौत ने उन्हें हमसे दूर कर दिया। हम इस झटके के लिए तैयार नहीं

थे। हालांकि यह आईटी उद्योग के लिए बड़ा नुकसान था, हम इससे उबरे और किरण व दूसरे लीडर्स के साथ अगले दौर की तरफ बढ़े।

जब मैं टीआईई को मुंबई लेकर आया, तो मैंने राजीव वैष्णव को उसकी अगुवाई के लिए चुना। देवांग की तरह ही राजीव भी पारम्परिक पसंद नहीं थे। उनका आईटी या उद्यमिता में कोई अनुभव नहीं था, लेकिन इंडो-अमेरिकन चेंबर ऑफ कॉमर्स में काम करने के उनके अनुभव से उन्हें अमेरिकी संस्कृति का अनुभव और समझ मिली, जो कि इस पद के लिए ज़रूरी था। हालांकि, पहले दो वर्ष के भीतर ही हमें वर्ष 2000 के डॉट-कॉम बस्ट का सामना करना पड़ा।

मैंने इंफिनिटी वेंचर फंड के साथ मिलकर भारत के पहले कारपोराटाइज़ड वेंचर फंड की स्थापना की। इसने जैसा सोचा था करके दिखाया, लेकिन अगर डॉट-कॉम बस्ट नहीं होता तो हम इससे काफी कुछ हासिल कर सकते थे। इतने सारे सपनों को चकनाचूर होते देख मुझे बहुत दुख हुआ।

मैं जितनी बार आने वाली परिस्थियों के लिए तैयार था, उससे कहीं ज़्यादा बार मुझे अचानक आने वाली स्थितियों के लिए तैयार रहना पड़ा। प्रकृति की तरह मैंने भी नई वास्तविकताओं को अपनाया और खुद में बदलाव किया। मेरा सही में मानना है कि बदलाव की प्रक्रिया में मैं केवल एक भागीदार हूं, और मैं खुद को भाग्यशाली मानता हूं कि मैं परिवारिक व्यक्ति होने की अपनी ज़िम्मेदारियों को निभा पाया, ऑनवर्ड जैसा बिजनेस खड़ा कर पाया और मुझे नैसकॉम, टीआईई और ऐसे दूसरे संगठनों के साथ काम करने का मौका मिला।

बिग 1 या बिग 5

मुझसे अक्सर पूछा जाता है कि ऑनवर्ड बिग 5 का हिस्सा क्यों नहीं है? चलिए मैं इस पर अपनी राय बताता हूं।

अब मैं पीछे मुड़कर अपने किए कामों को देख सकता हूं तो मैं कह सकता हूं कि हमने बहुत से जोखिए उठाए, लेकिन उन जोखिमों को उठाने को कोई फायदा नहीं हुआ। हम अकाउंटिंग लेजर प्रोसेसिंग मशीन (ALPM) क्षेत्र में अगुआ थे, और हम 20,000 से ज़्यादा कॉपी इंस्टॉल कर चुके थे। 90 के दशक के आखिर में हमने बैंक ब्रांच ऑटोमेशन

विकसित करने का सोचा और उसके बाद कोर बैंकिंग सॉफ्टवेयर भी विकसित किया। हमने इस उत्पाद में काफी पैसा लगाया, लेकिन हम सही समय पर यह नहीं कर पाए।[1]

हिंदीट्रॉन के शुरुआती दिनों में हम ऑनसाइट कंसल्टिंग के व्यवसाय में थे, मुझे हमारे अमेरिकी ग्राहकों के यहां से सुबह से 3 बजे आने वाली फोन कॉल पसंद नहीं थीं। इसलिए ऑनवर्ड में हम उस व्यवसाय में नहीं रहना चाहते थे। हालांकि, इस ऑन-साइट कंसल्टिंग व्यवसाय ने भारत की कई आईटी कंपनियों को तेजी से बढ़ने में मदद की थी। इसके कारण कंपनियों के पास ऑफशोर डिलिवरी क्षमताओं जैसे दीर्घकालीन चीजों में निवेश करने का पैसा आया। उस समय यही सही लगा।

ऑनवर्ड ने नोवेल के साथ पार्टनरशिप को बहुत अच्छी तरह चलाया और हम गेराज से काम शुरू करके बहुत बड़ी सॉफ्टवेयर कंपनी बने। एक समय पर ऑनवर्ड-नोवेल के जॉइंट वेंचर के पास नेटवेयर के साथ बाजार की 95 प्रतिशत हिस्सेदारी थी। इसने अपने शेयरधारकों को बढ़िया रिटर्न दिया।

इसलिए हमने सही निर्णय लिया और अपना ध्यान ब्रांच ऑटोमेशन उत्पाद पर लगाया, और हमने उसमें निवेश किया। हालांकि, हमने जैसा सोचा था उत्पाद उतना अच्छा चला नहीं, और हम पीछे रह गए।

जब वाई2के की समस्या आई तो नैसकॉम के सदस्यों ने उस अवसर का पूरा फायदा उठाया और ज़बरदस्त बढ़ोतरी हासिल की। ऑनवर्ड में हमने सोचा कि यह अवसर कुछ ही समय तक रहेगा, इसलिए दूर रहने का फैसला किया। ऑनवर्ड-नोवेल का जॉइंट वेंचर वैसे भी अच्छा चल रहा था। हालांकि, अगर मुझे पता होता कि वाई2के (Y2K) के कारण मिले अवसर से हमें फॉर्च्यून 500 कंपनियों से जुड़ने और भविष्य में बड़े कॉन्ट्रेक्ट हासिल करने का मौका मिलेगा, तो हम भी इसमें ज़रूर निवेश करते, हालांकि उस समय हमारे पास उतनी क्षमता नहीं थी।

तीन दशक बाद आज ऑनवर्ड विशेष तौर से डिजिटल और इंजीनियरिंग सर्विसेज कंपनी है। कंपनी के पास 2400 से ज़्यादा प्रतिभाशाली और समर्पित इंजीनियरों और

---

1 हमारा मानना था कि कोर बैंकिंग ऑटोमेशन की लागत बहुत ज़्यादा होगी। आपको उदाहरण से समझाता हूं, हमारे उत्पाद पर कोई लेनदेन करने की औसत कीमत 30 रुपये रही होगी, भले ही उस लेनदेन की कीमत 50 रुपये ही हो। इसका मतलब था लेनदेन की 60 प्रतिशत लागत!

टेक्नोलॉजी कंसल्टेंट की मज़बूत टीम है, जो 6 देशों के 13 से ज़्यादा ऑफिसों के ज़रिए काम करती है। मैं कंपनी का एग्जीक्यूटिव चेयरपर्सन हूं। मुझे कंपनी के पूर्व और वर्तमान प्रतिभाशाली लीडर्स व टीम के सदस्यों के साथ काम करने में गर्व महसूस होता है। ऑनवर्ड के प्रत्येक सदस्य ने अपेक्षाओं से बढ़कर काम किया और हमें आज इस मुकाम पर पहुंचाया–यहां से हम भविष्य में ऊंची उड़ान के लिए तैयार हैं।

अगर मेरी बात करें तो मेरे लिए सफलता का मतलब है मेरा परिवार और मेरे वे रिश्ते जो मैंने अपनी जीवन में बनाए। और उन सबको देखें तो मैं दुनिया में सबसे आगे हूं।

हरीश मेहता यहां से आगे अपने लिए क्या देखते हैं?

मेरा काम अभी पूरा नहीं हुआ है।

मैं ऑनवर्ड के साथ बोर्ड के एग्जीक्यूटिव चेयरमैन और टीम मेंटर के तौर पर जुड़ा हूं। ऑनवर्ड बहुत भाग्यशाली है कि उसके पास मेरे बेटे जिगर के नेतृत्व में युवा और ऊर्जावान टीम है। मैं अक्सर उनको नई चुनौतियों से जुझते हुए देखता हूं। यह अतिशयोक्तिपूर्ण लग सकता है, लेकिन वे ग़लत नहीं हैं। मैं आज भी प्रकृति से प्रेरणा लेता हूं, मेरा मानना है कि भविष्य के लीडर्स कैटरपिलर्स की तरह हैं, जो अपने कोकून के सुरक्षा आवरण के बीच बढ़ रहे हैं। लीडर्स और कैटरपिलर्स दोनों को ही अपने सही स्वरूप में आने के लिए अपने बाहरी आवरण को हटाने के दर्द से गुजरना पड़ता है। लीडर्स के पास कोई कोकून नहीं होता उन्हें वास्तविक दुनिया की समस्याओं से सीखना पड़ता है। तो फिर मैं कैसे उन्हें समस्याओं से न निपटने दूं?

उद्योग से जुड़ा पेशेवर होने के नाते, मैं उद्योग से जुड़े संगठनों जैसे, नैसकॉम और टीआईई में सक्रिय भूमिका निभाता हूं। अब मेरी भूमिका ज़्यादातर सलाहकार के तौर पर होती है, जहां मैं वर्तमान लीडरशिप के मार्गदर्शक का काम करता हूं। किसी ने मुझे यह काम करने के लिए कहा नहीं है, और मैं अकेला व्यक्ति नहीं हूं जो यह कर रहा है। बहुत सारे वर्तमान और पूर्व सदस्य व चेयरपर्सन ये भूमिका निभा रहे हैं। यहां संगीता गुप्ता की चर्चा करना ज़रूरी हूं। वह अपने आप में एक संस्थान हैं। नैसकॉम के सेक्रेटेरिएट से जुड़े होने के नाते वह नैसकॉम के प्रत्येक अध्यक्ष और चेयरपर्सन का मज़बूत सहारा रहीं, और वह तीस वर्ष से भी ज़्यादा समय से संगठन के साथ जुड़ी हैं।

मैं दूसरे कई संगठनों को एक साथ लाने की कोशिश कर रहा हूं ताकि साथ मिलकर एक दिशा में आगे बढ़ा जाए। दूसरे हितधारकों के साथ, इन संगठनों में वैज्ञानिक सोच विकसित करने पर भी काम कर रहा हूं। अगर हमें ज़मीनी स्तर पर प्रभाव छोड़ना है और पिरामिड के निचले सिरे पर बैठे वर्ग की प्रति व्यक्ति आय में सुधार करना है, तो यह करना ही होगा। मेरा मानना है कि अगर भारत को इक्कीसवीं सदी और उसके आगे दुनिया को नेतृत्व देने वाला बनना है, तो वैज्ञानिक सोच को अपनाना बहुत ज़रूरी है।

मैं एंजेल इंवेस्टर के तौर पर युवा उद्यमियों को भी सहयोग देता हूं। मेरे पास 35 स्टार्ट-अप्स का सक्रिय पोर्टफोलियो है। पूंजी के ज़रिए सहयोग करने के अलावा, मैं उनका मार्गदर्शन करने के लिए हमेशा उपलब्ध रहता हूं। मैं इंडियन एंजेल नेटवर्क (IAN) की निवेश समिति का भी सदस्य हूं।

टेक्नोलॉजिस्ट के तौर पर मैंने डीप टेक और इंडस्ट्री 4.0 पर काफी ध्यान दिया है, खासतौर से मैन्युफैक्चरिंग से जुड़े इंजीनियरिंग बिजनेस में। हाल ही में मेरी रूचि डिजिटल इंजीनियरिंग में भी बढ़ी है।

जिज्ञासू होने के नाते मुझे रुझानों को समझना पसंद है। मैं *फॉर्च्यून, वॉल स्ट्रीट जर्नल* और *इकोनोमिक टाइम्स* का नियमित पाठक हूं। मैंने अब आज के दौर के डिजिटल 'न्यूज़' देने वाले आउटलेट जैसे, द केन, द मॉर्निंग कॉन्टेक्स्ट, ईटी प्राइम, टेकक्रंच, हेकरनून को पढ़ना शुरू किया है। मुझे किताबें पढ़ना पसंद है और मैं हर महीने दो से तीन किताबें पढ़ता हूं।

मुझे क्रिकेट देखना पसंद है। आईपीएल जैसा इनोवेटिव फॉर्मेट भी मुझे पसंद है। मैंने हाल ही में ओटीटी (ओवर द टॉप) प्लेटफॉर्म पर हर्षद मेहता के जीवन पर बनी वेबसीरीज देखी है। मैं नेटफ्लिक्स और क्यूरोसिटी पर डॉक्यूमेंट्री बिंज वॉच करता हूं। मुझे हर दिन तीस मिनट से साठ मिनट चलना पसंद है। कभी-कभी योग भी कर लेता हूं।

शतरंज मेरा पसंदीदा खेल है और मैं इस खेल का समर्थन करने का कोई मौका नहीं छोड़ता। मैं 2019 में मुंबई में आयोजित विश्व युवा शतरंज चैंपियनशिप की सलाहकार समिति का अध्यक्ष था, जिसमें 100 से ज़्यादा देशों के 700 से ज़्यादा युवा खिलाड़ियों ने हिस्सा लिया था। इस खेल की शुरुआत भारत से ही हुई थी और आज यह पूरी दुनिया में खेला जाता है। मेरा मानना है कि शतरंज बिना खर्च के छोटे बच्चों की बोध क्षमता को बढ़ाने में मदद कर सकता है। शिक्षा के आधुनिक तरीकों की तुलना में शतरंज काफी

प्रभावी है। मेरे तीनों बच्चों ने प्रतिस्पर्धी स्तर का शतरंज खेला है। वे इतना बढ़िया खेलते हैं कि मैं उनके साथ खेलने से बचता हूं।

आप मुझे 'खिलौनों' से दूर नहीं कर सकते। मुझे गैजेट्स और औगमेंटेड रियलिटी (AR), वर्चुअल रियलिटी (VR), रोबोटिक्स जैसे नई उभरती टेक्नोलॉजी का इस्तेमाल भी पसंद हैं।

मेरी यह किताब अब खत्म होने वाली है, मैं आभारी हूँ कि भले ही वर्षों से मेरे परिवार में और व्यक्तिगत तौर से मुझे स्वास्थ्य से जुड़ी समस्याएँ रही हों, पर मुझे बहुत बढ़िया परिवार मिला। मैंने सक्रिय सामाजिक जीवन जिया, जिसे मैंने विश्वास, आपसी सम्मान और सुलभता के मज़बूत स्तंभों पर खड़ा किया।

शैला 2014 में हमें छोड़कर चली गई। किसी ने कहा है कि किसी समझदार व्यक्ति का हमें छोड़कर जाना किसी पुस्तकालय के जल जाने के बराबर है। उसे गए आठ वर्ष हो चुके हैं, लेकिन एक भी दिन ऐसा नहीं बीता कि मुझे उसकी सलाह की ज़रूरत न महूसस हुई हो।

मेरी बड़ी बेटी, प्राची, और उनका पति, भाविक दोनों ही मुंबई में रहते हैं। प्राची सीरियल आंत्रप्रेन्योर है और बच्चों को लेकर बहुत भावुक है। उसके पिछले दो वेंचर प्लेस्कूल बिजनेस में नई सोच लाने और बच्चों के बीच शतरंज को लोकप्रिय बनाने से जुड़े थे। उसके बेटे का नाम अर्जुन है। भाविक में एनालिटिकल क्षमता और रचनात्मकता का बेहतरीन मेल है। वह शिपिंग कंपनी में बिजनेस मैनेजर है और ऑफिस के बाद उसे पार्टी करना पसंद है। लोगों के बीच उसका जोश देखते ही बनता है।

मेरा बेटा जिगर, भावुक, महत्वकांक्षी और लक्ष्य पर ध्यान देने वाला टेक्नो-आंत्रप्रेन्योर है। अगर उसे कोई काम पूरा करना है तो वह कैसे भी उसे पूरा करके ही दम लेगा। वह 2005 से ऑनवर्ड में काम कर रहा है और धीरे-धीरे कंपनी में प्रगति की है। मुझे यह बताते हुए गर्व हो रहा है कि 2016 में ऑनवर्ड टेक्नोलॉजीज़ के कंपनी बोर्ड ने उसे एमडी चुना। तब से उसकी अगुवाई में कंपनी लगातार आगे बढ़ रही है।[2] उसकी पत्नी, नताशा हमारे घर की सीईओ है। वह जिस चीज पर विश्वास करती है, उस पर

---

2 ऑनवर्ड ने अमेरिका और यूरोप में अपनी उपस्थिति को मज़बूत बनाने के लिए हाल ही में प्राइवेट इक्विटी (पीई) निवेशक से फंडिंग ली है।

दृढ़ता से डटी रहती है। नताशा इस किताब की भी सीईओ है। हालांकि, प्रकाशन उसके लिए नई बात है, लेकिन उसने पिछले तीन वर्ष में इस किताब को प्रकाशित करने के लिए दिन-रात मेहनत की है।

हेरल, मेरी सबसे छोटी बेटी है। वह बहुत प्रतिभाशाली है। उसकी युवावस्था की शायद ही ऐसी कोई तस्वीर हो, जिसमें उसके हाथ में कोई ट्रॉफी या अवार्ड न हो। वह लंदन के ऑटोटेक सेक्टर की रोथ्सचाइल्ड एंड कंपनी में मैनेजिंग डायरेक्टर है। अपने काम के लिए वह बहुत दूर-दूर तक जाती है। मैं तो कहूंगा कि घूमने के मामले में वह मेरे पिता पर गई है।

पिता के तौर पर मुझे अपने परिवार और उनकी उपलब्धियों पर बहुत गर्व है।

मेरा मानना है कि 'ऑनवर्ड' शब्द मुझसे बहुत मिलता-जुलता है। यह मेरे डीएनए का हिस्सा है। मैं अतीत से जुड़ा रहने वाला व्यक्ति नहीं हूं। मैं हमेशा आगे की सोचता हूं। अगर मैं ऐसा नहीं होता तो चिरांत की असमय मौत से मैं भावनात्मक तौर पर पूरी तरह टूट गया होता। उसकी प्यारी मुस्कान अभी भी मेरी आंखों के सामने तैर जाती है, और मैं उसे बहुत प्यार से याद करता हूं। फिर भी मैं अतीत में फंसे नहीं रह सकता।

मुझे अब छुट्टी ले लेनी चाहिए, मेरे पोते-पोतियां, एलीशा, रेहा और अर्जुन, मेरे नए बॉस हैं, और उन्हें मेरे समय की ज़रूरत है। मुझे उन्हें बढ़ते देखना अच्छा लगता है और मैं प्रकृति की सृजन, नवीनीकरण और लगातार आगे बढ़ने की ताकत को देखकर आश्चर्य में पड़ जाता हूं।

उपसंहार

सितांशु यशचंद्र

नैसकॉम की महत्तवपूर्ण पहल और सफलता के इस दिलचस्प और सत्य विवरण को पढ़कर मुझे आधुनिक पश्चिमी दर्शन के विचारक, *इमैनुअल कांट* की टिप्पणी याद आ गई। कांट ने अपने खास स्पष्ट और गूढ़ अंदाज में कहा था कि 'बिना फॉर्म के कंटेट अंधा है और बिना कंटेट के फॉर्म खाली है।' इस किताब के संबंध में, कांट की यह परिभाषा नए मायने में खोलती है। यह हमें यह संकेत देती है कि यदि तकनीक को मानवीय और साहित्यिक संबंध से जोड़ने में चूक होती है, और अगर साहित्य और मानवता को तकनीकी और गणितीय कौशल से कोई जुड़ाव नहीं मिलता, तो इससे एक संभावित खालीपन और अंधापन उत्पन्न हो सकता है। न तो आत्म-केन्द्रित 'वैज्ञानिक' ज्ञान का खोखलापन और न ही अनुशासनहीन 'कलात्मक' भावुकता का अंधापन (दोनों आज भारत और अन्य जगहों पर व्याप्त हैं, जैसा कि एक ओर बड़े आर्थिक-राजनीतिक धोखाधड़ी और दूसरी ओर फलती-फूलती नशीली दवाओं की तस्करी से साफ जाहिर होता है) हमारा भविष्य होना चाहिए। सुख-सुविधाओं की परिपूर्णता और विचारशील समाज की दूरदर्शिता की ओर हम कैसे आगे बढ़ें–यही हमारे सामने चुनौती है। *अतुलनीय: भारत के आईटी रेवोल्यूशन की कहानी* हम सभी

को इस पर विचारपूर्वक ध्यान केंद्रित करने और कुशलता से इसका सामना करने में सक्षम बनाती है।

हरीश मेहता की शब्दावली और संदर्भ निःसंदेह मुझसे भिन्न हैं। पर मैं उनकी टेक्नोलॉजी और मैनेजमेंट की भाषा का अपने साहित्य व मानविकी की भाषा में अनुवाद कर सकता हूं। जब वह कहते हैं, 'फिर भी मुझे पक्का विश्वास है कि एक सहयोगात्मक संरचना जिसमें पुराने और नए का सम्मिलन होगा, एक साझा व्यवस्था उभरेगी और नैसकॉम के मूल्यों का सम्मान करेगी: भारत को सबसे पहले रखना, पूरे उद्योग के लिए एक आवाज में बात करना, आम सहमति से काम करना, सहयोग और प्रतिस्पर्धा, विकास पर ध्यान, विवादों के निपटान की मज़बूत प्रक्रिया, अंतरात्मा की आवाज पर ध्यान देना, भारी शोर के बीच भी कमजोर के हल्के से लक्षण को पहचानना और स्वामित्व की भावना को साझा करना।' मैं मानता हूं कि हरीश और नैसकॉम के मूल्य, खासतौर से अंतरात्मा की आवाज को सुनना और कमजोर संकटों को पहचानना, आईटी उद्योग से बाहर जाएगा और भारत की बहु-स्तरीय और विविधता से भरे जनमानस को प्रभावित करेगा।

हिरोशिमा और नागासाकी व टियानमेन स्कवायर के साथ ही गांधी और मंडेला की शताब्दी समाप्त हो चुकी है और हो सकता है कि हिटलर जैसी क्रूरता या गांधी जैसी करुणा आगे फिर देखने को मिले। उन्होंने बहुत स्पष्ट रूप से ऑशविट्ज़ और दचाऊ और उनके दरवाजों पर दोतरफ लिखे अभिलेख का उल्लेख किया है: *'आर्बेइट मच फ्री/ काम आपको स्वतंत्र करता है।'* नारा बिल्कुल सही है, लेकिन दरवाजे, जैसे हरीश सुझाव देते हैं, गलत हैं। मुझे लगता है कि यह किताब हमें हमारे सामने मौजूद अलग-अलग दरवाज़ों की तरफ देखने और सही दरवाजे को चुनकर 21वीं व 22वीं सदी की असीम संभावनाओं की तरफ बढ़ने की बात कहती है। आशा है कि हरीश की समझदारी से भरी विशेषज्ञता हम भारत के नागरिकों को न केवल सही अभिलेख चुनने में बल्कि हमारे भविष्य के लिए सही द्वार और मार्ग चुनने में भी मदद करेगी।

आज हमारे सामने यक्ष प्रश्न यह है कि हम विज्ञान, इंजीनियरिंग और वाणिज्य के कौशल के साथ मानवीय समाज (जिसे एरिक फ्रॉम ने एक 'समझदार समाज' कहा है) की तरफ कैसे बढ़ें। इस किताब के शीर्षक के दो मुख्य शब्द इसका रास्ता दिखाते हैं। वे हैं, 'आन्दोलन' और 'स्वतंत्र विचारों वाला'।

मूवमेंट शब्द कोई फक्कड़ (मेवरिक) ही लिख सकता था! इस विशेषण की उत्पत्ति कैसे हुई यह तो हरीश मेहता ही जानते हैं। मालिक अपने घोड़ों और मवेशियों को लोहे की छड़ से दागकर उन पर अपना निशान लगाता था। इससे जानवरों पर एक पहचान थोप दी जाती थी। लेकिन वहीं दूर जंगल में ऐसे बायसन और घोड़े भी हैं जो 'जंगली' हैं, यानी स्वतंत्र हैं। हमारे समय में विज्ञान और टेक्नोलॉजी, साहित्य और कला को बड़े पैमाने पर ब्रांड किया गया है। आज अनेक राज-कवि हैं जो कई मालिकों के लिए काम करते हैं। आपको मुश्किल से कोई कवि-राज या केवल कवि मिलेगा। अंग्रेज़ी के 'मूवमेंट' शब्द को अगर देखें तो, जिसके शुरू के चार अक्षर कैपिटल में है, को हमारे समय में चार अक्षर के शब्द के तौर पर ब्रांड किया सकता है और अश्लील घोषित किया जा सकता है! मुझे आपकी (हरीश) शब्द रचना में असली शुद्धता नज़र आती है।

'मूवमेंट' ('MOVEment') क्या है? चूंकि यह पुस्तक बड़ी सरलता से लेकिन कुशलतापूर्वक एक साहसी, प्रतिभाशाली और सहयोगी छोटे समूह के काम में अपनी उत्पत्ति को दर्शाता है, 'मूव' पर जोर समकालीन भारतीय वैज्ञानिक और टेक्नोलॉजीकल संस्कृति की गतिशीलता को सामने लाता है। एक संज्ञा के तौर पर 'मूव' ('Move') का मतलब कोई कमांड या नॉन-आईटी से वालों के अलग हटकर आईटी के लिए रास्ता से नहीं है। जैसा कि यह किताब बताती है, यह साथ जुड़ने का निमंत्रण है। लेकिन यह एक कुशल रणनीति, उस अर्थ में 'मूव' (एक संज्ञा) को भी उजागर करता है, जिसके बिना 'आईटी क्रांति' जैसा कि हरीश इसे कहते हैं, आज के भारत में नहीं हो पाती। पंजाब और दूसरी जगहों पर कृषि में हुई हरित क्रांति, गुजरात और दूसरी जगहों पर दुग्ध सहकारी समितियों की क्रांति में मुंबई और दूसरी जगहों पर हुई आईटी क्रांति भी शामिल हो गई। प्रत्येक पथप्रदर्शक हमारी हार्दिक कृतज्ञता और हार्दिक बधाई का पात्र है।

क्रांतियां अक्सर भटक जाती हैं। फ्रांस और रूस की क्रांतियों की शुरुआत बहुत बढ़िया हुई थी और उसके बाद एक अस्पष्ट, अगर उसे संदिग्ध न भी कहें, दौर आया। मुझे यकीन है कि हरीश और उनके सहकर्मी इस सबके बारे में सोच रहे होंगे। हम सब यही करते हैं। यही चीज़ हम दोनों को यहाँ एक साथ लायी है!

कविता कोई पूजा पाठ नहीं है, ऐसा मेरा दृढ़ विश्वास है। तो मैं *ईशोपनिषद* के एक श्लोक के संदर्भ के साथ इस अभूतपूर्व पुस्तक के उपसंहार को समाप्त करता हूं। हमारे दूरदृष्टि रखने वाले पूर्वजों ने *ईशोपनिषद* में लिखा कि 'मनुष्य अविद्या या हमारे आस-पास

की दुनिया के बारे में हमारे ज्ञान, जो अक्सर एक खतरनाक शब्द होता है, के माध्यम से मृत्यु या मृत्यु के विस्तार को पार कर सकता है।' आईटी भी उनमें से एक है, शानदार और युगांतकारी। लेकिन उपनिषद में कहा गया है: हमें सच्ची 'गैर-मृत्यु', अ-मृतम का स्वाद लेना चाहिए, यानी, दयालुता को समझना और करुणा को जानना, विद्या के माध्यम से, या ज्ञान जो कौशल, रसायन विज्ञान और गणित के सवालों से परे है, एक ऐसा ज्ञान जो व्यापक रूप से दयालु है।

सितांशु यशचंद्र

कवि, नाटककार, अनुवादक और शिक्षाविद

परिशिष्ट

NASSCOM chairpersons over the years

From	To	Name	Member Company
2024	present	Sindhu Gangadharan	SAP LABS India
2023	2024	Rajesh Nambiar	Cognizant India
2022	2023	Krishnan Ramanujam	TCS
2021	2022	Rekha Menon	Accenture India
2020	2021	U B Pravin Rao	Infosys
2019	2020	Keshav Murugesh	WNS Global Services
2018	2019	Rishad Premji	Wipro Ltd
2017	2018	Raman Roy	Quatrro Global Services Pvt. Ltd.
2016	2017	C P Gurnani	TechMahindra

2015	2016	Dr B V R Mohan Reddy	Cyient Limited
2014	2015	R Chandrasekaran	Cognizant India
2013	2014	Krishnakumar Natarajan	MindTree Ltd.
2012	2013	N Chandrasekaran	TCS
2011	2012	R S Pawar	NIIT Group
2010	2011	Harsh Manglik	Accenture India
2009	2010	Pramod Bhasin	Genpact
2008	2009	Dr Ganesh Natarajan	Zensar
2007	2008	Lakshmi Narayanan	Cognizant India
2005	2006	S. Ramadorai	TCS
2004	2005	Jerry Rao	Mphasis Ltd
2003	2004	Som Mittal	HP Globalsoft Ltd
2002	2003	Late Mr Arun Kumar	Hughes
2000	2002	Phiroz Vandrevala	TCS
1999	2000	Atul Nishar	Hexaware
1998	1999	Raj Jain	R S Software India Ltd
1997	1998	Saurabh Srivastava	Xansa
1996	1997	K.V. Ramani	Future Software Ltd.
1995	1996	Ashank Desai	Mastek Ltd.
1994	1995	Late Mr F.C. Kohli	TCS
1992	1994	N R Narayana Murthy	Infosys
1990	1992	Harish Mehta	Onward Technologies

NASSCOM presidents over the years

2024	present	Rajesh Nambiar
2018	2024	Debjani Ghosh
2014	2018	R Chandrasekhar
2008	2013	Som Mittal
2001	2007	Kiran Karnik
1991	2000	Late Mr Dewang Mehta

आभार

'तो कौन जानता है सचमुच कि यह कहाँ से उत्पन्न हुआ है?
सृष्टि का आरंभ कहाँ से हुआ,
वह, चाहे उसने इसे बनाया हो या नहीं,
वह, जो सर्वोच्च आकाश से सभी को देखता है,
वह जानता है - या शायद वह भी नहीं जानता।'

– ऋग्वेद

हालांकि किसी व्यक्ति का निजी जीवन, स्टार्ट-अप या कोई प्रयास देखने में उस व्यक्ति का निजी कार्य लग सकता है, लेकिन मेरा मानना है कि कोई भी सही मायने में यह दावा नहीं कर सकता कि उसने सभी काम अकेले किए हैं। मैं तो यहां तक कहूंगा कि प्रकृति के अलावा कुछ भी वास्तविक नहीं है। मेरा जीवन या यह किताब भी इससे अछूते नहीं हैं। जीवन में बहुत सारे लोगों ने सहयोग दिया, जिसका मुझे लाभ मिला। अगले कुछ पन्नों में उनके बारे में और उन लोगों के बारे में बात करेंगे, जिनके कारण यह किताब लिखना संभव हुआ। मुझ पर प्रभाव डालने वाले प्रत्येक व्यक्ति के

योगदान को याद रखना मेरे लिए असंभव है। इसके अलावा, ऐसे बहुत से लोग थे, जो खुद दुनिया के सामने नहीं आए लेकिन हमेशा मेरे साथ खड़े रहे। इसलिए यह सूची कभी संपूर्ण नहीं होगी।

मुझे शुरू से ही पता था कि नैसकॉम की कहानी बताना बहुत मुश्किल काम होगा। इस तरह के विशाल प्रोजेक्ट के लिए उद्योग को करीब से जानने वाले लोगों के बहुत सारे इंटरव्यू लेना, तीन दशकों की व्यापक रिसर्च और तथ्यों की सही पड़ताल करने की ज़रूरत थी। हालांकि, यह मुश्किल काम था लेकिन करना ही था। और नैसकॉम की कहानी बताने का यह सही समय है। इस संगठन को इतिहास में अपना उचित स्थान मिलना चाहिए क्योंकि इसने भारत की गिरती आर्थिक स्थिति को संभाला था।

मुझे इस काम के लिए अपनी टीम बनानी पड़ी। मेरी कोर टीम में किरीट खुराना, परिजात सरकार और मेरी बहू, नताशा शामिल थे। किरीट ने सारा रचनात्मक आधार रखा, जिस पर यह किताब खड़ी हुई। परिजात ने लेखन और संपादन से लेकर रिसर्च तक सबकुछ संभाला और अपने मजाकिया स्वभाव से टीम को उत्साहित रखने का हरसंभव प्रयास किया।

पिछले तीन वर्षों में टीम ने 25 से ज़्यादा किताबें पढ़ी, सैंकड़ों इंटरव्यू लिए और हर प्रमुख हिस्से के कम से कम सात ड्राफ्ट तैयार किए। किताब में भी कई बार बदलाव किए गए और अलग-अलग समय पर सचिन गर्ग (रिसर्च, इंटरव्यू और पहला ड्राफ्ट तैयार करने में), ज़ाकी अंसारी (इन्होंने कहानी को ज़्यादा स्पष्ट और रुचिकर बनाया), सौरभ गर्ग (उन्होंने धैर्य के साथ अलग-अलग बदलावों पर काम किया), और एस.पी. जैन इंस्टीट्यूट ऑफ मैनेजमेंट एंड रिसर्च के प्रोफेसर तुलसी (किताब में दिए तर्कों को मज़बूत आधार देने के लिए उन्होंने मौलिक शोध किया), ने इस काम में बहुत मदद की। टीम ने मुझे सारगर्भित और दिलचस्प कहानी लिखने में मदद की, और वह भी नैसकॉम को खड़ा करने में अपना योगदान देने वाले सभी लोगों के कार्यों को शामिल करते हुए।

दूसरी टीम ने किताब को बाज़ार तक पहुंचाने में मदद की। इसमें मेरे एजेंट कनिष्का गुप्ता और सचिन शर्मा की अगुवाई में हार्पर कॉलिन्स की टीम ने बहुत अच्छा काम किया। एलीशा सहगल, अमी देसाई, हिमांशु परमेकर, मिखाइल पिंटो, एस. स्वामीनाथन, प्रद्युम्न माहेश्वरी और सुनील लुल्ला ने भी हमारी मदद की।

इस किताब के बेहतरीन हिन्दी अनुवाद के लिए दीपांशु गोयल, और कुशल संपादन के लिए हार्पर कॉलिन्स की उर्मिला गुप्ता और उनकी पूरी टीम का हार्दिक आभार।

मेरी बहू, नताशा ने पूरे प्रोजेक्ट और इससे जुड़े शानदार लोगों की टीम को ज़बरदस्त तरीके से संभाला। मुझे इस किताब पर गर्व है और मैं आशा करता हूं कि मेरे पाठक भी इसे पसंद करेंगे।

इस किताब में बताई गई कई घटनाएं 30 वर्ष से भी ज़्यादा पुरानी हैं। इतने लंबे समय तक याद रख पाना मुश्किल होता है। इसलिए तथ्यों एवं घटनाओं को पक्का करने के लिए, मेरी टीम ने उद्योग के प्रमुख लोगों जैसे, आदि कूपर, अशांक देसाई, देबजानी घोष, स्वर्गीय श्री एफ.सी. कोहली, के. पांडियन, केशव मुरुगेश, के.वी. रमानी, नारायण मूर्ति, राजीव वैष्णव, संगीता गुप्ता, सौरभ श्रीवास्तव, शशि भगनारी, स्वामी गणेश, नैसकॉम के पूर्व प्रेसिडेंट और कई दूसरे लोगों से मुलाकात की। इनमें से ज़्यादातर मुलाकात कोविड से पहले हुई थीं और हर मुलाकात में लोगों ने किताब में मदद करने के लिए अपने पुराने पन्नों को पलटा, नोट्स खंगाले और अपनी यादों को टीम के साथ साझा किया।

मेरे हाथ में होता तो इस किताब के लिए मैं अपने दोस्तों, स्वर्गीय विजय मुखी और स्वर्गीय देवांग मेहता से ज़रूर बात करता। इनसे किताब के लिए बहुमूल्य जानकारियां मिलतीं, क्योंकि दोनों न केवल नैसकॉम के साथ करीब से जुड़े रहे, बल्कि खुद के मज़बूत विचार भी रखते थे। इन दोनों की तरह ही कई ऐसे लोग हैं जो इस किताब को बेहतर बनाने में मेरी बहुत मदद कर सकते थे, लेकिन वे अब हमारे साथ नहीं हैं। मैं निराश हूं कि वे लोग इस किताब को देखने के लिए इस दुनिया में नहीं हैं।

मैं नैसकॉम के पूर्व चेयरपर्सन और पूर्व अध्यक्ष रहे सभी लोगों के योगदान की भी सराहना करता हूं। इसके अलावा एग्जीक्यूटिव काउंसिल के पूर्व और वर्तमान सदस्यों, सेक्टरोल काउंसिल के विभिन्न सदस्यों, स्पेशल इंटरेस्ट ग्रुप, नैसकॉम सेक्रेटेरिएट, ऑफिस पदाधिकारी, स्वयंसेवकों और नैसकॉम को लगातार आगे बढ़ाने के लिए काम कर रहे टीम के सभी सदस्यों को भी धन्यवाद देता हूं। ये लोग असल मायने में अलग स्वतंत्र सोच रखने वाले हैं जिन्होंने आईटी उद्योग को खड़ा किया और उसे इतना विशाल बनाया। मैं नैसकॉम और भारतीय आईटी उद्योग के लिए प्रत्यक्ष और अप्रत्यक्ष योगदान करने वाले शुभचिंतकों के योगदान की भी सराहना करता हूं।

नैसकॉम के अलावा, मैं कई दूसरे उद्योग संगठनों और क्लबों से जुड़ा हूं। इनमें टीआईई (TiE), पूर्ववर्ती बॉम्बे कंप्यूटर क्लब, इंटरनेट यूज़र्स क्लब और ट्रस्ट टू प्रमोट अडवांस टेक्नोलॉजी इन इंडिया (TPCI) और कई दूसरे संगठन शामिल हैं। इन मंचों पर मुझे अलग-अलग विचार वाले लोगों से मिलने का मौका मिलता है। यहां बौद्धिक तौर से मुझे चुनौती मिलती है और अक्सर मुझे नई अंतर्दृष्टि मिलती है। मैं आभारी हूं कि मुझे ऐसे ऊर्जावान लोगों का साथ मिला जो अपने तरीके से दुनिया में बदलाव लाने की कोशिश कर रहे हैं। इन लोगों से मिलने पर मुझे 1991 का समय याद आता है, जब मैं ऑनवर्ड टेक्नोलॉजीज़ को शुरू कर रहा था।

मैं भाग्यशाली हूं कि मुझे काम को बांटने की कला आती है और इससे मुझे बहुत फायदा मिला है। मैं ऑनवर्ड जैसा बिजनेस चलाते हुए भी नैसकॉम के काम के लिए समय और ऊर्जा बचा पाया और हाल मैं इस किताब से लिए भी समय निकाल पाया। यह केवल ऑनवर्ड की टीम के निरंतर समर्थन से ही संभव हो पाया।

शुरुआत में हमें सहयोग करने वाले लोगों की वजह से ही हम ऑनवर्ड में अच्छा प्रदर्शन कर पाए। इसमें कैप्टन बेवूर, नंदू प्रधान, एमवीएसएस नारायणचार्युलु, जीएस केलकर और कई अन्य लोग शामिल हैं। कई लोगों ने अपना पूरा जीवन और करियर हमारे साथ लगा दिया। इसमें योगेश, जॉर्ज, सुहास, लोरना और कई दूसरे लोग शामिल हैं।

ऑनवर्ड मेरे बच्चे की तरह है और यह तेजी से बड़ा हो रहा है। अब हम ज़्यादा बड़ी और कठिन चुनौतियों का सामना कर रहे हैं और मेरा बेटा, जिगर कंपनी को बेहतर नेतृत्व दे रहा है। प्रतीश मेहता (मेरा भतीजा), विग्नेश पद्मनाभन, सुजाता सिंह, वी शंकर और ऐसे कई प्रतिभाशाली लोग ऑनवर्ड का नेतृत्व कर रहे हैं। मनोहर, संतोष और कई अन्य लोग मेरे ऑफिस का काम देखते हैं और यहां उनका नाम लेना ज़रूरी है। ऑनवर्ड के शेयरधारकों और बोर्ड सदस्यों ने भी मुझ पर, मेरे बेटे जिगर पर और ऑनवर्ड का नेतृत्व कर रहे दूसरे लोगों पर पूरा भरोसा जताया है।

मेरे बच्चों हेरल, जिगर और नताशा, प्राची और भाविक, और मेरे पोते-पोतियों, अलीशा, रिया और अर्जुन से भी मुझे किताब के लिए पूरा सहयोग मिला। उन्होंने मुझे इस प्रोजेक्ट के लिए समय निकालने की अनुमति दी। जब भी मुझे उनकी ज़रूरत महसूस हुई, वे लोग मेरा हौसला बढ़ाने के लिए मेरे साथ खड़े थे। उन्हें बड़ा होते देखकर मुझे अच्छा पिता और दादा होने की प्रेरणा मिलती है।

जैसा कि मैंने पहले भी बताया कि मेरे लिए सौभाग्य की बात थी कि मैंने रेवा बेन और शांतिलाल मेहता के घर जन्म लिया। मैं भाग्यशाली हूं कि मुझे रंजन और हर्षद भाई, नीला और शरद भाई, रीता और अमित भाई और हितेन व रूपा भाभी जैसे भाई-बहन मिले। मेरे माता-पिता के विपरीत व्यक्तित्व, मेरे भाई-बहनों के निरंतर प्रोत्साहन और विस्तारित परिवार के समर्थन से मुझे अपनी सोच को व्यापक बनाने और मूल्य, विश्वास और कार्यों के मूलभूत स्तंभों पर आगे बढ़ने की प्रेरणा मिली। इन स्तंभों ने मुझे धैर्य के साथ कठोर निर्णय लेने की हिम्मत दी और मुझे अनिश्चितता तथा प्रतिकूल परिस्थितियों का सामना करने के लिए तैयार किया।

शैला मेरी सुपरएप थी और मेरे हर काम के पीछे उसकी मौजूदगी रहती थी। उसने मुझे हमेशा मेरी सोच से ज़्यादा करने के लिए प्रेरित किया। एक भी दिन ऐसा नहीं जाता, जब मैं उसकी सलाह, मज़बूत समर्थन और ज़िंदगी को लेकर उसके आशावाद को याद न करता हूं। रीता भाभी और अरुण, मनु भाई, स्वर्गीय नलिनी बेन सहित शैला के माता-पिता और उनके परिवार ने मुझे अपने परिवार के रूप में स्वीकार किया और तब से मेरे साथ मज़बूत चट्टान की तरह खड़े हैं।

प्रकृति से मुझे बहुत प्रेरणा मिली और प्रकृति ने मुझे समय आने पर थमने और खुद को फिर से तैयार करने का महत्वपूर्ण सबक सिखाया। मैं भाग्यशाली हूं कि मुझे एक लंबा, संतुष्टि से भरा और, सबसे महत्वपूर्ण, सर्वांगीण जीवन मिला, जहां मैंने कड़ी मेहनत की और ऑफिस में मुश्किल दिन के बाद आराम करने के रास्ते खोजे। मुझे मेरे दोस्तों, कवियों और कई समूहों की संगति में आराम मिलता है, जिन्होंने अलग-अलग जगहों और समय पर मेरे जीवन को बेहतर बनाने में योगदान दिया। इनके साथ रहकर मैं फिर से तरोताजा हो जाता हूं। यहां मैं एक अधूरी सूची दे रहा हूं।

मैं सीओईपी के अपने सहपाठियों के साथ शुरुआत कर रहा हूं। आज भी उनके साथ मेरी दोस्ती बहुत गहरी है, जिनमें वे लोग भी शामिल हैं जो अमेरिका गए और एच एंड जे समूह बनाया। संगीत के प्रति हमारे प्यार को साझा करने के लिए बारह परिवारों द्वारा शुरू किया गया 'सप्त सुर' समूह आज तक मेरे सबसे करीबी पारिवारिक मित्रों और भरोसेमंदों में से है। घूमने-फिरने के साझा प्यार के चलते बने 'दिल से' समूह ने मुझे युवा बना रखा है। टेक्नोलॉजी जैसे वैश्विक बिजनेस में काम करने का एक अप्रत्याशित लाभ यह है कि आप दुनिया भर में दोस्त बना सकते हैं। दुनिया भर में, खासतौर से सिलिकॉन

वैली, प्रोवो-यूटा, बोस्टन, कनेक्टिकट, मुंबई और पुणे में मेरे कई दोस्त हैं। लेकिन इतने वर्षों में आपके सभी मित्रों और शुभचिंतकों से मिले अनुभवों को कुछ पंक्तियों में समेटना कठिन है। इसके अलावा यह किताब मेरे जीवन के नैसकॉम से जुड़े हिस्से के बारे में ही बात करती है। अगर आप मुझे अच्छे से जानते हैं, तो कृपया यह देखकर हैरान न हों कि मेरी ज़िंदगी का बड़ा हिस्सा, खासतौर से आखिरी बीस वर्षों के बारे में यहां बात नहीं की गई है।

अपनी बात समाप्त करने से पहले, मैं उन गुमनाम नायकों का आभारी हूं जिन्होंने हमारे महान राष्ट्र के भाग्य को बदलने का काम किया। इसमें वे लाखों भारतीय शामिल हैं जिन्होंने आईटी को अपना करियर चुना। इस प्रतिभा को सिखाने के लिए तैयार करने, और मार्गदर्शन देने वाले शिक्षाविदों का मैं आभार व्यक्त करता हूं। भारत के आईटी उद्योग के टेक्नो-आंत्रप्रेन्योर्स की बात करना ज़रूरी है, जिन्होंने अपने काम से उदाहरण पेश किया है और जो उद्योग को आगे बढ़ा रहे हैं। भारतीय और विदेशी निवेशकों का भी शुक्रिया जिन्होंने भारत में अवसरों को पहचाना और यहां के उद्यमियों पर भरोसा करके निवेश किया। आखिरकार, कॉर्पोरेट के इंजन को चलाने के लिए पूंजी का लुब्रिकेंट बहुत ज़रूरी है।

इन उद्यमियों और निवेशकों को भारत सरकार के तंत्र भी पूरा सहयोग मिला, जिसने सुर्खियों में आने की चाह रखे बिना अथक मेहनत की। इसमें राज्य और केन्द्र सरकारों के नेता, नौकरशाह (जिन्होंने रुकावटों को दूर किया) और MIETY, DoT, SEPC जैसे संस्थान भी शामिल हैं। मैं विभिन्न सोशल मीडिया प्लेटफॉर्म पर मौजूद लोगों का भी आभार व्यक्त करना चाहता हूं। वे काफी लंबे समय से मांग कर रहे थे कि मैं किताब लिखूं और नैसकॉम की कहानी बताऊं। मुझे आशा है कि यह किताब इस उद्देश्य को पूरा करेगी।

मैं राजदूतों और राजनयिकों के तौर पर काम करने वाले हमारे सिविल सेवा के अधिकारियों को भी धन्यवाद देना चाहता हूं जो देश से दूर रहकर अपना काम करते हैं। जिन देशों मे ये काम कर रहे हैं, उन देशों की सरकारों की उदारता से भी इसका काम आसान हुआ। इन सरकारों ने नीतिगत माहौल को अनुकूल बनाया, देशों के बीच प्रतिभाओं का आसानी से आना-जाना सक्षम बनाया और पहले से कहीं ज़्यादा जुड़ी दुनिया बनाने में मदद की। यहां तक कि दुनिया भर के ग्राहकों ने भी वर्षों तक हमारे साथ पार्टनरशिप करके हमें आगे बढ़ने में मदद की। मुझे आशा है कि यह किताब भारतीय

आईटी उद्योग की विशिष्टता को सबके सामने रखेगी। भारत और विदेशों के विभिन्न मीडिया संस्थानों के पत्रकारों ने भी हमारे संदेश को पूरी दुनिया में फैलाने में मदद की। ये पत्रकार बिना किसी पुरस्कार की उम्मीद के निरंतर अथक परिश्रम करते हैं।

अपनी बात को समाप्त करते हुए मैं कहना चाहता हूं कि समाज के तौर पर हम केवल विजेताओं का नहीं, बल्कि अनाम नायकों का भी सम्मान करें। मेरा जीवन, नैसकॉम जैसा संगठन और यह किताब इन अनाम नायकों की ताकत का प्रमाण है!

आशा है कि इस किताब के पाठक भी नायक के तौर पर उभरेंगे!

हरीश मेहता

जनवरी 2022, मुंबई

कृपया देखें: ऐसा लग रहा होगा कि मैं अपनी बात को दोहरा रहा हूं, लेकिन मैं कहना चाहता हूं कि मेरे जीवन, नैसकॉम और इस किताब के लिए योगदान करने वाले लोगों की सूची कभी पूरी नहीं होगी। मैं किताब की वेबसाइट पर लगातार उस सूची में नाम शामिल करता रहूंगा। वेबसाइट www.themaverickeffectbook.com

लेखक के बारे में

हरीश मेहता ऑनवर्ड ग्रुप के संस्थापक और एग्जीक्यूटिव चेयरपर्सन हैं, जिन्होंने व्यवसाय के दो अवतारों–ऑनवर्ड नोवेल सॉफ्टवेयर (1991-2005) और ऑनवर्ड टेक्नोलॉजीज (2005 के बाद) का नेतृत्व किया है। उस समय ऑनवर्ड ग्रुप और नोवेल, इंक. के बीच 50-50 का जॉइंट वेंचर देश में अपनी तरह का पहला था। ऑनवर्ड टेक्नोलॉजीज पब्लिक लिस्टेड कंपनी है। इसमें 2400 से ज्यादा लोग काम करते हैं और यह इंजीनियरिंग व सॉफ्टवेयर सर्विस पर केंद्रित है।

नैसकॉम, उद्योग संगठन है, जो भारत के आईटी (IT) और बीपीओ (BPO) उद्योग का प्रतिनिधित्व करता है। इसकी शुरुआत 1988 में मुंबई में हरीश के ऑफिस में हुई थी। नैसकॉम ने ऐसा भरोसमंद वातावरण बनाया जहां प्रतिस्पर्धी कंपनियां भारत को सॉफ्टवेयर के मामले में भरोसेमंद स्थान बनाने के बड़े उद्देश्य के लिए साथ मिलकर काम कर सकती थीं।

वर्तमान में हरीश, नैसकॉम के चेयरपर्सन्स काउंसिल के संयोजक हैं। उनके नेतृत्व में टीम ने कई नई पहल की हैं जिसने नैसकॉम के दृष्टिकोण को आगे बढ़ाने में मदद की है। इसमें मज़बूत ब्रांड इंडिया बनाने के लिए काम करना, STPI योजना की आधारशिला

रखना (इससे सॉफ्टवेयर पार्क और एक्सपोर्ट प्रोसेसिंग ज़ोन बनाना संभव हुआ), उद्योग को मिलने वाले आयकर लाभ को बढ़वाना, सॉफ्टवेयर की पाइरेसी रोकने के लिए कठोर कॉपीराइट कानून बनवाना, संवाद के रास्ते खोलना और भारत का पहला साइबर-लैब शुरू करना शामिल है।

ऑनवर्ड और नैसकॉम में किए कामों के अलावा, हरीश भारत में वैज्ञानिक सोच और इनोवेशन आधारित उद्यमिता को बढ़ावा देने का काम भी कर रहे हैं। वह भारत को टेक्नोलॉजी के मामले में स्मार्ट देश बनाने के अपने दृष्टिकोण को पूरा करने में लगे हैं। उनका मानना है कि इनोवेशन आधारित उद्यमिता समाज को बेहतर बनाने में अहम भूमिका निभाएंगे।

वह सक्रिय एंजेल निवेशक, मेंटर और सलाहकार हैं। वह 1999 में TiE (सिलिकॉन वैली स्थित गैर-लाभकारी संगठन) को भारत लेकर आए और टीआईई मुंबई के पहले अध्यक्ष बने। वह 2002 में शुरू किए भारत के पहले कॉर्पोरेट वीसी फंड, इंफिनिटी वेंचर फंड के संस्थापक सदस्य हैं। वह इंडिया एंजेल नेटवर्क की निवेश समिति के सदस्य भी हैं।

वह ऑनवर्ड फाउंडनेशन और देवांग मेहता फाउंडेशन में सक्रिय भूमिका निभाते हैं।

हरीश ने पुणे के कॉलेज ऑफ इंजीनियरिंग से इलेक्ट्रिकल इंजीनियरिंग में स्नातक किया है। उन्होंने अमेरिका के न्यूयॉर्क विश्वविद्यालय के ब्रुकलिन पॉलिटेक्निक इंस्टीट्यूट से इलेक्ट्रिकल इंजीनियरिंग (कंप्यूटर साइंस) में मास्टर्स की डिग्री ली है।

अनुवादक के बारे में

दीपांशु गोयल पेशे से पत्रकार हैं। उन्होंने दिल्ली के इंडियन इंस्टीट्यूट ऑफ मास कम्यूनिकेशन (IIMC) से टीवी पत्रकारिता की पढ़ाई की है। पढ़ाई पूरी करने के बाद उन्होंने प्रसार भारती के डीडी न्यूज चैनल में बतौर पत्रकार दस वर्ष तक काम किया है। अभी वह स्वतंत्र यात्रा लेखक और अनुवादक के तौर पर काम करते हैं। उन्हें घुमक्कड़ी करना पसंद है। यात्रा के अनुभवों पर उनका अपना ब्लॉग www.duniadekho.in और अपना यूट्यूब चैनल https://www.youtube.com/@dipanshugoyal भी है।

HarperCollins Publishers India